盛开的海棠，庄重的父亲，
这是一张从未有过的合影。
记得么，海棠？
是父亲亲手为妳选择了这方沃土。
记得么，父亲？
是您把她稚嫩的枝条安植在这里。
六十年过去了，目睹人世的沧桑，
海棠在这里倔强地活了下来，
而父亲却早已离开了人世。
如今我把他们叠合在一起，
让生命的活力与死亡的永恒启示着人们……

孙之俊先生的照片摄于1956年，胸前所佩校徽即为"北京师范"。
2010年武冀平先生拍摄了这棵学校内父亲亲手种植的海棠，她依然在春季为人们展现着生命的顽强。（孙燕华）

谨以此书纪念
孙之俊先生诞辰105周年

字里行间的追溯
心底疑问的反思
历史就是这样走过来的……

为了记住的纪念

——孙之俊纪念文集

孙燕华 等著

学苑出版社

主　　编：孙燕华　　武冀平

副 主 编：冯大彪　李　燕　沈念乐　明连生
编　　委：（按姓氏笔画排列）
　　　　　丁　闪　于　淼　冯大彪　刘光勋　孙燕华　孙蒲远
　　　　　李爱莲　李玉荣　沈念乐　张立一　明连生　孟庆堂
　　　　　武冀平　夏冬雪　夏培卓　翟元凯
封面题字：冯大彪

图书在版编目（CIP）数据

为了记住的纪念：孙之俊纪念文集／孙燕华等著.
—北京：学苑出版社，2012.12
　　ISBN 978-7-5077-4148-3

　Ⅰ.①为… Ⅱ.①孙… Ⅲ.①孙之俊（1907～1966）
—纪念文集 Ⅳ.①K825.72-53

中国版本图书馆CIP数据核字(2012)第278532号

责任编辑：洪文雄
装帧设计：张一哲
出版发行：学苑出版社
社　　址：北京市丰台区南方庄2号院1号楼
邮政编码：100079
网　　址：www.book001.com
电子信箱：xueyuan@public.bta.net.cn
销售电话：010-67675512、67678944、67601101（邮购）
印 刷 厂：北京彩蝶印刷有限公司
开本尺寸：700×1000　1/16
印　　张：29.5
字　　数：554千字
版　　次：2012年12月北京第1版
印　　次：2012年12月第1次印刷
定　　价：78.00元

目 录

为了记住的纪念（代前言）·······················孙燕华 1

学者篇·评

引　诗···武冀平 24
一棵被砍倒的大树——记孙之俊和他的漫画·········舒　乙 25
还历史之公道——《孙之俊漫画全集》出版感言······李　燕 28
《中国漫画史话》（节选）···························毕克官 31
忆七七前夕北平的一次漫画展·······················张启仁 35
读孙之俊先生漫画——一位漫画家的百年波澜·······李　松 39
漫画先驱孙之俊···································李树声 42
起于北平的漫画先驱——纪念孙之俊先生诞辰100周年·····刘曦林 46
漫画前辈孙之俊···································李滨声 48
读孙之俊先生漫画·································李　楯 51
我不识君妄作评···································常振国 59
魂兮归来···晓　芙 62
《思想·手迹·足迹》为我们留下的启示··············张卫东 65
是是非非说武训···································邢培华　邢　莉 72
画家笔下的游记——读漫画家孙之俊《紫荆关游记》··李爱莲　寿阳仁 81

亲故篇·忆

引　诗	武冀平	86
我在做地下工作时的战斗生活（摘选）	丁　冷	87
初进北平	孙　静	90
忆孙之俊先生	于东海	92
为了明天，我们也说几句	于令仪　于令红	96
画缘琴梦录（节选）	穆家麒	98
忆孙兄	阎少青	110
怀念我的孙舅舅	姜化善	114
大伯父的几件小事	孙新华　刘金林	118
我的生命是为了导人向善	李欣磐	122
孙伯父百年诞辰祭	李景屏	129
大爱无言——忆孙伯母丁阶青	李景屏　李爱华	147
心包太虚——忆塑造我人格的孙大妈（丁阶青）	杨　彬	152
怀念孙伯伯	郑秀岩	157
找回失去的记忆	赵　洁	159
一张珍藏四十多年的相片	陈春卿	162
孙老师的二三事	孟宗五	163
孙之俊，一棵被砍倒的大树	武宝智	165

学子篇·赞

引　诗	武冀平	170
北有孙之俊	陈四益	171
怀念之俊师	毛志成	175
缅怀恩师——孙之俊先生	李荣光　李荣增	177

恩师孙之俊先生与《骆驼祥子画传》	刘光勋	180
一份童心忆恩师	祝锡勇	183
优秀的老师影响学生一生	孙蒲远	185
和孙之俊老师在一起的日子	王庆生	189
影响至深的老师	徐绪标	192
教泽宏深　音容永存——记美术教育家孙信老师二三事	侯　刚	194
四姐妹漫话孙信教音乐	梅洁予　梁秀文　孙大芳　孟玉茹	197
终生最难忘的一次谈话	赵广智	201
大师小事	沈念乐	209
师道匠心	张其贵	213
不应被时代遗忘的画家	冯大彪	217
执教遗珍——董晓山忆往	小　石	226
跟随老师学画的日子	于　森	230
我崇敬的老师孙信	刘　炜	232
恩师孙信	李其震	234
难忘那已逝的往事	翟元凯	236
教我如何不想他——孙老师	武冀平	238
一件小事——怀念孙信先生	杜保安	243
导人为善的好老师——忆孙信先生	张立德	244
悼恩师循遗教	张之琴	248
一方白手帕　飘舞几十年	刘　敏	250
老师是我的榜样	殷淑玲	251
老师伴奏　我唱坠子	刘桂珍	253
远方的思念	张秋香	255
师生铸深情艺坛苦耘耕——画家孟庆堂谈受业孙之俊的艺术之路	武冀平	257
为我改诗的孙老师	秦大经	264
角儿就是角儿	聂续翰	269

沉甸甸的光辉…………………………………………………夏培卓 273
孙先生永远活在我心中………………………………………冯颖铎 276
从看小人书知道了孙老师……………………………………窦　枫 278
追念我的美术老师……………………………………………彭志蕴 280
本该是愉悦的回忆、笑谈的往事……………………………孙精武 282
我心目中的孙老师……………………………………………李　琴 285
师之楷模………………………………………………………李　蓉 287
传承是我们的责任……………………………………………明连生 289
深深的怀念……………………………………………陈长智　林庆萍 292
五十年前的一天下午3点20分………………………………尤淑香 294
烛光永照——记恩师孙信……………………………………张建国 296
附：来信四封
　　难以忘怀的孙之俊先生…………………………………刘光勋 298
　　吾师孙信…………………………………………………周世宝 300
　　难忘往事…………………………………………………苏绍嘉 301
　　远方来信…………………………………………………黄若雯 302

孙之俊作品选

速写遗珍（摘选）……………………………………………………304
漫画回眸（摘选）……………………………………………………323
　　单幅漫画………………………………………………………324
　　连续漫画………………………………………………………353
色彩瞬间（仅存）……………………………………………………365
　　水彩作品………………………………………………………365
连环画缘（摘选）……………………………………………………370
　　连环画封面……………………………………………………372

执着画武训　横招飞祸……………………………………………375
　　钟情于京味　三画"傻骆驼"………………………………………382
文如其人（摘选）……………………………………………………387

岁月影像

我的爸爸妈妈……………………………………………………………402
难忘曾经有过的温馨……………………………………………………408
一生革命的丁冷姨………………………………………………………415
关心我的大姐和姐夫……………………………………………………420
纪念孙之俊先生诞辰百周年作品回顾展………………………………425
往事并不如烟……………………………………………………………430
前为古人　后为来者……………………………………………………433
别无旁骛　继续前进……………………………………………………436

附录

孙之俊先生简介…………………………………………………………438
孙之俊先生年表…………………………………………………………440
漫画作品一览表…………………………………………………………446
旧文重刊…………………………………………………………………449
　　三十年代北京漫画界（节选）……………………………孔　飞 449
　　现代艺术家孙之俊…………………………………………侯少君 449
　　现代艺人志——孙之俊……………………………………紫荆花馆主 451

后记……………………………………………………………孙燕华 455

为了记住的纪念
（代前言）

孙燕华

这是一本纪念文集，是多位作者追忆自己曾接触过的一位值得尊敬的人——孙之俊先生。

作为他的女儿，我只与父亲共同生活了二十一年，今年是他诞辰105周年。二十一年近距离的生活留给我的是具体实在、鲜活生动的记忆；而四十五年阴阳两界渺渺茫茫的思念，却让我从历史的、社会的、客观的角度冷静地理解了他。这种理解是从他的画作和文章中得到的，特别是近些年对父亲漫画作品的梳理。

行为与艺术

我家的院子位于北京现在复兴门立交桥的东南，中国教育电视台的位置。那里原有几条胡同：嘉祥里、坑（读"炕"）眼井儿、柳树井儿等等。柳树井丙5号，后来改为23号的院就是我的家。大约在1942年，父亲买了这里的四分空地，自己盖了这个院子，用母亲的话说，燕子啄泥般的搭了个窝。院子正南正北，四四方方，白墙青裙，朴素整洁。虽说是灰平台的屋顶，但因为屋顶四周高起的女儿墙和设计成陡砖的门窗上下沿，显得十分疏朗且有些洋气，所以我家的房契上写的是"西式灰平台"。因为只有北房和南房，院子显得很宽敞，东西两侧种了很多的树，有丁香、海棠、樱桃、山桃、枣树、桑树、柳树和槐树，再加上应时当令的花草，从春到秋花香不断，浓荫密布，十分惬意。蝴蝶、蜻蜓、萤火虫……给我们的院子平添了几分诗意和乐趣。条砖铺成的甬路组成了很大的一个"工"字，顺着南北墙沿儿将院内有土的部分分割成东西两块。铺甬路用的是极普通的灰条砖，但是因为父亲设计了非常有特色的几何纹样，所以显得很突出。记得小时候，大雨过后，我站在中间的甬路上，看着东西两边院内的积水，映着蓝天白云，纷纷过墙而来的蝴蝶，想起了杨柳青年画上的景致，不止一次地恳求父亲修两个小凉亭，仿佛我也可以走进画里似的。满足不了我的奢望，父亲就给我买了一只小乌龟，平日在罐里养着。只要一下雨，我就赶着它从院北头爬到院南头而且嘴里还喊着："下雨喽，冒泡喽，王八戴个草帽喽！"反正乌龟和王八也差不太多……这里的一切都是那么自然温馨，整洁疏朗，凝聚着主人的心血，显示着他们对生活的态度。

　　了解父亲的人都知道，一丝不苟、干净利落是他一惯的作风，严格的唯美是他永远的追求。

　　有一年夏天，一阵暴风雨过后，院内靠东墙的一棵榆树倒了。雨刚停，父亲立刻拿着斧锯去收拾那棵树。我和小伙伴们也高高兴兴地跑过去帮忙。他让我们把带着许多叶子的枝子撇下来，收集到一块儿，拽到院外垃圾站去。刚刚下过雨的院子，凉爽清新，几只蜻蜓飞来飞去，所有的花草树木都在夕阳下闪着水光。我们一趟趟连说带笑地把碎枝子拖到院外，因为叶子很湿，枝枝杈杈的，刮蹭得脸上身上都是水，有的树叶还贴到脸上、胳膊上，但是我们干得特别起劲，还互相取笑着。此时我突然发现，父亲已经连砍带锯地把大榆树截成了大大小小的十多段。我好奇的问他干什么？他一边干着一边跟我说，"你看着啊，我给你搭个俄罗斯式的篱笆！"

　　俄罗斯式的篱笆什么样子啊？我期待着。第二天一早，父亲就在院里干上了。他用截成两段的一米多长的粗树干一根顶住南边院墙，一根顶在影壁墙的东边，斜插着。两根主干固定到两墙之后，又挑了一根最长的大树枝固定在上面，成为篱笆墙的上沿儿，形成了一个不规则的三角形，再用铅丝给牢稳，大大小小的枝杈被他错落有致地编插在这几根主干之间，一个颇具风格的篱笆墙就初见模样了。此时影壁的东头和南墙之间被封闭了，我们觉得很新鲜，跑来跑去地从缝隙中互相扒望。因为这些枝干都没有经过加工，保留着它们歪歪斜斜的基本形态，再加上粗糙的榆树皮斑驳肌理，真是别有一番沧桑的情调，非常像电影《静静的顿河》镜头中表现的那种感觉。见景生情，我觉得自己也进入了俄罗斯电影的情境，顿时平添了许多联想：歌曲的旋律，集体农庄的场景，乡村女教师……童话和苏联小说中的人物：娜达莎、卡秋莎……涌现在眼前，兴奋不已。事后，我找出一件当时流行的苏式背带裙，还特地找了个小草帽戴上，拍了一张我想像的俄罗斯童话中的小姑娘的照片……

　　现在回想着，那正是父亲沉浸在创作《哈哈镜王国历险记》、《鼓手的命运》、《曙光照耀着莫斯科》等连环画的五十年代。他搜集了许多俄罗斯、苏联时期的小说、电影资料和画集，尤其是苏联画报。当然这些书籍也成了我的读物。这棵风雨中被刮倒了的大榆树给了他灵感，一个颇为质朴极具特色的篱笆就在他手下完成了。

小的时候翻着相册，看到一张照片，是在大修景山公园的五个亭子时照的。父亲登上脚手架，爬到山顶上最高的那座亭子的顶上，而且还登上了亭子顶上的宝顶——那个圆圆的装饰物上，这在当时可能是城墙内最高的地方。为了写准确，我在网上查了一下，景山上的五个亭子第一次大修是在1947年9月25日完成。由此推断，父亲的那张照片应该是在1947年9月以前照的。

那可是龙脉的制高点啊，可能除了当时的工匠，是没有人能登上去照相的！

父亲的心情为什么会那么好呢？

我又查了一下年表，父亲为保姨姨丁冷和大姐孙静出狱从1945年底被捕判刑坐牢，刑期为一年零四个月，应该是1947年上半年被释放。终于自由了！又可以画自己的画了！中共城工部的地下工作者又和父母联系上了！他能不高兴吗？！

造一个俄罗斯式的篱笆，和站在景山的最高点上照相，这种做法可以称做为当时的"行为艺术"了，与现在的时尚不同的是，他的这些"行为"所形成的艺术效果里面蕴含着深沉的思想和浪漫的情怀。

父亲的爱好非常多，体育运动中他最喜欢的是滑冰、游泳和跳水。从他的漫画作品中我们可以看到很多这样的场景。在上世纪三四十年代父亲还获得过北平市花样滑冰的季军。家中存有许多他在滑冰时的照片，身手的矫健、情绪的饱满至今留在我的记忆里。其中一张是和一位留着胡子的老者一起照的。父亲告诉我，这就是给慈禧表演滑冰的那位能手。

游泳是他的强项，但他似乎更爱高台跳水，直到五十年代末六十年代初，他还在冬季到什刹海游泳馆去跳水。我记得，每次他要去跳水的时候，母亲总是叮嘱"不是年轻人啦，不要再跳高台了！"然而，每次回来他仍会说，跳了几次三米的……

父亲对什么都要求的非常严格，不但游泳，滑冰的姿势更要标准、要优美，而且"行头"也决不凑合，比如他的冰鞋，每次用完一定要擦拭干净不说，还要及时处理好冰刀，以备下次使用时方便。小时候，我经常蹲在旁边看他磨冰刀，他一边磨一边告诉我："工欲善其事，必先利其器！"

他似乎把生活中的任何行为都要做到精致且要艺术化。

父亲很时髦。我们在吼虹画社的照片中可以看出他的风格，在这张照片中，

穿西装的都是画西画的，穿长衫的都是画国画的。《北洋画报》（1934年6月26日星期二第1106期）刊登的父亲照片就是他当时的样子。父亲不但会开摩托车，而且会开汽车，可是他一辈子也没开上自己的车。

父亲的漫画作品中有许多表现跳舞的内容，他画的舞姿十分准确，所以虽然有很大的夸张但仍合理。在整理这些画面时，我仿佛又看到父亲跳踢踏舞的样子。记得有一次我也穿着一双小红皮鞋跟着他跳，可我的皮鞋又小又软总是出不来那种悦耳的有节奏的声响，十分懊恼，只好鼓着嘴站在一边看着他跳。父亲越跳越得意，还打着榧子，那时我也就五六岁，实在忍不住了就冲上去，非不让他再跳了。

在他们那一辈人里父亲有点洋派，但他内心却十分传统。他会弹钢琴、拉手风琴，但他更钟爱的是民乐和戏曲。我家有个留声机，有许多高亭公司、百代公司的老唱片，虽然也有周旋等明星们唱的歌，但是大部分是京剧唱片，而且老生居多，梅兰芳的也不少，还有如夏山楼主、雪艳琴等人的唱片，稍大一点后，放唱片就成我的"专利"了。他告诉我决不能用手指碰到唱片的面。我按照他的要求轻轻地从封套里取出唱片，平平稳稳的放在转盘上，小心地放下机头，然后就听到"高亭公司特请梅兰芳老板唱'打渔杀家'……"所以很小的时候我就可以模仿梅兰芳先生那句"忽听门外有人声，想必爹爹转回程……"至于《碰碑》、《甘露寺》等都是经常听的。

父亲不但喜欢听而且喜欢唱，再加上他精通胡琴、二胡、笛子、箫、三弦等乐器，经常是自拉自唱，在这种气氛里，我听也听会了许多唱段。有一次在翻相册时，发现了一张《四郎探母》中"坐宫"的剧照，我惊喜地说："爸爸，这铁镜公主不是你演的吗？"再看旁边，丫环是于东海（父亲的老学生）扮演的。随即我问，"这杨四郎是谁呀？"父亲说"是吕正操！""呦，他还会唱京戏呢？！"父亲说，当时他在易县河北省立八中教课，吕正操先生驻军在易县，就这样熟悉起来，他们都爱唱京戏就在一起排演了这出戏！

父亲的扮相极佳，身材又好，很有点专业的感觉。也可能是因为这个缘故，我家收藏着一本梅兰芳先生赠与的唱段曲谱，瓷青的封面，线装形式，两边翻看。我只记得一面是简谱，一面是五线谱，谱曲人是刘天华先生。

父亲不但自己爱好，而且还把他的这种爱好带到课堂上去。因为他常常是同时兼着美术和音乐课。他的老学生刘光勋先生、祝锡勇先生和徐续标先生都有这方面的回忆。父亲的言行留在幼小的孩童们心里的是一颗颗美的种子。

父亲的唯美是一贯的，而且是不怕辛劳的。他的自行车经常要大拆、大擦、上油、组装……我就蹲在旁边帮他捡个滚珠，找个扳子什么的，所以从小我就知道自行车各部位的名称。他会用上半天的时间认真专注地完成这件"工程"。待他全部重新组装完之后，就把自行车支在院子最当中，而且还要把车把和车身的角度调整到最佳，此时他会前后左右地欣赏，看看还有什么没收拾好的地方。那正是侯宝林先生说相声《夜行记》的时候，但是他决不会因为挂纸灯笼骑车而烧着袖子，因为他先用得是一个黑色的电池灯，后来装了一个非常漂亮的摩电灯，可时髦了。

父亲经常画油画，但是我们家却从来都是干干净净的。他自己有件工作服，擦笔的纸是决不会乱丢的，油画板上的颜色位置按照他的习惯安排得井然有序，决不多挤颜色，用多少挤多少。各种颜色的搭配关系他已经太熟习了，所以从不浪费颜色。他最擅长的是早期英国派的水彩。看他画水彩也是一种享受，干净利落，用色既丰富，又透明。他画的《蒲包里苹果》、《瓶子里的芍药花》、《西红柿》、《北海的游船码头》等等，至今仍然深深地留在我的记忆中。

上世纪五十年代末，美术界开始做油画民族化的探讨，父亲虽然没有资格去参与讨论但他也在实践。我记得父亲用了不少时间，画了一张非常典雅的大油画《林黛玉》，后来因为家里空间不够大，他就乘公交车带到学校去了。一路上售票员、乘客们纷纷赞赏评价。父亲回来后特别高兴，说："还真有懂行的。"他以白居易的长诗《琵琶行》为题材画了一幅很精彩的水粉，可惜这张画也不知道哪里去了。十分感谢北师学生梁兴华先生，他把当年拍照的120底片给了我，虽然不清晰，但可以大概看出个模样来。父亲把《琵琶行》全诗用正楷抄写在一个扇子上，两面，刚好安排满，黑扇底白字，严严整整，每次用它扇风时我都要背一遍，所以这首长诗至今没忘。

父亲给我画过两张肖像，一张是在我六岁的时候，因为年龄小，坐不住，父亲好不容易哄着我画完五官、头部，就让我把橙红色毛衣脱下来，套在枕头上，深绿色的条绒背带裤里塞了条棉裤，摆成我刚才坐着的样子，重新开始画。我呢，还淘气地扒在父亲的椅背上指指点点的，现在回想起来，那真是无忧无虑的瞬间！这张画一直挂在父母的卧室，当然现在已是没有了。

另外一张是我十五岁时画的。那一年我上初三，一米七零的个子，同学们给我起了个外号叫"仙鹤"，很瘦，腰围仅有一尺八，但已经出落成大姑娘了。当时我跟父亲说，以后每年拍一张照片，看看到老了的时候，我会变成什么样儿。没想到拍出来以后大家都非常喜欢，父亲没有再让我坐在那里当模特，就以这张照片为参考画了一张油画像。因为我的功课也多了，他只是需要的时候把我叫过去看一看。我的同学郑秀岩文章中写的就是这张画。看着自己青春的样子我也十分得意。可惜它也不知哪里去了。有时候我常常想请一位油画家以这张照片为参考再画一张，可是又怕画出来不是父亲的那种风格，反而更加失落。1959年庆祝十周年国庆时，我们女八中是文艺大军中的孔雀舞队，从此孔雀舞就成了我们学校的保留节目，至今还有老校友们在跳。那时候刚刚放过《五朵金花》这部电影，女孩子们盘上长辫子都挺像模像样的，于是我又跑去拍了两张照片，这是我十六岁那年的事儿了。当服装发到我们自己手中后，父亲让我在院中摆了几个姿势，画了好几张速写，完成了一张水粉画的《孔雀舞》，当然这张画也没有了。

父亲生活得既严肃、高雅，又很艺术化，他希望做的每一件事都能达到他的美的标准才行。家里的房子漏了，他自己上房去修，让我帮他打下手。我一趟趟地把和好的灰铲到小桶里，他从房沿拽上去。即使是灰，和的也要匀匀净净的。他教我怎么择麻刀，告诉我怎么挖个小坑把白灰块倒进去，怎么掌握注水的多少，直到把白灰膏淋得又细又白又软方可。这时再找块砖地，把灰膏舀出来，加上青灰浆和均匀，再撒上摘好的麻刀……反复地和，直到非常柔和匀净才可以使用。父亲边说边做，干净利落，和他画画一样认真。

生石灰让水一浸那种呛鼻子的味给我留下了深刻的印象，不知是否在此时我就跟修房子结了缘。1967年2月份，我被分配到西城区的二龙路房管所工作，当房屋管理员。转过年来西城房管局改为连队编制，我和许多干部一起下放到各连队劳动，一干就是三年。这期间我又闻到了那淋石灰膏的味道，不同的是父亲教我时是挖个小坑坑，一边干一边玩，不太费劲就学会了，可下放劳动是要真的干活，要挖个很大的坑，把敲碎的大生石灰块扔进去，放好多水闷着，行话叫灰塘，塘比坑儿大多了。每当此时，我仿佛觉得父亲还在身边，我心里问他"看我干得怎么样？"特别想听到父亲的夸奖！至于和泥、抹墙、供当儿、勾墙缝……这些小工应该干的活儿，经过三年的寒暑我也全会了。

竹帘子是北京人夏天必备的，就是再穷的人家也得用它来挡院子的苍蝇。用上几年，编织竹帘的线绳就会磨断，在经常掀帘子的位置，包在左右两边的蓝布也会磨损，临进夏天的时候经常会听到打竹帘子的手艺人，走街串巷，或新打或修补的吆喝声。

有一年母亲请一位工匠来修补竹帘子，父亲在旁边看了看，后来我家就再也没有请人修过竹帘子。父亲要干就得干好，而且还要艺术化。他完全按照工匠用的架子做了一个，找了二十多个铜钱作为坠棉线的重物，让我坐在他对面，从左到右，从右到左的向对方翻着铜钱，每翻到头就放一根细细的四方光滑的竹篾

(mǐn)儿，他提醒我，劲儿要使匀，棉线不能拽得太紧或太松，细竹筶一定要放正才能保证簾子的平整。在我掌握之后，簾子已经从底部打到中间了。簾子的上半部分是要加"花儿"的，于是他告诉我，棉线就好比是纸上画的线，要在簾子的面上打出四方连续或二方连续的几何图形，图形打成什么样的，多宽，一定要算计好……就这样我学会了打簾子。当竹簾子挂上以后，我就拉着小伙伴让她们看。我从竹簾子缝里看到他们惊讶的表情，心里甭提多得意了。

有一年暑假，父亲买了很大的一捆小拇指粗细的绳子，那时候没有尼龙绳，都是棉线绳或是麻绳。我又好奇地看他拿着梭子要干什么？只见他用两根绳子固定在两棵树中间，比好长短，用一根短木做个标志就开始用梭子来回编织。开始，我以为他要编渔网，可是网眼儿应该小呀，他留的眼儿几乎10公分长。我问他，他也不说，快到中午了，我终于看出来，他织了一张可以吊在两棵树中间的"吊床"。我在整理父亲的漫画时，看到了他画的这种吊床。记得当年父亲刚把它固定在两树中间，我就急着爬了上去了，一边左右摇摆着，一边高兴地大嚷大叫……

我扒在写字台边儿上看他在灯下备课：用纸绳编制成各种各样农村用的筐，削了好几个毛笔帽，备出细细的竹皮，编织农村用的背篓，小巧严谨十分有趣。他教我怎样为新墨烫蜡，教我为胡琴加松香，教我翻绳，教我打手影。有时还像杂技演员那样把鸡毛掸子由手指头尖调到头顶找平衡，这种技巧性的东西我跟父亲学了不少。

所有做的这些活儿，达不到他的审美要求，他是绝不罢休的。父亲要求自己的行为艺术化，他让艺术化成为日常的生活，这就是他对真、善、美的执著追求！

父亲的这种"行为艺术"一直影响着我，他的追求和心态显现出来的是一种率真、坦诚和纯净。生活中尽可能地欣赏着具有原生态的朴素的美，尽可能的享受制作美的过程。回忆起小时候生长的环境，就能知道我现在仍然"决不凑合"与"事必躬亲"的原因了！

近年来"行为艺术"被广泛地推广和炒作，成为一种光怪陆离的时尚、怪异的追求和华丽的浮躁；血腥的空落和恐惧的无聊，总是让我们不能理解，当然按时下"后××时代"或"另类"等解释，"不理解"也可以理解为是一种"理解"，或是一种"超前的理解"了。但是我想，人类已经保存下来和将要保存下去的优秀创作一定都是有灵魂的，空泛猎奇的东西只能流行一时罢了。

人生与戏剧

真、善、美，是我们一直提倡的，追求的，但是却没有一个具体标准数据可以衡量，要想真的达到更是不易。每一个人都受着各方面因素的制约，能够超脱、客观、公平地评价一个人和他的作品更是非常的不容易。

文化革命后期，我和公婆一起搬进了落实政策的房子——南沙沟社区，与华君武叔叔住在一个大院儿里。当华叔叔知道我是孙之俊女儿后，对我说："漫画界应该有你父亲一笔！我让英韬同志跟你联系……"顿时我的心里涌起一阵难以名状的感情，因为我并没有向他提出过任何要求，这句话让我终生难忘。

1985年，我的母亲去世，大姐孙静来奔丧。事后，我俩商量整理父亲的材料。我对她说起一件往事。"文革"前，有一次叶浅予先生给全市中等学校的美术教员讲课，父亲也去了（当时在师范学校任教）。见到父亲，叶先生说，"我讲课你还听什么……"由此，想到父亲画的《王先生外传》和"南叶北孙"的说法，我俩商量去见一见叶浅予。经过我的先生李燕联系，我和大姐准时到了他家。

坐在客厅里，王人美女士陪我们说话。我一边和她闲谈，一边打量着这位当年的大明星。不一会儿叶先生从里屋出来，我和大姐赶忙起身做了自我介绍，并请叶先生谈谈对我父亲的了解。出乎我们意料的是，他站起身来，直瞪着两只眼睛走过来，用手指着我们说，"王先生是我画的，你们的父亲也来画这是不对的！"此话一出，我和大姐十分愕然，看着他那气愤的表情，真是无言可对！我们对他完全是抱着对父亲老友的尊敬而来的，万万没有想到的是他竟然对父亲这样的看！因为当时我们也不了解情况，所以只好尴尬地告辞了。出了他家大门，我们才松了一口气。人类能发明文字真是太智慧了！能发明印刷术真是太智慧了！能发明纸张真是太智慧了！如果总是结绳而治，可能我就永远不会知道关于王先生到底是怎么回事了！

在此我们以旧报重刊的方式向大家做个客观的介绍：

1936年8月，父亲作为全国第一届漫画展览会的筹备委员到了上海。他写的《上海游记》生动地记述了这次旅行，并且描述了与叶浅予等人的接触和参加的活动（见《上海游记》）。

1937年5月叶浅予到北京，我父亲与他一起筹备发起并组织了7月3日–7月7日的北平漫画展（见《北平漫画展缘起》）。

在1938年10月《王先生外传》发表时父亲特意写上：孙特哥客串。 1939年我父亲画的《王先生外传》出版发行一万多册很快售罄。1945年1月23日

《王先生外传》 1945年初发表于《三六九画报》

《三六九画报》第560号上父亲又特意对外传写了一段文字说明。

穆家麒先生曾为我提供这样一个细节：1937年叶浅予来北平时，我父亲曾邀他在北平报纸上连续画王先生，叶说，"你画北方的王先生吧，我画南方的王先生……"

待我查完这段史料后，不禁心生疑惑，是叶先生忘了几十年前的事情，还是为了划清与我父亲的界限？不得而知。

当然像我父亲这样在1951年批判《武训画传》后就被边缘化的人，而且"文革"初就已经"自绝于人民的反革命分子"，叶先生是在可以讲和没有必要替他讲公道话的两者之间选择了后者。由此我想到关于人性的讨论。

人性的"善与恶"和"先有鸡还是先有蛋"一样，是一个永远讨论不完的话题。前一辈人没弄清楚就走了，后一辈又重新讨论。近年来现代科技发展很迅速，我常常希望有科学家用实验证明是先有鸡还是先有蛋；用基因能研究出人性到底是善还是恶，那样可以避免多少麻烦呀！惩恶扬善也就简单多了。可是在没有科学的解释之前，我只能按照自己的认识来解释：善与恶其实并存在每个人的心里，引导人向善，表现出来的就是善；引导人向恶，表现出来的就是恶。在某种力量的扭曲下，人们为了达到保护自己的目的是完全可以做出各种出人意料、不合常理，甚至凶险盲目的决断的。像叶先生那种有丰富阅历久经沙场的人，我只能推想当时他的回答大概是不想参与到有关我父亲的事情中来吧？

然而父亲的老友张振仕先生（原中央工艺美院油画教授）告诉我和大姐，"你们的父亲是继丰子恺之后承前启后的漫画家"。

现代的人们似乎更热衷于包装，从月饼到红酒，从服装到肤色，从五官到"写真"……那么"真、善、美"到哪里去了呢？人们从一种谨慎的小心翼翼的心灵的"革命包装"变成了华丽的五光十色的"形象包装"。"革命包装"一定要显示出"真"，否则是没有意义的；"形象包装"一定要显示出"美"，否则是没有价值的；那么"善"到哪里去了呢？ 如果没有一颗追求善良的心是不可能达到真正的"真"和"美"的！

在这本文集中有两处最有人情味儿的部分：一是董晓山先生把他保留了五十年的父亲的速写本回赠给我，这让我大喜过望，大为感动，甚至喜极而泣。 我记得这个本子，其中一张写生的皮鞋是我上五年级时刚买的。

我记得这个本子，那张教学楼后校园内的环境是我曾经在那儿玩的地方。我记得这个本子，父亲写生的那些学生们，我特别熟悉，因为父亲判完作业后，总是让我给登记分数，所以他们的名字我记得很清楚，比如于殿英，他改了名，在记分册上我找不到，父亲说"他叫于淼了。"翻阅着这写生本我的心情很不平静，父亲笔下的每一根线条都铭刻着他对生活的爱，对学生的爱……

二是父亲的学生们对他的生动回忆。这里面有师大附中、北京师范学校、东城师范学校，甚至还有中华中学、中华小学的，从1948年至1962年学生们所写的文章。现在他们也都是七十多岁的老人了，除了少部分没有从事教育工作，绝大多数都是终身从事教育的人民教师，特别是北京师范学校的学生们。"老北师"是所历史悠久，培养出如老舍先生的名校，百年以来，这里培养出的学生成为新式学校的主要力量，特别是上世纪五十到七十年代，"老北师"的学生们活跃在全市各中小学，成为北京师资的主力。他们既尊师又重教，把教育工作始终作为自己神圣的使命。在他们的回忆文章中，流露出的不仅是对孙老师的感情，而且充溢着对老北师的深情和对自己青少年时期的美好回忆。

然而，文集中唯独没有父亲最后工作的单位北京第二师范学校的学生。老北师原址在祖家街端王府，后迁进南横街新的校舍。现在看起来这个建筑是很平常的，在当时那可是条件相当好的学校，图书馆、阅览室、实验室、画室都非常宽敞，设备齐全，因为当时时兴苏式建筑，所以大厅、走廊还有点洋气。上小学的时候，父亲就带我到那所学校去观看运动会，以后的寒暑假我都去过，那里的大哥哥大姐姐对我非常亲切，而且听他们彼此称为"师哥、师姐、师弟、师妹"也感到很好奇，那种朴素的称呼中带着一份暖融融的亲切。可惜这个学校后来改为"师专"，再后来就合并、撤销了。在教学楼的进门处，有一个大厅，东西两侧有高大的门口通向一层两边的楼道，大厅中矗立着四根圆柱显得很气派。然而就在这个大厅里，1967年的年初，我曾经历了一种无法诉说的打击。

命运似乎是螺旋式地轮回着。1963年父亲由东城师范学校调到北京第二师范学校。这个学校就在白纸坊原北京师范学校的新址。同是这座楼，同是师范学校，人们却演出了完全不同的戏！后来一切惨剧就发生在这里。1966年9月2日北京第二师范学校的红卫兵到我家抄家，父亲被押送回来。在此之前他一直被关押在学校是不能回家的。他被打的头破血流，一进门，二师的革命小将就向母亲说"勒令"他们"滚回老家去"。从早到下午，父母亲跪在院子里，几个红卫兵们扬着鞭子抽打着，在他们身边走来走去，一部分人往外搬东西，一辆卡车，一趟一趟，直到家中所有物件被全部搬完。

父亲回老家自尽后，母亲辗转在几个亲戚家寄住，直到1967年初，她只身一人回到北京。为了解决母亲的问题我只能硬着头皮一次次地往这个学校跑。经历过"文革"的人们肯定记得，1966-1967年中间经过了被称为"批判资产阶级反动路线"和"二月逆流"这么两个阶段。在前一个阶段中所谓的保守派揭露和批判了造反派触目惊心地批斗"牛鬼蛇神们"的那些"革命行动"……而1967年的所谓"二月逆流"又把前一段保守派的批判做了彻底的"否定"，把"批判资产阶级反动路线"的人们和力主保护老干部的人们打成了"二月逆流"。

就在"批判资产阶级反动路线"的时候，我去了北京第二师范学校，那是为了申请领回我家的衣物，因为我家抄得犹如搬家，什么都没有了。昔日圣洁的圆柱上、干净的走廊里，到处贴着大字报红红绿绿，铺天盖地，一层压一层……。我看到了1966年9月1日晚上学校里批斗我父亲的内容，其中有这样的文字：当晚打得孙信在台上乱滚，整个台上抢着鞭子打人的、高喊的，而且做人事工作的张某某还在旁边扯着嗓子喊着，"打死他！打死他！打死他不偿命！"

看着这些文字，我几乎要晕过去，内心窒息得喘不过气，我不敢想，一向自尊律己、诚恳教书的父亲是如何忍受此种暴行的，那么一位有尊严的老师会遭到如此没有人性的迫害？！回想起父亲和我最后在一起的那天（9月3日），我问他"您还有没交代的问题吗？"他说"我都交代了！这些平常都对我挺好的学生，现在是怎么了？！"说完，他瞪着那双大眼睛迷茫地望着远方，那眼神是无尽的，无望的，是灵魂向苍天发出的天问！父亲在9月4日离开北京的时候，头上依然裹着母亲用被里子撕成的绷带……我木然地看着背着仅剩的一份被褥的父母远去的背影。我不知道他们的未来会是什么样的，也不敢想，不回去他们又能到哪里去呢？那种"荡涤一切污泥浊水"，"横扫一切牛鬼蛇神"的狂暴风浪真的是"势不可挡"，没有地方可躲，没有地方可藏，我感到的是赤裸裸地无助和颤抖。当我关上院门以后，突然感到熟悉的院落是那样的陌生，那样的凌乱，那样的可怕……

我不敢去火车站送，因为当时我的同学中已经有人告知我，"你必须跟你的狗爹狗妈回老家去！"为了避免这种结局，第三天我就和两位同学一起悄悄地混在"革命大串联"的队伍里离开了北京。

直到90年代末，一位北京第二师范学校的学生，详细地告诉了我当时的情况……

我是原北京女八中（现鲁迅中学）毕业的，我们的校长是王震同志的夫人王季青，前几年在她去世的时候，我作为校友会的负责人之一与她的孙女王京川联系，在女八中的"大方屋子"（原北京女子师范大学校址内的方形礼堂）举行追思会。

其中有一位老校友的发言让在场的人十分震惊和感动。1966年她是当时革委会的主任，由于王校长的威信极高而身体十分差，开批斗会时这位主任竟然还让她坐着，斗完了还给送回家……在当时真是太特殊了！

即使是这样，这位当年的革委会主任在王校长的家人面前，在各届老校友和老师们的面前，仍然十分沉重而真诚地表示对不起老校长！向他们道歉！

在场的人都被她的话感动了。顿时，我的心中升腾起一种对她最真诚的敬意。一个当众承认自己错误的人是伟大的，更何况造成这种错误的原因并不是她本人！据说当时两只大的红卫兵组织"西城联动"和"西纠"（西城纠察队）都有女八中的学生，批斗迫害老舍先生也有她们参与，然而到现在……

为什么像华君武先生，像我的这位同学，不能再多一点呢？如果我们这一代人都写一份自己的《反思录》，那真是对人性最真实的研究，对人类发展的巨大贡献，即使不能做到巴金先生所倡导的那种境界！"文革"已经过去四十五年，经历过这场"史无前例"的大劫难的人已经走了大半,留下来的人也已经步入老年了,他们在人生的舞台上还会存在多久呢?自从《史记》编撰之后,各朝各代都记录下自己的那一段历史,"以史为鉴"是中华民族发展过程中为世界文明作出的独特贡献。我想我们的后人也一定会客观的分析和记录这一段历史。

人们常说"人生如戏",父亲在1947年8月创作了《戏剧人生》,想想我已走过的岁月,喜怒哀乐、生旦净丑、文武昆乱,真是乱纷纷你才唱罢我登场。漫画家李滨声写了一本《我的漫画生涯》,他以非常写实的手法不加任何评论,记录下蕴含着极为深刻的人生体验,似乎像明代陈老莲的白描人物,体味不尽其中的酸甜苦辣。李滨声送给吴祖光先生一本,吴先生读后说"你不能当剧作家。"李问"为什么?"吴答"你愣把悲剧写成喜剧了。"这话说的太经典了!父亲笔下的漫画创作出一场场的喜剧,然而他自己的人生却演绎了一场巨大的悲剧。

武训与教育

父亲搭建俄罗斯式篱笆的时候,正是刚刚经受了一次莫须有罪名打击的时候。

1951年对电影《武训传》的大批判涉及到一切和宣传武训有关的人,我的父亲也是首当其冲。他在1936年下半年,两次去包头,与国民党中将段承泽先生合作了《武训先生画传》。抗战爆发以后这本书的锌版被段承泽带到重庆。他去世之后,由其夫人交给陶行知先生。陶行知先生做跋,再版六次,并译成外文发行到国外。就是这本画传感动了当时在大后方重庆的电影名导演孙瑜和著名电影艺术家赵丹。赵丹先生是山东肥城人,从小就听到过武训的故事,据说,他看了这本《武训先生画传》后泪流满面,激动不已。他俩商量决定拍一部电影《武训传》,由赵丹扮演武训,宣传武训为穷孩子办学的精神。

《武训传》是分两个阶段拍成的,一部分是在1949年前,最后完成是在1949年10月后。然而在他们正为新中国成立后拍摄完成了第一部表现劳动人民的电影而欢欣鼓舞的时候,却受到了突如其来的严厉批判。

如果事情只是这样的话,我的父亲或许不会受到多大的牵连。命运真是难以捉摸。1949年李士钊先生(山东聊城人,解放前曾任上海武训学校校长)来到北京,他找到我的父亲说,陶行知先生在世的时候因为不满意由南方的画家画的武训,认为许多场景、人物的衣着和用具、农具不对,嘱咐他"到北平一定要找到孙之俊先生,再画一部精美的《武训画传》"。

就这样,由李士钊撰文孙之俊绘画的《武训画传》于1951年在钱君匋先生主办的上海万叶书店出版发行了。

电影《武训传》和连环画《武训画传》几乎同时的放映和出版，似乎形成了一股宣传武训的热潮，其实他们并不是商量好的，并不像现在既拍电影又出书的运作方式，如果真能想出这种商业模式，他们岂不是太超前了吗？但是这些参与者也不是突发奇想的要拍武训，要画武训，而是都认为武训是穷人，是劳动人民；他办学是为了教育，是为了让穷孩子们上学读书，在这一点上和让穷人翻身得解放是不矛盾的。他们没想到的一个"逻辑"是，武训以自己讨饭得来的钱购置了土地，并且建造了校舍——房产，因此改变了自己"无产"的成分，而成了"大地主"！在新中国成立后，第一个以发表社论开始，掀起在全国范围大批判的这种进行阶级斗争的革命便由此开端了。

父亲和赵丹、孙瑜、李士钊、郭沫若……先后公开在报纸上做了检查。

自此，孙之俊这个名字就消失了，父亲改用笔名孙信，逐渐淡出美术界而潜心于美术教学。这段过程发生的时候我仅仅五六岁。解放初期，因为我的大姐和大姐夫及其他许多亲属都在部队上，我家来来往往的人很多，但这位操着满口山东话的李士钊叔叔却给我留下了很深的印象，只记得他兴致勃勃地拿来郭沫若先生的题词交给父亲，可惜"文革"时题词也被抄走。

有一次李叔叔大汗淋漓地送来精装和平装的两种《武训画传》，平装的是红皮，精装的是白本，很漂亮。他还告诉父亲，这本新书已经送给了董必武等中央领导同志了……

后来就听到母亲说，"武训这本书被批判了。""武训买了地，如果按照有地就是地主的话，定他个地主成分还成，为什么还说他是个大流氓？本来清朝时候农村妇女都裹小脚，画个年轻小脚的媳妇儿，女孩，就是歪曲劳动人民？我们这一辈儿人，像我这样不裹脚又能上学的都不多……为这个也要做检查？！"

我不知道母亲的埋怨是为什么，因为我刚刚零零星星的认识几个字，他们也没有当着我的面解释过"批判"和"检查"是什么含义，不要说我不懂，就连他们也不明白这就叫"犯了立场错误"，而且是很"严重的错误"。此后十几年我没有听过父亲再提武训，再提起陶行知，也没有说过一句牢骚的话。

整理父亲的作品和年表，跳出自己孩童时的印象，我深刻地理解了父亲当时的心境。1947年父亲出狱后仍在协助中共城工部做地下工作，迎接北平的解放，因为情报在传递过程中泄密又一次被捕，直到北平和平解放前夕，他才被释放。从1942年我的姨姨丁冷做地下工作到北平住在我家开始，直到1948年年底父亲从狱中被释放，他已经由协助到直接参与搜集情报达六年之久，对于新中国的成立他是怀着极大热情的，迎接解放军、迎接共产党、迎接解放！

对《武训画传》的批判严重地伤害了他，伤害了他的热情、伤害了他的心。他在美术界被边缘化了，连美协会员都不是。他无法辩解，而且谁也不能替他辩解。

我从来没有听到过他对自己曾经协助共产党做地下工作入狱受刑，又没有得到什么待遇而委屈抱怨，也没有因为《武训画传》受到批判做了检查而埋怨。在幼年的我看来，他生活得依然很乐观，认真地教书，勤奋地画画，闲时拉拉胡琴，弹弹三弦儿，养花、种树……那段俄罗斯式的篱笆就在那个年代的某个夏季完成的。我只记得，那一年的夏秋两季雨水很多，这段篱笆墙下冒出了许多蘑菇，仍然有着生命力的榆树干上还发出许多芽，雨后还长出了许多肥厚的大木耳，这是我第一次看到长在树干上的木耳，肥肥的，还有点弹性……

四十多年后，当我认真地整理和思考他的作品时，我才知道他曾经画过那么多的有个性、有思想的漫画，曾经参加过那么多的活动……按时间捋着这些作品，我清晰地看出他的思路和人生轨迹，是怎么随着自己生活的变化、社会的动荡而变化的；理解了他对生活的热爱，对正义的追求，对老百姓的关切；发现了他天性中的幽默、率真、睿智和机敏；佩服他惩恶扬善的勇气，对社会变迁中的敏锐忧患意识和他自觉的使命感和责任感。

近距离的生活岁月让我了解的是他性情中柔缓的艺术的一面；远距离的分析，让我看清了他冷峻、尖锐、正直、战斗的另一面。

武训只不过是大字不识一个，以行乞的方式，为穷苦孩子创办义学的一位奇人，一位执著的"苦行僧"，用现在时髦的称呼，也可算做同治、光绪年间的"犀利哥"。不同的是现代"犀利哥"绝做不到他的那种程度！"执著"容易，"吃苦"不易，"受辱"就更不易。据说犀利哥，参加过抗震救灾，但是在公益活动之后他必须挣钱，养自己，养家；而武训的"犀利"是终身为了一个目的，要办义学！而且为了这个目的一生都在行乞，这就是他能得到从上到下那么多人尊敬的原因。

这位根本没有名字的"武豆沫"，恐怕在阴阳两界都想不明白：他既不想让光绪皇帝为他题匾；他也不想让蒋中正等后来的党国政要们为他追封，他更没想到的是自己被捧到天上，若干年后又被狠狠地摔到地下，并遭到了挖坟掘墓，还牵连了那么多人……

1997年，我们为了拍摄《爱国艺术家——苦禅大师》到了山东高唐县。我特意安排去了一趟冠县——武训的家乡柳林镇。高唐和冠县都属聊城地区。那里已经恢复了他的坟茔，虽然是个空的，周边仍有一所武训小学。一踏上那片土地，我的泪水止不住地往下淌，我家和武训没有任何关系，宣传他的陶行知、李士钊、孙瑜、赵丹……都和他没有任何关系，是神圣的教育事业把他们这些人和武训连在了一起。

为了整理《武训画传》，我把能找到的资料都找到了，在这里也选出一些提供给大家，以便更清楚地了解武训其人。

父亲总是对我说："滴自己的汗，吃自己的饭，自己的事自己干，靠人靠天，靠祖上，不算英雄好汉！"我不知道这是谁说的，因为在批判武训的时候，连大力宣传过武训，已经故去的陶行知先生也受到了株连，因此父亲虽然是用陶先生的话教育我，但是却没有告诉我是谁说的。直到近十年整理父亲的创作时，才认真地看了些有关陶行知、梁漱溟，以及旧军人中办学的段承泽、冯玉祥和傅作义等人的资料。在蔡元培先生的启发和号召下，有能力的人，爱国的人，都在思考怎么能提高中华民族的素质，增强国力，解决民生问题，以达到孙中山先生的理想，因此"教育救国"曾经是当时许多有识之士的梦想。

梳理了父亲前期的漫画作品和后期的连环画作品，可以清楚地看出一点脉络，即"导人为善——是我漫画中的主题"，这是1942年他回答记者采访的一句话，导人为善就是他的教育理念。

父亲虽然是在新式学校受的教育，但是优秀的传统文化，伦理道德，做人做事的标准……是他十分崇敬和始终遵守的。他不会算计人，也不会隐瞒自己，就像友人文章中所写的。

上世纪80年代中的一天，我被汽车撞了，因为骨折在床上休息了二十多天。此间，弘一法师的书法集就成了我打发无聊时光的最好读本。不翻则已，一翻这本书引起我无限的怀念和联想——书中许多警句名言都是父亲常常挂在口头教育我的：

有真才者必不矜才　　　　有实学者必不夸学
日日行不怕千万里　　　　常常做不怕千万事
心志要苦意趣要乐　　　　气度要宏言动要谨
静能制动沉能制浮　　　　宽能制褊缓能制急
人好刚我以柔胜之　　　　人用术我以诚感之
临事须替别人想　　　　　论人先将自己想
从前种种譬如昨日死　　　从后种种譬如今日生
处逆境心须用开拓法　　　处顺境心要用收敛法

当这些修身养性为人处事的警句突然出现在眼前的时候，仿佛又能听到父亲既是教育我，又是自我安慰的声音，此时我明白了，心不嗔怒，乐观向上是父亲长期修养的结果！

博爱与仁爱

上世纪50年代，我家的隔壁邻居奎老太太去世了，她是一位十分善良的满族老人，在旗，什么旗我不知道。她早年守寡，收养了一个儿子，是位洋车夫，父亲画《骆驼祥子画传》时，总是从各个角度反复写生他的车。奎老太太去世时七十多岁，因为家中贫穷，我父亲给她买了一口棺材。我记得在停灵的三天里，我的父母都给老人鞠了躬，母亲还特意给我做了一朵小白花插在辫子上，让我给老人磕了三个头。

为什么一位邻居老太太的去世在我家会如此的重视呢？

1945年秋，我姨姨丁冷（中共地下党员）和大姐孙静（中共地下工作者）等三人，到京西城工部刘仁同志那里汇报工作，走至良乡被当地国民党高定甫部队发现被捕。为了保释她俩，我父亲穿着国民党的军装，以强硬的态度去交涉，结果以"强保女共匪"的名义被捕。由于她俩的身份都没有暴露，父亲的友人阎少青先生又以铺保将她俩保释，国民党方面恼羞成怒，以沦陷时期我父亲在伪新民会工作为由，判他"汉奸罪"坐牢一年零四个月。殊不知，我的姨姨丁冷于1942年被八路军一二九师派遣到北平来做地下工作，就是由我父亲接待并提供衣食住行，提供情报的。

为了保护姨和大姐，父亲坐了牢。姨姨出狱后迅速离开了北平。在这一年多里虽然曾有城工部的同志来看望，终究因为没有父亲的收入而变卖了家里所有值钱的东西。当时做地下工作的环境并不像电视剧里所表现的那样，用钱时有钱，用车时有车……

我的大姐总是说，出狱后在家里住了近两个月，每天母亲给父亲去监狱送饭。我出生于1945年3月，当时只有八九个月大，因为缺乏营养，脖子还直不起来，头总是歪在大姐的肩上。长我两岁的哥哥小羊子哭着向她说："大姐，我要吃大米，我饿……"家里真是一贫如洗。每每说到此处大姐总是泪流满面。虽然我俩是同父异母的姐妹，但在我们相处的几十年中，她总是格外的关照我，特别是"文革"十年中，她和姐夫宗凤洲不但在精神上鼓励我而且时常会寄钱和衣物给我。

大姐走后，为了给狱中的父亲送饭，母亲只好把我托付给邻居奎老太太。太太，是满族旗人的称呼，相当于汉族的"奶奶"。这位贫苦善良的老人看到了我家的处境，尽心尽力的帮助母亲。她每天到我家来，给我做糊糊，后来我能吃点东西了就做点拨鱼儿，一直到父亲出狱。1948年夏，长我两岁的哥哥小羊子因患急性脑膜炎，无法及时治疗而去世……父亲受到了极大的打击，一度神经恍惚，到吃饭的时候他会猛地跑到院外去喊"羊子，吃饭啦！"见此情景奎太太陪在母亲身边，陪她掉泪，陪她说话，劝慰她，帮她料理着一些事情……至今我还清楚的记得奎太太一到我家就叫，"华子，咱梳小辫儿！"北京胡同常说的"小小子儿坐门墩，哭着喊着要媳妇……"就是她念给我的。有一天不知她从哪儿弄来一只小黄猫，因为小猫两只眼睛之间有个白颜色的竖道，老人给起了个名字叫"蜡扦儿"，这个极具特色的名字就是奎太太的知识结构中最熟悉的题材了。直到现在我听刘宝瑞先生的相声《化蜡扦儿》时，依然会想起那只小猫。奎老太太是绝对想不出什么"冰冰"、"朵朵"这样的名字，更不会想到什么"卡拉"、"奶酪"之类的。当年我坐着小板凳趴在奎太太腿上，仰望着夏夜的星空，听她讲神仙妖怪的故事，听她讲妙峰山的庙会，二龙坑鬼打墙的传闻，真是觉得又害怕又神秘。跟着她，我知道了小猫喜欢吃晒干的小鱼儿；指甲草可以捣碎了、加矾染红指甲；麻绳怎么搓，鞋底怎么纳……我像个小尾巴似的老是追着她，以至晚上必须有奎太太坐在我床边，我才上床，似乎只有在她那并不宽大的后背影里我才踏实，才能放心的睡觉……有一天，这位善良的老人病了，我母亲送汤送药……真情是患难中产生的。她发了几天烧，安详地走了。父亲为她买了棺木，并不是什么高档的木材，因为我家也是刚刚从窘迫中缓过来，但是父母觉得只有这样为老人家送终他们才安心。

我记得她的棺木就放在柳树井甲5号南屋房檐底下。她的丧事很简单，但是程序是没错的。三五个僧人在大门口念了经，打幡、摔罐……这是我第一次经历出殡，而棺木中又是那位我很依赖的老人。记不得准确的日子，我只记得是前苏联领导斯大林逝世的前后。如果在自己的境遇转好以后忘记曾经帮助过自己的人，或更怕当时的穷朋友连累自己，在父母看来那是不仁不义。他们的这种做人做事的标准造就了我一生的为人标准——受人之恩当涌泉相报。

母亲的为人做事一向受到周围的街坊邻居的敬佩和尊重。父亲发表的《告别》一文实际上应该是母亲的"作品"。母亲和父亲同庚，而且出生在一个村子，从小青梅竹马，但是父亲家里为他包办了婚姻。母亲和长她一岁的最好的同学李云淑，决心永远做好朋友，谁也不结婚，当教师，做个独立的新女性。但是社会毕竟是在变化着，那时河北省建立了一个蚕桑师范学校，位于北平鼓楼锣鼓巷的琉璃寺一带，是为了在河北发展蚕桑工艺而建的。李云淑、我的母亲和姨姨都是蓁城女校的优秀生，所以先后被保送到这所学校学习。此时父亲也在北平国立艺专学习。我有一位本家姑姑小名叫小徐（孙启堃），父母都叫她"徐姐"。她嫁给宋哲元手下的一位爱将姜震环，住在北平。姜家家境富裕。父亲在北平读书时与这位本家姐姐有着密切来往。因为都是一个村子的乡亲，我母亲和李云淑也常常去这位徐姐家。姜家老太太非常喜欢她俩，一定要认做干女儿，因此我母亲也就成了姜家孩子们的"二姑"。姜家也就成了这几位年轻人的"家"。那时父亲还经常到学校找母亲，约着一起去姜家玩。毕业后，母亲和李云淑都曾在北平任教。当时北平的开放气氛为年轻人提供了交往和感情推进的机会，尽管如此，他们都是很尊重长辈的年轻人，所以一直没有打破家庭的格局。直到1940年，北平沦陷后的第三年，父亲和母亲才在北平结了婚。那年他们已经三十三岁。新家是租住现在民族宫后身儿的下岗胡同傅家西跨院的三间西房。傅家是个满族大户人家。父母亲保存了许多当时的照片，可惜都抄没了。唯一可以看到当时痕迹的仅剩两张照片，一是傅玉娴小姐与母亲在北京大学未名湖畔照的，傅小姐当时正在读北大中文系；在我的记忆中，父亲始终保存着一条字，是傅小姐写的蝇头小楷，非常工整清秀。另一张是姨姨丁冷1942年到北平后住在我家即下岗新家的屋门外照的，这是姨姨在世时说的。

　　1943年，父亲在柳树井建了自己的小院。就是这个院子给我和我的小学、中学同学们留下了深刻的印象。为什么呢？其一是院子大，树木花草多，孩子们可以痛痛快快地玩，其二是我的父母亲自觉地承担起辅导孩子们学习和教育他们的责任。上小学的时候，学习小组一直设在我家，每天妈妈给我们准备好桌子，尤其是夏天，院内的石桌时常是大家先抢占的位置，来晚的只好在木桌上。孩子们安安静静地做算术，不会的就问母亲，她讲得又简洁又清楚。最后默写当天学的新字词或课文，总是她给我们念。有的时候孩子们和父母闹了小别扭，母亲总是劝导他们，又有批评，又有表扬。直到现在，小时候去过我家的所有同学没有一个不怀念我母亲的。

　　父亲每天上班，看不到这温馨的一幕，但是邻居院的孩子们即使是周六周日随时都有到我家来看书的。父亲的书架上有许多许多的书，只要说一声，并且一定放归原处，哪一本都是可以看的。我的小伙伴李爱华（现在上海）常常说起这些书给她带来的影响。有一次，她鼓着嘴进来了，父亲问："怎么啦？"，她说："我妈本来留着好好的辫子，现在非要烫发，我爸跟她吵架呢！"父亲一听就乐了，说"这好办，左边烫发，右边梳辫子，老让你爸看右边不就得啦！"一句话说得我们都乐了。现在想起来，这种幽默就是他长期进行漫画构思的结果。

在我的这些同学中，中国人民大学清史研究所教授李景屏是最受益的一个。这本文集中把她在病危之际写的《大爱无言》也收了进来，那是她胃癌晚期生命垂危时完成的。她不止一次地说，"没有孙大爷和孙大妈就没有我的今天！"景屏的父母都没什么文化，她的下边又是四个弟弟，所以上初一以后，她就搬到我家和我同住。父母对她视如己出，倾尽全力，无论是精神上还是物质上。2010年5月12日景屏离开了这个世界，但是她的愿望和未竟的事业，我和我的女儿仍然在为她做着。

"老吾老以及人之老，幼吾幼以及人之幼"，这难道只适用于"农业社会"吗？尽管现在我们依然应用这句话，但是在引用的同时，总觉得有一根链条在里面起着某种作用——那就是由金钱所形成的经济链条和商品社会大规模发展模式的链条，当要"及人之老"或"及人之幼"的时候，许多人就会想到"吾能得到什么？"有的人甚至连"老""吾老"都不想做，哪里还能"及人之老"呢？

"老"欲得，"吾"不让出，"幼"欲得，"吾"不付予；或者老"欲"、幼"欲"特别过分，比如"啃老族""富二代"，怎么办呢？诉诸于法律解决！如果按此种逻辑推理，只能认为，法律不过是道德的补充，是处理人与人或国与国没有办法解决的问题标杆而已。

在我懂事儿之后，母亲就不断地告诉我，"将来没有父母以后，你和你的两个姐姐就是最亲近的人，你一定不要向她们耍小性子、闹别扭。遇事一定要先站在对方立场想一想，不要只是觉得自己有理、自己委屈……"我记住了，而且我始终保持着对她们的尊重。

弥留之际，母亲对我说："不管你婆婆对你怎么样，你都要好好的对待她，尊重她。我走之后，两边的老人只有小庆的奶奶了，你要照顾好她！"我完全依她叮嘱的做了。几十年的婆媳相处，我尽量做到理性化处理，以苦禅老人的事业为重，该支持婆母时，我一定全力以赴；该自己挑大梁时，我义不容辞。李慧文老人在病房的最后时刻，我一直在她身边……直到我为她净身的时候，心里默默地想，老太太特别爱整洁，一定要为她擦洗的干干净净。老人一生不容易，后事也要办得庄重，让她很有尊严地离开这个让她费尽心血的家和亲人们。我心里默默地对母亲说："妈妈，对婆婆我是尽力了……"

婆母去世之后，李燕十分悲伤，以至身体虚弱，睡眠很差。有一天晚上，他对我说"妈在半年前告诉我，父亲在世时说的话"，我问"什么话？"他说，"爸说，到了老年我做错了一件事，妈问他什么事？他说，我不该让燕华到这个家里来！老人顿了一下，说，她将来会很受累，很累呀……"听到此处，我心里真的是如倒了五味瓶酸甜苦辣……随即眼泪止不住地淌了下来，湿透了枕巾，没想到苦禅老人对我的理解竟然是如此的深刻和动情！几十年来我一直非常感谢老人家，如果没有他做主，我不可能和李燕结婚，不可能回到美术界这个范围，也就不可能有机会整理出我父亲的书籍和作品……

父亲和苦禅老人相识应该在1927年，从吼虹社，到居住在柳树井做邻居，直到上世纪六十年代之间的来往，他们的交往长达四十年。苦禅老人知道父亲的遭遇后，义不容辞地担负起呵护我的责任。这让我终身感激他！

还有一件一直让我很纳闷的往事，百思不得其解。"文革"后期，我父亲的老学生孟庆堂几次去荣宝斋找李燕。当他见到我们娘俩后说："孙先生跟我说过，苦禅有个儿子，在美院上学，和燕华结婚年龄挺合适，……所以我想只要能找到苦禅先生的这个儿子，就能找到师母和你。后来听说李燕在荣宝斋工作，我就一直找他……"听了他这番话，我和母亲都十分惊讶，母亲说："我们从来就没有说过此事！"是梦境？是幻觉？不得而知！

这一夜，我翻来覆去地时梦时醒，父亲母亲，苦禅老人和婆母不断地出现在我的脑海……

他们那一代人出生在清末民初，他们受教育的时候也正是由私塾转为新学堂的时期，既接触过四书五经，又受到西学东渐新潮的强烈影响，更何况他们都不是拘泥于陈腐之中的学究，因此我从他们一生中所表现出来的观念和言行来看，他们一直是捧着一颗既有"博爱"又有"仁爱"的心。

仁、义、礼、智、信，这几个字虽然简单，但是它们却承载着厚重的人文理念，传承了几千年。对于"仁爱"，因为这个"仁"字，我一直感觉是"传统"的提法；而"博爱"，却一直感觉是随着西方传教士的游说，伴随上帝而来的。孙中山先生书写的"博爱"两字广为流传之后，似乎"博爱"的精神又带着某种革命时尚的色彩在中国人生活中迅速的流行开来。

但是在"以阶级斗争为纲"的年代，"博爱"被批判为没有阶级性，地主的女儿是不应该爱上长工的，如果爱上了，结婚了，那长工就是背叛了自己的阶级……"文革"初期人们骤然被绝对的阶级成分的划分而突然必需重新组合，站队和表态，一下子失去了正常的社会生活标杆，形成了无数的悲剧！

像承认"慈善"一样，我们终于承认爱是人类的一种感情，并且知道了爱有多种，但是我觉得博爱与仁爱是最能体现爱的本意的。博爱是指爱的范围，广和大，广博。仁爱是指爱的性质，仁，是以一种同情、友爱的思想感情去爱。

爱是不会被忘记的，尤其是那种真诚的，美好的，永远能给人以温馨的爱更是不会被忘记的。

在这本文集中有印尼归国华侨女八中时的同班同学陈春卿的文章，有赵洁、郑秀岩等老同学的文章，都表达出对我父母亲的深情。特别是北京史家胡同小学特级教师孙蒲远，她不止一次的对我说，"刚一听到孙先生的遭遇怎么也不相信，看到大街上走的有些像孙先生的人就会追上去看一看是不是他，难道真的就永远见不到了吗……"我看着她满含眼泪的双眼……

看看文集中这些普通的善良的老朋友、老学生的文章就能知道，他们是以多么真诚，多么朴素的爱去回报那远去的孙老师，孙先生……多么淳朴的人们啊！

改革开放三十年来，我们的经济发展很快，国力增强，这是不争的事实，然而在人文方面，在加强凝聚力方面，在反腐倡廉方面，在和谐发展方面，在学校教育和家庭教育等诸方面还存在着不少问题。做为我，既为人子女，又为人父母，并且做过多年教师的人来说，我是多么真诚地期盼着，我们的孩子们能够在一种博爱与仁爱的环境中，丢弃沉重的负荷，找回那快乐的青少年生活，特别是不必去应试什么，而恢复天然的，纯真的心态健康地成长啊！

我想一本能真诚地记录人们亲身感受的真实文字是一定能传世的。

孙燕华　孙之俊之女，文艺评论家。

学者篇·评

明辨是非导人为善
艺苑大树倔强依然

翻开那漫画史上有一笔

理想中导人为善是主题

他关注众生冷暖砭时弊

生活为本线条生动播春雷

爱国情情同火烧志不移

鞭伐外敌画笔铮铮手高举

三画武训为穷苦人儿受教育

大树呈倒绿荫依然留天地

一棵被砍倒的大树
——记孙之俊和他的漫画

舒 乙

中国的文艺品种里曾经有过三个强项：话剧、木刻、歌咏。它们强过小说、散文，这是指影响而言，因为中国在那个时候文盲多，贫苦人多。话剧、木刻和歌咏可以直接面对群众，去鼓动他们，启蒙他们。

从这个意义上去讲，中国的漫画应该和木刻并列，也是一个强项。中国有许许多多进步的漫画家，他们的漫画为群众所熟知、推崇和喜爱。叶浅予、丰子恺、张乐平、高龙生、汪子美、鲁少飞、陆志庠、廖冰兄、华君武、丁聪、李滨声、方成等等，还可以开出一大串可敬可爱的名字，他们为中国的漫画事业立下了不可磨灭的功绩，为推动中国现代化进程做出了杰出贡献。然而，他们之中有一位大家已经被忘记了，他就是孙之俊先生。最近，由于发现了他的连环画《骆驼祥子画传》，才被重新"出土"，渐渐重新"走红"。前几年，一本他的小人书居然拍出了4200元的高价，轰动一时。

孙之俊（1907-1966年）笔名孙信，又名付基、特哥，河北石家庄藁城人，1930年毕业于北平国立艺术专科学校西画系，在校期间参加北平漫画社和中西画会吼虹社，开始发表作品，1928年组织五三漫画社，用漫画宣传抗日，同年发表第一部连环漫画《快乐家庭》，毕业后多年从事教学工作，1936年和段承泽先生合作创作了《武训先生画传》，同年到上海参加第一届全国漫

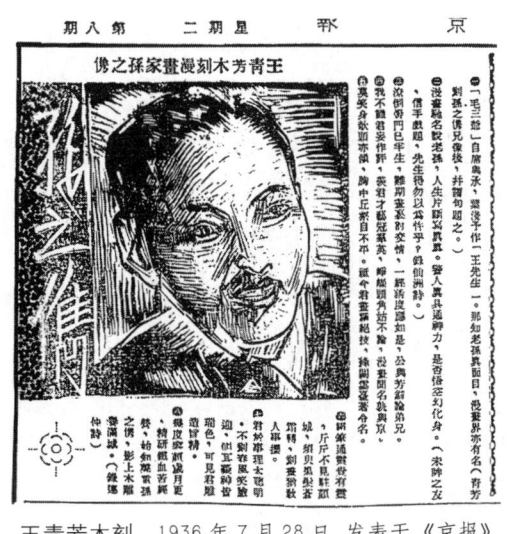

王青芳木刻　1936年7月28日　发表于《京报》

五三漫画会成立大合影　1928年6月3日　发表于《世界画报》
自右至左：谌亚逵君、钟心如君、刘尔炯君、王君异君、王石之君、宗维庚君、孙之俊君、蒋汉澄君。

画展，并担任评委，抗战前夕在北平和叶浅予先生一起发起并组织北平漫画展，1938年继叶浅予先生之后发表《王先生外传》，一月内销售一万册，一时有"南叶北孙"的称法。抗战胜利后，在北平一面教书，一面协助中共地下党员从事革命工作，并两度被捕，坚贞不屈，直至北平解放才走出牢房。1948年在报刊上发表《骆驼祥子画传》第一稿，1951年由上海华东书店出版《骆驼祥子画传》单行本上下两册，1951年在批判电影《武训传》的运动中受《武训画传》的牵连而销声匿迹，默默地从事美术教学工作，基本上停止了漫画创作，仅发表了一些少儿读物，1966年"文革"初起，受严重迫害后自杀身亡。

由以上的简短介绍不难看出，孙之俊先生是个非常活跃的漫画家，是我国现代漫画和连环画的先驱者之一，他主要的创作活跃期是解放前，由1927年到1949年，先后共22年，一共发表了连环画16部，共计2241幅，其中代表作是《武训画传》和《骆驼祥子画传》，另有单幅漫画627幅，享有很高的艺术成就和荣誉。

孙之俊先生是个进步的艺术家，他非常爱国，同情穷人，关注社会和民生，用自己的笔尖锐地抨击黑暗的社会现象，时时对帝国主义者，对军阀，对达官贵人开火，能用漫画形式迅速地对时局做出正确的判断，替老百姓说话，说出大家想说想喊的心声。漫画不同于一般的绘画，漫画有思想，相当于文学的讽刺作品，能起到一针见血的作用，宛如匕首。一个好的漫画家，首先是个思想家，负有传播思想的任务，他本人应该是画家、学者、新闻工作者的混合体，既有丰富的社会阅历，博学多才，思想敏锐，又有艺术修养。孙之俊先生应该是一个很好的典型。

孙之俊先生是漫画界的活跃份子，是一些漫画社团的参加者、组织者，是若干重要漫画展览的发起者和实施者，总之，是漫画阵地的中坚力量。过去，漫画展览是一种很好的艺术活动形式，有着光荣的传统，很受观众欢迎。眼下，这种传统明显没有得到继承，我们应当由孙之俊先生那里得到启发，瞧瞧他写的那些漫画展览缘启，多有意义，多有情趣。办好漫画展览应当也是繁荣我们当下文艺事业的一块好园地。

关于孙之俊先生和他的画，最近，已经有两个作品问世，还即将有一个专门的展览推出，一下子，就将重新"出土"推成了"热点"。

两个作品中第一个作品是由人民文学出版社在2006年12月根据1951年版的《骆驼祥子画传》推出的由孙之俊先生绘制、孙燕华撰文的新版《骆驼祥子画传》，这个画传的副标题是《老舍名著的形象解读》，除了全部刊登孙之俊先生的连环画原作之外，还将《骆驼祥子画传》的创作历程、重点环节、绘画细节都一一加以剖析，图文并茂，装帧大气，既别致又有趣，在"小人书"出版里开了一个先河，很有创新意义。

插图版《骆驼祥子》

第二个作品也是人民文学出版社的，是2004年插图本的老舍先生长篇小说《骆驼祥子》，插图全部取自孙之俊先生的连环画《骆驼祥子画传》，共取109幅，出版后很畅销。

即将推出的展览是孙之俊遗作画展，在北京劳动人民文化宫里展出，届时将展出孙燕华、李燕收集的孙之俊先生的400件画作。这个展览将把"孙之俊热"推向一个新的高潮。

人们终将看到一棵大树，一棵过早倒下的大树，好在，透过剩下的根、干、枝丫，人们仍会估量出它的粗壮和宏大。

舒乙 老舍先生之子，中央文史馆馆员，中国现代文学馆原馆长，研究馆员，博士生导师，北京市第七、八、九届政协委员，全国第九、十届政协委员，中国老舍研究会顾问。

还历史之公道
——《孙之俊漫画全集》出版感言

李 燕（壮北）

古往今来，总说某人某事在，则某人与事"当然在"；总不说某人某事在，则某人与事"本来就不在"，舆论宣传之厉害在于此。

更有甚者，总说某人某事好，则某人与事"当然好"；总说某人某事坏，则某人与某事"就是坏"。舆论宣传操控之权的厉害尽在于此。

幸好"事实胜于雄辩""口碑胜于石碑"的历史铁律，或多或少，或早或晚地战胜着一切编造实用谎言的"厉害"，让历史的天秤可以近于公平。

中国近代著名的漫画前躯——画家兼教育家孙之俊先生（1907-1966年）的名字，在近50多年的"美术史"和报刊出版物上几乎是查不到的，甚至在"漫画界"的大活人口中也几乎听不到的，然而1998年，尘封太久的历史事实终于主持公道了！五位研究生在北图查阅了大量的旧报刊，不但发现了"孙之俊"，而且发现了他的三千多件漫画作品和文字作品，他们慨然叹道"我们简直是发掘出了一个了不起的人物啊！""孙之俊"出来得太晚了！然而，他终于出来了！

精忠报国的岳飞将军，过早的以"莫须有"的罪名死于非命，但诬害他的秦桧之流却永远跪在岳飞父子的墓前，让众人永远唾骂，犹不解恨，特书楹联于侧曰"青山有幸埋忠骨，白铁无辜铸佞臣"，已成传世名联，流播四海！

漫画，联同电影与话剧，乃是外国文艺形式中最早、最快达到中国化、人民化的文艺形式，因为这三种文艺形式在国难频仍的近代中国，最能担当起时代的重任，最能迅即表现敏感的时政，最能表达广大人民的心声，所以最容易为各层面的中国民众所接受和欢迎，因而这类文艺形式自然成为了最有历史责任感的艺术家们选择和支持的艺术形式。于是在不到半个世纪之中，这三种艺术形式早已各自形成了时代艺术的高峰，这应当是铸定不争的历史事实。

仅以"漫画"而论，近代虽有丰子恺、陈师曾二位前辈作之，且名之在先，但真正"洋为中用"而迅即形成了我们一目了然即可认知的漫画,则尚大异于二公的近于风俗画的漫笔之迹。所以在中国近代,最早形成漫画风格和漫画之社会影响的画家中,是绝对存在孙之俊先生的。

孙之俊先生与先父李苦禅先生乃是中国第一座现代意义的美术高等学府——北平国立艺专的同学,是最早接受西方美术教育的一代中国画家。"五四"新文化运动带给他们的强烈爱国情怀,沉痛的历史责任感,文化艺术革新的鼎沸热情,对下层民众感同身受的立场观点,对暴虐列强和腐败时政的愤恨,特别是"独立思考与自由思想"的时代精神,还有文人特有的幽默,都通过画笔、文章、课堂演讲和一切言行痛快淋漓地表现出来,且无所畏惧。

漫画这种形式尤为尖锐、明快而且可让大众无讲自通,所以大量出现在当时影响极大的一些报刊之上。当时孙之俊的漫画,或独幅,或连载,竟成为了一大批当年"粉丝"每日不可或缺的读物——足以"游目骋怀"的快事!

然而,孙之俊先生并不是仅以漫画作为个人表现的一种形式,他率先组合同仁,成立了中国第一个以国耻之日为名的"五三漫画社",从而形成了北方漫画

中西画会吼虹社

20世纪20年代中后期,李苦禅(座椅左起第四穿白长袍者)联合赵望云(座椅左起第三抱胸者)与孙之俊(座椅右起第二着西装者)等同仁组成了"中西画会吼虹社",提倡中西绘画合璧,并面向自然,面向人生,进行中国画的革新。在他们背后的国画、油画、水彩画和人体、风景、花卉等题材上,也能略窥他们当时的探索精神。(孙燕华注)

界的重镇。

他又是一位诲人不倦。循循善诱而热心于"传道、授业、解惑"的美术教育家。不久前,在"孙之俊百年诞辰纪念会"上,年逾六七旬的当年老学生们重聚北京,饱含深情,目噙热泪地回忆着这位永垂师范却过早离开他们的师长。如今他们早已各有事业甚而颇具成就,略读几篇他们的回忆录即可心心相印,孙公之师道,正不必笔者赘评矣!

先生不唯作画执教,更于国难之中大胆而巧妙地周旋于敌伪之间,为救国救民于水火,倾尽全家身心之力而日后从不宣功请誉。

然而"天有不测风云,人有旦夕祸福"。先生正值天才纵逸大展宏图之年,却横遭"指鹿为马"之冤,遂令其痛哀天人之不信,遂改名为"孙信",淡出"美术界"矣!此后十七载,漫画于手中绝迹,但他一系列童话故事连环画之作则成为一代儿童爱不释手的无言之友。其姓名虽与报章媒体绝缘而独于美术课堂莘莘学子心中留下了难以磨灭的印记。至1966年,"阴阳移位,时不当兮"!"红都女皇"一手遮天,"懿旨"之下,忠良遭殃。孙先生当年未及花甲,便含恨而去,与数日前"举身赴清池"的故友老舍先生倾诉衷肠于异域矣!

否极而泰来,国家拨乱反正后,孙之俊先生亦得以平反昭雪。2007年当北京太庙隆重举办"孙之俊百年诞辰纪念大展"开幕之日,正值隆冬,然天蓝如碧,风暖如春,且众人举目之际,正日月齐辉,皆为此天文奇观而惊喜。当日展览,观者络绎不绝,多有伫立含悲者……及闭幕之日,天降大雪,金顶丹陛,苍松翠柏,一派洁白,遍地晶莹,其为孙公降者乎?我不知也!只知观众为之欣然肃然默然而已矣!

世有人民文学出版社应群众之心声,先出版《孙之俊漫画——思想、手迹、足迹》于前,又出版孙之俊的漫画全集于今岁。诚乃中国漫画史中一大盛事。来日必载于中华文明史册而无疑。

临盛事而作序,往事历历袭来,令心中激荡不已,虽下笔难以自休而"文不尽言,言不尽意"之理自明,不得不止笔于此,然而,本序之馀意想必尽在诸位读者之心里也。

2008年秋月于清华净土

李燕　李苦禅先生之子,孙之俊之婿,中央文史馆馆员,清华大学美术学院教授。李苦禅纪念馆副馆长,北京市第九届政协委员,全国第九、十届政协委员。中国和平统一促进会理事,周易学会副会长。

《中国漫画史话》节选

毕克官

作为1936年第一届全国漫画展览会筹委的孙之俊，是当时北方有代表性的漫画家。

中国民间流传下来的歇后语，实际上有许多就是文字漫画。不仅诙谐有趣，而且蕴含深意，多富哲理性。孙之俊的《漫画民间歇后语》，刊于1935年《时代漫画》。

民间街头剃头担子的一头有烧水的炉灶，另一头则是冷板凳，歇后语"剃头担子——一头热"，暗示世间相处的双方，只有一方有热情，特别是在情场上。小脚老太要乘电车，行动迟缓，她请求售票员缓吹关门哨声，歇后语"老太太上电车——您先别吹"，以此劝戒好说大话的人。嘴上抹上石灰变成白色，歇后语"嘴上抹石灰——白说"，以此讽喻说了许多没有效果。至于"骑着毛驴看唱本——走着瞧"，更为家喻户晓了。值得注意的是"老太太上电车——您先别吹"，是中国有了电车之后才产生的新歇后语，可见民间文化是随时代的进步而不断丰富发展的。

孙之俊也常以民间风趣为题材作画。如《泰山旅行写真图》等。他画技纯熟，有较强的造型实力。一九四九年后，因一部《武训画传》而遭批判，并导致其艺术生涯一度停滞。

毕克官　著名漫画家，学者。著有《中国漫画史》等。

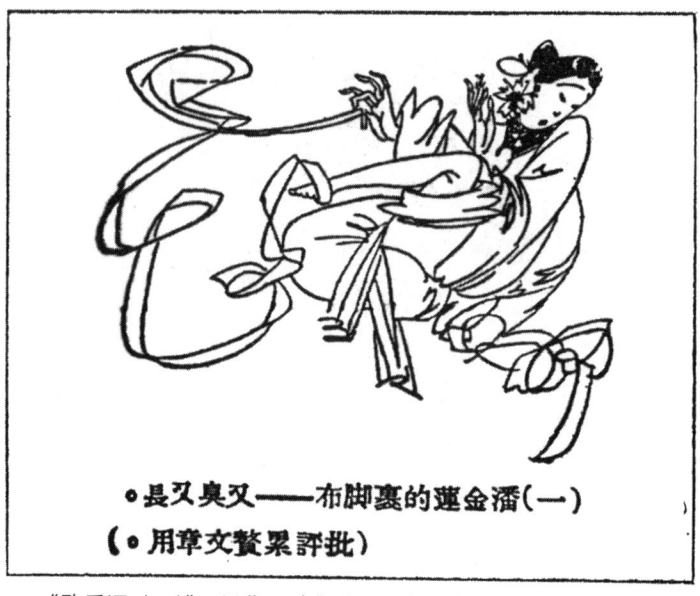

《歇后语（一）》 原载《时代漫画》（《王先生文坛观光记》配图）1935年4月第26期

歇后语是群众的语言，生动活泼，比喻贴切，耐人寻味且引人发笑，犹如相声里的抖包袱。因为来自群众生活，所以新歇后语不断出现，比如"叭儿狗撵兔子——要嘴没嘴，要腿没腿"；"撵着汽车拾粪——白跑一趟"。（孙燕华注）

《歇后语（二）》 原载《时代漫画》（《王先生文坛观光记》配图）1935年4月第26期

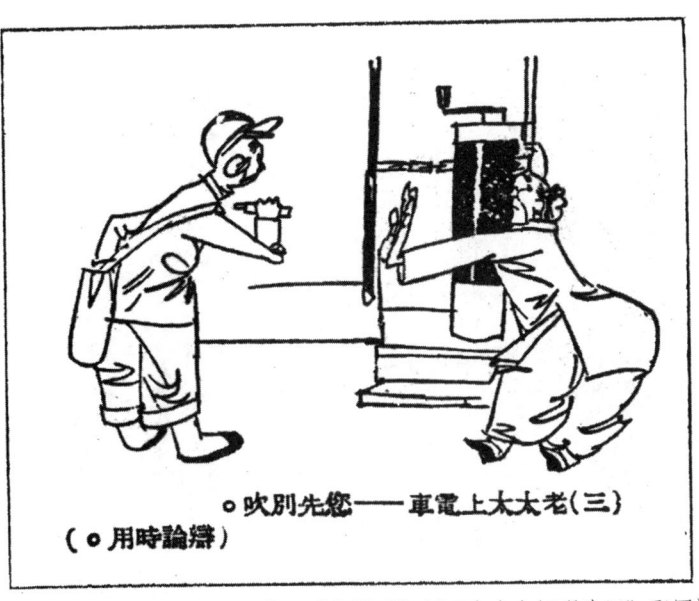

《歇后语（三）》 原载《时代漫画》（《王先生文坛观光记》配图）
1935年4月第26期

《歇后语（四）》 原载《时代漫画》（《王先生文坛观光记》配图）
1935年4月第26期

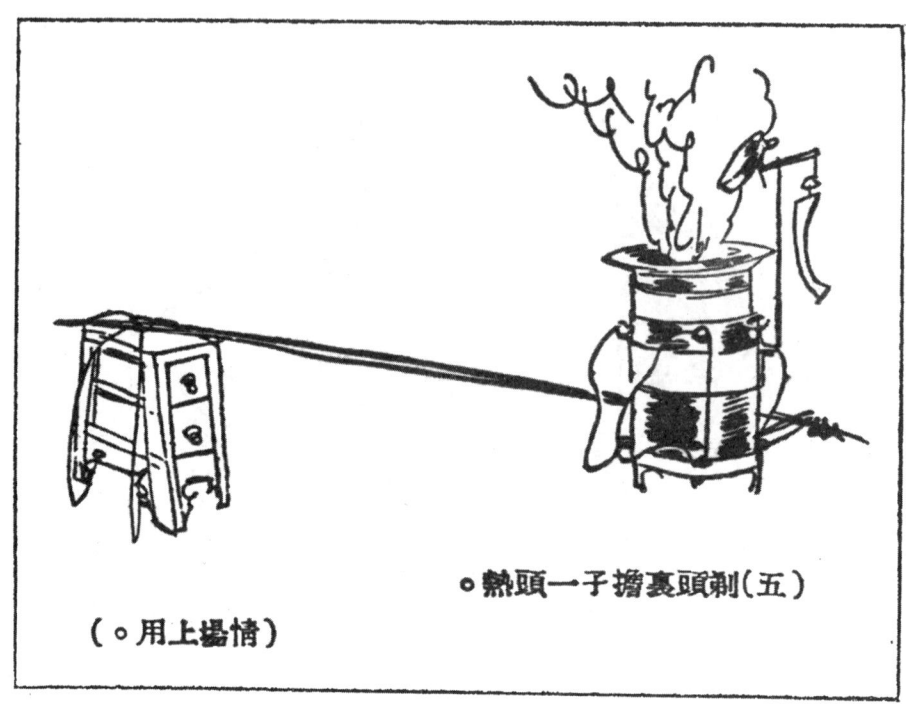

《歇后语（五）》 原载《时代漫画》（《王先生文坛观光记》配图）1935年4月第26期

《歇后语（六）》 原载《时代漫画》（《王先生文坛观光记》配图）1935年4月第26期

忆七七前夕北平的一次漫画展

张启仁

1937年7月3日至7日，也就是七七事变前夕，在北平中山公园春明馆（茶馆）的五间屋子里，由爱国青年漫画家孙之俊，叶浅予、张振仕、梁津等发起和组织了北京历史上第一次漫画展览会。会上展出的一百三十多幅展品中，有北平孙之俊、张振仕、梁津、王青芳、张启仁、陆鸿年、陈志农、刘凌沧、吴一舸等人的作品，有北平"五三"漫画会王石之、王君异、蒋汉澄等人的作品；还有来自上海的叶浅予、华君武、陆志庠等人的作品及来自天津的高龙生、朋弟、窦宗淦、辛莲子等人的作品。

这次画展主要内容之一是揭露日本帝国主义侵华阴谋，暴露在受日操纵的伪

北平漫画展部分发起人在中山公园合影　摄于1937年7月3日
自左至右：梁津、张振仕、孙之俊、王君异、冯棣、王城棣、刘凌沧、张启仁、王石之、麦金叶、张泰元、刘如严、王青芳、苏世。

冀察政务委员会统治之下，汉奸走狗卖国求荣的各种丑恶嘴脸。因此在当时北平引起了很大的反响，好几家报纸也都报导了这次漫画展的情况。

画展是几个穷学生、穷青年筹办的，谈不上登报和开幕式之类的宣传，所以头一天上午观众较少，但到下午，观众就逐渐增多，甚至有些拥挤了，其中大多数是工人和学生。展览会第一天还算平安无事，第二天就出事了，一个日本浪人，带着照相机、记录本闯进来四壁张望，有两幅题目同为《打回老家去》的漫画引起了他的特别注意。其中一幅是我画的具有招贴画（宣传画）味道的漫画，画面是一个红色军人手持刺刀枪，跨过灰色的城垛，向关外冲杀。另一幅是张振仕用五十号油画布画的横幅，画面的近景是一个工人站在台上指挥群众唱歌，台下是

《北平漫画展览会缘起》　1937年7月3日发表于《实报》半月刊

成千上万的劳苦大众挥动着旗帜,激昂地呐喊着;中景是写着"打回老家去"的一个大五线谱;远处万马奔腾,向关外冲杀。这两幅画面主题鲜明,色彩强烈,颇为引人注目,因此也被日本浪人视为大敌,他又照相又记录,随后就溜了。他走后不久,伪警察局的巡长、巡官接踵而来,找到画展负责人孙之俊,责问这两幅画作者是谁,命令立即将画摘下,我们坚持不摘。第二次伪巡官又来了,气势汹汹地问为什么还不摘,并强令将我的画摘掉。张振仕想了个办法,把写在五线谱上的"打回老家去"改为"流亡进行曲",才得以幸免。孙之俊悄悄地告诉我:"要抓你呢。"要我赶快藏起来,但我躲在观众里,始终没有离开。

其他几位画家的画,虽未被勒令摘掉,但也被反动派注意,如梁津的《长

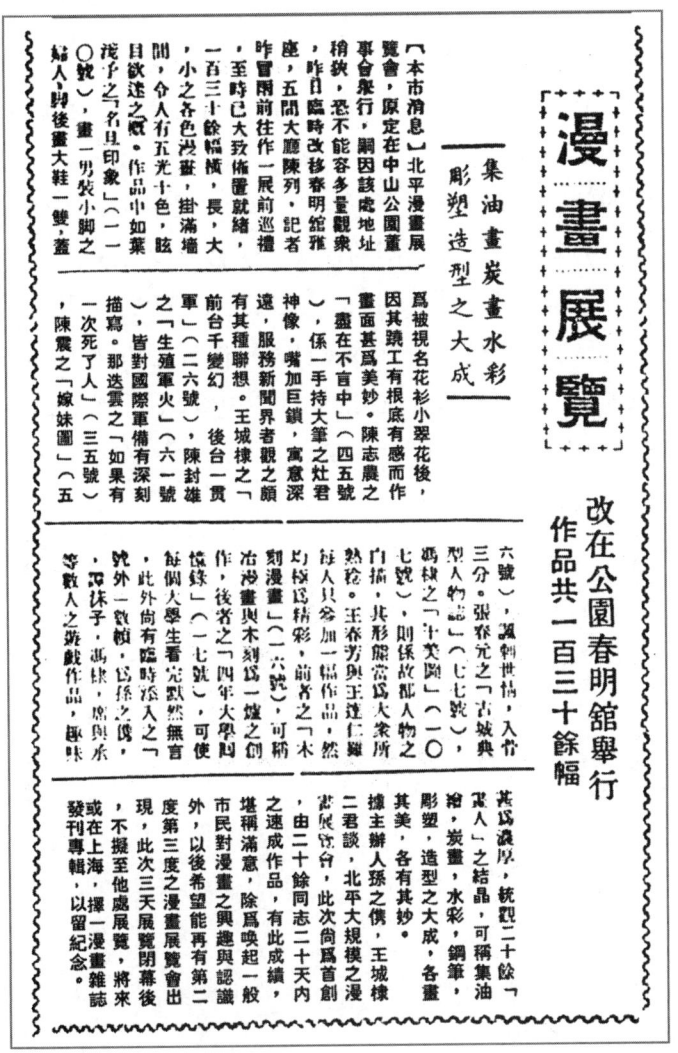

漫画展览改在公园春明馆举行　1937年7月3日刊于《世界日报》

城日出》，是在一张四开糊窗纸上用焦墨画了几个城垛口，上边用红印泥抹了一个太阳，垛口下面是一个人头颅骨，意思是日本帝国主义若一进关，则万骨枯矣。靠近东墙挂着一幅七尺长的国画条幅，题款为《指日高升图》，上方画了一个小太阳，中间是大块空白，下面是一个身穿马褂，头带瓜皮帽，足登扮底双脸鞋、肥头大耳的人，以右手指着太阳。这是讽刺靠日本帝国主义高升发财的大亨（恕我忘记了作者的姓名）。还有名为《靠日吃面图》（也忘了作者姓名），画上一个跳加官的在吃面条，背后站着一个日本人。华君武的漫画，则是揭露日本帝国主义在上海租界横行霸道的。此外，还有不少揭露、讽刺国民党统治时期黑暗社会现象的作品，我就不一一列举了。

画展不到两天已轰动了全市。展览会原定三天，第三天北平各报馆爱国记者纷纷来访，反映观众意见，要求延长几天，但租用展室是要付钱的，孙之俊、张振仕等经和大家研究，决定以当场为观众画像集资，于是，我们把每个画家的素描头像摆出来，观众愿找谁画就找谁，每幅一元。孙之俊画了六张，张振仕画了三张，这样房租的问题就解决了。最后一天，观众更多了，闭馆时还迟迟不肯离去。那个日本浪人又来监视，而中国的巡长、巡官就没再来了。

7月7日晚，"卢沟桥事变"发生了，画展也正是在这天胜利闭幕。在当时的历史条件下，它起到了鼓舞群众，宣传抗日，打击日寇和汉奸的作用。

四十五年过去了，抚今追昔，我们要在此文中缅怀和纪念这次画展的主办人、我们的老一辈的漫画家孙之俊同志，他是在"四人帮"横行时被迫害致死的。

张启仁　原中央美术学院副院长，画家。此文章发表于1982年7月《学习与研究》。

读孙之俊先生漫画
——一位漫画家的百年波澜

李 松

孙之俊，一位抱定了"'导人为善'是我理想中的漫画主题"的画家，用画笔也用文笔，鞭笞黑暗、腐败，鞑伐侵略者，一生创作漫画、连环画作品数千幅，不幸1951年由于画过《武训画传》，在批判电影《武训传》中也成为口诛笔伐的靶子，从此放下了画笔，淡出美术界。十六年后，又未能逃出"文革"劫难。有关其生平和创作的第一手资料就此被毁，直到四十年后，已逾花甲之年的女儿孙燕华花几年心血，查阅大量旧报刊，勾沉那段尘封已久的历史，才使孙之俊在当代社会和画史上的贡献渐次凸显出来。

中国当代漫画的先行者有陈师曾、丰子恺等人。丰子恺于1924年开始在《我们的七月》杂志上发表漫画。翌年，郑振铎编《文学周刊》约请丰子恺作画，并冠以"子恺漫画"题头，由此而有了作为特定画种的名称。几年之内，蔚成风气。1927年，孙之俊考入国立北京艺术专科学校，参加了冯翰、雷圭元等组织的北京漫画社。无独有偶的是在上海，也是在同年，叶浅予开始在《上海漫画》连载《王先生》，张乐平在报刊发表《玻璃小姐》，他们同是20来岁的小青年，创作精力旺盛。次年，孙之俊参加了《五三漫画社》，之后，创作连续漫画《快乐家庭》和《冬烘先生》，都是在学习期间。孙之俊、叶浅予、张乐平等人同时起步，同为中国漫画创作的早期代表性画家。

《五三漫画社》的成立，是基于1928年5月3日日本侵略军在济南残酷杀害中国外交人员蔡公时等并屠杀军民三千多人的暴行。正如童漪珊《漫画社复活记》一文所说："鉴于漫画之在今日，实于改良社会、描写性情不可少之民众化的艺术。因复纠合同志重振旗鼓，取国耻之日为名，改创五三漫画社，殆所以志不忘欤。"这"志不忘"三个字道出了漫画家自觉承担救亡重任的历史使命感。在此期间，孙之俊创作了《无题》、《大家还不快醒吗！日本人的炮弹射在你们头上了》、

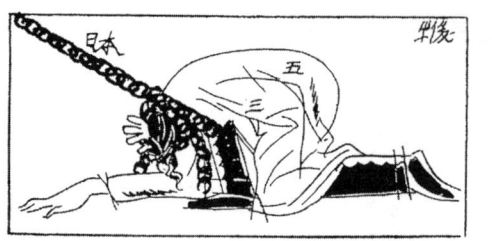

《漫画社复活记》 原载《北洋画报》1928 年 5 月 30 日 第 192 期 2 版

《战事频危时代之中央公园门口》、《只不过是一个虚招牌》等警示国人的时事漫画。之后,他又画了《国人速醒》、《一哭一笑》、《刚瞧见个影子》等,延深了对事件的批判锋芒。他在一些作品上,特意署上"五三漫画会孙之俊"。可以感觉得出无论是"改良社会",还是"不忘国耻",在漫画家心灵上的分量。

1935 年 6 月,孙之俊连续在天津《庸报》发表《漫画浅说》,以漫画家的直接创作体验分析漫画创作特点和介绍漫画创作方法。文中特别强调讽刺画的意义和作用:"一幅讽刺画等于一大段社论",文中特别举了黄文农比喻"五三惨案"创作的《牵丝攀藤》。

到 1941 年 2 月,侯少君在《实报》著文,介绍孙之俊,还提及五三漫画会,说那是"华北漫画史最光荣的第一页"。

孙之俊从 1928 年到 1948 年的 20 年间,创作连续漫画 16 件,在平津两地报刊连载,有的长达一年至两年,深受社会欢迎。他先后创造了冬烘先生、贾醉生、王曰叟、费利儿、混混儿、老糊涂、万斤油、小摩登、范统与杨胜仁等 30 多个漫画人物。1938 年又接过叶浅予画笔,创作了北方的《王先生新传》、《王先生别传》,特地署名"孙特哥客串",以示不掠他人之美。在 1947 年,呼应爱国民主运动,又创作了《戏剧人生》、《老鼻烟壶》等多格漫画,揭露国民党统治下社会的黑暗、腐败。

孙之俊以很好的绘画根基和对漫画艺术特点的深刻理解,创造了自己鲜明独到的绘画面貌,而他最精心创作的作品是 1948-1949 年连载于《平明日报》的《骆驼祥子画传》和 1936-1937 年与段承泽合作完成的《武训先生画传》,1937 年在天津《大公报》连载后，1950年又受陶行知先生委托：再画一部能表现出武训生活环境之北方特点的、精美的武训画传。1951年由上海万叶书店出版，郭沫若为之题写书名并作序，几个月后《人民日报》发表社论《应当重视电影〈武训传〉的讨论》。结果，凡是宣传过武训的人纷纷受到批判，孙之俊也在《光明日报》检讨画《武训画传》的"错误"。

孙燕华在文章中说"父亲的视线一直关注着社会的底层。他一生三次创作一个人物共有两次，一是真人武训，一个是小说人物骆驼祥子"，"他是用自己的心在画他们。"

在积贫积弱的旧中国，教育兴国的理念使人们对19世纪末行乞兴学的武训产生敬仰之情，做为文化现象，一个世纪以来，经历了反复的严苛的检验、评判过程，历史会对此作出客观论断。而作为连环画创作的《武训画传》，在上世纪四五十年代之交，正当连环画艺术繁荣期发端之际，出自一位成熟的连环画家之手的《武训画传》与《骆驼祥子画传》，实是连环画艺术承前启后的代表作，其价值不容抹煞，也不会抹煞。

2007年11月于北京安外

李松　著名美术史论家，教授。《美术》《中国美术》主编。

漫画先驱孙之俊

李树声

一、了解中国现代漫画发展的历史就更理解孙之俊

讽刺性的绘画自古有之，但做为现代漫画，历史并不长。最早见于清末的石印画报，和革命党同盟会办的一些报刊。为了宣传革命，目标很明确，讽刺清政府的腐败和揭露列强侵略者的丑恶嘴脸。由于石印条件的限制，最早的漫画，都是用毛笔勾线表现形象。早期没有漫画这个名字，什么称呼都有。谐画、滑稽画、讽画、讽世画、寓意画、时画，都指的是现在的漫画。石印漫画在广州、上海发现的最多，因为这些地区属于革命党活动地区。由于清政府最高统治者限制、镇压，北京漫画活动遗迹很少。

随着西学东渐，模仿西方漫画形式的钢笔画漫画开始流行。1918年在上海的沈泊尘创办了我国第一个专门的漫画刊物《上海泼克》（又名《泊尘滑稽画报》）。泼克是仿英国漫画刊物《笨拙》。沈泊尘曾做过《新申报》记者并代表《新申报》参加赴日记者团东渡日本考察新闻事业和近代绘画。他是五四运动前后十分活跃的一位漫画家，不幸于民国九年（1920年3月7日）病逝，年仅31岁。他提出漫画责任是要针对军阀列强进行揭露讽刺，还要针对社会风化之腐败"针砭末俗"。老漫画家丁悚在《亡友泊尘》一文中写道："他的讽刺画我承认是我国空前的成功者，我生平所服膺的也不过他一人。"

20年代是我国革命运动高潮时期，工人运动、农民运动蓬勃发展，北伐军誓师北伐，结束军阀混战的历史局面。这期间列强趁机加紧掠夺和欺压，甚至开枪屠杀中国工人，激起了中国人民的愤怒和抗争爆发了五卅爱国反帝运动。处于革命高潮时期，漫画成了宣传革命揭露反动派阴谋的最好的形象化宣传工具，除了专业人员投身工作，人民群众甚至普通的工人、农民、学生，也拿起笔画漫画。

成为群众美术活动空前活跃的时期。这方面北京也不示弱，就是在五四运动游行队伍中，就有北大学生绘制的漫画和漫画传单、标语。

继沈泊尘之后，最有影响的专业漫画家是丰子恺和黄文农。

丰子恺自1923年开始，以寥寥数笔的形式把个人所见所感描绘出来，取材于学校生活、儿童的稚趣、以及读古诗的感受。这种信手拈来的绘画受到文学研究会成员的喜爱和看重。首先被郑振铎拿到了《文学周报》上发表，并标明漫画，这是1925年5月的事。1926年又汇编成集以《子恺漫画》为名，由《文学周报》出版。这第一本漫画集出版以后"漫画"这个名字才正式应用。

1925年也出现了专门把漫画锋芒指向帝国主义侵略者的漫画作者黄文农。当时上海出版的《东方杂志》出版了《五卅事件临时增刊》封面就是黄文农设计的，增刊上发表了他的漫画《最大的胜利》和《公理、亲善、和平、人道》揭露帝国主义伪善面孔和他们刽子手实质。后来出版了《文农讽刺画集》全部都是政治讽刺漫画。

丰子恺、黄文农漫画出现以后，中国漫画逐渐走向成熟。在北伐期间黄文农、叶浅予、季小波、鲁少飞也参加了北伐军，"四·一二"政变后失业在上海，这些漫画作者，政治观点和艺术观点都比较相近，经常相聚，于是想组织起来探讨艺事，相互帮助，于是在1927年秋天组成了漫画会：成员有丁悚、张光宇、黄文农、叶浅予、鲁少飞等11人参加。丁悚、张光宇年龄最长，属于老大哥漫画家。漫画会活动地点设在他们二位家里，漫画会的招牌挂在丁悚的家门口。这个组织对推动上海漫画发展起过很重要的作用。1928年春天就有《上海漫画》创刊。主要负责人张光宇、叶浅予、鲁少飞。叶浅予的连续漫画《王先生》就在这个刊物上连续发表。在他之前鲁少飞画的《改造博士》、《陶哥儿记》已经于1928年1月1日在上海《申报》连续发表。连续漫画的出现为中国漫画增加了一个新的品种。它是以一个或者几个人为主人公，他们的生活不断在画面上展开，以4－6张画为一期，每期都有一个主题内容，故事有起因也有结尾。譬如：《改造博士》描绘的是一位博士对任何事情都抱着"改造"的心态。人家坐黄包车，她却坐在车背上，把脚踩在坐位上，黄包车一抬起博士翻身，马上这位博士从车背上滚了下来，逗大家一笑，这就是一期的情节。天天变换内容，主人公不变，在报刊上连载，完全不同于中国连环图画，而是受国外卡通漫画影响形成的。连续并不连环是这种形式的特点。这种连续形式的漫画以至叶浅予画《王先生和小陈》前后达十年之久，观众百看不厌，培养了一位成熟的漫画家和画速写的名家。

以上大致情况，使我们了解到漫画艺术在南方早于北京很长时间。北京最早出现的漫画社是在北京艺专的学生组成的学生社团之一漫画社。正是在林风眠校长主持工作期间。他提倡学生结成社团，开展活动，林风眠离开了北京这些社团也就无形中解散了。孙之俊是 1927 年夏天考取北京艺专西画系，现已在 6 月 28 日《北晨画报》上发现他最早发表的漫画作品。1928 年发生济南"五三惨案"之后，为了雪国耻，北京创立了"五三漫画社"，主要成员有宗维赓、王君异、王石之、蒋汉澄、孙之俊等。孙之俊虽是就读在"北京艺专"[1] 西画系的学生，但就北京地区漫画发展来说，他是漫画界的先驱。

二、孙之俊的漫画特点

孙之俊一生创作了大量的漫画作品，就目前能看到的，我认为他最擅长的是生活漫画，因为他从事漫画最活跃的时代已经不是大革命时期，那时最流行的是政治讽刺画。"四·一二"政变之后，白色恐怖猖獗，因此他只能在社会生活中选择一些腐朽落后的东西进行针砭。他自己声称："导人为善是我理想中的漫画主题"。从我国漫画诞生开始就有一条宗旨："彰善瘅恶"，漫画家都十分关注社会人生，愿以自己从事的艺术来推动社会变革，改变人的精神面貌，培养人的道德风尚，谈起美术的社会功能，漫画是首选，因为这与新闻报刊配合广为传播，接触的社会面最广，产生的影响也最大。

孙之俊画的连续漫画现已收集到 16 套，主要作品集中在 30 年代，他从《快乐家庭》（1928 年）开始始，先后创作了《冬烘先生》（1929 年）、《浪漫女》（1929 年）、《胡闹大学》（1933 年）、《贾醉生》（1934 年）、《费利儿》（1936 年）、《王曰叟》（1936 年）、《老糊涂》（1936 年）、《王先生外传》（1938 年）等作品。《快乐家庭》是表现年青人对幸福生活、美满婚姻的向往和追求。《冬烘先生》是揭露一个腐儒的形象。《贾醉生》是一个假的醉生梦死的人物，通过这个人物看事态人情。《费利儿》是以一个小孩为主角、寓意对儿童教育是要费力气的。《老糊涂》更是警世之作，这位老糊涂在生活中不论遇到什么总要半斤八两的计较一番，决不相让，当达到极端时，总会爆发一场冲突，以双双失败告终，不是进了公安局，就是被判刑关进监狱。孙之俊的漫画都是直接面对社会生活，寻找矛盾，安排情节，内容多半是对民众生活的关心，同时揭露官场的腐败。其中不论表现生活谐趣、情场幽默、艺坛怪相，都留下了明显的时代印痕。孙之俊受到上海漫画家的影响，

---

1 1927 年下半年至 1937 年北京改为北平，学校名称改过三四次实际都是这个学校。

但不像有的漫画家模仿德国的卜劳恩、或是墨西哥的哥佛罗皮斯、或者大卫·罗叶菲莫夫等，他完全以自己的绘画基础为起点，以生活速写为依据塑造人物形象，对象特征都是他自己设计的。包括定题目都尽量采用中国习惯和民俗，构思立意机敏，形象明确，表情动作适度夸张，以硬笔勾勒、线条简明流利生动，为了便于理解在画面上借助文字来表现人物间的对话。这在当时应用得很普遍，不仅连续漫画借助文字，连环图画也采用文字，甚至因形象特征不明显，在身上标上文字，我见到日本漫画也采用文字在画上帮忙，这属于普及读物的一种做法，便于观众理解。

孙之俊结合时事新闻也画过不少的独幅政治漫画，现在已找到627幅，例如《一九三三》、《一哭一笑》、《只不过是一个虚招牌》、《无题》这类作品，只有在熟悉当时历史才能理解他寓意的深刻性和表现的生动性。

作为北京漫画颇具影响的漫画家，他以高度的社会责任感，对自己的艺术负责，对读者负责，同行们都很了解他的人品，所以当上海举办第一届全国漫画展览会时，邀请他作为评委，并展出他的作品。1937年上半年又与叶浅予、陆志庠一起发起并组织北平漫画展，由于这次展览强烈的抗日内容而轰动了京城，也引起了日本浪人的监视，在展览落幕几小时之后七七事变就爆发了。这是一次很有纪念意义的展览。

抗日战争爆发之后，漫画家们都投身到抗战宣传中，组成漫画宣传队。上海出版《救亡漫画》，武汉出版《抗战漫画》，在全民抗战的巨浪中发挥作用。但由于抗战环境，人民处于受难当中，所以像战前一样的活跃局面从此再也没有出现过，漫画逐渐纳入到政治斗争的轨道，严肃的政治讽刺画，取代了过去的幽默滑稽的生活漫画。老一代漫画家张光宇转向装饰性绘画，画成《西游漫记》和动画片《大闹天宫》，廖冰兄以《猫国春秋》讽刺了社会黑暗，叶浅予从美国回来之后画了《天堂记》并转向了中国画。孙之俊也转向连环画，以他的《武训画传》和《骆驼祥子画传》结束了他的艺术生涯。

李树声　著名美术史论家，中央美术学院教授。

起于北平的漫画先驱
——纪念孙之俊先生诞辰100周年

刘曦林

民国时期，北平的漫画比不上上海活跃是肯定的，但并非没有漫画，在画面上最早使用"漫画"二字的也是世纪初年住在北平的陈师曾，并被丰子恺称为"中国漫画之始"。他与齐白石那些幽默诙谐的图画纯属漫画思维。1927年起，北平跃出了个孙之俊，屡屡于报端发表漫画，名重一时，堪称中国现代漫画在北方的先驱。今年，适逢其百年诞辰，撰此短文，以为纪念。

孙之俊（1907-1966年）字近之，笔名之俊、CCT、特哥、慕尔柯、慕鲁娄、孙信等，河北藁城人。1930年毕业于国立北平艺专（时称北平大学艺术学院）西洋画系，长漫画创作和水彩画，兼撰评论、游记、小说，是一位性格开朗、多才多艺的艺术家，1927年至1949年，报刊所见作品即达三千。1926年参加王森然、李苦禅发起的进步美术团体吼虹画社，1927年春参与创北京漫画社，此社仅晚于1919年杭州"漫画会"，较上海"漫画会"早半年许，同为中国现代早期漫画社团，本应同载史册，却多被史家疏忽。因社员作品"有讽刺时政过甚者，深为当局所不满，卒因取缔而致停顿"。但青年漫画家们倡导民众艺术之志不可夺，1928年闻济南"五三"惨案，孙之俊又与王石之、王君异、蒋汉澄等共组"五三漫画会"，作《五三》、《大家还不快醒吗！》、《日本人的炮弹射在你的头上了！》、《无题》等，被称为"华北漫画史上最光荣的第一页"。1932年作《新年漫画——及时行乐》，1936年作《冥司听审记》，均畅言抗日爱国情怀。1936年，孙之俊与王君异被推选为筹备委员参与发起首届全国漫画展，并展出作品8件。1937年发起首届北平漫画展，抗日作品被发现后，化名、改题予以掩护，并于展场画像换取场租，将展出延至7月7日，真是北平漫画史上可歌可泣的一章。

北平沦陷后，孙之俊因宣传抗日被审问，被迫加入新民会，参与组织漫画社团，却以此公开身份搜集敌伪情报，为掩护中共地下党员，帮助他们办了"良民证"、伪新民会职员证,在那个特殊环境下诚为不易,为此几度被捕。据其妻妹、中共地下党员丁泠回忆,孙之俊曾以柿树上悬铁钟、农民扛稻捆、顶日晒为题材绘一大型水彩画,悬于前门街头,以谐音寓"始终抗日"之意。其间漫画已不能公开抗日,多关怀民众生存、揭露官场腐败之作,生活谐趣、情场幽默、艺坛怪象亦有时代印痕。如连载系列漫画《三百六十侃(歇后语)》(1935年)、《老糊涂》(1936年)、《万斤油》(1939年)等;独幅漫画《黑白》(1939年)、《老师与学生》(1944年)、《大的跑了》(1944年)等均赋社会含义。其漫画以硬笔线条绘就,构思立意机敏,造型夸张有度,笔法轻松简明,水平堪称一流。1937年,叶浅予来京,于《新北平报》连载《王先生外传》,事变后离去,孙之俊赓续其作,读者呼曰"王先生归来",时人有"南叶北孙"之誉。

孙之俊不仅为著名漫画活动家和多产画家,且多有漫画论述,详述漫画之意义、分类、记忆、理想、意想及寓意等构思方法,对于普及推广漫画功不可没。其实,他的水彩画亦有相当成绩,1941年侯少君的《现代艺术家传——孙之俊》篇就称他为"一位成功的水彩画家","说起来,他的漫画要算是水彩画的副产品。不过他的漫画作品与大众接触机会较多,所以他只能为一般人认准了是漫画家。"

1949年后,孙之俊于多所中等学校任教,仍关切社会与民生,创作不辍。他对底层民众的关切更集中体现于对武训与祥子形象的热情。祥子是老舍笔下的车夫,武训是为义学募捐的乞丐。孙之俊曾三度画武训连环画:1936年,与段承泽合作《武训先生画传》,次年春于天津《大公报》连载,并出单行本,陶行知作跋,先后再版8次,并有英文本在国外发行;1937年,以四条屏幅形式作《武训画传》连环画,天津杨柳青出版,印数达三万份;1950年,受陶行知委托与李士钊合作之《武训画传》,由钱君匋主持的万叶书店(上海)出版,郭沫若题写书名,孙瑜、赵丹作序,出版后与电影《武训传》同遭批判。此后,退出漫画圈,改事漫画味的连环画创作,代表作为《骆驼祥子画传》。他淡出了纷纭的社会主流,极左风云仍然横扫了他,"文化大革命"爆发之初,被迫害勒令返乡,自缢于家乡院内葡萄架下,年仅59岁。我想,这架葡萄虬曲的老藤仿佛就是孙先生的身躯,吸吮了母土的营养,又将累累果实奉献于生汝育汝的厚土,它承接乾坤之气息往来,品得出这人生与历史的酸甜。

刘曦林　著名美术理论家,中国美术馆理论部主任。

漫画前辈孙之俊

李滨声

"漫画"一词出现较晚,约百年。不过从其性质而言自古就有:壁画"飞天"、工笔重彩"嫦娥奔月"(没有翅膀的人能凌空飞舞);又如写意画"松鹤延年"(把高山常绿乔木与河畔海边的飞禽组合在一起)、文人画"钟馗"以及年画中"连年有余",从表现手段上都属于漫画无疑。总之漫画作为绘画不止于再现客观景和物在平面的纸帛上供人赏心悦目,还多着一重使命:明辨是非,别善恶,能给人启迪,针砭时弊,甚至有时成为冷热兵器以外的一种打击强敌的"武器"。

漫画家是评论家、思想家。漫画从来为多数人喜见乐闻,为少数人、个别人所厌恶。因之漫画家的命运往往多彩而复杂,有时还会惹出麻烦。相传清代有一幅漫画:"东风不识字,何故乱翻书"被认为有影射清朝不懂汉文化、"外行领导内行"之嫌,结果被处分了。那画家的名字也就没有流传下来。

画家的著名与否,偶然性很大。有一位戏曲界的先辈说过"好演员不一定都是名演员",这话确实不假。在漫画界就有一位先驱,其业绩相当宏伟,可是他的名字近数十年鲜为人知,甚至今天年轻的漫画界同行也多有不知道的。原因是时光流逝得太快,转眼几十年过去了,也不排除意外原因。这位漫画界前辈由于放下画笔过早,默默无闻从事美术教育,连美协都未曾入,后来未老天年就离开了人间。

这位漫画界前辈就是孙之俊先生,笔名有时也署"之俊"。从事漫画创作发表长达30余年,止于上世纪50年代初,停笔的原因是缘于历史的误会。

上世纪50年代初有一部电影《武训传》。是以真人真事——晚清山东一个农民"行乞兴学"(以苦行乞讨,创办义务教育事业)为主题的。孙瑜编导,赵丹主演。影片上演风靡一时,博得好评。

记得影片不少镜头、结尾以浪漫笔法剪辑新闻片中的解放后人民欢欣鼓舞游行的场面，队伍中抬着伟大领袖毛主席的巨幅画像阔步向前……镜头继续往上摇去，但见在云端站着一个破衣烂衫手持讨饭瓢的乞丐——当年"行乞兴学"的武训正在鸟瞰俯视着人间美好的今天微笑。剧终。

影片结尾的处理是不大合适，把武训摆到什么地方了？或许因此引发了当年一场声势浩大的政治运动批电影《武训传》。

与此同时，把十多年前（1937年）发表在报纸上的漫画《武训先生画传》也拉上一同批判。《武训先生画传》的作者不是别人，正是漫画家孙之俊。因此也遭遇全国口诛笔伐。

"吃一堑，长一智"，孙之俊先生从此提高政治觉悟专心教学，放弃了漫画。

孙之俊先生兢兢业业默默无闻任教，他从未申请加入美协，美协也没注意到中国还有一位漫画家孙之俊。

直到1966年回到久别故乡的当天晚上，也许是凌晨自裁故去。

余生也晚，过去（四十年代末）只看到过孙之俊先生创作的连环漫画《骆驼祥子》。感佩先生于漫画中施艺光辉异常。人物形象刻画生动，除生理特征、身份职业外，精神面貌、内心世界都能使读者一目了然，是最难能可贵的。画中补景丰满画面，更重要在于规定情景与人物的因时因地的呼应，使读者有身临其境的感觉。还有服饰以及生活用具简繁处理得当，既真切又富生活气息，大有民俗考证价值。至于主要道具洋车和坐洋车的姿态，使年纪大些的人看了能联想许多。如洋车分拉散座的、拉晚的、拉包月的、拉自用的（如曹先生家的），各自不同。

至于《武训先生画传》和电影《武训传》一样，尽管遭到批判，就其艺术价值与社会效应都应是不朽之作。何止今天，当时也多有此观点的。

在《骆驼祥子》、《武训先生画传》以外，对孙之俊先生的情况便知之甚少了。主要不外先后从温廷宽（寿石工的弟子）、万板楼主（王青芳）和新闻界前辈左笑鸿先生（自1923年任世界日报主编）处听到过关于孙之俊先生早年的些许情况。据悉，孙之俊先生最初攻西洋画油画，最擅长是水彩画，后倾心于漫画创作。因漫画与民众能更多交流，而不局限于"光与色"的艺术追求。孙先生作漫画不拘一格，单幅和连环的都画，勤奋多产、题材广泛。有反映现实生活的，也有富于哲理的，更有连环漫画，主题人物不一而足，且都是长篇巨作，享誉当时。

"九一八"事变，日本帝国主义侵占我国东北三省，孙之俊先生忧国忧民警惕日本野心，为当时任教的易县八中的救国团创作了《国人速醒》的宣传漫画，表现出卫国干城的爱国之心。

1937年6月孙之俊先生（时年30岁）与叶浅予、陆志庠等人发起并组织了

"北平漫画展",因为这次展出的作品具有强烈的抗日内容轰动了九城,也引起了日本浪人的监视。

这个展览是7月7日闭幕的,闭幕几小时后卢沟桥事变就爆发了。因此这次展览近年来时时被人们提起,具有重要意义。在中国漫画史上应该占重要的一页。

最近,有幸得见人民文学出版社一部新书稿,详载孙之俊先生生平,增加了对孙之俊先生进一步了解,肃然起敬。

孙先生当为漫画界后生师表。

李滨声　当代著名漫画家,民俗学家。

读孙之俊先生漫画

李 楯

2007年孙之俊先生的漫画在北京太庙展出，开幕式到场的人数之多，使人震惊——大殿之前，丹墀之下，黑压压的站了一片，且大抵个个鬓发苍苍，说：都是孙先生的学生。

今天，知道孙先生的人不多了，孙先生的学生从师于孙先生的时间至少也已是在30余年前。

我们所处的这个时代，找不出什么年轻人知道的名人以使孙先生"附骥尾焉"，只好找一个已渐淡出的华君武先生，曾说：漫画史上应有孙之俊先生一笔。

孙先生生于1907年，毕业于国立北平艺专，平生作漫画3000余幅，另有连环画30余种。孙先生于1942年后协助共产党的地下工作，三次入狱，至1948年解放军进入北平（今北京）始出狱。1951年复因《武训画传》被批判，从此再无漫画问世。

孙先生初画《武训先生画传》在1936年，撰文者为段绳武（名承泽）。此前，1934年武训先生九十七诞辰时，举行纪念

张学良题辞　选自《武训先生九七纪念册》

活动，蔡元培、于右任诸先生多曾参与，就是武人如冯玉祥、张学良、杨虎城等亦皆趋从附和。于右任先生称武训先生"匹夫而为百世师"，张学良称武训先生"行兼孔墨"，蔡元培先生则更提出："我国有普及教育的必要，是人人所公认的。

于右任题辞　选自《武训先生九七纪念册》

但是至今还未能实行,一因师资不足,二因经费难筹。这也是人人所公认的。但师资的缺乏也与经费有关。所以最困难的问题,还是经费。武(训)先生看出文盲的需要教育,与饿丐的需要饮食一样。而普通人虽肯以余食施饿丐,却不肯以余钱助教育。这是一种近视的习惯,武(训)先生利用这种习惯,为以饿丐为需要教育者的象征,以饿丐所得余食与余钱为教育经费的象征。积历年乞食之所得足以办三义学而有余,可见筹款不算很难。而筹款的人,要能如武(训)先生的刻苦而诚恳,是不容易得的。武(训)先生似乎对我们说:'你们不要再说教育经费难筹了,只要你们能刻苦而诚恳就好了!' 这是武先生提醒我们的。"蔡元培先生的话是讲在60余年前的,而我们在今天听来——面对今日之中国,仍觉字字中的。

孙先生的《武训先生画传》于1937年(画成后的第二年)在天津《大公报》

连载。1938年在长沙、1939年在重庆出版，段绳武先生去世后，版权转到生活教育社陶行知先生手中，至1945年，已印至第6版，可见当时需求之多与影响之大了。1945年，陶行知先生又作英文版，发行至英、美、加、印、苏各国。

陶行知先生在《武训先生画传》再版跋称：

> 武训先生于公元1838年12月25日诞生在山东堂邑县，死于公元1897年5月24日。他5岁死父亲，跟着母亲讨饭，7岁母亲又死了，跟着伯母过生活。小时几次想进学房读书，都因穷苦不能如愿，甚至有一次在一个学房里留恋，竟被先生赶了出来。稍长，不愿拖累伯母，先后三次为人家做工，不但工钱被人家赖掉，而且还受冤屈，受人毒打。最后一次，因气愤而病倒在床，思量数日，忽然大悟，知道以前受人欺侮，是因为不识字，而像他一样因失学而受苦的人是很多很多，于是跳出自己的小圈，想到别人的痛苦。便立下志愿，要修义学院，照现在来说，便是要兴办学校，开通民智。从此，他便用种种方法讨饭，讨了30年，

蔡元培题辞　选自《武训先生九七纪念册》

积了几千两银子,捐了基地,买了田园,建了校舍。敦聘崔隼为校长,不答应,跪求到答应为止。亲自劝穷父母送子弟入学,不答应,跪求到答应为止。开学后,教员睡懒觉,跪求教员早起,要到答应为止。学生好顽皮,跪求学生改过,也到答应为止。"先生睡觉,学生胡闹,我来跪求,一了百了"——他自己唱的歌是代表了他的方法。于是大家都受到了他的精诚感动,造成优良之校风。在他去世之前,建立了柳林、临清、馆陶三所义塾。

我常说武训先生的精神。可以三个'无'四个'有'来表现它。他一无钱,二无靠山,三无学校教育。但他所以能办三个学校,是因为他的四有:一,他有合于大众需要的宏愿;二,他有合于自己能力的办法;三,他有公私分明的廉洁;四,他有"尽其在我,坚持到底"的决心。因为他有这四个法宝,他不但是以一个乞丐办了三个学校,而且他的三个学校经过千灾万难还一直存在到现在,而且还会存在于无限之将来,而且还会于不知不觉中影响有志之士,跳出自己之小圈而致力于大群之幸福。

段公绳武便是受他影响而改变的一位志士。自从他驻军泰安,听到武训行乞兴学的事迹,大受感动,自称"退赃赎罪"将房屋车马变卖,建立包头新村,依"耕地农有"之原则,实行集体生产,以期造成共同劳动平等享受之社会;而且实施生活教育以期创造新乡村,建立新文化。卢沟桥变起,以自己原系军人,应在战场服务,与村民告别从戎。后任后方勤务部政治部主任之职,创立伤兵招待所、伤兵实验医院、伤兵教育委员会,并发起荣誉军人协导会,虽在病危,还是念念不忘伤兵福利,终至心力交瘁,竟以身殉。他有合于大众需要的宏愿,他有合于自己能力的办法,他有公私分明的廉洁,他有"尽其在我,坚持到底"的决心。他是以不同的时代,不同的地位,不同的修养,发挥、光大了武训的精神。

段绳武先生给了后代一件重要的遗产。他费了10年的心血编成了一本武训先生画传。原书初版是已经发完。生活教育社以武训先生之所倡导,合于普及教育之旨趣,而段绳武先生又是身体力行生活教育之同志,今承段夫人王赓尧先生惠借锌板,特将此书再版,以纪念先贤悲天悯人之盛德,并供各地人士翻印参考以广流传。依我看来中国还需要武训,需要绳武,需要千千万万武训与绳武之化身,以完成抗战建国之大业。

陶行知先生的跋写于1944年4月21日,至今亦60余年,今天看来,同样使人感慨;蔡元培先生说的"人人公认""有普及教育的必要"因"师资不足"、"经费难筹"而难以实现的问题至今犹存在。今天,中国仍需要这种精神,这种人。但陶行知先生看到了武训先生"以一个乞丐办了三个学校,而且他的三个学校经过千灾万难还一直存在到现在",就认为武训先生所办的学校"还会存在于无限之将来",并认为武训之精神"还会于不知不觉中影响有志之士",却未免太乐观,把事情看得太简单了。

孙先生于1936年作《武训先生画传》后,还曾于1937年作《武训传》年画12帧,由杨柳青印3万套,发行于华北农村。

1950年,李士钊先生撰文稿,孙先生再作《武训画传》,于1951年1月出版。撰文者(李士钊)、作画者(孙之俊)、孙瑜、赵丹、郭沫若同为作序。

从郭沫若的序中可见时代变了——"在吸允别人的血以养肥自己的旧社会里面,武训的出现是一个奇迹。他以贫苦出身,知道教育的重要,靠着乞讨,敛金兴学,舍己为人是很难得的。但那样也解决不了问题,作为奇迹珍视是可以的,新民主主义社会里面,不会再有这样的奇迹出现了"。——明确了靠着武训先生们是"解决不了问题"的,明确了武训先生是"在吸允别人的血以养肥自己的旧社会"中的"奇迹",明确了"新社会"不会"再有这样的奇迹",已与陶行知先生的"中国还需要武训,需要绳武,需要千千万万武训与绳武之化身","以不同的时代,不同的地位,不同的修养,发挥、光大了武训的精神",用以完成"建国之大业"的想法不同了。何况在不到一年后郭沫若就在做"联系着武训批判的

1950年4月李士钊与孙之俊在北京寓所复兴门柳树井丙5号院内合影

自我检讨"了——当然，其他人，为《武训画传》作序的几个人也都被迫检讨了。

1951年版《武训画传》的撰文者李士钊先生在序中说：之所以要重作《武训画传》，是因为作于1936年的旧版《武训先生画传》在当时"有许多应该说的话，都不能畅所欲言，甚至都规避了去"。今日，我们不得而知李先生所说在上个世纪30年代"不能畅所欲言"的具体所指，及他在上个世纪50年代自认为"畅所欲言"了什么，以及他在整个1951年至1985年的34年间为自己，为《武训画传》撰文而作"检讨"和"交待"时，对自己当年的"畅所欲言"又作何想？

电影《武训传》的编剧、导演孙瑜先生在为《武训画传》作序时说："武训，我们的劳动人民的儿子，应该为解放了的新中国而含笑九泉吧。"孙瑜先生肯定是错了，在当时，刚刚建立起来的新中国——以至至少是在这个新中国的前30年，不管武训先生是否"含笑九泉"，对武训先生要做的是彻底"批倒批臭"（"文革"语），直至掘墓陈尸。

孙先生等人因武训先生而被批判及被批判后的遭际，不是简单地仅如胡乔木在34年后做权威结论般所说的那场批判"是非常片面的，非常极端的和非常粗暴的"就可以解释的。胡乔木说那场批判"不但不能认为完全正确，甚至也不能认为基本正确"。但胡乔木权威结论般的叙事并没有讲清楚那场批判，以及那场批判以后的一系列言辞的批判和暴力的批判为什么会是"是非常片面的，非常极端的和非常粗暴的"。

在人类迄今为止的文明社会中，存在着分层，存在着不平等，存在着不公正。由是，不断产生着矛盾、纷争、冲突。是认可现实，还是主张改变现实，以达理想社会（或较接近理想的社会）；在为追求理想行动时，是取暴力的革命的、造反的方法，还是取非暴力的改良的、改革的方法，人们各持己见，各行其是。而社会历史却会由诸多复杂的因素影响其发展的路径——甚至是由偶然的事件，在人们的情绪化行动，抑或是阴谋的暗纵下，出现难料的情境。

百余年来的中国，正是在这种造反、革命、改革、改良的不同主张和行动相争并进、交互比拼中演化出悲壮惨烈的历史长剧。在上个世纪中，革命渐得势头——"暴力革命"、"不断革命"的主张统治了整个社会，以至导出最后发动者、响应者、裹胁者均难以掌控的不羁大潮。于是，才有了孙先生等始自因《武训画传》而被批判，后，竟致殒命的结局。彼时，身处其中的人，身、心皆不由己，不但少有选择，不能把握自己，且难以清醒明白地知道外部是怎样，自己在干什么，自己应干什么？这，正是那个时代的可悲之处。

于是，需要我们思考的，其一，是所有的问题都源于社会分层、不平等、不公正，都属阶级斗争的性质，还是有些事——如艺术、文化传承、教育、人道主义行动、慈善或公益行动，具有相对独立的性质。其二，即使是由社会分层、不平等、不公正造成的矛盾、纷争、冲突，是否只能以斗争的方式予以解决——"教育救国"、"实业救国"是否全无意义？今天，"世界是丰富多彩的"，提出了"和谐社会"、"和谐世界"、"人与自然和谐共处"，中国正在变化。

中国有许多特殊之处，上个世纪50年代至70年代独特的发展路径，给我们留下了许多难题，如果说传统的中国在19世纪中遇到的是"亘古未有之大变局"，那么，在今天，要突破中国发展的结构性的和体制性的障碍，缺少的则是世界未有之经验。

能否走出关键的一步，要看中国人有没有这种智慧，要看在社会的结构中位置、利益、主张各不相同的人们能不能不只执自己的利益和主张而能有有原则的妥协和合作，而这首先又有赖于我们对现状和历史真相的认知和思维方式上的超越——特殊的经历使我们对历史有着过多的遗忘，文化的断裂和既有思维方式又使我们对过去有着过多的难以理解和不能或不敢正视现实、历史及自己曾经犯过的错误。

孙先生，及与孙先生同处同一个历史时期的那一辈人，较之他们晚生的我们这一代人，以至是我们的后辈，都生活在这块土地上，这真是命运使然。

孙先生除画《武训先生画传》、《武训传》年画、《武训画传》外，还画有诸多漫画。在当时，针砭时弊，呼吁抗日。绘画，有它作为艺术的单独的意义，也有它表现时代或社会声音，或竟是作为社会行动、社会运动的工具——武器——的意义。这两者是同样重要的。在以往我们过于强调了后者，以致人亦为之异化。

孙先生有漫画3000幅作于1927年至1951年，在很长一个时期，已近湮灭，当我们重新从历史的陈迹中去找寻它们时，它们所显现的是犹如旧时的日记、书信和古器物般的历史学、社会学、政治学的价值。一种研究方法，看重宏大历史著述、官方文献之外的事件经历人的口述和自传，更看重事件经历人在当时的日记、书信，因为它少了事后的文饰和人的记忆本身弱点所致的问题。孙先生的漫画的再度重见（1996年，上海三联书店重新再版《武训画传》；2008年，人民文学出版社出版《思想·手迹·足迹》（孙先生漫画及文章））正展现了上个世纪20年代末至50年代初中国社会的方方面面——人情、事件、思潮、时尚，以至是贪腐和荒诞；展现了孙先生这一个漫画家的视角与心境——感悟、求索、希冀、关怀，以至是热忱与责任、憎恨与讥讽、抨击。同时，也使人会感到原来有时漫画生涯本身就可能是一种黑色幽默。

当然，孙先生的漫画还使我们了解到：漫画——在这一个时期、由这一个漫画家所给予我们的——它并非只是为运动做武器，为时代做解说。它，就是它，就是绘画，就是漫画，就是孙先生的漫画。它有它独自的、永恒的美的意义。

李楯　教授，清华大学当代中国研究中心专家网络负责人；清华大学公共管理学院社会政策研究所执行所长；中国人民大学法律社会学研究所所长。

我不识君妄作评

常振国

日前，挚友武冀平先生邀我写一篇纪念孙之俊先生的文字。我与孙先生不曾相识，感觉无从下笔。后又接到孙先生爱女燕华女士寄来不少关于孙先生的资料，特别是孙先生的漫画作品、撰写的文章，以及他坎坷一生的介绍，拜读后，心中不禁为之一震，思绪万千，感触颇多。

先说说孙先生的漫画。张振仕先生认为，孙先生"是继丰子恺之后，漫画界承前启后的人物"；华君武先生认为，漫画史上应该有孙先生一笔。何谓"承前启后"？"一笔"又该是多重的分量？这要靠事实说话，要靠实力证明。孙先生早在上个世纪20年代就开始致力于漫画的创作，一画就是20多年，从未间断，数千幅作品，涉及社会生活的各个层面，始终与时代同呼吸，与祖国共命运，与人民心贴心。仔细观摩孙先生的作品，你会发现一个最显著的特点，就是篇篇有"灵魂"，无论用墨多少，笔触所及，处处可见先生闪动着的思想火花。1933年底，当时的伪满政府宣告次年将实行帝制，在社会上引起强烈反响。为此，孙先生创作了一篇《把戏》的作品，发表在《北洋画报》上。画面上一把"龙椅"架在一根三折的支杆上，画面右下侧，梦想登基的溥仪正双手扶着云梯，准备攀爬上去。乍一看，还以为是一位要耍杂耍的。再一琢磨，忍不住哑然失笑。这幅作品，画面虽十分简洁，但表现的却非常生动，它向世人宣告："称帝"不过是一场闹剧，伪满政府这种逆历史潮流而动的行为，危如累卵，是一定会遭到全体国人反对的。这幅作品的名字也起的好，"把戏"二字，不仅充分表达了作者对此事的嘲讽、轻蔑，而且也道出了人民大众的心声。作者的思想火花，点燃了亿万百姓胸中郁闷已久的愤怒之火，犹如一把匕首，直入反历史潮流而动分子的心窝！除了带有强烈社会政治题材的作品外，即使是一些反映日常生活的"小品"，孙先生也是"按着现社会现环境的需要去做"，"是给人指示出现社会是非善恶的，是给人开心遣兴的"。比如《浪漫派》、《真正的音乐迷》、《野花恋不得》等等。

说起漫画，一般认为似乎不需要太深的艺术功底，但我觉得这种说法欠妥。以我的理解，漫画是用最简练的笔墨（线条），融入最机警的智慧，采用艺术的手段，用夸张、用变形来实现作者的"目的"。我们在评论文学大家的时候，常常钦佩他们能用最通俗、最节省的文字表达出最深邃的理念，刻画出最鲜活的人物，描述出最生动的故事。我以为漫画与文学之间应该是相通的，由此来评判漫画家尤为恰当。问题是社会上确有一些冒牌的漫画家，他们以漫画作幌子，掩盖着自己拙劣的画技。对此，孙先生有过严肃的批评，他说："在报纸、杂志上常见到有许多作品是真稚拙而冒充古拙，在这种糟漫画上无论由那一处着眼都差，第一既是画就得画的好，那么构成一幅好画的条件至少也得有那么几条，但是一条也没有，那么再从漫上着眼或者可以得到一点轻快的感觉，但是又感到是糊涂，我之所谓糊涂不是心里没有成见，想不出一个准章程来，而是记忆不清，手不驯服，看得太少，稀里糊涂凑合上的叫做糊涂，糊涂还有什么意思。"今天我们观赏着孙先生的作品，品味着孙先生半个世纪以前讲过的话，再耐下心来认真考评一下当下的漫画作品和众多的漫画家们，我们会做何感想呢？

再说说了解了孙先生的一生后，自己的点滴感触吧。解放前，孙先生考入北京国立艺术专科学校后，就开始漫画创作，那时他不过20岁左右。从发表的作品和他的交往活动看，他是一个充满活力、充满幻想、思想活跃、勇于开创的有志青年，可谓"国事、家事、天下事，事事关心"。面对日本帝国主义的侵略，他义愤填膺，挥笔创作了《国人速醒》、《1933》、《五三》、《无题》、《大家还不快醒吗》；面对置国家利益于不顾的军阀混战和腐败的官僚政府，他无情揭露，创作了《新年漫画》、《今日之内战》、《怎么瞧不见呢》《黑白》；面对社会底层的广大民众，他充满同情，创作了《报考一名职员》、《都市之冬》、《民生》、《无衣无食腊月怎挨》；对社会上的一些其他问题，他同样十分关注，疾恶如仇，导人为善。

终结孙先生漫画创作生涯的是50年代初对电影《武训传》的批判。孙先生因为创作《武训画传》受到株连。武训是一个乞丐，为了让穷人的孩子也能有书读，他倾其所有，将乞讨来的钱全部用来办学校。孙先生深深被武训的所为以及他的这种精神感动，曾先后三次创作武训这个人物，可见他内心深处蕴藏着多么大的热量。但是一场无情的、毫无道理的批判，犹如一盆冰水灌顶，彻底浇灭了他满腔的激情！可以想见，他当时的那种无奈、委屈、痛苦是多么令人难以忍受。而这种难言的痛苦，我深信，是语言难以表达的。如果没有亲身经历，也是永远无法体会得到的。或许是这场批判，让孙先生懂得了什么，他竟由此舍弃了前半生所钟爱的漫画创作，转身投入到教师的行列，全身心地去教书育人。默默无闻，兢兢业业。这是不是他在以另一种方式去实现他的追求？但史无前例的"无产阶级文化大革命"再一次毁灭了他的理想。孙先生可能万万想不到，他连一名"教书匠"都不能当了，而转瞬间竟成了"反革命分子"。当所有的一切都已绝望，老家院内的葡萄架便成了他最后的归宿。孙先生的一生实在令人同情，同时也让人心情沉痛，引人思考。孙先生可以称得上是一位关心国家民族命运，才华横溢，积极向上的热血青年，只因"莫须有"的罪名被逐入另册。他的一生，从一个侧面真实地反映了极左路线对老一代知识分子的迫害，看到了当年文化政策所带来的恶果。读了他的一生，使人掩卷之余，总有一种更深邃的东西缠绕在心头，久久挥之不去，酸甜苦辣，难以言语。

"我不识君妄作评"。拉拉杂杂的写了以上这些，略表我对孙之俊先生的景仰之情，或许也算是对先生的一点纪念吧。

常振国　华龄出版社社长，编审。中国出版社协会理事兼副秘书长、中国国际合作出版促进会副会长兼秘书长、中国作家协会会员。

魂兮归来

晓 芙

　　与李燕、燕华夫妇相知多年，在一起除了谈艺术、社会、人生，也惦念彼此的健康、生活、孩子，在工作中更是经常得到他们的帮助。记得那年请李燕为系里的研究生讲课，很多具体事都是燕华忙活的。结果是答应得爽快，课讲得精彩，在学院产生了很好的学术影响；我在为《名家题画》的选题搜集资料时，苦禅先生与李燕二位名家的资料都是燕华帮助编辑、整理的，并刻成碟送我，使得保存、运用都十分得心应手，我知道这些对燕华都不算什么，这些年燕华和李燕做了很多文化艺术方面的大事，即使不见面，也能经常听到他们的消息，我从心里为他们高兴。然而对燕华的了解却始终没有延伸到他的家庭、他的父亲……

　　去年12月，收到"孙之俊先生诞辰百周年作品回顾展"的请柬，燕华在百忙中打来电话，嘱请一定出席其父画展的开幕式。那天，劳动人民文化宫正殿广场上的开幕式盛大而隆重，来宾中有漫画界、文艺界前辈，有孙先生生前任教的北京师范学校的很多老学生，以及许多热爱孙之俊漫画及其他作品的朋友。让我略感意外的是，我们在来宾里终于见到好几位极熟悉的朋友。旅游出版社的武冀平、轻工业部的樊保珍、画家孟庆堂以及也是画家的著名画家陈少梅之子陈长智等等，他们竟然都是孙先生在北师的学生！可见孙先生之桃李满天下，北师确实培养了不少人才。这也让我仿佛瞬间与孙先生有了某种关系、不再遥远而陌生。而我自己，小学是在西城区受壁胡同北师一附小读书有整整六年的时光，每年北师的毕业生都到我们学校进行毕业实习，想到那些孙老师曾经教导过的学生，几乎每年都会给我上课，我甚至觉得自己与孙老师的关系已经很近。

　　回顾展内容，布满了东西配殿的全部展室，我依次默默读画，一边听朋友向我介绍着他们敬爱的孙老师。漫画与人流包围着我，我感到无以名状的震撼力，引领我逐渐走进孙之俊先生。我的脑海中渐渐勾勒出一位充满艺术活力的正直的漫画家的人生历程：

孙之俊于1907年诞生于河北省藁城县；

1930年毕业于北平国立艺专西画系，在校期间曾参加北平漫画社、五三漫画社、中西画会吼虹社。

1927年6月在学生时代开始发表漫画作品；

1936年后三次创作连环画《武训先生画传》，三次创作《骆驼祥子画传》。

1942年始在妻妹的引导下协助中共地下党从事革命工作，曾两度被捕，始终不渝。

1951年在批判电影《武训传》的运动中受到牵连。

五六十年代先后在北京师范学校、第二师范学校等任教，并创作《大人国游记》、《小人国游记》等大量少年儿童读物。

1966年"文革"初期受到严重迫害，被迫回到老家，翌日自杀身亡。

画家的悲剧人生令我扼腕长叹，然而他曾经那样热情、勤奋、正直、认真地生活过，他给我们留下了四千多幅漫画、连环画，并有文字作品存世，又令我们十分欣慰。如果生活曾经对一位艺术家不公平，则他恢复艺术名誉所依靠的应该是他存世作品与历史的沉淀。

孙之俊先生是中国现代漫画和连环画的先驱者之一。先驱者的意义，首先在于思想走在前面。当他不满二十岁，只身离开家乡，走向北平时，他的双眸以清澈的目光审视着世界，内心充满对真理的追求与艺术的理想。他认为"美术是应合人类精神上需要而产生的，美术是人类精神上的粮食，在人生的过程中，美术是不能离开的，漫画是美术圈里的一部分，所以同样也不能离开的"。"我们应该按着现社会现环境的需要去做才对，在取材上要有意思不是无目的。是给人精神上得到全心微笑的，是给人对时局一个清楚简明印象而有极正确批判的，是给人指示出现社会是非善恶的，是给人开心遣兴的"。他始终保有对人生、对社会、对民众的良知和责任感，以饱满的热情、艰苦卓绝的劳动、严肃认真的态度进行着"导人为善"的漫画艺术创作。

先驱者的意义，还在于克服一切艰险，身体力行地走在前面引导。早在上世纪三四十年代，孙之俊先生不畏艰难、不怕繁琐、不计名利，做了大量漫画艺术的开拓工作，他写有有关漫画的普及文章，发起、组织漫画社团，做漫画展览的组织工作……人民会永远记住他的。1942年发表的《作家群与漫画生产》曾这样评价孙先生："提起了开拓漫画困苦的前路，孙之俊应该是一个永远放置在人们记忆里的人物，他历经过漫画发展途径上极苦难的日子从腐旧的时代中尾随着漫画被唾弃后的余息，坚忍着一切谤击漫画艺术的风暴，而滴着热情的泪滴，在沉渊中挽起这将垂死的生命。如果我们来歌颂他的伟大劳苦，似乎不能遗忘他血渍斑斓的一只手的。"

先驱者以自己的劳动与创作回报人民与社会。从 1927 年至 1949 年，孙之俊先生倾注自己的理想与智慧、爱憎与追求，创作出两千多幅漫画和连环画作品，为中国现代漫画事业可谓呕心沥血。

然而，历史的发展常常出人意料，1950 年以后孙之俊先生没有再画漫画。50 年代又创作了《武训画传》、《骆驼祥子画传》以及连环画《麦克阿瑟的罪行》等。在《武训画传》受到批判后，他在默默埋头于美术教学的同时，仍然创作了大量课本插图及少年读物，可见其赤子之心。

当我通过读画终于走进孙之俊先生的时候，也终于读懂了燕华关于父亲的长久的沉默。我也陷入了深深的思索。

令我永远不能释怀的是孙之俊先生之死。"文革"初期，他即受到极不公正的待遇，甚至肉体的凌辱，被野蛮抄家后，又勒令回到老家，那是四十年前他满怀理想离开的地方，在漆黑的深夜，在破败的葡萄架下，他无言的离开了，离开了他深爱的人世……

孙之俊先生曾创作漫画《摸索》，表现"路漫漫其修远兮，吾将上下而求索"的情怀，今天，让我们一起向先生欢呼：魂兮归来！

晓芙　原名朱琦，原中央戏剧学院副院长，戏剧文学系主任，中国作家协会会员。

《思想·手迹·足迹》为我们留下的启示

张卫东

第一次听到孙之俊先生的名字是我上小学时。

那时候"文革"刚过不久,传统文化还没有全面复苏,正是乍暖还寒时节……我的昆腔老师是昆曲家吴承仕先生长子吴鸿迈老师,曾任师大附中数学教研室主任,是孙之俊先生的老同事。在解放伊始,他们都是对党的工作最积极、对共产主义信仰最虔诚的优秀教师。

我到和平门里未英胡同吴老师家习曲时还不敢大声唱,恐怕吵了邻居被举报到革委会找麻烦。吴老师曾在"反右"前的几个运动时就被揪出来了,"文革"前就曾经劳动改造多年,所以那时唱传统老戏还是有些胆小,特别是教我这个十几岁的小孩子更是不敢高声儿。

因为年龄关系我也常读一些儿童读物,《中国儿童》、《中国少年报》都是我最爱看的,最爱看张乐平的漫画作品以及《读书》中丁聪的插图。向吴老师习昆曲时不免有些枯燥,所以在书包里总是放着《三毛流浪记》或几本连环画,我们当时都把"连环画"叫做"小人儿书"。有一次吴老师看到我那几本小人儿书就感慨地说:"我们学校孙之俊画的《武训画传》才是最有品位的,比他们这些画漫画儿的强多啦!"这就是我第一次听到孙之俊先生的名字。

我回家时吴老师有时送到和平门14路汽车站,有一次穿行西新帘子胡同时,他边走边聊起孙之俊先生:"我还算是凑和着活过来啦,孙之俊是被红卫兵造反派们给打了个半死后遣送回老家自杀了!宁为玉碎,不为瓦全!听说是瞪着眼睛上吊死的。有点像《赐剑》里的伍子胥。"

其实,吴鸿迈先生在被打为"右派"之前就很少与孙之俊先生往来了,而后他们则更是没人敢接近的人物。那时,在和平门内的几条胡同里,以打、砸、抢闻名的"红卫兵小闯将"们"革命"得最彻底。仅在这条西新帘子胡同里的曹家、葛家、王家等数十家都被查抄拷打，造反派们把曹鸿君、赵振华夫妇鞭笞得死去活来，还用鲜血在墙上写口号。只要是稍微过得好的人家儿，都没能逃避"无产阶级的专政"，可以说是："血腥满地迹遍流"。后来，我见到孙之俊先生的小女儿孙燕华老师，问起孙老先生自殁前的旧事，燕华老师并未恨天怨地地哭诉，只是黯然地回答："都过去了……"

在孙之俊先生的《思想·手迹·足迹》中有几篇画论，首篇《漫画浅说》应该是目前能够找到的孙先生最早的漫画论文。其文字潇洒流畅，且惜墨如金，没有任何俗套之语。他是我国早期研究漫画理论并在报刊普及的先驱之一，这篇论文为后世学习创作漫画提供了最佳理论读物。

《贾醉生集序》的第一句就可以说是写出来的漫画："你要是认为此序欠通的话，请剪下抛入字纸篓里。"而末尾的："上文就算序，说的是哪一朝，哪一代，自己也有点糊涂，休得再事罗嗦……"如北杂剧中"楔子"的科白一般。

《水彩画三到》是当时最先进的西画教学论文，虽然文章简短却如明朝南北宗画论一样精辟，完全是西为中用的一种适合当时大众的美术概念，由此可见孙之俊先生文思是为国人所用，把西方技法吃透深入浅出地介绍给普通习画者。

诸如文中：

初习西画宜先明理论，理论者何？不外透视与色彩学。且夫画之构成仅形与色，透视之明理，轮廓自不成问题；色彩学之明理，明暗自不成问题。是必先脑也。

孙之俊先生的美术修养不仅仅来自于美术，他对社会的洞察力以及传统儒学修养是当时乃至今日美术工作者所不能比拟的。作为一个学习西方美术出身的职业画家，他不迷信西洋教育模式，更没有那种表面上的西洋生活作风，在当时学习西方美术的职业画家中尤为难能可贵。

用今天的话评论孙之俊先生，时髦名词儿应该是一位"多元化艺术家"。从他创作的几个戏剧小品中就可以领略其在美术之外的文化修养，剧本文辞不但科白流畅幽默而且锣鼓场面和唱段腔调儿设计得无一不精。从表演服装穿戴到脸谱胡须设计以及表演动作提示，既表现出所描写戏曲故事中的重要"务头"，也有当时观众看戏的所谓"戏料儿"、"包袱儿"。在《冥司听审记》中有一段描写阎罗王审判汉奸的情节：

下跪敢是丧心病狂，背叛中央，只图一己快慰，不顾生灵涂炭，依庇他人篱下，自以为美，寡廉鲜耻，天良尽丧，昔时人称卖国贼，今日所谓汉奸者乎？

此段话白以及剧中情节犹如明朝徐渭先生的北杂剧《四声猿阴骂曹》，而描绘阎罗殿中情景与近代舞台的这出《阴骂曹》大同小异。在这出戏曲小品中的画

冥司聽審記

孫之儁

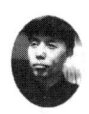

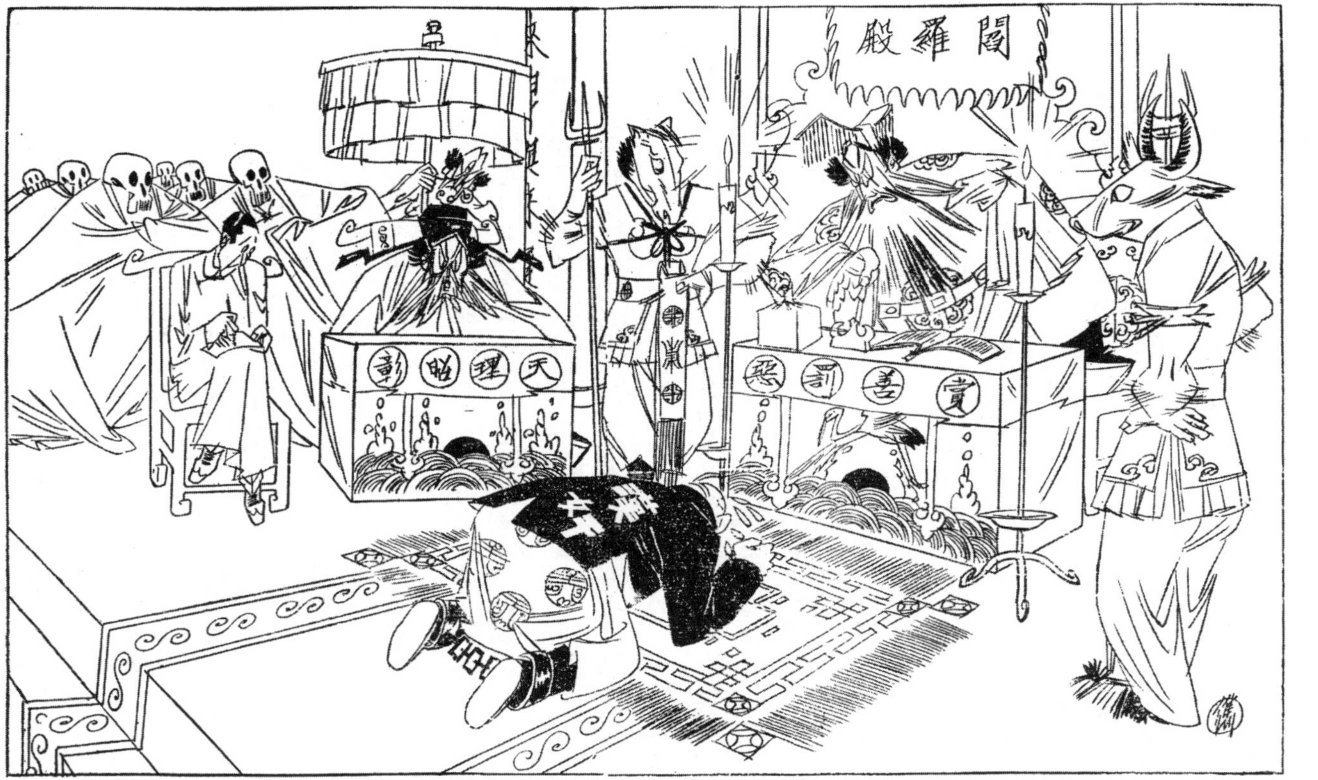

閻羅王頭帶平頂冠，項掛朝珠，身衣紅蟒袍，腰束玉帶，左手捻鬚，右手戟指，兩眉高聳欲冲霄漢，怒目裂眥星火亂迸，腮紋下伸兩嘴角下撇，大聲疾呼直若空谷霹靂，二脣劇啓天地震搖，嘎金鳴玉而問曰：『下跪敢是喪心病狂，背叛中央，祇圖一己快慰，不顧生靈塗炭，依庇他人籬下，自以爲美，寡廉鮮恥，天良滅盡，昔時人稱賣國賊，今日所謂漢奸者乎？』

却說漢奸衣黑馬褂，背書漢奸二字，內套團魚花紋長衫，唏哩嘩啷——脚鐐聲——佝僂其形，匍匐而前，面呈灰敗色，幽靈震作響，雙手痙攣，神經失去作用，全體戰慄如壁虎之吃煙油者，心中忐忑，多多有昔，面部表情大有早知今日悔不當初之概，愁鎖雙眉，二目淋淋若小便然，淚水滲透剔花紅氈，兩耳嗡鳴，鼻酸頭旋，若墮五里霧中，渾渾噩噩，不知身之所自，幸彼生時未患五淋，未被雞姦，不然閻羅王之一聲大吼，雖已嚇得三魂渺渺，七魄悠悠，然而竟未屁滾尿流。靜默半分鐘之後，嗑嘴之口，僵硬之舌才嘤然一聲：『是』。本記者却暗地裏抓了一把汗自忖道：『喂呀！好森嚴的法律呀！』

問：『姓名、年歲、籍貫、職業』，答：『漢奸，年四十歲，祖籍華夏，曾充任軍政要職』。問：『既是漢族，就該忠心保漢，以符孫總理所倡民族主義之眞旨才是，爲何私通外洋是何道理？』答：『小人昏庸無知，幼年仰賴遺產生活，在學堂雖曾讀半頁詩書，以腦筋簡單之故，僅認識了「酒」、「色」二字，後小人乘讀攻酒，酒不足與彙以攻色，未及數載，此渾亂之腦筋，一變而爲腦汁，再變而爲腦液，腦液貯於腦殼，不起神經變化，不幸又爲小人神妾所抽去，此空空之腦殼不僅簡單而已，官事私事，茫然不知，一任屢下，胡作非爲，日積月累，錯弊叢生，不幾何時，惡盈罪滿，同僚羣相攻擊，小人迫不得已，亦勢所必然，即率屬下恭遜厥職。是小人不知香、臭、是、非、善、惡、皂、白，加以年來小人又嗜阿芙蓉，小犬一位，不務正道，終日狂嫖濫賭，小女十位，雖均在校肄業，然亦非聖門中人，只是傅粉塗朱，假襲執袴子弟，每女每月開消甚鉅，賤荆及衆　除淫弄衆僕外，又常戰竹城，舍下每月開消總數約在數十萬金以上，遺產雖豐，長此以往，沿門托鉢有日，所以略經利誘，即甘心賣國，至於忠心保漢一層，小人木石鹿豕，曲直不辨，自不明大義，時至今日尙復何言，惟有頓足搥胸，仰天長嘆，悔不當初，已往者之不諫，猶來者之可追，敬乞閻王老子恩賜烏龜皮一具，俟脫生後陳列動物園中任人笑罵，以贖前愆，叩祈俯允，萬幸萬幸！』問：『因何致死？』答：『被愛國志士槍斃。』

口供招完，早將閻羅王氣得七竅生火，八處冒烟，渾身靜脈管停滯，面皮呈紫褐色，上下十五萬八千四百根毛髮，根根直豎，冠冲靈霄殿，斗牛十萬里，咬牙切齒，鼻孔擴大，猶如機車鳴笛聲，撼屋瓦的『呀呸！』獰道：『牛頭馬面』，兩廂應『有』，『我看這廝在陽世罪大惡極，槍決太便宜，凌遲加十級也無不當，與爺將他暫且羈押地心—約二萬層地獄—一俟將其閣家悉數逮來，再行一併開庭審訊核辦定奪。』宣告退庭。

《冥司听审记》 发表于1936年5月上海《漫画界》

图更是让人觉得痛快淋漓,画面大起大落的留白用以表现阴司鬼域的恐怖。以斜场大坐儿处理阎罗殿的公堂,在公案上摆放着的印盒、笔架山以及生死簿都摹拟舞台场面无一疏漏。旁边判官的公案也画得细致入微,这两个公案都用围桌椅披覆盖,上面桌眉分别写"赏善罚恶"和"天理昭彰",下面不惜笔墨描绘海水江牙、旭日东升以及仙鹤飞天等图案。黄罗伞下绛烛流苏光明耀眼,牛头、马面各穿袍衣、袍裤、丝绦、鸾带,单手执叉怒目觑视。阎罗王左脚踩椅子用手撕髯斜视,右手按指堂下汉奸。判官背后无数厉鬼游魂,骷髅缟衣哀哀作痛;旁边有一书记员却长衫革履,面带异骇神情用自来水钢笔记录供词。堂下汉奸跪在一块四角嵌有八枚大钱的如意格地毯上,磕头如同捣蒜见其额颊间热汗蒸腾。长袍马褂夫子履的时代扮相汉奸,其全黑的马褂后襟儿上留白写有"汉奸"两个黑体大字。

好一座森罗阴司冥府,也是他又一幅不顾个人生命安危的好作品。这幅漫画的线条洗练刚硬,在表演情节处理方面极为细腻生动,气势宏大却又不烦琐。他用钢笔线条技法画出中国传统本色故事,在舞台结构以及剧中人物造型方面素养极高,紧紧抓住戏曲情节,使笔下人物发挥得维妙维肖。

作为一个中国的画家,特别是水墨画和漫画家,如果要是不懂得音乐或欣赏音乐那就等于是画匠。具有表演才能或演唱才能的画家所绘出作品都是带着韵律的,而能够演奏或自拉自唱的漫画家就更了不起了。孙之俊先生便是后者,他的画作能让你感觉到引吭高歌,有泠泠清梵,也有鹤唳高寒;就没有所谓得那种笑料儿的幽默漫画。他在水彩画方面也是如此,几乎所有的颜色都会表演歌唱。在《水彩画三到》指出:

"三到",即脑、眼、手三者各尽其极之谓。

今者欲画一垂直线,操笔挥之,立成一垂直线,手到也;不垂直则手不到。

今者欲确定此苍松之绿,启眸凝视,将其所得之印象,蘸到数种颜色,调之,结果得此苍松之绿,是眼到也;不得,则眼不到。

今欲宇宙间万象之于我,无遁形,无隐迹,运脑索之,深明远近、大小、明暗、浓淡之关系是脑也;不明,则脑不到。

除了连环画《冬烘先生》、《费利儿》、《大人国游记》、《小人国游记》、《巴黎公社的故事》和宣传抗日题材的《国人速醒》、《一九三三》、《一哭一笑》等作品在上世纪30年代闻名一时外,其《告别》、《紫荆关游记》、《上海游记》、《玉贞》、《骚动》等散文、游记以及短篇小说等也是当时最具代表力的作品。此外他创作的京剧小品《实城记》,锣鼓经、板式唱腔设计妥贴,也是反映抗战爱国内容。如此就不用说孙之俊先生对戏曲的通透了,无论是吹、打、拉、弹还是唱、念、做、打,

《水彩画三到》 1936年3月30日 发表于天津《庸报》

可以说是十八般武艺件件精通。这么一位博学多才的艺术家，他的艺术成就不仅仅是漫画，而是思想与品行。

《思想·手迹·足迹》对孙之俊先生的艺术只能算是以偏概全的总结，用当今欣赏漫画的眼光来看不一定每篇皆是最佳之作，但仅凭一篇1927年在《晨报》副刊《北晨画报》发表的《鼎足》，完全能让我们当代的漫画家们望而生畏！这三双反映中国女人在不同历史时期的小脚儿，无论是创意性的精神内涵还是对中国女性的审美焦点，该篇作品都可以说是中国漫画里程碑式的杰作。可是无情的历史让孙之俊先生画了一幅大漫画，让他永远的凝固在他的漫画里……

正当孙之俊先生对共产主义信仰最虔诚的时候，对新中国建设最积极的时候，却因《武训画传》的出版而导致他受到来自各个方面的批判。1951年6月13日，迫使他在《光明日报》公开向人民群众发表检查，题目是《检讨我画〈武训画传〉的错误》。与此同时他的另一本作品，也是一部艺术精品画——《骆驼祥子画传》，也因《武训画传》被封杀而遭到冷遇，所以至今我们难得一见这两部经典画传。而此后的孙先生他再也没有画过漫画，他的身影顿然在美术界消失。也许是因为喜爱弹唱，在生活上还能填补一些情趣。在创作连环画和整理童话故事以及培养青年美术教师方面，他依然兢兢业业地工作着。在他影响下不仅很多学生走上了教师的工作岗位，有些还把他戏曲和曲艺弹唱的爱好也继承下来，那时他有很多学生们也能吹、拉、弹、唱。如今健在的苏绍嘉、邵其炳等虽然年逾古稀，依旧情笃于他们最钟爱的曲艺。

王连奎先生就是经孙先生培养起来的八角鼓爱好者,可惜我与他刚刚相识不到三四年他就与世长辞了。连奎先生曾经回忆起与孙老师相处的情景,可能是因为政治上给孙先生的压力太大,所以那时他经常弹弦唱岔曲消遣,唱些"卸职入深山隐云峰受享清闲"、"悟透浮生不贪利名"、"待时听天命归隐山中"什么的。我当时正在编辑《八角鼓讯》,连奎先生欣然答应写点纪念文章,还说因在牛街附近暂住,等不再补差工作就有空可以下笔了。谁想没过几天,曹宝禄先生哲嗣寿生告诉我说:"真是想不到,王连奎先生患急病去世了!"嗟哉!与孙之俊先生最知己的八角鼓学生也身归那世了。见到这本书后我还与燕华老师说:"要是有王连奎先生健在,或许还有很多我们不知道的往事书写下来。

　　《思想·手迹·足迹》虽是孙之俊先生在1927年至1949年之间发表的部分旧作,有些资料因年代久远而被淹没消失,未发表作品却又因文化"浩劫"而荡然无存,最遗憾的是其后人身边几乎没有一张真迹用来纪念,这也许就是近代中国文化真正的悲哀!其实不仅仅是"文革",目前在我们身边无不存在着文化革命,对于那个时代我们经常说是"焚书坑儒",而我却认为应该称作"焚儒坑书"才算恰当。孙之俊先生的漫画生涯不就是彼时一张活生生的真实写照吗?

孙之俊与学生合影

　　孙之俊(右二)在师大附中工作时,成立了一个曲艺队,他教学生演唱单弦、河南坠子、山东琴书……。这些学生虽然毕业多年,只要一回北京,春节前后肯定到老师家里。王连奎(左一)、刘友声(右一)、魏振邦(左二)。(孙燕华注)

孙之俊先生的这部遗著是小女儿燕华老师整理编纂的，在选录资料、引证调查、修补画作、注录补白、链接历史等方面费了一番工夫。全书 308 页却有 140 页的文稿由其女补录，多半皆属撰写范畴，而燕华与李燕老师承袭先辈清奇品格，没有对著作名誉有任何巧取豪夺，无愧于孙老先生诗礼传家的风范。此书还得刘光勋、齐渝阳、丁闪以及李敏等老师们帮助，特别是泉林艺苑文化有限公司的徐金泊、郝玉珍、李洪旗以及人民文学出版社的王玉梅、王海波、郭娟和美编室、校对科等部门的诸位老师们都付出了极大努力。

我们通过孙之俊先生的这部《思想·手迹·足迹》遗著，可以使我们对艺术得到一些启示，这不仅仅是了解一些孙先生创作的漫画，最重要的是可以知道怎样画出真正的人生，用孙之俊先生的话就是：

天下事无往不如是，成功难者乐趣多，成功易者乐趣少，绘事何独不然？

张卫东　北方昆曲剧院一级老生演员，《八角鼓讯》主编。

是是非非说武训

邢培华　　邢　莉

武训(1838–1896)，山东堂邑柳林镇武庄（今属山东冠县）人，是一位以行乞兴学而闻名于世的平民教育家。清朝末年，在穷乡僻壤的鲁西地区，他破钵百纳，含垢受辱，累金积铢，以行乞集资的方式，兴办了堂邑柳林（今属冠县）的崇贤义塾、馆陶杨二庄（今属临清）的育英堂、临清的御史巷三处义学。武训行乞兴学的奇迹震动了中国和世界。清朝末年的各级官府直至清廷，曾数度为之撰文称颂，宣付国史馆立传，赏赐"乐善好施"匾额，采用种种办法，彰显其为平民兴学的精神。一代学子梁启超曾为之作传，著名实业家张謇称其为"中国、世界极光明，极伟大之叫化子"，人民教育家陶行知盛赞其为"普及教育之先导，私人兴学之表率"。国际上则赞誉他为无声教育家。民国期间，武训兴学的故事曾多次被采入中小学教科书和平民识字课本，使武训兴学的事迹几乎无人不晓。百余年来，武训兴学的事迹鼓舞了一代又一代的学子，武训精神已经在中国历史上留下了不可磨灭的印记。然而，就是这样一位行乞兴学的奇人却有着段承泽注文、孙之俊绘画的《武训先生画传》和李士钊注文、孙之俊绘画的《武训画传》（以下均称《画传》）两部《画传》。笔者自1987年参加山东省武训研究课题组，通过多年的武训研究，深知两部《画传》，资料翔实、艺术精湛、流传广泛。

其一，资料翔实。大家都知道，武训是一个大字不识的文盲，因而也不会留下他本人的自传和著作。从现有武训档案文献史料来看，基本都是当时地方绅士、地方官府的公文奏折，其史实说法也是众说不一，即使是年谱类作品，也大都是后人考订之作，因而就给考证武训兴学的史实带来很大困难。第一部《画传》的文字作者段承泽，因受武训感召，被人们誉为武训第二[1]。段承泽(1897–1940)，

---

[1]《武训第二段绳武》，《人物杂志》1947年，第2卷，第三期，第22页。

光绪皇帝为武训题匾"乐善好施"　　李士钊主编上海武训学校丛书之《作文修辞讲话》

字绳武,河北定县人,出身农家,只读过私塾(同小学),15岁参军,投身辛亥革命,先后在旧军队中一直干到旅长、师长、副军长、警备司令等职务,也曾经负伤住过伤兵医院。1927年,他驻军泰安,从一位朋友那里听到了武训行乞兴学的事迹,大受感动,于是引起他极大的兴趣。他利用可利用的机会,到武训故乡堂邑参观,分访武训故旧,了解武训学校毕业的学生,利用10年时间,收集有关武训兴学的资料,兴办武训小学,修建武训纪念堂,并于1936年邀请孙之俊到他在包头所创办的河北新村,花费半年功夫,经过了10余次的修改,由他本人注文,孙之俊绘画,绘制了第一部《武训先生画传》,共计108幅,在1937年纪念武训百年诞辰的前夕公之于世,交由顾颉刚主持的通俗读物编刊社出版。

　　第二部《画传》即李士钊注文、孙之俊绘画的《武训画传》,其文字作者李士钊。之所以选择李士钊参加重绘《武训画传》的工作,我们认为主要是因为他在武训史料和研究方面具有一定特长。李士钊(1916—1991),聊城人,他的家距离武训故乡柳林镇仅有几十公里。他从很早就关注武训问题,在读私塾时,就片段地听到许多有关武训的故事。1928年秋天,12岁的他在陶行知的《平民识字课本》里看到一篇关于武训的故事,加深了对武训的印象。1933年,17岁的他在聊城省立第三师范学校读书时,在各种有关的教育典籍上,读了不少有关武训的资料,了解了武训在中国教育史上的历史地位。他认为,武训先生在中国教育史

李士钊主编，梁启超等著《武训先生的传记》

上的地位，远在欧洲教育史上的裴斯托拉奇以上。1934年，年满18岁的李士钊特向学校请了三天假，赶到临清参加武训九七诞辰纪念大会，听取大会的有关报告，还拍摄了不少照片。之后，他还去武训故乡柳林镇参观，目睹了武训的学校和有关展览。1937年4月，他逐日地把天津《大公报》上连载的段承泽和孙之俊的《武训先生画传》剪贴在一起。1948年，他积累的武训资料已经达到133篇。新中国建立以前，李士钊参加武训纪念活动很多。但是，影响比较大，与他本人关系最密切的有这么两次。1946年，经陶行知介绍，他参加重庆生活教育社，任主编人之一。同年去上海参加陶行知领导的上海社会大学（即武训补习学校）筹备工作。由于陶行知的支持，上海武训补习学校创办起来。陶行知因病去世后，受大家的推举，便由李士钊担任上海武训补习学校校长。他聘任了郭沫若、臧克家、孙起孟、姚雪垠、方舆严、田仲济、赵纪彬、张文郁等许多知名进步人士任教。1946年12月5日，他发起组织了武训纪念大会，会场悬挂《武训先生画传》百余幅，由他本人担任大会主席。会上，他郑重邀请孔祥熙做重要演讲。12月6日，他邀请参加陶行知葬礼的董必武为上海武训学校题写"行乞兴义学，终生尚育才"的楹联。1949年，他主持的全国纪念武训活动在北京举行。会前，他在北海悦心殿进行了预展，展出了段承泽和孙之俊的《武训先生画传》，还有武训诞辰107、108、109周年的纪念材料。为更好的弘扬武训精神，他编著了《武训先生的传记》一书，1948年由上海教育书店出版。这本书收录了梁启超、冯玉祥、傅振伦、张默生、刘子舟等人写作武训的传记资料15篇。根据以上所述，李士钊的确是重新编制新的《武训画传》理想的武训史料方面的人选。受陶行知委托，他到北京重新修订文字，与《武训画传》的绘画者孙之俊一起合作绘制了新的《武训画传》，于1951年1月由钱君匋主持的上海万叶书店出版。新的《武

段承泽为《武训先生画传》所作序　　选自《武训先生画传》

训画传》，敦请了时任政务院副总理的郭沫若题写了书名和序言，还请电影《武训传》导演孙瑜作了序，节选著名演员武训扮演者赵丹的《我怎样演武训》为代序。可以说，李士钊在考证武训兴学史实上下的功夫最大，占有的资料也更多。他受陶行知生前之重托而重新编辑的这部《武训画传》，在考订史料上下了很大功夫，不仅考证了武训兴学的史实，而且对所涉及的人名与地名也一一作了考证。这在当时是其他武训研究者所没有也无法做到的。即使在几十年后的今天，能像李士钊那样熟悉武训史料的人，也只能是凤毛麟角。

其二，艺术精湛。两部《画传》的画作者都是孙之俊。段承泽1937年在天津《大公报》发表60幅的《武训先生画传》序言说，他是经过朋友介绍邀请名画家孙之俊担任绘画的。孙之俊（1907-1966），字近之，是河北藁城人，他的家乡地处鲁西不远，武训兴学故事在这一带传播很广，所以，他从小就听到许多武训兴学的故事。他自幼酷爱绘画，1927年就有漫画作品在报端发表。1930年毕业于北平国立艺专西画科之后,就一直从事绘画工作[1]。后来曾被誉为我国漫画界的南叶(指叶浅予)北孙(即孙之俊)。1936年前后,孙之俊的漫画创作正处于上升阶段,逐渐形成自己独特的视角和特有的风格。他的漫画不再局限于单一的国画白描、绣像等传统技法,而是注重把西画中的焦点透视、注重把人体结构和动态观念应用到绘画之中,因而他的绘画创作画面更加生动、合理,令人耳目一新。受人民教育家陶行知生前嘱托的李士钊,1950年到北京找到孙之俊,相约再画一部精美的《武训画传》,用大半年的功夫,重新绘制了一部新的《武训画传》,于1951年1月由钱君匋主持的上海万叶书店出版。新的《画传》由原有的绘画技巧改用中国水墨画的画法,较之以前的《武训先生画传》,提高了一大步,效果更加理想,获得了广大读者的赞扬,得到了广泛的传播。这正如全国武训研讨会主任张明同志在1996年上海三联书店再版的《画传·序言》所说:"以至于人们只要一提起武训,就会很自然地把武训的名字与李士钊、孙之俊先生的名字和《武训画传》紧密联系在一起。"这里讲的《武训画传》,显然是指第二部《画传》而言。但在新中国建立以前,应该是第一部《画传》的影响比较大;张明同志还指出,"《武训画传》的资料价值与艺术价值是任何其他武训研究资料所不能替代的"。[2]对于两部《画传》而言,都是适用的,也是中肯的。

  其三,流传广泛。第一部由段承泽注文、孙之俊绘画的《画传》,于1938年问世。为使更多的人们能够了解武训兴学的事迹,他们从这《画传》的画稿中,选出最能代表武训兴学活动的12幅绘画,制成年画,印刷32000份,分赠各文化团体和亲友,并与天津华中年画商店商妥,将版权赠与,此后永归其印售,以期普遍推广。1937年春天,他们从中挑选60幅,先行在天津《大公报》上连载,受到好评。此后,《画传》一连再版。1944年,陶行知为这部画传做跋。陶行知在《〈武训先生画传〉再版跋》中,一是肯定了段承泽创办河北新村,一是肯定了他与孙之俊合作的这部《武训先生画传》。陶行知文中提出:"武训先生的精神,可以用三个无、四个有来表现它。他一无钱,二无靠山,三无学校教育。但他所以能办三个学校,是因为他的四个有:一、他有合于大众需要的宏愿;二、他有合于自己能力的办法;三、他有公私分明的廉洁;四、他有尽其在我坚持到底的决心。因为他有这四个法宝,他不但以一个乞丐办了三个学校,而且他的三个学校经过千灾万难还一直存在到现在,而且还会存在于无限之将来,而且还会于不知不觉之中影响改变千千万万有志之士,跳出自己之小圈而致力于大群之幸福。"

---

1 孙燕华,《依然行走着的武训》,载《新文学史料》2007年第二期,第33、31页。
2 张明,《〈武训画传〉再版序言》,《武训画传》,生活·读书·新知上海三联书店1996年7月出版。

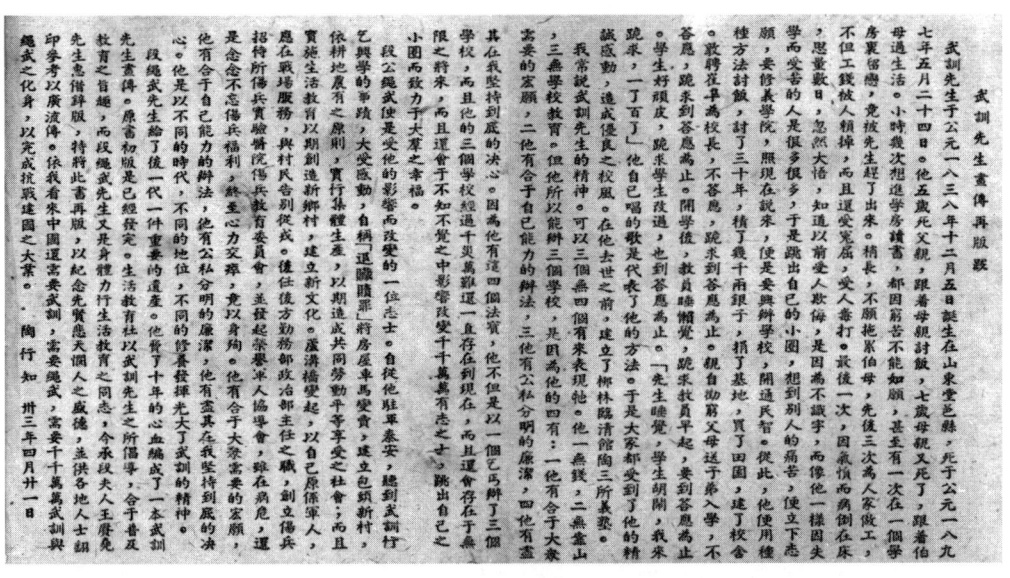

陶行知先生为1944年版《武训先生画传》再版所写跋

陶行知还称赞段承泽是"以不同的时代，不同的地位，不同的修养发扬光大了武训的精神。"[1] 又说，"依我看来中国还需要武训，需要绳武，需要千千万万武训与绳武的化身，以完成抗战建国之大业。"[2] 由此可见，陶行知是从抗战建国之大业的角度来高度评价武训精神和这部《画传》的。陶行知还在这篇《〈武训先生画传〉再版跋》中称赞这部《画传》是"给了后一代一件重要的遗产"。

这部《武训先生画传》的出版与发表，在武训史料的系统整理和图画宣传方面受到广泛的欢迎，成为当时最通俗的图文并茂的武训宣传资料，许多人就是通过这部《画传》认识了解了武训兴学。陶行知在重庆，曾经两次和段承泽会见，热情地作诗说，"陪都两见成知己，一本武训结良缘"[3]。据有关资料记载，李士钊当时曾经把天津《大公报》发表的《武训先生画传》60幅逐一剪贴下来。居于天津的山东禹城中西医士程介三等人，从王趾周家中得到王士珍剪存的《大公报》连载的《武训先生画传》60幅，将其与《兴学创闻》、《武义士兴学始末记》以及天津《大中时报》关于纪念武训百年诞辰的报道一并编辑成4卷本的《武训全传》于1940年用线装书形式出版，使之成为自1934年临清武训小学《武训九七诞辰

---

[1] 《〈武训先生画传〉再版跋》，张明主编《武训研究资料大全》，山东大学出版社1991年9月出版，第556—557页。

[2] 《〈武训先生画传〉再版跋》，张明主编《武训研究资料大全》，山东大学出版社1991年9月出版，第556—557页。

[3] 陶行知，《一本武训结良缘》，《陶行知全集》第12卷，第417页，四川教育出版社出版，2002年9月。"一本武训"是指《武训先生画传》。

纪念册》之后的又一部集武训研究资料之大成的著作。段承泽去世后，他那靠一部缝纫机生活的夫人王赓尧女士把《武训先生画传》的全部锌板惠借陶行知的生活教育社，由于陶行知的积极努力，这部《武训先生画传》一连6次再版，使得更多的人们通过这本书了解了武训兴学的事迹。根据有关资料得知，陶行知还把这本书分送给一些著名的学者，比如翦伯赞、安娥等。从1944年起陶行知一直在重庆数次举办纪念武训诞辰活动，可以说每次的纪念活动基本都有武训画传的展览。1946年12月、1947年12月李士钊领导的上海武训学校举办的纪念武训活动，当时的报道都说会场"悬有武训画传"百余幅。1949年新中国建立后，李士钊的上海武训学校曾经在北京北海悦心殿举办纪念武训活动，也展出了孙之俊的104幅《武训先生画传》。电影《武训传》的导演孙瑜也是受了陶行知的委托，以这部《武训先生画传》为基础写作了电影《武训传》的剧本，促成了电影《武训传》的拍摄与放映。陶行知还把这部《武训先生画传》送给加拿大华裔文幼章博士，将其文字部分译成英文出版，将《画传》介绍给苏联、加拿大、印度、英国、美国等国际间的进步朋友们。海峡彼岸的台湾私立武训中学，曾于1958年再版了段承泽著、杨德钧发行的《武训夫子画传》，而由陶行知作跋的《武训先生画传》则是其中的主要内容。他们于1989年编辑的《武训夫子全集》，则收录了这部《画传》的全部绘画。2003年，线装书局出版了《中华历史人物别传集》，其中第61卷，就收录了《武训全传》（其中包含了《大公报》发表的60幅《画传》内容）与陶行知作跋的《武训先生画传》，使得这一部珍贵资料在新的文献版本中得到保存和流传。

　　李士钊注文、孙之俊重绘的《画传》，本是武训研究史上的一件好事。难以预料的是，新中国成立不久，就开始了对于武训和电影《武训传》的批判。在这场运动中，这本《武训画传》被《人民日报》社论点名批判，两位作者则被迫公开检查，在其后的反右和"文革"中，也一再遭受批判和罹难。李士钊曾经一度被开除回家，在原籍强制劳动。批判武训和电影《武训传》之后，孙之俊以孙信的笔名创作连环画。然而，时间不长，就开始了"反右"。他度过了"反右"，却没能躲过"文革"。在"文革"中，他被迫遭回原籍，不久含冤去世。从此，武训成了历史的罪人，武训问题在近三十年之内成了学术禁区，无人敢以问津。

　　粉碎"四人帮"以后，迎来了科学的春天。在解放思想的前提下，众多的学者纷纷发表有关武训研究的文章，开始对于武训问题进行研究和再探讨。1985年，胡乔木曾经在中国陶行知研究会和基金会成立的大会上指出："1951年，曾经发生过对电影《武训传》的批判。这个批判涉及的范围相当广泛。"并说，"当时这种批判是非常片面、极端和粗暴的。"还说，对于"武训这个历史人物应该如何评价，这是一个历史学的问题,需不抱任何成见加以重新研究"[1]。今天,我们在不抱任何成见重新评价武训这个历史人物的同时,重读历史上的两部《画传》是非常有意义的,也是很有必要的。

可以告慰《画传》作者的是,近十余年来,全国许多热心于武训研究的同志,纷纷撰文著书,发掘武训精神的丰富内涵,评述武训在中国教育史上的地位,探讨武训精神在推动希望工程、振兴中华教育事业中的重要作用。武训的故乡于1991年、1995年、1996年分别召开了全国第一、二次武训研讨会和纪念武训逝世一百周年座谈会,出版了自武训有史以来的大型资料集《武训研究资料大全》以及《武训研究论集》、《武训评传》、《丰碑永留人间》、《奇丐武训》、《武训文化史料集》、《〈武训传〉批判纪事》等有关书籍。2004年,由聊城大学李泉、邢培华写作的《千古义丐武训》,被列入齐鲁历史文化丛书,由山东文艺出版社出版。由陶泽如饰演武训的电视连续剧《武训》也开始在全国范围内播映。在武训研究生机勃勃的大好形势下,李士钊与孙之俊的《武训画传》于1996年由孙之俊之女孙静、孙燕华自费在上海三联书店再版,并于7月16日在上海锦江饭店召开了《武训画传》重版新闻发布会,众多的专家、学者和孙之俊的生前好友参加了会议。当年的《新民晚报》也连载了新的《武训画传》。2006年12月,在第三次全国武训精神研讨会上,冠县人民政府又用线装书的形式再次重新印制了这部《武训画传》。我们相信,这部书籍将会和武训精神一样得到更加广泛的流传。

陶行知曾经指出,学习武训的关键是要学习武训的精神,并且还要不断的赋予武训精神以时代的意义。在抗日战争时期,陶行知就指出,"今日大敌当前,如果武训复生,他所兴办的不可能是旧日之义学,而一定是抗日建国之义学。倘使刻板去学武训,那又是武训之罪人了,我们所要学的是武训的真精神配合新时代之需要,普及新义学,以增强抗战建国之力量这便是我们的责任。"[2] 从陶行知所关注的两部《武训画传》的问世,我们可以看出陶行知与《武训画传》作者的不断追求来。我们可以看出,陶行知从来就是把学习武训与推行平民教育事业的发展、与为抗日救国培养人才有机地结合起来的,他把学习武训提高到一个前所未有的崭新的高度的做法,为我们今天的学习武训提供了一个积极的样板。邓初民在《略论陶行知主义》一文说,"陶与武训只是在行乞兴学的献身精神一点上相似,而陶则更进一步把教育事业变成

---

[1] 胡乔木,《对电影〈武训传〉的批判是非常片面、极端和粗暴的》,《人民日报》1985年9月6日,转引自张明主编《武训研究资料大全》,山东大学出版社1991年9月出版,第808页。
[2] 陶行知,《新武训》,张明主编《武训研究资料大全》,山东大学出版社1991年9月出版,第533页。

广大人民自己的事业，变成人民解放事业之一部分。"[1] 陶行知着重指出，武训"不属于一党一派，他是属于各党各派，无党无派。他是属于整个中华民族。他是属于四万万五千万人中之每一个人。让我们把武训先生解放出来吧。让武训先生从我们的小圈子里飞出去，飞到四万万五千万人每一个的头脑里去，使每一个人都自动地去兴学，都自动地去好学，都自动地帮助人好学，以造成一个好学的中华民族，保证整个中华民族向前进，向上进，进步到万万年。"[2] 今天，在落实科学发展观、全面建设和谐社会的情况下，我们也应该同样赋予武训精神以符合我们这个时代精神的积极含义，这才是我们今天学习武训研究武训所要应该切实掌握的科学方法。12月5日，是武训诞辰纪念日，仅以此文纪念之。

---

[1] 邓初民，《略论陶行知主义》，《陶行知先生纪念集》，陶行知先生纪念集编辑委员会编，1946年版，第56页。
[2] 陶行知，《把武训先生解放出来－为武训先生诞辰107周年纪念而写》，张明主编《武训研究资料大全》，山东大学出版社1991年9月出版，第560页。

邢培华　山东冠县人，聊城大学档案馆馆长，研究馆员，主要从事档案基础理论研究、是卓有成就的武训研究的学者。
　　邢　莉　聊城大学档案馆馆员。

画家笔下的游记
——读漫画家孙之俊《紫荆关游记》

李爱莲　寿阳仁

中国传统文学形式多种多样，其中"游记"是中华民族文明史的重要组成部分，现在我们将它概括为旅游文学。对于现代、当代旅游文学之研究，是在我国改革开放、旅游业高速发展中兴起的。

我国是旅游文学异常发达的国度，有自己的优良传统。在上世纪的二三十年代，曾出现过一大批优秀的旅游文学作品。当时，不仅从事文学的工作者操笔，就是从事其他文化艺术的工作者，兴致所至，也写出过不少美仑美奂的旅游诗文。毕业于北平国立艺专西画系、我国现代漫画和连环画的先驱，画过《武训画传》的作者、美术教育家孙之俊先生，一生酷爱艺术、博学多才，亦有精美的旅游作品问世。现在，仅就他发表于1936年7月《实报》半月刊的《紫荆关游记》，试说学习心得。

时代背景：1935年，日本帝国主义加紧了侵华步伐，制造了华北事变。中国共产党在中华民族危急空前的时刻，发表了《为抗日救国告全体同胞书》，提出"停止内战，一致抗日"的主张。北平大中学生于12月9日举行了声势浩大的抗日救亡示威游行。北平的学生爱国运动，得到全国各地学生的响应和支持。促进了中华民族的觉醒。随后，在上海召开了全国各界救国联合会成立大会。这种形势，无疑深深影响着年轻而又具有爱国心的孙之俊。孙之俊游历紫荆关，时间是在1936年4月5日。

紫荆关，是长城千百座雄关中历史最悠久的几座之一，位于河北省易县西北45公里处，因关城踞于紫荆岭而得名，为著名的天下九塞之一，被列为太行八陉之第七陉。宋朝时，相传关内外遍布紫荆树，盛夏荆花怒放，成为易州胜景之一。紫荆关因其军事地位重要，自古为兵家必争之地。

孙之俊先生游览紫荆关，是与朋友路君同行，并在紫荆关住了两宿，于第三天上午返回，晚间至住所，随即挑灯操笔以记。

《紫荆关游记》一文是循着作者游踪，以时间顺序来结构文章的，写出了当时所见所闻所感。这种写法，看似容易，实则不然。即是说，流于俗套易，写出特色难。读者如对游记仔细玩味，便会发现，本文极有个性和特色。它不仅传承了我国游记固有的短小特点，还善于抓住重点，着力去写一些场面或片断，犹如我国的写意画，用墨不多，却能传神，何况，他自身就是位大画家呢。

游记一开头就推出几幅色彩斑斓的画面。官座岭上建西式洋房10余所，"皆据悬崖，房多垩壁，崖多呈赭褐色，相映成趣"。"山麓赤松10余株，姿态奇古似与岩竞秀"。"山腰有清泉池，饮之甘冽，水曲流下，白花四溅"。接着，笔锋急转，说："自忖此处万山丛集，皆一脉相蜒，主权归我者皆秃其顶，枯且甚，一归外人经营则立变为此郁乎苍苍者，不禁慨然。"作者慨然什麽呢？出自他对贫弱祖国的焦灼之心和爱国之情，这心这情，跃然于纸上。但行文并没有就此而止，而是继续发展着。当晚，作者不顾旅途劳顿，趁月色登城游览，"俯瞰拒马白波，宛如银河，四周众山如俯首含笑向余示欢迎意，精神一振，唱兴忽发，引吭高歌京剧《（刀）劈三关》：'战城楼扶垛口……'一段，空谷回音，了了可闻"。作者信口唱来的京剧，内容是反映杨家将镇守边关，不容外侵的豪迈情怀。这是作者触景生情，由衷而发出的呐喊，表达了作者崇高的志向和情趣，而艺术感觉又极敏锐、细腻，读后令人动情，具有陶冶爱国情操和愉悦性情之效。

可见，游记之所以被人一贯称为美文，我以为，不仅是指文字优美清新，更重要的是作者立意鲜明，有强烈的现实性。

另外，这时的作者已是成就卓然的画家，尤其他的漫画，像他自己所说，尤注重其景象之外的"意义"。在繁复的世界中，随着时代的巨变，抓着舆论界认为"不满意者"，去写去画；作者又是画连环画的大家，对现实生活中的重要细节皆能一下子抓住，体现出作者对现实所具有的敏锐洞察力。比如作者描写城关大街一段，说"经火药库及都察院故址，惜皆毁于庚子役，今则只剩一片瓦砾场……所仅存者石柱四五而已。""归客社已十时，篝灯与友膝谈。"从记述看出，1900年八国联军侵华，不仅给北京文明造成了巨大灾难，就连这边远的紫荆关都未能幸免。看出当时中国之贫弱，联军之凶残。而作者谈这一话题时，点燃的是当地特有的用竹笼子罩着的灯火，可见作者对环境的观察是多么细致入微。又说，"关内居民仅六十余户，商店十余家，驻有保安队一，公安分所一。"在这里又铺开了一幅生活画卷，当年的兴盛虽然让我们有所追思，但作者的感受却是军事重镇的萧条冷落和内心的荒漠与无奈。

紫荊關遊記　孫之儁

1

丙子季春望前一日，與友路君遊紫荊關，且發夕至，道經崇陵、狐仙樓、六道梁、官座嶺，拒馬河而達。

官座嶺為美國耶穌教會所轄，全山野卉奇艷，佳木蔥蘢，嶺上建西式房十餘所，皆據懸崖，房含墨壁，崖多呈赭褐色，相映成趣，山麓赤松十餘株，姿態奇古，與薪蕨競秀，山腰有清泉池，飲之甘冽，水曲流下，白花四濺，閃停驅凝眸，自忖此處萬山叢集，皆禿其頂，皆一脈相挺，主槽歸我者皆非其中，枯且苦，一歸外人經營則立變為此鬱乎蒼蒼者，不禁慨然。

2

下嶺西進七八里，漸聞水聲淙淙，轉過亂山，即瞥一迂迴之帶，急湍直下，宛如怒馬奔騰之拒馬河，河寬可百餘尺，兩岸插雲嶙峋，不可勝計，河上築木橋，其狹，人不能並行，立橋上極目四眺，爽凡寒甚，渡河凡六次，越嶺翻倍之，抵關時已薄暮。

3

關位於山固，城悉以石砌，隆起之山嶺，殿宇山門多傾圮坍塌，惟正殿稍修養。關內居民僅六十餘戶，商店十餘家，駐有保安隊一，公安分所一，市面頗蕭條冷落。

巳時啟程返，出南天門，沿盤道下，經盤道寺、龍華嶺、西陵，等地。

盤道寬可二丈，長可二十里，道右無底深壑，道左崇崖嶒嶸，似與天接，十步九回首，下抵平地時，南天門愈來愈小，已萬家燈火，比歸斗室，略事休息，即挑燈操筆以記。

○○○○○

官座嶺下之木橋

4

周圍可六七里，南勢連長城，北門緊臨拒馬河，門額書「河山帶礪」，聊城傅光宅題「入城覓旅舍，才一盥沐，已月出簷下。進餐時，向店東詢此地古蹟，彼叙者津津，余聞之甚喜，膳畢即乘興登城遊，四圍象山如俯首，波，宛如月色登城遊，俯瞰拒馬白乘興趁月色登城遊，俯瞰拒馬白含笑向余示歡迎意，精神一振，唱興忽發，引吭歌勞三關「站城頭遠望之紫荊關

拒馬河畔遠望之紫荊關

5

樓挨垛口……」一段，空谷回音，了了可聞，不禁沾沾以喜，由北門西行至西北角，角北昔日有天橋二段，可通北山，今仍祇留有類垣，位山上，高可百尺，以夜色朦朧故，未敢攀登，下城穿大街，經火藥庫及都察院故址，惜皆燬於庚子役，今則祇剩一片瓦礫場，滿目荒涼，所僅存者石柱四五而已，歸客舍已十時，等燈與友促膝談，移時即寐。

雞聲三唱，即披衣起，速寫北關重門，東嶺古松、木橋、傳信樓、火神廟，南天門、大街、真武廟……等幅

6

傳信樓凡九間，中皆隔券門，營造甚堅固，高臨下，險甚，南天門在南門外黑許，額書：「畿南第一雄關。」門內碑碣甚多，茲節記道光年重修盤道碑序：「粵稽荊山，古稱阨要，龍蟠虎踞，飛豹隊，屏藩重地，鎖鑰雄關……乃華夏金湯之鎮，畿門之邦，實為咽喉要路也」，數門外霧山羅列，險峻與碑文等，時雖暮春，立門洞猶凜寒風料峭，襲人衣襟。真武廟位於城中央

關內街市速描

7

巳祇剩一針鼻孔，所穿村落皆有古趣，西陵則黃瓦、丹垣、蒼松，亦頗可觀，抵琴格莊時，略事休息，即挑燈操筆以記。

写风光名胜的散文，有个特点就是叙事成分较多，但一些高手却能非常注意营造情景交融的意境。这意境可能就是平时所说的如诗如画吧。读孙先生的散文就像看画。如结尾一段，先叙述山间盘道和周边情况，然后说："一步九回首，但见南天门越来越小，下抵平地时，已只剩一针鼻孔。"这里，既为我们勾勒出一幅生动形象的仰视南天门的图画，更为我们营造出浮想联翩的意境。十年二十年后，也许文字已经淡忘，但这幅画面一定会长久清晰地留存心间。

说到这里，大家一定会得出一个共同的认识，孙之俊先生不只是位画坛巨擘，也是位文坛高手。《紫荆关游记》文虽短小，却很精悍，寸纸寸金；写时似急就，却极具文采，过目留痕。似可入中学语文教科书，供青少年学习。唐杜牧在《答庄充书》中说得好："是以意全胜者，辞愈朴而文愈高；意不胜者，辞愈华而文愈鄙。是意能遣辞，辞不能成意，大抵为文之旨如此。"

读孙之俊先生游记，游记中所迸发出的那种蓬勃的生命力，具有鼓舞大众向前的力量，这也是我们后生写游记应该努力学习的啊。

杜牧先师早已指出了为文的秘诀。让我们更看出，孙先生所以成为画坛一棵大树，绝非偶然，这是他传统的文化功底，深邃的艺术修养和爱国情怀所决定的。文和画本是相通的连理枝。

2007 年 12 月 4 日

李爱莲　北京教育科学研究教师。寿阳仁　作家，编审。

亲故篇·忆

山河破碎激起书生意气
身体力行画作昭示后人

画胆苍苍大风扬

悲思切切画纸上

常忆藁城山和水

一身正气铁脊梁

报国哪怕脑涂地

一路走来多悲凉

莫道鹃鸟常啼学

尊严化作真乐章

我在做地下工作时的战斗生活（摘选）

丁 冷

亲故篇·忆

1939年秋，怀着对日寇刻骨的仇恨，誓死不当亡国奴的意愿，我离家从军，奔赴了太行山。1940年初，一二九师的党组织批准了我到抗日军政大学学习。从此我就开始了紧张的学员生活。

1940年6月，经连队指导员赤茜同志就是郝志平（系罗瑞卿同志的夫人）和连长程克同志介绍我入党，作了我革命道路的引路人。

1940年调到太行六军分区政治部工作，学习做敌区工作。秋天我被派到北平，做北平到石家庄段的地下工作。我的领导人是党崇山、陈光二位同志。行前陈光同

丁冷

志给我做了详细的谈话。最后十八集团军总部申伯纯同志叫我到总部又跟我谈了话，领导的谈话态度既严肃又热情，我认真的聆听。

1942年我进入了政治空气极度污染的北平。这里与解放区的的浑厚革命气氛大不一样，我在姐姐家暂时住了下来。

姐夫孙之俊事变前曾任省立八中的美术教员，是一个爱国的青年漫画家。当我到北平后，曾叫我看过一幅大型水彩画：画面是在一个农村田野里，一棵结着果实累累的柿子树，枝干上挂着一个大铁钟，大树的左方农民扛着一捆稻谷，太阳射在他们的肩上，是一幅很秀丽的田家乐的画卷。姐夫把这幅画的内容讲给我听，指着柿子、钟、扛稻谷的农民和太阳说："这就是始（柿）终（钟）抗（扛）日。"

是身在敌区，心向祖国的心迹表白，这幅水彩画张贴在前门很长的时间，可是真正理解含义的有几人呢？

我住在这里，姐夫为我积极寻找公开职业，调换成了北平"良民证"，又为我搞了一个"伪新民会"职员的证件，这些对我以后开展工作，提供了很大的方便。我到北平首先完成总部领导人申伯纯同志交给我的一项任务。

我来北平之前，为了使姐姐家知道我的情况并协助我工作，在平津线上我地下工作者吴栋曾两次到姐姐家做客。由于我们的宣传帮助，姐姐和姐夫的政治觉悟逐步提高了。我在北平一直找不到合法职业，但也不愿静坐在家里，于是我就通过拜访亲友了解他们的思想情况，巧妙的为我党进行宣传工作。

我在北平首先拜访了启蒙老师李云淑，她原是藁城教育科科长穆心斋的妻子，穆当时职务是北平第二模范监狱犯人的教员。有一次有藁城北高庄的一个同乡，是治安军的一个团级军官，他和穆心斋同到姐姐家来做客。穆和姐夫除谈论一些日常生活外，有意地和他谈了些该团内部情况。如布防和武器装备问题，我在窗外领着姐姐的儿子小羊子玩，侧耳细听。我这次得了些军事情报。有一次我要求穆心斋领着我参观了二监狱的犯人生活。

……

1945年初秋，冀中的田野一派丰收的景象，我全体军民正在锣鼓喧天，庆祝八年抗战的伟大胜利——日本无条件投降了。当时我正在参加地下工作会议，不是纪律约束，真想跑入群众队伍，扭起来唱起来和群众共享抗战胜利的喜悦。

城工会议结束时，冀中城工部负责人李珍同志给我谈了话，他指示我重回北平，继续做地下工作，受北平市委领导，市委设在市郊基地。请我们先走一步，为我们大军进城做好准备，并指示我进城后和我取得联系的人自称是李士成，那就是自己的同志。

我到北平又住到了姐姐家。

敌人的无条件投降，鼓舞了全国军民，到处是一片庆贺胜利的景象。

第二次进北平，工作极为顺利，我日夜工作，选我工作对象，亲连亲，友连友，很快就发展了十余名地下工作人员。并通过这些同志获得了国民党军政的一个分军的军事情报和"接收大员"、"先遣军"的罪恶活动的资料。

姐夫孙之俊在事实面前受到了教育，认识了艺术是为政治服务为阶级服务的真理。革命洪流冲击着社会的每一个角落。很短的时间，他在社会中、上层联系了一支可观的革命队伍，形势发展迅速、群众革命热情高涨。

又和姐夫共同研究：要求公开任伪职的，到紧要关头要想法控制本单位的机要部分。保护好敌人档案，厂矿设备，以迎接大军进城。

1945年的10月份，为了使工作进行的快些，进一步稳定民心，更好的开展工作，我和姐夫孙之俊一块到中央城工部汇报和请示工作，见到刘仁部长后，除一般汇报工作外，刘部长又单独和孙之俊同志谈了话，以资鼓励，在谈话后他很受启发和鼓舞，在部里孙又见了他在北平的许多熟人和同事，亲眼看到了共产党在群众中的威望，他亲自尝到了革命大家庭的温暖，体会到我党官兵一致、军民团结的优良传统，更加信任共产党、热爱共产党了。

在部里呆到了第二天头晌，听说国民党傅作义部队要来进攻，我们跟着城工部进行了游击转移。

我和姐夫回到北平，恰好地下工作人员刘丙刚同志和姐夫的大女儿孙静到姐姐家来了，目的是让孙静做他父母的工作，正好我们碰在了一起。于是我们决定到城工部去汇报工作，当我们五人走到良乡的时候被当地的驻军逮捕。我和刘丙刚说爱华（孙静）年轻，他们不会把她当重点，咱们俩可要坚持住！我是什么都不会说的……关押期间受刑很厉害……

后来知道姐夫孙之俊来良乡保我，因未花钱打通关节，反被国民党县政府以"强保女共匪"为名也被扣押在良乡了。姐姐变卖家产，来供应我们在狱里生活，当时城工部也派人来姐姐家探听消息。

在旧社会"钱能通神"。姐姐为了我的事，把家里值钱的东西都卖光了，打通了监狱长等关节，由我姐夫的好友北平正阳药房的经理阎少青出面做保，准予了"保外就医"，几经周折我于1946年2月出狱，回北平继续做地下工作，在这期间，组织上派了一个姓王的女同志来看我并带来了些款。

丁冷（1910—2004）　河北藁城人。离休干部，孙之俊妻妹。1939年投奔太行山抗日军政大学。

初进北平

孙 静

1945年9月,我们老家中共藁(城)无(极)县领导找到我,派我来做父亲的工作。经过城工部的沿站转送,我在河间晋冀鲁豫军区停留后即被送到北平,由城工部的地下党人刘丙刚将我送到北平复兴门内柳树井家里。因不知道父亲的底细,刘丙刚这一次并没进门,送到门口就走了。我到家后看到父亲不在,妈妈告诉我,父亲和姨姨去到西山城工部去了。我随即告诉刘丙刚,父亲已经在给城工部做地下工作了。于是刘丙刚第二次来到我家,与父亲见面,谈了话,并提出让我入党。那年我18岁。

10月,姨、我、刘丙刚等五人决定到城工部汇报工作,走在宛平、良乡地界,我们被国民党的驻军逮捕。我是在宛平县城被捕的,因为我年龄小,很单纯,也没有抓到什么证据,在监狱里看守的比较松。我求看监狱的老头找来笔纸,给父亲写了信,希望尽快想办法保我出去。看监狱的这个老头,可能是地下工作人员,他在信封的外面写了一句话,告诉我父亲,"此人明天将转押到北平警备司令部监狱",让父亲到那里去保我。父亲收到

孙静

信后,就到北平警备司令部监狱去找,在地下室将我保释,这是通过阎少青先生以正阳药房做铺保完成的。

我姨姨和城工部的刘丙刚等人被押在良乡。他们年龄较大,很成熟,有一定

的地下工作经验,所以姨姨受刑很厉害。父亲在看她时,与国民党看守发生争执,结果以"强保女共匪"的名义将父亲扣押。由于姨姨坚守党的秘密,当地国民党驻军也没抓到什么把柄,母亲又通过阎少青先生出据铺保将姨姨保释出来。姨姨的身份没有暴露,父亲的罪名本不能成立,但是因为父亲的"态度强硬",逮捕他的国民党方面下不来台,得知父亲是"名漫画家孙特哥"以后,就说,他在伪新民会里干过事,送到北平监狱,以"汉奸罪"判刑一年零四个月。当时父亲并不能向国民党解释,他自1942年以后就协助共产党做地下工作,因此,国民党给他定的这个"汉奸罪"——这个罪名一直影响到了"文化革命"时期。

亲故篇·忆

孙静(孙爱华)(1926—) 上海文史馆馆员,画家,孙之俊长女。

忆孙之俊先生

于东海

孙老师被"四人帮"的爪牙毒打迫害而死已十六年了,经过十一届三中全会后的批判极左,人们对这位二十二岁就成名的中国漫画家,从事三十多年教育的美术教师,应该有个历史唯物主义的评价。

1931年在河北省易县第八中学,孙先生是我的图画、音乐、手工三门课的老师,直到1966年"文化大革命",这36年,没断与孙老师相交往,他对我的影响很大,情谊也很深,他很喜欢我,我也很爱戴他。是孙老师诱导我回到了共产

于东海先生

党所领导的革命阵营,这是关系到人生的大事。"少思未来,老思往",我已近古稀之年了,于理于情都当把孙老师教导我参加革命的地下工作这段历史写给我们的下一代。

1942年,丁冷(共产党,是孙老师的妻妹)从解放区来到北京,动员孙老师参加抗日的地下革命工作,孙老师画过"誓死抗日"的大幅隐寓画。1945年,日寇投降后,丁冷同志和孙老师的大女儿又先后从解放区到北京,介绍孙老师去北平的西山和城工部接上关系,是刘仁、赵凡同志接见的他,并布置了工作。孙老师回城后就动员他的多年的亲友姜震瀛和我给共产党工作。

1945年11月起,我在国民党军队的后方勤务总司令部的北平第五补给区司令部参谋处当书记,又和中将司令耿幼麟是师生关系(耿幼麟已于1981年3月从美国回到北京安居)。孙老师说:"你这条件很好,一定能给革命做出成绩。"

1946年春节前,孙老师护送丁冷同志和他的女儿回解放区,在良乡被国民党收编的特务劫持,认出孙老师是大名鼎鼎的漫画家孙之俊孙特哥,孙老师忍辱负刑把丁冷同志二人掩护脱险,他自己则身陷囹圄。1947年5月孙先生出狱后仍以画画为业,从事革命工作。1947年10月曾在中山公园董事会举办孙之俊个人画展,在经济上主要是得其好友阎少青的资助。

1948年秋,中共北平城工部派董克珍同志到西城柳树井和孙老师接关系,暗语是"越隐"。丁冷同志和她姐姐丁素心分离时曾约定,今后如有人说找"越隐",就是咱们的人。丁素心师母一开门,见是一位身穿国民党军服(当时董在第五补给区司令部的军械库工作)的男人,畏缩一下又把门关上。老董说:"我是来找'越隐'的。"

经受国民党监狱磨难过的孙之俊老师锻炼得更有胆识了,当时他在北平师范任图画教师,除绘画之外更积极地发展他的亲朋好友为共产党地下工作。规定单线联系暗号和化名,多次对我讲解革命形势。他给我起名于栋海,化名伊河,他说是取于和海的声母。我陆续向孙老师提供情报,他说:上级对你的情报很重视,要接见你了。因为我在第五补给区司令部工作,又和司令耿幼麟有师生关系,第五补给区司令部掌管华北和东北地区国民党军队的后勤供给,我向孙老师报告过平、津、石家庄、太原、锦州、张家口和沽北口等地的兵站布署和军力,报告过北平各个兵站仓库的地点、电话和长官姓名,甚至把一个第五补给区的兵站布署文件底稿偷出给过孙老师。

我在河北满城上高小时就接触过共产主义;在易县八中时教务主任刘桂阳和体育教师张斌元乘老校长王国光生病之际鼓动功课不好的学生一起闹学潮,打倒

英语教师王荫圃、语文教师孙彻之和图画老师孙之俊,说他们是共产党,孙老师发动我联络三个年级功课好的同学起来号召全校同学赶跑刘桂阳和张斌元。

　　1948年12月24日做地下工作的共产党员张锡增被剿匪第十六突击大队捕去,他向匪徒们供出付卅钧和平委书记赵凡同志(化名徐连仲)。12月27日夜,突击十六大队特务到铁狮子胡同一号124兵站分站去抓我,当时我已搬到新街口北大街丙100号姜震瀛家去住,未抓到。28日晨我去124分站上班,站长许立新对我说:"昨天夜里突击大队来人找于栋海,我担保今天把你送去,不知突击队是干啥的,看来人样子气势汹汹不是好惹的,怕抓你不是为了一般问题。"我故作镇静地说:"不会有什么问题,可能是误会,我又不叫于栋海。"可是我心里明白,除去孙老师没有人知道于栋海就是我呀!当时我就打电话给我中学时同学北平警察第一大队的大队长康绍禹,问他突击十六大队是什么机关,并请康马上来124兵站一下。康来了说:"突击大队是专抓共产党的特务组织,抓去就没命了。许站长,咱们和东海都是多年好友,不能见死不救啊。"许立新也是一个讲究侠义混饭的人,他说:"好,你们先在这儿等一下,我坐车去十六大队看一看回来再说。"许立新从十六大队回来说:"可了不得!一进门,就听见压杠子的惨叫声,一个女记者带眼镜,说是平明日报的记者正在受刑拷问,叫她招认共产党。"又说:"东海呀!你是否和共产党有关系?"我默默没有答对。康绍禹明白,一个月以前我已发展康绍禹秘密给共产党工作。他对许说:"许站长,现在是什么时候了,锦州已失守,天津战役正急,北平已经围城,该是我们看清大势的时候了。""好,东海,你快跑吧。这几年你对我的好处很多,这是我对你的报答吧!"边说,许站长把他身上所有的钱(金元券)掏出塞进我衣袋里。"你去了准死,我豁出这个站长去,对他们说:"我们这儿根本没有人叫于栋海!"

　　我马上给家打电话,叫我妻白凤琴把大衣和便服准备好,等一会儿康绍禹去取,并叫她去二姑(孙老师的妻子是我们的二姑)家通知孙老师:"出事了。"

　　……

　　青少年时期除我爷爷之外,孙之俊老师给我的印象是最深的,他的一言一笑,一拉一唱,多才多艺的才华,初见时的英俊相貌如影历历。初中三年他教我们图画、音乐和手工,我是门门一百分,是我三年期考六个第一的主要因素。他教我们弹琴拉唱,敲锣打鼓,生旦净末登台演戏,元旦时和吕正操的647团一起联欢,唱《四郎探母》,吕正操饰杨四郎,孙老师饰铁镜公主,我演他的丫环;他导演儿童剧《小小画家》,赵鹏飞(已故,原北京市委书记)演小画家,我演母亲。孙老师还教会我游泳、溜冰和跳舞。来北京后我们差不多年年一起去什刹海溜冰、游泳，他的高台跳水和花样溜冰，在当时也曾吸引许多观众。他的衣着朴实大方入时，连饮食起居都成为我的榜样，当我和他一起出席亲友们宴会时，人们夸赞我俩不愧是师生兄弟。我的家庭也是孙老师成全的，他促成我和白氏结婚，连洞房的摆设家具都是按照老师家中居室的样子布置的，至今还保存有照片。

1982 年 12 月 5 日

亲故篇·忆

　　于东海(1916.2.21—1996.4.10)　　原河北省立第八中学（易县）毕业，北京建工学院教师。于东海先生始终是父亲的追随者，和父亲有着同呼吸共命运的经历。他告诉我，他的回忆文章写得很吃力，多少次都是伏案痛哭之后接着写的。现在看起来虽然不够详细，但却十分珍贵。他历经磨难，"文革"以后，由于参加解放战争时期的地下工作，根据中央政策，他的晚年以离休干部的身份过了几年平静的生活。（孙燕华注）

为了明天,我们也说几句

于令仪　于令红

我们的父亲于东海是孙之俊老先生上世纪30年代河北省立八中的学生,也是非常要好的朋友。

更重要的是他们都是热血青年,他们在一起为了和平解放北京,为党忠诚地做秘密工作。

爸爸常常讲起他和孙老师在一起的事情,他们的友谊,他们的乐趣。

他说孙老师非常聪明有才华,讲课生动又幽默,一生都是那么勤奋,不停地思考,不停地创新,不停地画画。

文化大革命后爸爸感慨地说:"孙老师啊,了不起呀!他像老舍一样有骨气,宁可去死也绝不受屈辱。可惜啊!要是活到现在孙老师也该和我现在一样办离休了。"母亲说:"造孽啊!孙先生那么好的人就这么去了。"我妈还说:"燕华在咱家住时,那时候要是钱多一点,多给燕华做点好吃的多好啊!"

当时爸爸知道孙先生的消息后,立刻把燕华接到我家,直到今天,如果我们不说燕华也不会知道,当时我家已经连续被抄了三次家,爸爸正在挨斗,工资扣得一个月只有19元钱生活费。

我们和燕华天天吃的都是大骨头煮的白菜热汤面,大骨头当时是两分钱一斤。

那时候燕华天天望着天花板发呆,不说话,爸爸和妈妈看着燕华心痛啊,他们在偷偷地哭。

我们为有燕华这样的朋友而骄傲,燕华真的很了不起,够棒的,作了那么多事,这辈子没白活,我们挺服她的。

我们也想写写老父亲老母亲的坎坷人生,写写爸爸妈妈在国民党的牢房里过电、灌辣椒水、压杠子,可是写不好,一直觉得很遗憾。

在燕华的榜样之下,令仪只做了一点点事,比如出版了几本书及中小学美术教材；编排了35集的童话剧"瓜果王国"，在"大风车"节目中播了四个月；在中央电视台四套的"互动星期天纸艺超人"节目中聘请她当评委；在中国儿童活动中心"留住手艺坊"中做志愿者。

我们也是六七十的人了，也想为了我们父母，为了老前辈，为了我们的明天，做我们应该做的事！

2007年11月23日

于令仪　于东海大女儿，长期从事少年之家的美术教育并多有出版物面世。
于令红　于东海三女儿，原北医三院门诊部护士长。

画缘琴梦录（节选）

穆家麒

孙之俊先生当时在中学任美术教师，并在报刊发表漫画作品，其连载于新北平报之《老糊涂》，借以讽刺老朽昏庸而又自作聪明的社会现象，很是吸引读者。他的水彩、水粉多是风景、静物花卉等题材，也有人物肖像，造型准确，笔法灵活，色彩绚丽明快。他的人物速写画得很多，各种动态和表情都表现得生动、传神。他说速写很重要，可以锻炼敏捷的手法和对形象的记忆力。漫画的夸张、变形以及姿态、动作等都以速写为基础转化而来。他得知我曾与陈启民老师学画，他们是熟悉的画友，所以对我更为亲切。这次拜访受益匪浅，也增进了友谊。

此后，在孙之俊那里又进一步结交了张振仕。张兄在 1936 年由北平京华美术学院毕业后，受聘于国立北平艺专西画系任助教，同时在西京畿道的住家里开办一所画室招收学员，也有时发表漫画作品。他的素描基础很坚实，人物速写很多、很出众，更专长于肖像制作，是一位功底深厚的写实派画家。蒙古族画家陈志农与我居住较近，所以增加了往来。他 17 岁时（1929 年）参加中国画学研究会习画，长于山水，并爱好民间艺术，精于剪纸、剪影，时常在报刊发表反映社会世俗人物生活的漫画。相继又结交了木版画家王青芳，他原籍山东，长于写意花鸟，受过齐白石老先生的指点，又擅长木刻版画，号称"万版楼主"，作品时常发表于报刊。

以上是我初踏美术界，所结交的几位年长于我的画友，有的美术专科学校毕业，有的是名师弟子，总之比起我来都是正宗正统。我对他们很是尊重、虚心求教。这时我也按照泰未同学出的主意，积极投稿，争取社会影响，广传名声；不久，果然生效，在漫画界提到名字不算陌生，知道有这么一员。

约当 6 月中旬（1937 年），一日接到孙之俊的一封邀请函，邀请本市几位漫画家在前外廊房头条撷英番菜馆为北来的上海著名漫画家叶浅予、梁白波、陆志庠接风洗尘。孙兄知我燕尔新婚，所以附言邀请序琴一同前往。到达时，真乃群贤毕至、少长咸集，除三位嘉宾外，本市有：张振仕、梁津、席与承、袁宜厂、陈志农、牛新业、吴一轲、王青芳、张启仁以及国画家刘凌沧、陆鸿年等人。其中有的已相识，有的初交，使我在漫画界扩大了友谊，颇感荣幸。仰慕已久的叶浅予先生，年长于我，为浙江桐庐县人，自学成才，久居上海，主编《时代漫画》，除《王先生与小陈》连续漫画享誉全国外，其他讽刺作品及速写也为广大读者称赞。他西装革履，唇上一字短髭，目光炯炯，翩翩潇洒，平易近人。因我年少，所以称呼"小穆"，知我在《时代漫画》投稿，所以一见如故。梁白波是位年轻的女画家，常常发表幽默小品，造型优美，笔意纤细、秀润；她与叶先生喜结良缘，乃是一对才子佳人。陆志庠先生身材瘦矮，也留有一口短须，耳聋若哑，不善谈吐，但很有风趣；其作品长于变形，线条粗犷沉着，多是揭露旧社会黑暗面。在餐宴即将结束时，由孙之俊、张振仕、叶浅予、梁津等倡议：在北平举办首次"全国漫画联展"。实则此时日寇紧逼华北，更加汉奸政权"冀察政务委员会"卖国求荣，广大民众对此非常激愤。为此，爱国的漫画家们联合起来，反映全国民意，举办这次实质性的"抗日漫画展"。这项倡议，大家一致通过，并选举专人负责积极筹备。宴毕，心情很激动，好似回到在汇文学校读书时的学运时期，与序琴边谈边走，竟是徒步返家，感到参加了一次意义深刻的聚会。

我回到家里立刻构思了一幅漫画，即以特写的手法画了一支日寇的长统军靴，踏进我们祖国国土华北，与此同时大地上冲出一排排刺刀，表明全国奋起抗战，标题："自取灭亡！"画毕拿到孙之俊那里，请提意见并参展。他看了之后，只说"可以"，没提什么，但为了画者安全计，让我不用本名，由他想了个化名"莫奇"。关于这次抗日漫画展——即：全国漫画联展——已故国画大师李苦禅先生爱子，当今名画家李燕于1995年7月17日在北京晚报发表一篇具有史料价值的文章《反日漫画展与孙之俊》，记载得很具体、详尽，摘录要点如下：

"1937年'七七'事变日本鬼子侵入北平前四天，居然还有过一次抗日漫画展。虽然它只开了四天，但它应当永志我们的爱国史册。"

"当年7月3日在中山公园春明茶馆，由爱国漫画家孙之俊、张振仕、叶浅予、梁津等发起了一个不寻常的抗日漫画展，由他们同穆家麒、王青芳、张启仁、陆鸿年、陈志农、刘凌沧、吴一轲、王君异等北平画家，华君武、陆志庠等上海画家和高龙生、朋弟、窦宗淦、辛莲子等天津画家提供了一百三十多幅作品。内容主要是揭露日寇侵华阴谋和伪'冀察政务委员会'，汉奸卖国求荣的种种丑恶嘴脸，因此引起了报章舆论和广大群众的很大反响。如张振仕、张启仁等人创作的

抗日漫画展漫画家合影　1939年7月发表于《新民报》半月刊

两件《打回老家去》引来了不少东北难民，边看边控诉，声泪俱下。……但这场画展引起了日本浪人的注意，他们立刻向北平当局施压，要追究责任者，勒令立即停展。但当局派员却当面严斥，背后拖延，尚不失同情爱国之心。"

　　7月7日晚"卢沟桥事变"爆发，此展也胜利结束了。鬼子一进城，就派人严查此事。幸而组织者孙之俊早有戒备，一些作者用了化名。展品也及时销毁了，从而保护了大家的安全。第二年，这些漫画家在京者为了纪念此展，又悄悄地在展址聚会并合影留念（照片尚存穆家麒处）

　　……

　　正当我们潜心研究绘作壁画的时候，一天著名漫画家、我的学长、老友孙之俊找到这里。他到家访我，听序琴说我在孔德中学与赵冠洲一起画画，赵冠洲只是知其名，未见其人，所以来此看望。经我介绍后都说神交已久。他见我们正在绘作壁画草图，随即赵冠洲说明了绘作起因，这才明白了我们的构思立意。他非常赞同这一举措，说是"国家兴亡，匹夫有责"；画画的人应当关心国家大事，画笔就是一种思想武器，揭露社会黑暗、启发民众，也是画家的天职……并鼓励我们，无论条件多么困难也要坚持画好，成为一件历史性的作品。我与孙兄自从抗战胜利后各奔前程，从未见过面，现在才知国民党把他当作敌伪"新民会"工作过的"伪字号"革职失了业，但他长期任教（美术课）的学校仍保留教职、继续从事教学。我对他的来访只认为是老朋友的关心，并且命运近似，所以见了面很是亲切，无话不谈。赵冠洲也久慕他的大名和漫画作品，相谈甚为融洽。分手时他说再来，要看看我们画的效果，顺便出出主意，我们十分欢迎。此后之俊兄常来这个小画室，一方面为壁画提出建议，如其中魔鬼有的添上小胡子，这与蒋介石又似又不似，采用漫画的变形象征手法，同时又大谈时局的变化发展，并谈及国民党的"劫收、腐败"，陷老百姓于水深火热之中！我们看法相同，只叹"书生"无力挽救国家命运，即便画这种隐喻性的壁画也不过是发泄胸中怨气而已。孙兄对此颇理解和同情，隔了几天他再来时便同我们亮明真情说了肺腑之言，他表明：沦陷时期虽经友人介绍参加了日伪的文化机构"新民会"，但暗中与中共地工人员取得联系，并协助抗战作了一些情报工作。抗战胜利后这项地下工作仍保持下来。他接着说，从全国的形势来分析，北平即将解放，有觉悟的人应该在黎明前为人民做些有益的事情，画揭露性的壁画固然是好，但不如做些有助于解放事业的具体工作更是当务之急。我们问他与中共地下党什么机构有联系？他说一俟工作开展起来再明确不迟，主要先考虑具体工作。我们一时想不到何种具体工作，他提出做身边的事，因为都是从事文化教育者，以这所孔德中学为起点，可以了解搜集学校校产，如设备、藏书、资金、以及组织机构、教职员工编制、学生数额、思想情况等等许多工作可做，以便解放到来供人民政权接管。然后可发展一些有觉悟和可靠朋友逐步扩大范围到文教界，仍是搜集提供资料这都是有益于革命工作的……我们听了恍然大悟，表示决心跟他去干。他说，通过这一段的接触，摸清了你们的思想情况，这才说明真相，并让我们确信他的"地工"组织，决定与我们二人建立单线联系，明确会面研究工作就在这个小画室，因为僻静方便。嘱咐我们以后联系他人，切忌提他名姓，要保持单线联系。另外提出每次见面研究工作后要约定再会面时间，重要情况应写好书面材料，以便汇报上级。书面汇报的签字要用"化名"，他为赵冠洲起名"支奥"，为我起名"莫奇"，立即向上级组织汇报，作为"外围组织"成员。

　　与孙之俊建立这种关系后，他说我们参加了革命工作，最上级领导是中共华北局城工部的彭真和刘仁同志，孙是我们单线联系的上级，他鼓励我们要为革命多做贡献。

亲故篇·忆

101

在这期间，赵冠洲确实下了一番功夫，他将有关孔德中学诸种情况分别写成材料交给孙之俊，待汇报上级以后，肯定了我们的成绩，实际上我未做什么，也沾了光。一天下午，我从孔德中学出来走在东华门大街回程返家的路上，忽闻后边有人唤我，回首一看是沦陷时期北平艺专的翻译徐颖，他叫住我后急忙过来紧紧握手。我们已有两三年不见，彼此不明情况，他对我很亲切，便一同回到我家。相谈中他已知我去过长白师院，但对辞职原因不详，我扼要地向他叙述，他很抱不平。他对赵冠洲也较熟悉，曾在卫（天霖）先生家见过面，印象不错，认为与赵一起画画是件好事。我询及他的情况时对我却不隐瞒，并表示对我的看法也有所转变，首先直率地说：抗战胜利后谷俊泰拉你画"大像"、参加三青团和参加签降典礼等一系列的事都知道也亲眼见到，那时告知了卫先生，所以对你不满，拉开了距离，以后听说你去了长白师院，却不知什么缘故辞职，朋友们产生了一些同情心，但也十分警惕。然后他谈到自己：自从被艺专解职后赋闲了一段，不久经友人介绍去了张家口解放区，到达那里长期没有安排工作，住在招待所里吃闲饭，但有时受委托到北平办点不关紧要的事，觉得不被重用……因他和一女友订了婚，未婚妻还在北平上大学，所以打算在北平待下去，另找机遇。我对徐颖这段情况只是听他讲但不甚了解，不过在艺专时给我的印象较好，因他不同于其他翻译，敢顶撞日人教授伊东，与改革派卫先生等教授接近，并鼓励我画漫画讽刺校长王石之，这一系列行为使我看他是进步的改革派，所以认为他在张家口的情况属实，其所以未得到工作安排的原因可能干过翻译需要经过一段了解和考验。临别时他说要去看望赵冠洲，我，只得答应了他。

一天徐颖来到了孔德中学小画室，他与赵冠洲早已熟识，不用介绍就攀谈起来，对于我们绘作壁画的意图也很赞许，并期望获得成功。正谈时，孙之俊按事前约定的时间到来，他与徐颖从未见过面，经介绍徐颖才知原来他就是敌伪时期闻名的漫画家——孙之俊，对他以往的"恶感"自然没有忘记！徐颖性格直率，对孙藐视，谈话中以"敲边鼓"而有所指地说，过去为敌伪服务现在应该猛醒了！要为人民立功赎罪！孙也曾闻他在艺专做过翻译，竭力克制感情，表示大家过去处境都一样，都是过来的人！关键在于觉悟，今后坚决为人民多做好事，自然会得到谅解！两人话不投机，使我与赵冠洲觉得尴尬，孙之俊也因徐在不好谈工作，便说回学校准备下午上课，由赵冠洲陪同送了出去。赵冠洲后告知我：孙之俊为了避免再碰到徐颖，建议谈工作地点暂时改变为宜，他知道我们曾在雍和宫写过生，那里游人稀少，很僻静，可以事前约定在那里见面；还让我们带着画具写生，他装作游人以看画为掩护，有事则长、无事则短，暂且如此，以后可随时改变地点。因此我们的壁画多半停顿下来，这都是到雍和宫写生一两天与孙碰头所致，甚至到后来所谓"地工"开展起来，壁画竟是半途而废！至于对待徐颖，赵冠洲建议多让他到我家，还想使小画室做一个适当的联络点。

某日，李老先生（穆家麒老友李恩科）来找我，他说是河北女师家政系急需一名美术教师，职称为教授，他知我赋闲，打算推荐我任教。我和序琴听了很高兴，感谢李先生如此关怀。不久有了回音，河北女师决定聘我任教，并约定近期齐院长来平办事时顺便在灯市口瀛环饭店见面。隔了几天，见面时老院长还对我的画作表示称赞，亲手交给我聘书，言明九月初开学前到任，同时在饭店里宴请了我们。

接了河北女子师范学院的聘书，全家欢喜，但不得不向孙之俊和赵冠洲说明此事。他们二人沉思片刻，孙说：有了工作自然是好，但从时局看，平津两地快要解放，尤其天津也许比北平提前一些，我个人意见供你参考，还是等待解放后参加工作吧！不要再趟国民党这一混水了！我听罢头脑里很乱很矛盾。一天李立民兄来访，他这一段的画卖不出去，因此生活更为困窘！我一时心血来潮，突然想到让李立民兄代我应聘，何况他的艺术水平比我高，定可使院方满意。我向立民兄说明想法，他很震惊，哪有把不易到手的机遇轻易让给朋友？他问我今后怎么办？我回答"自有办法"！于是他紧握我手感谢万分！

硬着头皮走访了李老先生，提出辞意后老先生大吃一惊，询问原因，很难回答！佯说不愿再离北平，暂靠祖产维生。李老有些生气，也不理解，并说眼看开学，还有何人可以代替？我推荐了李立民兄，说他业务比我强，人也诚恳并有教学经验，又是留日同学，足可胜任。不久，立民兄得到聘请消息便带着我的聘书去了天津就任，他的家属后来也迁往天津。事后李老先生到我家，见过母亲和序琴，对我的"怪举"十分不理解，并加以责备！此后我竟不顾一切地投入了所谓"地下工作"，但与符合一个"革命者"的要求还是差距很大，只能说是个人历史上的一个过程，在我的人生之路上印上了这些抹不掉的足迹……

与孙之俊建立了"地工"关系之后，他转达了上级的指示，明确我们是外围群众情报员，可以直线联系有觉悟、可靠的朋友，以便搜集有关文教界更多的材料。赵冠洲对孔德中学情况汇报是个好的开端，可是我们联系面小，一时没有什么新的材料汇报。一天，我去大表哥于梦堃家串门，他曾在日伪时期的"华北电影公司"担任导演，抗战胜利后留用下来。谈话中他对国民党的贪污腐败很不满，对于国内形势也看出来早晚要被共产党打败，建立新政权，并担心一旦北平解放，自己又成了"伪字号"！我们看法相同，想解脱却无门路！说到这里便岔开话题，他喜好麻将，于是拉上序琴和我还有大表嫂，正好四把子，开始了竹城游戏。事后，把这次接触和谈话向孙、赵作了介绍，孙说：此人可以联系，通过他能搜集到"华北电影公司"的材料，这是最需要的了。但不要过急，多接触几次，摸清思想情况，根据觉悟程度，再交代工作不迟。从多次与大表哥接触中可以看出他最为顾虑的是自己今后的安危，不过敢向我吐露肺腑之言说明也有一定的觉悟。每当接触之后均向孙汇报，他指示可逐渐深入做思想工作。终于孙认为时机成熟，让我向大表哥说明：认识一位进步朋友，想了解一下电影公司情况，希望提供。此事与大表哥谈后，他在惊喜之下果然承诺，表示就职务之便和本人已了解的情况可以提供参考。时隔一周有余，大表哥交给我一份有关电影公司的材料，其中包括公司机构部门、人事编制和影厂设备等详细项目，还说以后遇到新情况仍可继续搜集。我及时交给了孙，他转交上级后认为材料很有价值，肯定为人民做了好事。当我把话传给大表哥他听了很是兴奋，愿与我建立单线联系，多做些工作，以便立足于未来。

　　立民兄去天津后一切顺利，不久将家属接了过去，生活安定下来。他有时仍往来于平津看望一些美术界的新交故知，也关心地与我会晤。一次谈话中他想为我介绍一位好友于博南，他们以前在上海相识，此人原籍山东，大专水平，长于写作，曾受沪上友人资助，办过报刊，抗战胜利后回到山东任济南日报记者，因思想进步，认清形势，便辞职来平，想寻找中共地下关系支持办个开明的报纸。其目的是宣传和平、民主，同时为了预防人民群众因战事蔓延而伤身，宣传救死扶伤方法。立民兄问我能否协助？我回说，愿意结交这位好友，但联系"地工组织"没有线索，只能介绍几位朋友对办报想些主意。翌日，我即将此事由赵冠洲转达孙之俊，得到同意和指示，及至，会晤于博南。相谈中，知其人坦率正直，且不满国民党腐败政权和压制民主，挑起内战。他想办个为民众说话的报纸，对解放事业贡献一份力量，若能取得中共地下组织的支持是最大的期望。我按孙之俊的指示只答应介绍几位朋友协助办报，至于中共关系要看机遇，一时难有线索。于很敏捷，听出话中有话，不再续问，便改了话题与我们畅谈其他，但告别时希望我给他带来好消息。

　　和于接触后即将情况告知孙、赵二人，我们确定利用他办报的条件开展工作，对他再须观察一段可建立关系。当时北平处于国民党统治下的"戡乱"时期，办报登记很难，于为此事各方奔走终无结果焦急万分。但找妥一处办报的社址，即他的一位好友叶长青，原籍沈阳，曾就学于东北大学政经系，东北沦陷后携眷到北平定居，因家中富有，在南池子后身小苏州胡同买了一所小四合房经营批发西药,那里有空房,借给两间作为办报的社址。叶的思想进步,虽然经营西药,只不过是在国民党统治下不沾浑水的权宜之计,而期待的是能与中共地下组织取得联系为革命做些工作。就在此时,于向他介绍了与我相识的情况,他很想一见。我与赵冠洲向孙汇报,征得同意,便在于的陪同下两人一起走访了叶长青。简短截说,与他们接触一段,相互亮明了观点,也确切掌握了实情,经孙示意可以建立关系,在得到叶的慨允后,并以他家作为联络点。不过,一开始他们想进一步摸清我们的底,虽已表明我与赵是中共华北局城工部的地下外围组织,但他们还想见一见上级。根据孙的指示,这是严密的组织纪律问题,绝对不可。于和叶也知道此纪律,只得抑制这个愿望,但长时间怀着一种含而不宣的疑问。此后,我与赵停下了壁画,赵除上课外经常与我到叶家,同于、叶二人商谈如何进一步开展工作。

这期间,徐颖有时到孔德来找我们,因停了壁画,我经常去叶家,只有向孙汇报时约定来此,所以徐颖常见不到我。他向赵询问,回答模糊,引起了徐的疑问。徐到过解放区,对地下工作了解清楚,看出破绽,便向赵直言:如果你们确有地工组织关系,可介绍我(徐)的情况,并为北平解放做些重要工作……事后,我们得到孙的指示,暂将徐介绍到叶的家来,认识一下作为协助办报,通过一段了解考查,待孙汇报上级同意后,可吸收工作。

于的办报,在这"非常时期"始终没有报批下来,他不得不放弃了这个念头,打算为北平的解放做些其他有益的工作。就在这时孙将上级的指示通过赵冠洲向大家传达,主要内容是:办报既然如此困难,就可以停下来,免得白白消耗人力、物力和时间;当前革命形势很好,北平的解放在即,但需作一些"策反"和"起义"的工作,以便使这座文化古城得到和平解放,这方面工作虽由多方面进行,但外围组织因能力大小尽可做些辅助,能够做到的不论直接或间接、也不论轻重,都是有益的;关于徐颖的情况已通过组织向张家口有关方面了解清楚,是组织上同意他回北平一方面照顾未婚爱人的求学生活,同时遇机会可联系地下组织做些工作……赵传达毕,大家都很兴奋,认为上级组织重视了这个外围联络点并指明了当前工作侧重。对于徐的了解,不但使他振奋起来,也与大家成了自己人,便在一起商讨如何开展工作。

我们分析了各方面得来的消息和可靠朋友所介绍的诸种情况,确定由叶、于二人通过一位开明的政界人士了解国民党华北守军总司令傅作义幕僚邓宝珊的动态,因该政要与邓关系密切,邓又倾向于中共,可对傅作义产生影响,借助这条渠道能够得到有关傅的消息。徐颖同时表示,他与一位曾是东北抗日将领马占山的旧日部下任参谋秘书的人士为同乡，其人思想进步，与徐相交甚笃，抗战胜利后，马占山受国民党排挤，他本人也厌恶国民党的腐败，所以不再涉足政海，隐居于北平，但与傅作义关系融洽，时有往来。徐的意见是，经其同乡促使马占山影响傅作义，做和平解放北平的工作。这些设想由赵冠洲汇报给孙请示上级，不久得到指示：两项工作均很繁重，也很必要，但应周密计划，慎重从事，且须随时汇报，在上级指示下逐步深入工作。从此我们工作立即频繁紧张起来，除了一同研究周密计划，更为具体的重任都落在叶、于和徐颖三人身上。

一日我在回家路上遇见老友陈金锟，他住在方巾巷一所关闭了的铺面房内，因失业经营霓虹灯商业广告设计维持生活。我们许久不见，请他到家里畅叙，一同晚餐，酒过三巡后，他对国民党黑暗统治深表不满，期待解放，重见光明。他又谈到老艺专图案系毕业的吴晶石，因同样从事商业广告设计而相识，他们提起我来都是老朋友。聚会之后，我将两人情况向孙、赵作了介绍，经上级研究可以借助他们做些有益于共产党的政策宣传工作，待观察一段再行发展。这时我们联络点所联系的外围群众，加上大表哥就多了起来。

日子过得很快，已进入10月，天气也凉了起来。时局渐渐紧张，东北即将全部解放，天津国军处于严防状态，可看出国民党在华北的大势行将瓦解。我们的工作却没有多大进展，各方渠道停滞，难得可靠消息，大家急于设法打开局面。一日赵冠洲带来孙交给的解放军"约法八章"和其他宣传党的政策印刷品两份，传达孙的指示：这两份宣传品设法大量复印，并设法严密周全地张贴和发放出去，使老百姓明白党的政策，等待解放……我们感到困难的是，如何印刷？经费从哪里来？不料叶长青一口承担，他说有位开印刷所的同乡好友，思想进步，期待解放；几位工人也是同乡，早已厌恶了国民党，在此印刷绝对保险。他还说手里积存有现洋五十元准备做买卖，现在可以用作印刷的经费，为革命做贡献。经过一周余，两份宣传单大量印了出来，但须周密研究张贴和发放办法，暂时密藏在叶的家里。

研究结果，我们分别根据每个人的能力拿了不同份数宣传单，我打了一包待到傍晚抱回家去。第二天晚饭后，序琴帮我打了稀浆糊装在小铁桶里，附带一把刷子，让长子穆鑫跟着我夹了一批传单去张贴、散发，儿子也懂事了，知道是地下工作，他很振奋。这时已11月初，天气渐冷，我们爷儿俩兴冲冲走出家门。出了官房大院就是无量大人胡同，往东一拐路北一个小方院，三间北房是派出所，警察在屋里闲聊无事，我机警地撒进小院里一沓传单，立即和儿子疾忙隐遁，儿子在前边拎着浆糊桶用刷子往墙上连刷几下，我随即把传单贴了上去，就这样贴到胡同口向南拐到南小街。这时因局势紧张，每到晚上七点以后家家户户和商店等都关了门窗不再外出，路边的阴影里有时站着持枪哨兵，街中十分冷清，我让儿子望风，自己边刷边贴，张贴传单倒很顺利，没人发现。从南小街南行是方巾巷，在街口黑影下站着一个哨兵，我们镇静地走过去，他也没盘问我们，忽然脑筋一动，带着儿子走到金锟兄家，敲门进去，他莫名其妙，这样寒夜父子二人来此何事？我向他讲明散播传单的事，他很惊奇且又兴奋，压低了话声说：原来你做地下工作！我解释：是地工外围群众，眼看北平即将解放，应该为地工组织做些宣传工作。金锟兄毫不考虑忙说："好！我帮你把余下的传单散发出去，说干就干！"一旁的陈大嫂也怔了起来！不一会儿冷静后忙说："让大侄子留下！"并嘱咐："你们哥儿俩千万小心！别出事！"金锟兄不容分说，穿好衣服我们一同走了出去，这时已深夜十点，行人皆无，更为寂静，我们把剩余的传单一直贴到方巾巷迤南的闹市口内，在既警惕又紧张的情况下完成了任务。分手时我嘱咐严守秘密。

　　在叶家大家碰了头，每个人所领的传单都设法发散完毕，也没遇上什么风险，原因是解放在即，人心所向，对散发共产党的传单明里暗里都予以支持，也想了解中共的政策，所以大家顺利完成任务。赵冠洲表示，准备向上级汇报并请示新的任务。

　　某日按照原来与孙约定的见面时间来到孔德中学小画室，我与赵等到将近中午未见他到来，忽然老工友领着一位中年妇女找赵冠洲先生，待工友离开，她急忙问你们可是赵、穆二位？赵问来者贵姓？她说，孙之俊是我的先生，现在没时间详谈，老孙出事了！他去上级家被"蹲坑"的宪兵便衣抓了去！你们联手的事赶快全部停下，好在联络点（指叶家）没有暴露，但工作急需停止，大家可设法营救老孙！据闻他被傅作义的宪兵队抓了去，这还好些，你们如有门路想想办法，上级组织也在设法营救。你们的行动一切要小心，也可以设法躲一躲，有什么情况我再找你们联系……时间紧迫，她讲完立即告别。我和赵焦急万分，不容分说赶忙去了叶家。正好，叶、于、徐三人都在，赵将危急情况说了之后提出："大家设法营救"。徐说可以通过马占山关系了解情况，但上级的姓名应该知道，才能打听出消息……这时我们顾不得组织原则，相互商量一下只能随机应变，向他们挑明了是孙之俊。徐听了眉头一皱，惊奇地说："原来是他呀！这个'小汉奸'怎么摇身一变成了地下工作者？此人大有问题！"我们急忙介绍："他原来在敌伪'新民会'时就有了地下关系，并利用他的身份做了不少地下工作。"我们让徐颖不要对孙误解，这时他恍然大悟，决意设法营救。叶长青由于经营西药缘故，对地面警察机构较熟,他表示通过这条渠道先打听消息,然后再想办法。

经过好几天的各处奔走,方才打听出孙被关押在傅作义的宪兵队,由于傅有意起义,让中共和平解放北平,所以对政治犯比较宽松。同时孙嫂夫人也告知:原来之俊的上级不慎被捕,他事前不知,前往联系时被"蹲坑"便衣逮了去,都关押在傅作义的宪兵队里,现在上级正设法营救,你们仍可从其他方面设法,多几条渠道为好……这件事已成为我们主要任务,徐、叶、于各处奔走。时值11月下旬,解放军对天津已形成包围,战事吃紧。我们得来的消息:傅作义已动摇,倾向起义。所以对营救孙的工作较有信心,但仍机警从事。

1948年11月29日,天津战役开始,1949年1月14日解放军攻入天津市。1949年1月22日傅作义将军同意接受和平解放的"八项条件",并于1月31日,把北平移交给解放军,北平解放。

就在傅作义宣布起义、和平解放北平的几天里,孙之俊与他的上级被放了出来,他及时告诉赵冠洲约定在叶家与我们见面(包括梦坤表哥)。当汇到一起时,大家向孙表示慰问和压惊,他回谢后介绍了情况,由被捕到释放均关押在傅作义的宪兵大队里,开始挨了打,动了刑,但仍坚持未暴露组织,当询问"之奥"(赵冠洲)与"莫奇"(穆)两人时,佯说尚未能联系到的群众,为此挨了几个耳光算是蒙混过去。后来暗中得知傅作义倾向起义,宪兵队对在押的政治犯就逐渐放松下来,待到傅作义宣布起义,便释放了全部政治犯……大家听了都为他称幸,又再次慰问一番。这时徐颖与叶长青提出要见一见孙的上级,孙回说可以,并说现在解放了,组织还属保密,但对早已联系在一起工作的外围同志现在可以"半公开",见见面谈谈每个人的今后打算,组织上可帮助想想办法,提供参考。就这样待孙汇报后约定时间,再由赵冠洲通知大家。

见面地点约好在前门大栅栏迤南的粮食店街一家老式的粮食批发栈,孙之俊在路口等候我们,大家按时到齐后便引导走进这家粮栈后院三间厅室,他敲门进去,随即跟着一位身着长袍像似掌柜先生的中年人笑迎大家让到室内。经介绍得知是孙的上级,称董杰同志,原名董克珍。他和大家一一握手,连说各位辛苦……坐定后叙述了出事情况,因有人被捕叛变、暴露了组织,在突然袭击下他被抓了进去,在严刑拷问下坚挺过来,保护了组织。孙的被捕是因来不及通知,他前来联系工作被蹲坑的宪兵逮了去,虽刑讯逼供,却未吐露只字。所幸的是傅作义指示宪兵队慎重对待政治犯,缓解了关押和审讯;组织上也与被捕同志有了联系,待到傅作义宣布起义时便放了出来。但叛徒仍关在里边,可能是组织上的示意……。大家了解情况后,分别汇报了各自的工作,董杰同志加以肯定,表示不论工作大小、轻重，都为和平解放北平作了贡献，勉励大家继续为革命奋斗。接着又谈及北平刚刚解放，百废待兴，有许多繁重的工作要做，对于大家的愿望以及今后安排尚不能研究；目前还应保持组织秘密和直线联系，搜集情况还是主要任务。希望大家各自写份较详尽的自传，供组织了解，另再约定时间与各位分别单独面谈，一切均由孙通知赵，再转告各位。初次会晤谈到这里，便告辞而去。

我回到家按照董杰同志的要求写了自传和今后希望，与其他几位的材料汇集到孙之俊手里转交给上级。过了些天，董与孙分别与我们谈了话，又过了一段时间据说经过组织上研究为我们分别安排如下：

赵冠洲既然代替卫天霖先生在孔德中学任教，便仍旧不动；同时组织上说明卫先生不是回老家，而是去了解放区在"华大"任教，不久可以回到北平，孔德中学的图画教学也将由赵正式担任了；有关搜集情况仍可继续下去，还须严格保密。

我属于安排工作，以解决失业问题。经孙之俊介绍到由师大附小改名为"新华中学附小"任图画教师（月工资以小米计酬），今后若有机会再行安排。另外协助赵冠洲搜集情况。

于博南和叶长青都提出上"革大"的要求，组织上同意并办理了介绍入学手续。

徐颖，经组织上与张家口地区组织联系，证实了一切情况，改由董杰同志领导，因他对文教界关系较广且精通日语，所以协助做些外联工作，新中国成立后分配到"对外友协"。

于梦坤表哥所在电影公司被"军管会"接管后保留了工作，但仍与赵冠洲和我联系，遇有情况可通过赵向孙汇报。

大家有了初步安排，我们这个联络点即撤销，有事可分别直线联系。

我到小学教课，驾轻就熟，也受到孩子们的欢迎。

穆家麒（1917—2011）画家，孙之俊老友，天津美术学院资深教授。

忆孙兄

阎少青

1937年7月，正当日寇在丰台一带对我驻军武装挑衅、战端将起的时候，孙兄（之俊）和"五三漫画会"张振仕、梁津等艺术家们在中山公园春明茶馆举办"漫画展览会"。

展品中一部分有揭露日寇蓄谋吞噬我国的阴谋诡计，揭露在日寇刺刀尖上构造的傀儡组织，（此时已产生的"冀东政府"）汉奸们的丑恶百态；一部分是唤起民众团结起来共同抗日的宣传画等。为了会场租金，画家们还挥毫为观众速写画像（每件一元），我便趁机请孙兄为我画像留念，从此有了进一步的往来。

1939年时的阎少青先生

孙兄当时住在丰盛胡同亲戚家。"七七"后，北平陷落，房产易主，我邀孙兄到我店铺一同食住。朝夕聚首频做畅谈。由绘画说到画家，由时事论到国事。使我学到从前没有过的知识。他对于北平局势和国家未来都有精辟的见解。

同住约半年多，孙兄忽然两天未归。以为其离平返乡或他往，及其回来方知前日在外被人劫进日本宪兵队审问他宣传抗日，妨碍日中"亲善"的罪行，而且迫使他今后要为"亲善"做工作。在此暴力压迫下，他违心地允入"新民会"，才被放出。我曾说："不必为生活上的问题（在北平长时期住闲，无经济收入，我虽对之小有补助，但他曾表示不愿我为他增添负担），去为敌人做事。"但此时孙兄已在日寇的囊袋之中，难逃樊笼，不得不虚与委蛇，等待时机。

从孙兄发表的作品上也流露出身在曹营的遗恨。如以"特哥"笔名画的《老糊涂外传》。之后又改用如日文式（记不清了）笔名，对我说是铭记"彻底抗日"四个字去掉下半截（彻底）的意思。

1945年秋天，孙兄妻妹，其长女爱华（均为共产党员），利用孙兄在北平工作的便利条件负使命来平经良乡南二人淌过河时，被守军认为是共产党，拘押城内。孙兄得知消息曾往送饭。一次身着军装又往保领，因语言冲突同遭扣押，但无罪证，得知孙兄曾任伪职，乃以捕获"汉奸"解来北平法院，孙兄为避开"通共"嫌疑，承担了一年半的汉奸罪刑。其妻妹（丁冷）押解来北平警备司令部，由我具为良民保释。

在解放北平前期，孙兄曾数度密往西山解放军某部根据地（说是看他的学生），回来同我讲说共产党对民族工商业的保护政策。一次又说"将来'在紧要关头'要保护好工商企业，不使反动分子破坏。"我把这话告给至亲朋友，澄清恶毒造谣，打消了他们原想去港的意图。

11月某日孙兄突然找我说"有人在出西直门时被搜去'名单'，恐将按名逮捕。"住在我家躲避七天，未见动静或可平安无事了，乃回家探视。不料仍被敌人逮走。当我听到这个消息以后，及时向家人说明情况，叮嘱他们不要害怕。

夜八时许，果然从大门跳进七八个人或持左轮手枪或拿（瓜行炸）皮弹，气势汹汹，如临大敌。进屋先把我家人隔离，扬言我开的铺子是"共产党的经济站"即被查封（事后知道是南城突击队去查封的。留有"蹲坑"数人，吃住在铺内，凡提名找我的人，都要叫往后屋盘问，横遭踢打。待我保释后，这帮特务才逃散）。旋即翻箱倒柜，但无有收获，同时特务头二、三人对我围攻，疲劳审问，要我交代组织关系。我说，铺子是独资，有多少年历史可查。与共产党井水不犯河水，更说不上有什么关系（来我家的是西城突击队，并未说出孙之俊已被捕）。只把全家监禁二十多天。约在12月22日南城突击队行动组用吉普车，拉我到菜市口一家歇业当铺里。听他们随便说话中知道孙兄早已被捕在此，但未在一起。深夜两次提审，恐吓诱骗，我只承认孙是我店铺广告部主任，至于他在外面有什么行动或思想偏激我无从知道。没得任何情况，末后被一缪姓审问说："有错逮没错放的，如果扣钱（金子、糖精、或面粉）捐款可以早日放你出去。"我婉言对付他们的讹诈。当时政治空气日益紧张，这帮人想弄钱逃跑，顾不得和我纠缠才准许取保释放（孙兄在我以后出来的）。不久，北平和平解放。

解放后，孙兄先在教子胡同某中学（原为赵望云创办的武训中学）任教，后又在河北师范担任美术、音乐、手工课老师。为了丰富教学内容，不长时间学会弹三弦和俄语，其聪明和努力，实足惊人。

1951年，孙兄曾画几本连环画册，其中一册是《武训画传》，是根据武训被推崇为义丐求乞兴学的资料编绘成的。未料，画册出版后，把笔者思想提高到立场观点问题上横加讨伐,虽然曾连篇检讨,但思想上则困惑不解,其懊恼可知。

曾听孙兄谈论画家与画品的内在联系,使我对看某幅画能有较深刻的体会。如叶浅予先生早年作品《上海舞场群女像》(原画无名)。看来是个个浓妆艳抹、千姿百态的"百美图",但画家寓意却是反映一幅"人间地狱图"。又如李苦禅先生当时已是颇有名气的画家,而其自甘清苦,不畏强暴,气节常寄托于笔墨纵横气势磅礴的画面上。以其所作的雄鹰傲然屹立山石之上的一幅,可以说明人、画结合的问题。谈王青芳先生(已由孙兄介绍认识时任教于孔德学校,自号"万版楼主"),洒脱不羁、风流自赏、安贫乐道、孜孜钻研木刻、篆刻,好为人不如己吾交。与孙兄往来甚笃(青芳先生曾为我治印,边识记"大酒缸"欢饮事)。此印后在动乱年失落。

孙兄为我介绍过魏石凡先生(国画家、北京剧社),刘凌沧先生(工笔人物画家,当时住在西柳树井某会馆,生活清苦)和上海张英超先生(画家兼实业家)等人认识。"观其友而知其人",从未介绍我与敌伪人员相识者。

孙兄绘画功底极深,能融合中外画法为一体。铅笔勾勒之水彩画,更显挺拔有力。早年曾赠我水彩画《黄埔江畔早晨》:在雾色苍茫中,几条渔舟系岸,宁静无人,却蕴含着即将出现的生命力;《夜食人》:寒色萧瑟,借老人卖吃食挑上的微弱灯光,映出食者二人和老人的憔悴面容,是一幅气氛阴沉的生活图。

孙兄多能善画而少国画。自我被戴上"右派帽"以后,心灰意懒,只顾以劳动改造自己,很少与孙兄晤谈。某日,忽赠我以"古道西风瘦马,小桥流水人家"为意境的四条国画,用以安慰我的情绪,或者又是他的心情。

一波未平,一波又起。一场无来由的"文化大革命"犹如洪水般冲来。我被冲到乡下种地。仓惶间未容与孙兄告辞,谁知竟是永别!

1974年,单位为解决我摘"帽子"后问题,招来京。往旧址访孙兄,已无迹可寻。想必"异途同归"了。某日闷游颐和园漫步长廊巧遇石凡先生,告我:"孙兄在学校被'造反派'武斗致伤,遣回原籍,未久弃世矣!"初闻之下,疑其有误,但回想当年,在那匐匐"口号"可至天塌地陷、日月无光的异变中,又谁能逃此浩劫呢!

1979年重返北京,已是海宴河清时候。结算了二十多年以来的孽债,澄清了是和非。我也得到彻底平反,领取退休金待遇。某日孙嫂托同事转来一信(向同事打听知我在京)邀我见面。急往探问孙兄真情,确如前言。并知孙兄在校受伤后,头裹绷带,肩负铺盖卷,跟跄而回,去了三天自尽。

同时又知道一桩感人的喜事:

当孙嫂突遭大故，母女相依满眼凄凉之际，侠义肝胆的苦禅先生竟不避喋喋之口来为其公子李燕求亲（孙兄三女燕华）结为秦晋，得掌珠名"庆庆"聪明伶俐，堂前有此忘忧草，足以慰孙嫂于晚年了。

想孙兄一生致力于教学，追求新知，心怀祖国，即在被敌掌握役使下，仍以曲折迂回的方式进行斗争（有一幅群众场合的画面，在其左方画一红日（借"左西右东"之意）表面是在太阳的光照下，实则寓意日已西下，群起抗日的宣传。

还有，孙兄应作画的几件事：

解放初期，河北省水灾，推我做募捐救灾工作的一员，为了起到宣传鼓动乐于解囊的作用，由我出"烈日炎炎似火烧，王孙公子把扇摇"，不能见灾难不援之以手的宣传画，孙兄慨然应命，画出灾区田地房屋水淹，老农妇蜷伏屋顶亟待救济的图画，经自己油印散发给（前门大街，大栅栏东口外以北）铺户进行劝募。可贵的是孙兄打破油印只是粗细一致的线条，再用钢板上精心涂出阴阳面，增强画面活力。在抗美援朝捐献武器群众运动中，孙兄帮我设计捐献飞机保家卫国的彩色宣传画，印就粘贴于各同业橱窗内，收到良好的捐献效果；在帮助党整风时期针对市工商联同样存在的消极现象（如扯皮、官僚、户位……十种）请孙兄按我文字转为图画准备在本会内部小报上发表予以讽谏；在即将制版时，风云突变，幸而立即将画稿索回，未于披露，否则孙兄将受我连累不堪设想矣。

故友逝世二十年，落花流水；我已日衔西山，余霞无多。每忆及孙兄音容，犹历历在目。但就我所知其往日行事及内心真实活动恐知者甚少，或知其一端，片面指摘，求全责备。把一个有理想、有抱负、爱国仇敌、追求进步、提掖后学、堪为人师表的有志之士，推向一隅，殊失公道。虽往者在九泉之下亦难甘心瞑目。

我与孙兄交谊三十年，知之较深，痛之愈切，极不忍将其往日行事真相内心话语埋没于我头脑中与之俱去，急愿追述出来，以报知交之谊，望孙兄安息！

1985年9月10日

亲故篇·忆

阎少青（1911—1993） 原北京正阳药房经理，民建成员。曾担任是工商联执行委员。1983年后任市民建、工商联文史委副主任。1958年错划为右派，1980年得以改正。

怀念我的孙舅舅

姜化善

鼎鼎大名的画家孙之俊先生是我的舅舅。家母姓张，何来一位姓孙的舅舅？外祖父膝下无子，只有两个女儿，惟恐万贯家财后继无人，便由本家子侄中过继了一个男孩，就算是我的亲娘舅吧，但我从小到大从未见过，听我娘说他死于战乱。孙之俊先生是我大娘孙启堃的弟弟，我从小长在大娘屋里，孙先生便成了我一生中唯一的舅舅，也是最亲的舅舅。此事说来话长。

我出生在北平西四附近的丰盛胡同十号。那是一座有前后左右中五个院落和后花园的大宅子。

姜震瀛（1912—1971）（右）夫妇

1940年腊月初十我生在西院家母的绣楼上。我出生时北平已经沦陷，孙舅舅和我的姑姑（孙之俊之妻丁素心又名丁阶青）分别由河北易县与藁城县来到北平工作，都住在这个大宅子里。我从记事起至今从没管丁氏叫过舅妈，因为她是我奶奶最疼爱的干女儿。奶奶膝下只有两个儿子没有女儿，因此我就有了一个姑姑了。我老家是山东省齐河县。听家母讲，我祖父和冯玉祥一起发动过反清的滦州起义[1]，后因争夺地盘被阎锡山杀害，年仅二十八岁。我大伯姜震寰追随冯玉祥在宋哲元手下做军官，也是在二十八岁时就阵亡了。命运让奶奶和大娘都成了早年就守了

---

[1] 辛亥滦州起义是武昌起义后新军第二十镇等革命官兵为主体，在京畿滦州发动的革命事件。1911年10月，武昌起义爆发，驻河北滦州（今滦县）新军举兵响应。12月31日，王金铭、施从云、白雅雨、冯玉祥等率滦州新军宣布起义，通电全国。次年1月3日成立了滦州北方军政府。4日，起义新军发表檄文，声讨清廷，准备攻打京津。后因第三营管带张建功叛变及清政府军队的镇压，起义失败，大批官兵被捕。为纪念反抗清政府统治的辛亥革命滦州起义殉难烈士，1937年4月，冯玉祥将军在北京西郊温泉村南显龙山之阳建成辛亥滦州革命先烈纪念园。

姜化善（一排左），张植锦（姜震瀛夫人、二排左一）孙启堃（孙之俊堂姐，二排右一）姜化成（孙启堃之子，后排中）

寡的妇人。奶奶的希望寄托于我的父亲；大娘的希望寄托于她唯一的儿子我的大哥姜化成，因此我们这个家仍然保持着以奶奶为中心的中国传统的三代人的大家庭。在冯家的关照之下，家父姜震瀛由燕京大学法律系毕业后到宋哲元部任中校军法处长。抗战胜利后又因他是无党派人士、又是国际法权威，得以就任审判德意日法西斯战犯国际军事法庭的上校军法官，任推事[1]，并有幸参加了东京审判。我是五岁半上的小学，1947年我已是新街口小学二年级的学生。我家和冯家一直过从密切，冯玉祥的大女儿冯弗能是我姐姐姜化美的干娘。姐姐在解放前死于霍乱，我便成了她的干儿子，经常接我到船板胡同她的家中小住。对许多人和事至今记忆犹新。

在我不到三岁时，大约在1943年，日本人看上了丰盛胡同的大院。家父只得在新街口北大街丙一百号另置新家。我的记忆就是从这只有十八间西房和北房的院子里开始的。记得家父交友不多，如王光琦（燕大同学，毕业后一起到上海工作，家父母结婚找不到适合拉纱的小孩，临时叫其妹十岁的王光美客串）、王光超夫妇（医生，也是我们的家庭医生）、熊汝成（医生、肿瘤专家，解放后任上海中山医院副院长）、阎少青（前门外正阳大药房经理）等；家母的朋友就更少了，我见过也熟悉的可能就是冯弗能（解放后经周总理介绍到内政部图书馆做管理员）、张逸仙（吴佩孚的儿媳，家庭妇女）、李伯琴（李莲英的孙女，我的

---

[1] 旧时法院审判员。

干娘，解放后任中国音乐学院古琴古筝教授)、严仁英（王光超之妻，妇科医生)。尽管他们和家父母的关系都很好，但是和家父最要好的莫逆之交非孙之俊和于东海莫属。于东海之妻白凤琴是我二姨妈的亲侄女，我自幼叫她白二姐，于东海也就是我二姐夫了。于东海是河北满城人，曾就读于河北八中（在易县），是孙舅舅的门生。抗战期间在北平中国大学读书，也算是家父的学生。虽是平辈，但在我心目中他是陪伴呵护我时间最长的一位至亲长辈。直至八十年代，当我所有的亲人纷纷辞世以后只有二姐夫经常和我在一起谈古论今，回忆那些过去的事情。何以说与家父最要好的莫逆之交非孙之俊和于东海莫属呢？这就要说到解放前夕发生的事了。那时姑姑的妹妹丁冷（中共地下党员）由解放区来到北平，就住到我孙舅舅家，请他为中共北平城工部工作。于是舅舅首先发展了家父和于东海。在审判德意日法西斯战犯时，父亲响应北平广大民众的示威请愿，坚定判处了在门头沟制造万人坑惨案的日本特务头子死刑（推事做了批示划了勾是不可更改的），这下惹怒了这个日本特务的老同学蒋介石，当即以"吃喝嫖赌"的莫须有罪名关了家父七天，后迫于舆论压力才释放。军事法庭的工作不能干了，父亲便到当时的河北省高等法院当推事。在为城工部工作时家父曾把法院的重要档案提供给解放区；二姐夫于东海解放前在国民党北平补给区124兵站工作，他把所有北平地区的后勤部署都提供给了城工部。于东海当时就住在我家西房（客厅）里，那时我已经七八岁了，经常看到孙舅舅、于东海和家父密谈。有时城工部的领导老董也来。我见过老董，解放后他做了市公安局二处的处长。如果不是可以换命的亲友，孙舅舅怎么会找家父和二姐夫来做搜集情报的工作呢？当然这也和他们二人早年的一段经历有关。于东海在满城老家接触过共产党；家父在天津扶轮中学读书时参加过周恩来领导的觉悟社。他们早年就对共产主义有一定的了解和认识。当时，这件事家父对王光琦等人也都是守口如瓶只字不提的，尽管知道王光美当时已经由军调部去了解放区，王光英也是共产党等等。

说到可以换命，要命的事就来了。1948年的秋冬，一天下午家里突然来了好几个荷枪实弹的便衣特务，为首的叫兰毛，一脸络腮胡子穿一件黑皮夹克，拿着我家电话大喊大叫。由于情报的泄密，孙舅舅这一线的地下工作者都受到了追捕。二姐夫于东海一开始躲到他的女友孙玉春（也是城工部的人）家里，后来还是被捕了。刑讯时他在供状纸上写了整整一篇蒋介石王八蛋。因为那些特务大部分是原中国大学学生，对家父除了压杠子外并未用更酷的刑罚。当时听家父在军事法庭的同事王新垣说，孙舅舅、二姐夫、家父等十几人都上了黑名单，择日枪毙。幸好北平和平解放，家父等人才大难不死。后来听说，是由于叛徒的出卖才被捕的。

北平解放后，除于东海被老董安排到珠市口惠中饭店做经理外，舅舅和家父的日子并不好过。舅舅仍在师范学校教美术，只因画了一本《武训画传》，受到了极端的批判。从此他更名为"孙信"，逐渐被人们忘却。在政治上始终不得抬头，而后在"文革"的猛烈冲击下被迫害致死。家父呢，刚刚庆祝和平解放大难不死没过几天，就被"请到"炮局清河大队"学习"了一年。出来后没有工作，旧法官是不会继续留用的，家父英文非常好，但也没用了，他便天天和冯弗能一起学俄语。后来还是靠俄语参加了北京编译社的工作。

小时候，很多人都非常喜欢我，如干娘李伯琴、姐姐的干娘冯弗能和我的干爷爷王湘庭（王芳庭之兄，北洋时代的某省督军，因反蒋弃官在家赋闲养病）。然而究我一生，最最疼爱我的人除我父母外就是舅舅和姑姑。这并不因为他们是我唯一的舅舅和姑姑，个中原委是家母所告。原来舅舅和姑姑有过一个和我差不多大的男孩，小名叫小羊子（孙燕华的哥哥），五岁时夭折。开始家母怕舅舅和姑姑见了我想起小羊子难受，不让我到舅舅和姑姑家去玩，过了几年我长大些了才让去。舅舅和姑姑对我视如己出，疼爱有加。记得我以第六名的成绩考上北京四中时，他们高兴得不得了。当我考上清华大学时，他们更不知道该怎么夸奖和犒劳我才好。当时舅舅和姑姑住在复兴门内柳树井的一个院子里，我永远忘不了那长满了郁郁葱葱的草木的小院里荡漾的欢笑声。姑姑不停地用手抚摸着我的头连连说着"铁汉儿（我小名叫铁汉，还是我大娘和姑姑给起的）真好！真好！"舅舅没说啥，只是晚餐时高兴地喝了许多酒。我有着多么好的舅舅和姑姑啊！正是那个令人不解也是最令人惶恐的"天下人皆枉，以不枉者为枉也"的年代，夺走了舅舅的生命。舅舅尚未活到一个甲子便弃世而去了，我失去了一个最疼爱我的人；中华民族失去了一位天才的、伟大的画家。家父常说，你孙舅舅本应是和徐悲鸿、李苦禅齐名的人物，由于政治上的原因遭到埋没，实在可惜也很不公平！

小妹燕华经多年的精心准备于2007年成功举办了舅舅的作品回顾展。我带着酷爱绘画的小女儿看展览，她看得非常认真、投入。我很欣慰。因为我可以告慰舅舅在天之灵：在您的晚辈中后继有人了！

　　画家舅舅孙之俊　　世事沧桑遭沉沦
　　满天乌云风吹过　　一代大师现真身

　　姜化善　孙之俊外甥。毕业于清华大学电机系，多年从事科研、开发和教学工作。1988年创建了北京市星火新技术公司，兼任中国自动化学会普及委员会委员、北京市私立正则中学董事长。

大伯父的几件小事

孙新华　刘金林

在纪念大伯父孙之俊先生诞辰100周年的日子里，一位令人仰慕的高大形象不时浮现眼前，现仅记大伯父的几件小事，聊表敬意。

我父亲哥儿仨，大伯父孙之俊，二伯父孙之秀，我的父亲孙德明。大伯父从小就喜欢我的父亲"小三弟"。我是父亲的长女，解放前，在我很小的时候，父亲和妈妈就带我从河北省藁城县老家投奔大伯父，到北京来谋生。在我的记忆中，奶奶、姑姑和大姐孙静都讲过父辈们

孙新华（右）与刘金林（左）夫妇

的故事，虽然有不同的版本，但是我感受最深的就是他们很聪明，好学，善于画画和吹拉弹唱奏乐器。只是我的父亲最小，奶奶又很溺爱，就没有刻苦地去学习一门专业，但是他常常是一教就会，特别是刻章（治印）、修理复杂的钟表……这种技术活。

那时候大伯父已经是很有名气的漫画家了，字也写得很棒。我父亲也喜欢画画，但没受过科班训练，尽是胡涂乱抹而已；我父亲也很喜欢写字，但也不规范，属于想怎么写就怎么写的"自由体"。大伯父一边讲达·芬奇画蛋的故事，一边教父亲画画，还给了父亲两本字帖告诉父亲练字要从临帖开始，要有用尽"三缸墨"的抱负。还说只要你认真写字画画，纸墨笔砚我供着，如果胡抹乱画，那就连一个纸条也不给。大伯父时常告诉父亲：一要学，二要干，学中干，干中学，

多学点本事谁也偷不走抢不走，这些话指导了父亲安身立业的方法和方向。

解放前，用图章的地方少，用图章的人更少。当时靠摆摊刻图章的父亲维持一家人生活，常常是捉襟见肘，难以养家糊口，大伯父和大娘总是主动接济，大伯父时常为我家过日子分忧，他说："这么今天给点米，明天给点钱，也不是长久之计，给粮给钱不如给个饭碗，要能给找份工作，有了固定收入，这日子就好过多了。"于是他给天津的朋友写信托人家在天津法院找了份当录士的工作，我们全家就由北京迁到了天津。天津解放后，大伯父又托人介绍父亲到中央行政干部学校天津分校学习，在那里，坚定了跟共产党走和为人民服务的信心，成为一名名副其实的国家干部。后来父亲又因为能写善画被调到文化馆从事文化艺术工作，更直接的为人民群众服务。说起来这还是得益于大伯父早年的引导。

解放初，大伯父画了大量的连环画，跟全国各地许多出版部门有联系，多次为天津的一些书店、杨柳青画社提供画稿。有一次，大伯父到天津办事，顺便来家看看我们，当时京津两地虽不算太远，来往也不那么方便，难得有见面的机会。父亲觉得我家孩子多，靠他一个人工资维持七口人生活，有难言之隐，不愿让大伯父见到我家窘况，不愿让大伯父分心，所以父亲主张我们到当时的国民大饭店去看望大伯父，不让大伯父到家里来。大伯父在电话里说："你们来是好几人出动，我去只是一个人出动，既然到家了，还是我去吧。"我们孩子们很高兴，妈妈可发愁了；在饭馆吃饭觉得太奢侈了，也没那个实力，做什么饭招待远道来的客人呢？平时难得吃顿饺子，就包饺子吧，好在不是外人。

母亲剁馅，父亲和面，嗨！这面和的就别提有多软啦，母亲说父亲舍不得用力气才那么软，一煮还不成了片儿汤。父亲灵机一动，把煮饺子改为煎锅贴就不怕面软了。这倒是个办法，也只好如此了。到吃饭时又出了问题：这煤球炉子上不来火真急死人，要是上来火那可铁筷子也能烧红了。终于热气腾腾的锅贴出锅了，上面白花花，下面黑乎乎，全糊了，弄得全家人都很难为情，大伯父却安慰我们："糊了好，糊了助消化，可以多吃一点儿。"一句笑谈化解了尴尬的局面，我们的大伯父就是这样仁慈宽厚，处处为别人着想的人。读《史记·孔子世家》注释中有一句话："高山一样使人瞻仰，大陆一样让人遵循"。这本是司马迁赞美孔子的话，如今用来形容大伯父的品格，岂不是恰到好处。

新华直到退休也没离开幼儿园的工作。在我们结婚的时候，特意到北京玩儿了一趟，那时候还不知道生活中还有"旅游"这么一项，更别说度"蜜月"了，但是因为大伯和大娘为我们安排的很好，吃住都在家里，又是逛故宫，又是逛颐和园，又是照相，又是看电影……，在当时的条件下，我们也算得上"时尚"

了。青春美好的印象至今没忘，心中也总是念叨着两位老人。

尊敬的大伯父，我们永远怀念您。

2007年12月4日

祭伯父母大人墓

刘金林

伯父母大人
久别了
重逢了
在京西万佛园
蓝天白云下
青松翠柏间
前来探视二老

在墓碑前
我浮想联翩
往常的记忆
在脑际萦绕
仿佛听到了
您们亲切的叮咛
淳淳的教导
仿佛看到了
您们殷殷的期盼
慈祥的容照
听到了
看到了
您们热情开朗的

音容笑貌

记住了
我要勤学习多思考
多练多写诗文稿
发展业余爱好
培养高尚情操

放心吧
关心我的二老
发表一首诗文稿
虽雕虫小技
微不足道
我尽力了
且还将继续努力
戒骄戒躁
有生之年
我决不收笔
在文学的道路上
决不停脚

亲故篇·忆

孙新华　刘金林　孙之俊三弟孙德明之长女、长婿，现居天津。

我的生命是为了导人向善

李欣磬

李欣磬

小磬与外公无缘见面，但我和外公确有着超时空的传感能力。

1966年，外公孙之俊先生衔冤自尽，十二年后我方出生。对于外公，小磬的印象是些记忆碎片：宝贵的老照片，外公的几幅遗作，听母亲与老学生们讲您的故事。然，它们都没有小磬和外公的一次"传感"更令我震撼。

那是小磬在中央工艺美术学院附中上高二的时候。油画课开课前一天，我找出家中旧报，坐在桌旁把报纸裁成扑克牌大小，整齐捆扎如豆腐块，码在油画箱中，备次日擦油画笔用。

母亲端杯水走进房间，一见我裁的纸，惊问："小磬，谁教你这么裁擦笔纸啊？"磬答："没谁，就觉得应该这样裁。"母亲愣了，放下水杯，坐在我床上，叹了口气，眼圈发红地说："你外公当年就是这样裁纸的，也是这样码在油画箱里的……"听到此处，我顿时感到一种内心的激荡，仿佛外公生命的一部分忽忽地传送到了我的身上，您在我的血液中复活了脉动……

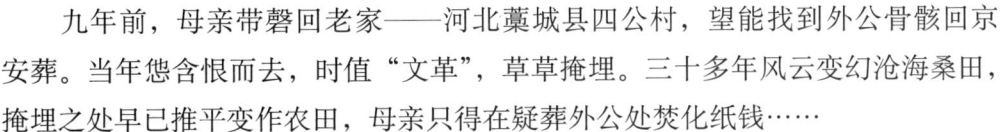

九年前，母亲带磐回老家——河北藁城县四公村，望能找到外公骨骸回京安葬。当年您含恨而去，时值"文革"，草草掩埋。三十多年风云变幻沧海桑田，掩埋之处早已推平变作农田，母亲只得在疑葬外公处焚化纸钱……

母亲跪下那一幕对磐来说刻骨铭心——深冬，麦地满铺残草枯秸，凌乱破碎，大地覆薄霜，灰黄，惨白。西北风呼啸，乱了妈妈头发。她顿然跪下，对着冰冷无情的大地悲恸地叫了一声："爸爸——！我来看您了！三十年了！爸——！我终于来看您了！您在哪儿啊——！"

哀鸣刺穿苍穹，茫茫然无声回应，荒寒大地一片死寂，唯冰风刺骨，悲怆扎心……这片盛殓外公遗体的田野，曾是您和小伙伴们奔跑嬉戏的地方，曾是您背起行囊踏上求学行程的起点，也是您满怀屈辱伤痛回归的地方……在那样的年月，能魂归故土对于哀莫大于心死的人来说可能是 99.99% 的极度残酷下唯 0.01% 的安慰了吧……

外公孙之俊和祖父李苦禅都是来自农家的子弟，您们也都是北平国立艺专的学生。您们在蔡元培、徐悲鸿先生倡导下谙熟"中西合璧"之思想，志同道合，共创"吼虹中西画会"。外公习西画，对中国传统艺术哲思精研更甚。中国传统艺术精髓是不照抄现实中景物，着力于描绘人类情感、思想、哲学。

看外公 1928 年所绘《春郊》《折柳》，将女子高级的风情与春天一片爽朗明媚直传观者心头。女子身形结构是西画速写、人体基础而来，然那笔趣则完全是中国的——吴带当风般白描线条，汉画行云流水之气度跃然纸上。

上个世纪 20 年代，电影在神州初萌，时称映画。外公甚喜观之，倍受启迪，创出中国第一代四格漫画体裁。1927 年春，您参加了中国美术史上第一家漫画社——北京漫画社，走上谐语正气之漫画道路。漫画这个词古已有之，古代称文人简笔画，如梁楷诸家之作。近现代所称漫画，属对舶来之幽默讽刺简笔画的称谓。孙公之俊笔下漫画是中西古今相结合的，您将中国传统文人精神、艺术审美与舶来形式相结合，古今中外融汇贯通，形成了独树一帜的，属于中华文明体系的漫画风格。

中国传统文人精神即君子文化——秉承中正之道，不甚顾及眼前利益，毕生致力于国家民族之良性发展，小用在于树立人类道德伦常、斧正社会正气、科学利用自然资源，大则在于令人类可良性地持续发展之用，不至人类、地球灭亡。恶的共同特征是助纣为虐、唯利是图、害人害己、生灵涂炭，善的共同特征是克己复礼、仁爱理智、扬善抑恶、利益众生，善就是君子文化的核心——外公在

1942年答记者问时曾说:"导人为善,是我理想中的漫画主题。"

观外公漫画,浩然正气与睿智幽默融于一炉,具有非凡的预见性!美术史学家常说:"艺术家往往是具社会前瞻性的,他们经常是走在时代前面的人。"当这种前瞻性与君子文化剧烈碰撞,产生强大的化学反应时,孙氏漫画之风骨就诞生了!

1932年《北洋画报》刊登外公的《新年漫画》,画中达官贵人过着花天酒地的奢淫日子,他们头上有架日本"膏药旗"轰炸机飞过,投下一颗炸弹。外公在漫画一侧给贪官污吏脑残显贵们配词道:"'鸡'时行乐者说道:'飞鸡(机)那颗蛋(弹)还有三秒方能落下来,大家………'"

"鸡"时,中国历制之卯时,西式时钟上的早5:00-7:00,"一日之计在于晨"、"闻鸡起舞"之励志含义是众人皆知的。因"鸡"谐音"吉",国文中也常借"鸡"言"吉"。

1931年九一八事变,国家民族的尊严和人民的生命被日寇残酷践踏,1932年因军事力量受到牵制,日本军国暴蛮们只好暂缓侵华的步伐,中华战事稍息。但日寇要灭亡中华的野心是路人皆知的!这个短暂的"太平"正是我中华难能可贵的复兴时机,当为保家卫国而闻鸡起舞!然而,那时很多权贵明知日寇将继续吞噬中华,却不思复兴,反而借此"太平"终日泡在酒池肉林中纸醉金迷!天天奢淫到"鸡"时!

外公见此情景心急如焚,以漫画大声疾呼日寇"鸡"(机)时,正是中华反击之"鸡"(吉)时!快快觉醒!抗击敌寇!可当时中国政治体制严重扭曲、腐败,贪官、污吏、军阀、奸商和侵华列强沆瀣一气,为一己之私每日挖空心思的争权夺势,敲骨汲髓的横征暴敛,且有闲暇则迷醉于花天酒地中。哪有精力顾及国家民众之安危?何谓祸国殃民?祸国从来都是从殃民开始逐步实现的——因而1937年七七事变一夜之间被日寇迅速深入腹地也就不奇怪了。

抗日战争时期,国人的苦难更加深重。外公在沦陷的北京苦苦挣扎求生,但一颗爱国的心没有在亡国之痛中沉沦绝望!您抗击日寇的行动没有在日寇魔掌中停止,而是变得更加坚定了!您参加了中国共产党的地下抗日活动,在恐怖危险的环境中不遗余力地助中共地下党员丁冷进行抗日救亡行动。丁冷老人是外婆的妹妹,为了掩护她,外公遭到倭寇迫害,被日本宪兵队长上村喜赖抓到远东饭店遭到严酷审讯,您咬紧牙关机警应变,保护了中共的地下抗日组织。

抗战胜利后,您继续为中共做情报搜集、传递诸事,因而又两次被捕,家庭和个人都遭受到常人无法承受的身心折磨,然而外公在暴戾下始终都没有绝望!

因为您是有信念的人，您的信念就是善良和正义！

纵观外公一生，您"导人为善"绝非耍笔杆子、练嘴皮子，而是凭借一股凛然正气和艺术家、教育家的智慧与创造实实在在地去做——说到做到，知行合一！导人为善重在教育。

孙公之俊的教育观是具有普世价值的，您所实践的教育有三个环节：家庭教育、学校教育、社会教育。

父母是孩子的第一任教师，孙之俊先生、丁阶青女士伉俪非常注重家教，家母孙燕华女士受益匪浅，因而也十分重视对小磐的家教。

小磐幼年，外婆因脑血栓偏瘫，即便如此，她仍每日关注对我的教育，母亲亦如此。三岁，小磐第一次接触《西游记》。母亲每晚和我躺在床上，给我诵读《西游记》原文，绝无白话翻译，我一边听一边仿佛看到眼前演着曼妙的神话剧。

她们对我说："熟读唐诗三百首，不会作诗也会诌"。"艺多不压身，多学经过历史考验的知识只有好处没有坏处"。"古人不是傻子，千万人都给你当过'小白鼠'了，能保留下来作为经典的一定是对人有益的。"在我的记忆中，她们并不是强制我背下多少，而是用"对话"和"聊天"为我营造出文化的家庭气氛——所谓熏陶就是如此。

以"听"来学比单纯地以"看"来学更有利于对语言、逻辑的学习、训练——听抽象的声音能激发儿童对语言内容的想象力。思维的创造力是来自想象力的，激发孩子的思维能力，必须从培养想象力开始。

小磐平日听她们背诵、评议就记下了不少东西，长大后知识反刍，得以深入体会，这种自然的引导令我终身受益。若无此幼功，待长大成人，人的记忆有了诸多条件和干扰，再想将什么知识毫无障碍的深记烂熟难度就很大了，正所谓"少壮不努力，老大徒伤悲"，即是如此。

现在很多家长都说家教很难，给孩子讲道理他们不是听不懂，就是根本不听，难道就没有更好的办法了？上小学一年级前夜，母亲教小磐削铅笔。笔要削整齐，端不可太尖，否则触纸即断，铅芯太长易折，太短不耐用。其间，妈妈讲何为"月盈则亏，水满则溢"，又以"懒媳妇纫长线"的俚语通俗讲解。削罢，整齐码放铅笔盒，再言，此乃"工欲善其事必先利其器"。一起动手体会、实践道理，从中启迪思维，不用死读课本就能轻松学习知识、礼仪和道德。

母亲说外公、外婆当年就是这样教她的。

说到学校教育，外公在课堂上如何教学的呢？外公给学生讲北京的桥。您空手走进教室，在黑板上像变戏法般将北京的桥一一画出，透视严谨，图像逼真。

孩子们看得如痴如醉，正兴浓时，外公择机讲了平时孩子们觉得枯燥的桥名、建筑年代、历史掌故、修建结构等等，学生不知不觉就都记住了！这就是"人"教育"人"的方式——铸就了博大的眼界胸怀、实践了知识的智慧创造、培养了善良的人性，这种充满人文精神的教育成果是将人以分儿作为划等级规格的筛选训练方式、隔山打牛的"机器"对人的单方面知识灌输方式永远不能达到的。

对于社会教育，外公孙之俊先生创作寓教于乐的漫画、连环画传播善，看您的可爱、智慧的作品，人们是不难感受到您具有普世意义的教育观和仁爱的心。而这个教育观不仅仅是孙之俊一人的，我的外婆、祖父、祖母、父亲、母亲都是秉承这个教育观的，可以说您们那几代人从5000年文明中继承下来了一个具有普世价值的博大的基于善良正义仁爱的教育观！

从长辈们的身上小磬明白教师职业是神圣的，作为人类文化和知识的传承者，首先教师就得是道德、文化的载体，其次才是知识的教学者。

什么职业都有本分，教师的本分就是导人为善。不教善的教育，就是缺德的教育，只能诞生缺德的人才。在今天，21世纪的中国最缺的不是"人才"——如今各色以缺德见长的人才太多了！古人还真没品质和能耐拿塑料做粉丝，用瘦肉精喂猪，使染料蒸新馒头，将三聚氰胺放进婴儿的奶粉！"人才"啊！对恶的构思及执行力咋么么强呢？

外公孙之俊先生选择了人类最温暖友爱、造福万代的事业——导人为善。您矢志不移，宁折不弯，于课堂在千百少年心中种下善种，更驭报刊书籍广播善念。言及此处，小磬想起一句广告词儿，套用成：善心恒久远，一颗永流传，此脉若割断，人类全玩儿完！

人的血，不怕流掉，最可怕的是冷掉！坏掉！臭掉！

继续导人为善的事业就是小磬的家教！小磬因此而不枉为人！

小磬父母已过耳顺之年，您们衣食住行能简则简，一介文人指着一杆笔生存，如农家种地，从无暴利。大多收入又投到弘扬中国传统文化、导人为善中。我们家打外公、爷爷那辈儿到我爹妈这辈儿，在家教学从不收学费，笔墨纸砚、字帖、书籍自己买了送学生，磬亦然。

管教还管饭，母亲常戏说："你们这么能吃，以后我这儿开食堂发饭票吧！"食堂既成事实，饭票儿至今未发。

以此看来，我们一家子这辈子乃至下辈子都不会成为什么布什么斯排行榜的座上客，但我们一代代都会做导人为善的铺路石。这不是口号，亦不是壮语，此乃"龙生龙，凤生凤，老鼠的儿子会打洞"而已。

外公的顿然离世给外婆和妈妈、姨姨们留下了一生的心痛……外婆丁阶青女士曾对母亲说："我和你爸最大的愿望就是百年之后能在北京的西山找个地方作为最后的归宿。"

几年前，京西戒台寺附近的万佛陵园建起，家父见此地面向北京，背靠燕山，风水清丽四季如画，以为甚佳，为外公和爷爷于此定了两块墓地，尽管无法安置外公的遗骸，但合葬外婆骨灰和外公著作于一穴也是了却您们心愿的最佳选择了。

做外公外婆墓碑时，母亲让小磬设计浮雕画，磬就画了几幅图：

母亲说自己小时候很乖，不像我爹李燕先生和小磬小时候那样最擅长闯祸。她幼年多是在自家院里和发小儿们玩儿些绝不危险的游戏。外公喜欢给孩子做些游乐设施，母亲印象最深最喜爱的就是您做的秋千，她经常说起那个满载童年幸福的小秋千。小磬就画了妈妈荡秋千，外公外婆笑呵呵看着的情景；

说母亲乖，其实也有淘气的时候。她自己曾经无意中"交代"了一个"犯罪事实"，被小磬抓了名副其实的"小辫子"。妈妈小学时，在家写作业，对面坐着外公。您画累了就小睡起来。妈妈一见小坏主意就冒出来了——偷偷给外公梳了个小辫儿！据她"坦白"是个冲天锥。外婆买菜回来，一见就笑了，外公发现了也笑了，我娘"奸计"得逞自然笑得前仰后合。小磬没画妈妈"作案现场"，想到这个典故，就画了外公外婆对坐笑谈的样子，仿佛在说着乖女儿的调皮"劣迹"；

外公爱曲艺，您当年弹的三弦是鼓界大王刘宝全先生的，所以母亲也精通曲艺之理。十几年前，为了挽救几乎消亡的民间弹唱曲艺，她和父亲自掏腰包拍了纪录片《胡同古韵》。于是小磬画了外公一边弹三弦一边唱牌子曲儿，家人们当观众的样子；

外公家小院儿就在今天中国教育电视台所在的位置，那里叫柳树井胡同。外公是个完美主义者，把院子弄得雅致，家中养着小猫小狗小乌龟等等，种各色花草。夏日黄昏，外婆做好饭，摆在桌上，一家人围坐在石桌旁用餐其乐融融。母亲曾对小磬说："抄家的时候，我爸的画儿都当着您的面儿给烧了，家里抄得一干二净，砸得满地狼藉。外公被押送走的前一天，外婆撕了家里的床单给外公包头上的伤，血顺着床单渗出来。外公就带着一身伤被遣送走了，再也没回来。同时你的外婆也被遣送老家了。家里的房子被上了封条，我只能孤零零的住在黑黑的小厨房里。我那时候刚二十岁，看着原来那么温暖幸福的家，现在那么凄凉恐怖，心里难过极了……"小磬知道，曾经阖家晚餐的美好回忆是外公外婆最为幸福的时刻，所以最后一张，小磬就把一家人温馨晚餐，猫猫狗狗围绕身边的图景画下来了。

最后，小磬问妈妈，外公外婆的墓碑上要写什么？母亲说："就写外公的这句话吧，'导人为善是我理想中的漫画主题'。"

李欣磬　李燕、孙燕华之女，毕业于中央戏剧学院舞台美术专业，现在中国歌剧舞剧院工作。

孙伯父百年诞辰祭

李景屏

想不到这篇纪念孙之俊伯父诞辰100周年的文章,竟然是在医院的病房中开始动笔的,其主要章节又是在4次化疗的间隙之间逐步完成的。

原计划在今年4月下旬一本书稿交稿后稍事休整就开始撰写此文,孰料一场突然降临的病魔打乱了我所有的安排——一本同中国青年出版社签订了合同的书稿转给了过去的一个学生;拙作《何苦生在帝王家——大清公主命运实录》的责任编辑小娄同志,在电话中与我探讨下一部书稿的计划,也被推到了明年,就连要我对两部书进行修订以便再版的合同也无限期地向后推了。急剧发展的病情使得我住进了医院,但这篇纪念孙之俊伯父的文章依然使我难以割舍。在与生命最后冲刺的我可以放弃许多部书稿,却不能放弃这篇文章,孙之俊伯父、丁阶青伯母是把我引入文化殿堂的两位长者,堪称是恩重如山……

一、难忘的丙5号

孙之俊伯父的家在复兴门柳树井丙5号,在那座只有北房、南房的院落里,留下了我太多的青少年时期的记忆。我家住在柳树井甲5号,两个院子,有一墙之隔。我家住三间东房,后沿墙就是丙5号西边的院墙。上世纪70年代初,为修建八宝山到北京站的地铁工程,丙5号及与之相邻的甲5号全部被拆掉,留下的只有不尽的回忆。

孙伯父是个画家,也是美术教师,孙伯母是师范毕业,当过多年的教师。我之所以有缘结识两位老人,是因为他们的小女儿孙燕华。燕华与我同岁,是玩伴、同学,用现在的话说就是"发小"。

在当时,一家三口能住一个院落是很难得的宽裕条件,更何况院内花木茂盛,春意盎然，丁香树、桃树、海棠树、桑树、枣树一应俱全，草本的茉莉花、指甲草、占了大半个院子，院子东南角还有孙伯父自制的一架秋千。燕华家就成为同龄伙伴放学后做作业、游戏的场所，而孙伯母就是所有在那里做作业孩子的辅导老师，从生字的读音到造句、作文到算术四则题……孙伯母从来都是很耐心地给每一个孩子进行解答。

孙伯父对下一代谆谆善诱给我留下了终身难忘的印象。一次到燕华家玩儿，当时她与父母正在吃饭，孙伯父就说：吃饭要避免嘴巴出声，不然在公众场合会让人感到不文明，"吃饭要有规矩？"我自己从未听说！我的母亲是山东无棣县农家女儿，从没对我嘱咐过这些。孙伯父的话，让少年的我"恍然大悟"，此后我在吃东西的时候开始注意避免发出声音。举一反三，我也懂得了做什么事都是要有"规矩"的，这些"规矩"表现出来的就是一个人的修养。

李景屏与孙燕华幼时合影

李景屏与我真称的上是"抹泥之交"，俩人挤在一把椅子上，手里都拿着采下来的野花呢！（孙燕华注）

孙伯父是一个非常会关心孩子的人，一年中秋节，燕华与我要去玉渊潭赏月。虽说上个世纪60年代初期北京的社会治安是很不错的，但那时候的玉渊潭还算比较偏僻的"城外"。孙伯父不像一般家长那样制止孩子出去，而是以自己的"公式"来处理这个问题。我和燕华兴致勃勃地出发后，伯父也悄悄地出发了。那时的玉渊潭野趣颇多，我俩从水闸沿河岸走到北湖，明彻的月光一直照着我们……直到燕华和我前脚回到家里，随后才发现伯父就在身后，他一直在暗中保护着我们。

初中升高中的考试结束后，孙伯父对我们说要正确地对待考试的问题。他说，当年一个同学认为自己考的不好，觉得没脸见人，跳城墙自杀了。待到发榜时，虽然他榜上有名，却没法儿上学了。孙伯父还意味深长地对我们说，人的一生要经过各种各样的考验，要像韩信那样能忍受胯下之辱……

孙伯父对有绘画天赋的学生格外培养。孙蒲远（退休前是北京史家胡同小学特级教师，全国劳动模范），既有文才，又喜欢绘画。读书的时候，父母不在北京，只身一人住在学校。当时正是三年困难时期，为了让正在长身体的学生改善一下伙食，孙伯父邀请孙蒲远到家里来吃饭，还给她看了许多的绘画作品，以至孙蒲远和燕华、和我都成了好朋友。孙伯父给她的绘画打下了良好的基础，正是这种良好的绘画教育和才能，使得孙蒲远在担任班主任工作时如虎添翼。"六一"儿童节，她给每一个学生画了一张速写，做成书签，作为给学生的礼物。难怪到史家胡同小学就读的学生家长都千方百计地希望自己的孩子能分到孙蒲远老师的班呢！

燕华有个初中同学很喜欢画仕女，孙伯父特意带着女儿和这位同学去拜访著名女画家王叔晖，为青少年的成长提供帮助。

1958年，"打麻雀"的时候我就住进了燕华家，同伯父、伯母的接触较其他同学更多，受他们的影响也更大。我的第一本史学著作《清初十大冤案》中的"轰动朝野的哭庙案"，就同孙伯父当年的一番议论有直接的关系。那是1960年，正值歌剧电影《洪湖赤卫队》热映时期。韩英的几段感人肺腑的歌广为传唱。孙伯父说："韩英唱的'砍头如同风吹帽'就是金圣叹讲过的。"还说："金圣叹"哭庙"哭的不是崇祯，而是顺治。"以前我始终认为金圣叹是因为哭崇祯而被杀的，他既然哭的是清朝的顺治，不是明朝的崇祯，为什么还会被杀呢？这个问题始终萦绕在我脑中二十多年，遗憾的是再也没有机会向孙伯父讨教了。

上个世纪80年代中期，已经进入中年的我，一次在图书馆查资料，发现了《哭庙略记》才弄明白，哭庙之前所以遭到清朝地方官员的镇压，是因为涉及到当地的一起监守自盗的贪污案——江苏吴县知县任维初盗取常平粮的粮食即赈灾用的储备粮食，变卖成银两孝敬上司。当地的生员得知后到江苏巡抚朱国治那里揭露这一罪行，但巡抚朱国治恰恰就是受贿的上司，因而对监守自盗的知县百般包庇。此时正值顺治去世，生员们利用哭祭先帝的机会，群聚府学——苏州孔庙，在哭祭顺治后又到巡抚衙门跪递揭露贪污知县的揭帖，随即这些生员被扣上"大逆谋"的罪名锒铛入狱，因此酿发了清初的哭庙案，累计18名生员被处死。就连并未参加哭庙的金圣叹，也因被定为幕后指使，而惨遭杀害。正是孙伯父的一番议论，为我以后所从事的研究提供了第一个切入点。

二、"文革"罹难

四十一年前那场灾难，使得孙伯父顷刻家破人亡。

以前看《红楼梦》时，对于怡红院中那株海棠在秋季开花，导致宝玉丢玉，贾家开始败落等情节，总觉得是作者编出来的。但是一九六六年丙五号所发生的一切，使我不得不相信曹公当年的描述是有道理的，只是这气候变异与社会灾难之间究竟有什么内在的联系，还未被人们悟出罢了。

1966年8月中旬，燕华家的那株海棠树也在不该开花的时候开花了。我们都感到很新奇，我和燕华还开玩笑说，咱们是不是该系上个红布条辟邪呀？！那曾想到"势如破竹的革命形势"，岂能是红布条所能阻挡安抚的？灾难已逼近了丙五号。九月初的一天，我俩商议一起外出串连的事，因她会骑车，就到北京站看有没有合适的车次。她去后，丙五号只剩下孙伯母和我，也就是过了个把钟头，突然一群学生押着头上缠着纱布的孙伯父回来了……接着就是"抄家"，这个只在历史书上听说过的治裁手段竟然在我这个北京大学历史系的学生面前再现了。丙五号被洗劫一空。

面对突然发生的一切，我被震惊得目瞪口呆，为了怕那些孙伯父学校的"红卫兵"株连燕华，我母亲派院里的小孩在胡同口等着她，把从北京站回来的燕华直接接到甲五号我们家里。丙五号那座充满温馨、宁静的院落就像被抄家以后的贾府一样，也成了一片"白茫茫的大地"，家具、衣物、自行车、照相机……现金、存款都被抄走，而且还要将孙伯父一家扫地出门——勒令他们回原籍。幸好燕华的户口在学校，才躲过这一劫。

孙伯父为何会遭此恶运，这是一个萦绕在我心头多年的问题。听我母亲说，孙伯父在国民党时期就因家里"窝藏共产党"而被国民党关进监狱……为什么一个曾经帮助过共产党的人反而在"文革"中被抄家，实在令人匪夷所思。

已经倾家荡产的两位老人被迫返回了原籍，对于孙伯父来说不仅是同北京的永别，也是对女儿、对所有亲人的永别。"士可杀不可辱"的古训已经深深的嵌入孙伯父的心灵，他像老舍先生一样选择了死，离开了这个让他无限牵挂的世界。受到牵连的妻子——孙伯母今后何以为生、尚未自立的小女儿燕华如何才能躲过灭顶之灾的厄运，这些都是伯父没有能力解决的，尽管他无限的牵挂，但他还是走了……

一年后，见到劫后余生的伯母，她无限感慨地对我说："这么多年，我们一直跟着共产党走，走得好好的，怎么就叫人一脚给踹了出来？！"

伯母说得都是实情，北京解放前夕，孙伯父按照北京地下党的要求搞到了重要情报，并交给了交通员，但这份珍贵的情报后来落到国民党特务手中，孙伯父也因此被抓进了监狱。在大祸突然降临的情况下，伯母不顾个人安危把三岁的女儿、五岁的儿子（后来因脑膜炎夭折）托付给一个一条胳膊有残疾的奎太太照看，立即到提供情报的于东海家给送信，让他赶快躲起来，这是需要何等的勇气与牺牲精神！抗美援朝期间，孙伯母把自己家的风琴抬出来，一边弹琴，一边教街道上的家庭妇女们唱抗美援朝的歌曲……1958年大炼钢铁时，孙伯母把睡了多年的席梦思铁床无偿地捐献了出去，为此还特意买了一个木头床。且不说买木头床需要经济支出，对一个睡惯了软床的人突然换成硬板床还需要一个适应的过程，但在这些问题上伯母从来不考虑个人，总是把国家的利益、党的需要放在第一位。三年困难时期，孙伯母又把省下的粮票上交给派出所，以减轻党和国家所面临的粮食紧张的问题。这些仅是我所知道的，但足以作为孙伯母"一直跟着共产党走"的诠释。

然而就是这样一位一直把党和国家利益放在首位的知识女性，在接近花甲之年时，却遭到被扫地出门的厄运……

三、出土文物

上个世纪90年代，山东冠县举办了第一次全国纪念武训的会议，是第一次为武训正名的会议。1951年被批判的不仅是电影《武训传》，还株连到三次画《武训画传》的孙之俊伯父，就连发扬武训办义学精神的人民教育家陶行知先生也因此名誉扫地。孙之俊的名字从此在画坛上消失了，他的绘画生涯也发生了转折，他不得不放弃二十多年的漫画创作，而以孙信的笔名从事连环画创作，就像沈从文、钱钟书在文坛上消失一样，以至我们这些1950年以后上学的人在电视剧《围城》上演后，才知道钱钟书的大名……

钱钟书、沈从文等先生们虽然沉寂了多年，但在粉碎了"四人帮"后，他们很快就像出土文物一样引起世人的瞩目和重视，然而孙伯父却依然淹没在地下，不为世人所知。好在山东冠县决定：在重新建立的武训纪念馆中，为宣扬武训精神而受到批判的文化人：电影《武训传》中武训的扮演者赵丹、孙瑜、孙之俊和李士钊竖立了纪念碑。

孙伯父蒙受的不白之冤虽然已经昭雪，但作为一个活跃在漫画界、活跃于画坛多年的文化人，却很难恢复昔日的地位。20世纪30年代的漫画界，有"南叶北孙"之称，但到50年代以后，一提起漫画，人们只知道叶浅予、华君武，张乐平以及偶尔露峥嵘的方成、李滨声等，至于孙之俊则早已被历史的尘埃所湮没。

更为可悲的是，那场抄家也使得孙伯父创作的大量作品——解放前的漫画、解放后的连环画荡然无存。所幸的是，燕华在孙伯父早年的学生刘光勋的帮助下，经过多年来锲而不舍的努力，陆续从当年的报刊上找到了伯父创作的漫画上千幅，从而为人们真正了解一代漫画家的敏锐思想提供了第一手资料，也为一个被埋没多年的漫画家在画坛上的影响以及他曾经得到的地位提供了最扎实的资料，更为我们这些曾受到孙伯父教诲的后辈真正了解这位可敬的师长开启了一扇封闭多年的大门！

四、新文化的宣传者

作为一位漫画家，伯父具有思想家的敏锐与深刻，在长达22年中他的漫画不断地揭示着最主要的社会问题，抨击着阻碍中国社会进步的两大反动势力——帝国主义与军阀，不仅从一个侧面反映出中国民主革命的主要任务，也反映出漫画家本人追求进步、渴望民主、呼吁社会公平的善良愿望。思想家揭示社会问题用的是文字，而漫画家却是通过所设计的画面，以更直白的方式来剖析、鞭笞社会的弊端。

自五四运动以来，在思想文化领域新与旧、科学与愚昧、民主与专制、西学与所谓国粹的斗争始终非常激烈，在孙伯父的漫画中抨击封建守旧势力的作品比比皆是，他在1929年创作的连续漫画《冬烘先生》中就专门有一集以"打倒腐化老朽"为标题，画面上就有"打倒土豪"、"结婚离婚绝对自由""妇女彻底解放"等字样的标语。

自从西画传入中国，人体模特就遭到所谓国粹派的攻击，并引发一场旷日持久的争论。一方面是对教学中使用模特的诽谤，另一方面则是陶醉于一夫多妻。著名画家刘海粟的学生——女画家潘玉良在求学期间，因课堂上请不到模特，只能对着镜子照自己的身体画；顽固反对新文化的辜鸿铭不仅欣赏缠足，还把一夫多妻比喻为一个茶壶配四个茶碗。

1926年7月，上海美专西画系毕业生采取惊世骇俗的作法，把与裸体的艺术模特合影的照片公之于众，表现出同保守势力绝不妥协的姿态。当时正在河北正定七中读书的孙伯父，对发生在上海的轰动全国的模特照片事件自然有所风闻，因而他在一年后跨入北平国立艺专西画系不久，就发表了漫画《谁叫您脱光》，以支持上海同学，此后，又发表了《艺术家与模特》和《艺术家的春天》，展现出画家的立场。冬烘先生就是反对画人体的典型，冬烘在中山公园看到西洋画展的海报，便走了进去，当看到裸体画后一边"大怒"，道"什么东西，世道终亡"，一边转身夺路而逃。

新与旧的斗争反映到社会领域，便是自由恋爱与包办婚姻的冲突。深受包办婚姻之苦的孙伯父,在《人间地狱》这幅漫画中,以"捆绑是成不了夫妻"的俚语,来揭露包办婚姻给青年男女造成的不幸——一个身穿西式服装的男青年与一个缠足、梳小纂儿（已婚妇女的发髻）农村模样的妇女被用绳索紧紧地捆在了一起,这样的婚姻能幸福吗?!

在农村,女大男小是包办婚姻最常见的形式,由于对劳动力的需求,即使是殷实家庭,也往往通过给儿子娶妻变相娶个劳动力,给十来岁的儿子娶个十八九的女子为妻,儿媳妇一过门就能顶个使唤丫头。这种风气一直沿袭到解放之后,解放初期一出宣传婚姻法的评剧《小女婿》就是以这类内容为素材的。

1928年的漫画《闺怨》,1936年在《实报》半月刊上发表的短篇小说《玉贞》,都是表现年轻妇女凄苦可悲一生的主题。

伯父对宣扬封建糟粕的所谓国粹——诸如三寸金莲、纳妾等一直进行着抨击,《正在复兴之国粹》《华北妇女之足》就都直指缠足等问题。而《爱莲成癖》则以老顽固嗅着三寸金莲的"金莲"与周敦颐《爱莲说》中出淤泥而不染的莲花进行反照,收到极为深刻的效果。

伯父的《复古论》,明确告诫世人:"当今之世,文化大开,东西沟通,学术昌明,凡百事业,无不日益千里,镇日绞脑汁以改良,犹恐落伍,焉可复古！"尽管那是一个充满新旧斗争的环境,他依然对未来充满信心,所创作出的《雄鸡一唱天下晓》《无限春光》《春之酡醉》就反映出对光明最终战胜黑暗的憧憬与自信。

五、揭露日本帝国主义的侵略

济南五三惨案后,孙伯父就发表了漫画《无题》,以拟人的手法表现出被绑在杆子上的山东大汉正遭受日本侵略者的利斧砍伤;旋即又发表了《大家还不快醒吗！日本人的炮弹射在你们头上了！》此后又创作了漫画《今已成了它的了》画面中一个日本女人手里牵着一个象征中国山东的小孩。

日本军国主义侵占山东的野心由来已久,第一次世界大战期间借口对德宣战,出兵山东,夺取德国在山东的侵略权益,在一战结束十年后又通过制造济南五·三惨案扩大在山东的侵略、把山东据为已有,漫画《今已成了它的了》就深刻揭示了这一点。

在济南五三惨案发生后,孙伯父与在京的北京漫画社成员遂在该年的5月27日改创五三漫画社,以"五·三"——日本帝国主义屠杀济南人民的"国耻日"为名,表明不忘国耻,因而五三漫画社从其建立之始就肩负起宣传反帝——特别是反对日本帝国主义的重任。

为了记住的纪念——孙之俊纪念文集

孙之俊作《今已成他的了》 1928年6月10日发表于《世界画报》

王君异作《笑容可掬之田中图》
1928年6月3日发表于《世界画报》

在刊登漪珊（即童漪珊）所撰写的五三漫画社成立的文章《漫画社复活记》[1]的同时，发表了孙伯父的漫画，该漫画的英文名称是"The Japencace Oult"，翻译成中文就是——"日本帝国主义的暴行"，画面上所展示的是：中国人民被日本帝国主义用一根沉重的铁链捆绑起来、屈辱地跪在地上，五三两个字赫然烙在中国人的躯体上。

而五三漫画社其他成员也创作了一批揭露日本侵略者狼子野心的作品，如王君异先生的漫画《笑容可掬之田中图》，把矛头直指制定侵华政策的日本首相田中，画面上的田中笑里藏刀，闪烁在眼睛里的是即将射出的炮弹；王先生的另一幅漫画署有英文"The Japarse agrasion"，翻译成中文则是"抗日"，画面上日本的陆军、海军开进了山东，城墙上赫然写着"示威运动"，表现中国人民众志成城，抵抗侵略者的决心。童漪珊则创作了《同胞！留神田中的痴想实现……》，画面上田中把一把日本军刀横放在中国地图上，军刀上写着"二十一条"，在田中的身后标有济南、胶济、青岛。蒋汉澄作的《来了一个渔翁》以日本所特有的相扑入画，这位肥硕强壮的相扑面对象征中国的一盘鱼，他用两条粗大的胳膊把其他帝国主义提起来准备扔到一边，揭露出日本帝国主义企图独霸中国的野心。而另一幅未能查出姓名的漫画社成员也创作了《到中国去》的漫画——一位日本妇女携儿带女来到中国，把侵占的中国领土作为他们的"新大陆"。

[1] 童漪珊：《漫画社复活记》，载《北洋画报》，1928年5月30日。

童漪珊作《同胞！留神田中的痴想实现……！》
1928年6月2日发表于《北洋画报》

王君异作《示威运动》 1928年5月12日发表于《北洋画报》

蒋汉澄作《来了一个渔翁》 1928月6月3日 发表于《世界画报》

九一八事变发生后仅半个月，孙伯父就在《世界画报》上发表《国人速醒》。

1932年下半年，他所发表在《北洋画报》上的4幅作品，都同抵抗日本侵略有关。《一九三三年》的漫画告诫世人：得陇望蜀的侵略者在即将来到的1933年，将把侵略魔爪从东北伸向华北、伸向北平。当日本侵略者把退位的清朝末代皇帝溥仪弄到东北、并令溥仪出任"伪满洲国"的傀儡皇帝时，孙伯父画了题名《把戏》的漫画。

佚名作《到中国去》 1928年6月3日发表于《世界画报》

在《难逃之劫》中，孙伯父更是以他特有的敏锐洞察力预感到第二次世界大战已经无法避免，将成为世界人民的难逃之劫。这幅漫画于1934年2月在《北洋画报》上发表，在此一年前日本的侵略铁蹄已经越过长城一线，先后侵占热河、察哈尔，华北五省（河北、山西以及解放后撤销的热河、察哈尔、绥远三省）已经是硝烟弥漫；而在欧洲另一个战争策源地也已经形成，法西斯的头子希特勒在垄断财阀的支持下于1933年1月出任德国总理。尽管英法等国一再采取绥靖主义，以牺牲别国的利益来避免战火烧及自身，但这种绥靖政策只能纵容侵略、助长侵略者的气焰，加快第二次世界大战的爆发。在《难逃之劫》发表后的第五个年头——1939年9月第二次世界大战就爆发了。

1937年，日本帝国主义蓄谋已久的全面侵华战争一触即发，华北五省已经危在旦夕。日本侵略者通过《塘沽协定》，强迫国民党政府承认长城是中国与"伪满洲国"的所谓"国界"，并把绥东、察北和冀东划为日军自由行动区，不久又通过《察哈尔协定》"取消在察省的国民党机构，成立察东非武装区"，令"第29军从察哈尔全部撤退"并撤销察哈尔省的省主席，日本实际上已经占领了察哈尔。而《何梅协定》的签订，则使得日本不费吹灰之力就把国民党河北省的武装力量、国民党在河北的党部及行政机构全部驱逐，日本侵略者又通过策划"华北五省自治"，在河北东部拼凑汉奸傀儡政权。

生活在北平的孙伯父，当然能感受到充斥在北平及华北上空的火药味，遂于创作了《环列》，敌人的坦克从四面八方围了上来，又发表了《和平神》，所谓"和平神"，明眼人一看便知这个全副武装、面目狰狞的侵略者就是侵占东北又把魔爪伸向华北的日本帝国主义，把迫在眉睫的日本即将发动全面侵华战争的严峻性展现在国人面前。

从1931年"九一八事变"到1937年"七七卢沟桥事变"爆发，揭露日本帝国主义企图灭亡中国的野心、唤起民众抵抗侵略，是孙伯父漫画创作的一个非常重要内容。他不仅画了颇有思想性的画作，还在1937年7月初——"七七卢沟桥事变"前夕，在中山公园春明茶馆举办了漫画展，展出了北平、上海、天津等地著名画家及五三漫画社成员的作品130多幅[1]。参展作品中的绝大多数都以揭露日本帝国主义的侵华阴谋、宣扬抵抗侵略、抨击汉奸傀儡为题材，"在当时的历史条件下，它起到了鼓舞群众，宣传抗日，打击日寇和汉奸的作用。"[2]

在八年抗战期间，身处沦陷区的孙伯父，首先需要保护自己，然后才有可能以比较隐蔽的方式来宣传抗日、投入抗日。对他来说，生存是进行抗日宣传、掩护抗日分子、为八路军收集情报的前提。关于孙伯父参与抗日工作的情况，在丁冷等同志的回忆录中谈得很详尽，笔者就不再赘述了。

抗战期间，孙伯父以武大郎为素材画了一组漫画，武大郎原本是《水浒》中的一个人物，沦陷区的人民把小日本说成是武大郎的后代，把武大郎卖的炊饼说成是日本膏药旗的雏形，而且为日本鬼子所宣扬的"武运长久"找出原始依据，所谓"武运"就是指武大郎之运，上述比附，反应出生活在日本鬼子刺刀下的沦陷区人民不肯屈服的心态。如果说"武大郎"是带有闹剧的辛辣嘲讽，那么以孔尚任《桃花扇》中"哀江南"的戏文所画的另一组画作，则反映出他在国土沦丧、身为亡国奴的情况下刻骨铭心的忧国忧民情怀与兴亡之痛，孔尚任是"将五十年兴亡看饱"，孙伯父则是把五年沦丧看够。

在北京沦陷期间，他还利用漫画对日伪政权内的"吃空额"、裙带关系盛行以及贪官与奸商勾结囤积居奇等予以抨击。

孙之俊作《和平神》 1937年4月27日发表于《实报》

六、反对蒋介石的独裁统治

除了对帝国主义的侵略予以揭露外，对于阻碍中国社会进步的军阀势力，孙伯父也予以无情地鞭笞。他是在1927年6月开始发表漫画，在当时以蒋介石为

---

[1] 张启仁：《忆七七前夕北平的一次漫画展》，载《学习与研究》，1987年第7期。
[2] 此次漫画展在7月7日下午圆满闭幕，当天夜里就发生了"七七卢沟桥事变"，日本军队占领了北平，为了保护漫画的作者，作为漫画展组织者的孙之俊在日本鬼子进城后就把那些画给烧了，因而对此次漫画展作品的介绍仅能转引张启仁的文章《忆七七前夕北平的一次漫画展》。

代表的国民党新军阀不仅窃取了北伐革命的胜利果实，而且在美帝国主义的支持下对全国建立了反动统治，他所创作的漫画《中美》就是通过蒋介石、宋美龄的联姻，来揭示当时政坛上权力、利益的重新组合。

孙伯父的漫画中对军阀的抨击，主要集中在对蒋介石为代表的国民党新军阀。在《中国第一等票匪》的画面中，蒋介石为代表的新军阀就是第一等票匪，把上海滩上的有钱人都绑了票，而且随时准备撕票。

漫画《无题》体现了军阀统治阻碍社会进步的主题，画面上一只穿着军靴的大脚阻挡住滚滚向前的社会车轮，真实而深刻地揭示出当时中国的现状。蒋介石在窃取北伐战争的成果后，残酷屠杀共产党人、工农大众，面对白色恐怖，一些青年陷入苦闷之中，漫画《一醉解千愁，莫谈国事》就深刻反映了这一点。

孙伯父在另一幅《无题》的漫画中，则以蒋介石与冯玉祥在郑州拜把子为背景，揭示了蒋介石对冯玉祥、阎锡山的拉拢以及他们联合的实质是蒋介石对冯、阎的控制，其结果导致了两年后所发生的蒋、冯、阎大战，也称为中原大战。漫画《战场》《蛮打》都反映了军阀混战给人民带来的灾难，用毛泽东诗词来描述就是"军阀重开战，洒向人间都是怨"。

《怎么瞧不见呢？》这幅漫画堪称是别具匠心，灾民通过放大镜都找不到赈灾款。赈灾款都到哪里去了呢？都被各级贪官污吏给瓜分了。

在20世纪20年代末——30年代中期，蒋介石通过发动排除异己的军阀内战及围剿工农红军来维持其统治，即使在日本帝国主义发动"九一八事变"民族危机日益尖锐的情况下依然忙于打内战，《今日之内战》就抨击了蒋介石"攘外必先安内"的政策。而在另一幅漫画中，也对当时蒋介石政府依然热衷于内战——川战以及对工农红军的第四、第五次围剿的所谓"剿赤"战争予以揭露。

以蒋介石为代表的国民党政府，在对日本帝国主义的侵略面前一味依赖国联、屈从英美等国的绥靖政策，通过一幅《无题》的漫画——就反映了这一尖锐的问题。而《一哭一笑》则把依赖国联的结果展现出来——国联执行绥靖政策，把中日问题扔进了纸篓，实际上纵容日本帝国主义侵占中国东北，其结果就像画面所反映的：中国人伤心落泪，日本人则哈哈大笑。

对于以蒋介石为首的国民党政府，在东北沦陷及日军对华北所进行的侵略所采取的"不抵抗政策"，孙伯父也进行了无情的抨击，1933年热河失陷后他就以画笔为武器，反对不抵抗政策。

日军对热河垂涎三尺，日本参谋部早就公开声明："平定热河省乃是关东军恢复全满治安，巩固和确立满洲国基础的既定目标。"在"九一八事变"后，日本内阁就制定了攻取热河的计划。日军在占领山海关控制了辽西走廊的要道后，关东军司令官武藤信义集结重兵4万兵力及3万多名伪军，向热河发动进攻。

日本帝国主义一面在东北增加兵力，剿杀东北抗日义勇军；一面又加紧诱降国民党热河省政府主席汤玉麟。汤玉麟在"九一八事变"后，就开始与日军暗中来往，串通一气。诱降的同时，也积极部署进攻，十万日军兵分三路于1933年2月17日向热河发起进攻，汤玉麟不战而逃。日军如入无人之境，仅半个月的时间，热河省会承德便失守。

热河沦陷，舆论一片哗然，《刚瞧见个影子》这幅漫画对"旬日失六十万方里，热汤滚得快，打破古今记录"[1]的汤玉麟予以辛辣的讽刺。而在《今年不抵抗明年徒伤悲》中，鞭挞了国民党政府"以不抵抗而失三省，以假抵抗而失热河，以不彻底的局部抵抗而受挫于淞沪平津"。

抗战胜利后，已经成为中共北平地下组织外围成员的孙伯父以漫画揭露国民党反动派的腐败，面对血债累累的汉奸因为送金条而被开释的现实，他在《老鼻烟壶》的连续漫画中特意标出"有钱无罪，无钱有罪"的字样，而在《戏剧人生》的连环漫画中又设计出一个大腹便便的贪官污吏，经X光检查才发现隐藏在腹内的贪污之刀……看得出，经过新思潮洗礼、经过抗日战争时期、解放战争时期血与火煅炼的孙伯父，正在满怀希望地迎接一个即将诞生的新中国。

七、揭示民生的艰难

漫画家的目光永远都不会离开广大的民众，漫画家手中的笔也永远要把劳苦大众的切身问题作为创作的主要素材。在孙中山先生所提出的三民主义中（民族、民权、民生），民生是关系到百姓生存的问题，苛捐杂税压得人们喘不过气，当时人们以"民国万税"来嘲讽国民党政权。《民生》就是以不胜枚举的苛捐杂税为切入点，反映出民生艰难的现状——住房要交房捐、拉车要交车捐、养牲畜要交牲畜捐……凡此种种，人民何以为生？

两极分化、贫富悬殊、穷人难以为生是孙伯父漫画中所表现的一个重要内容，漫画《无衣无食腊月怎挨》就反映出难民生活的艰难；《都市之冬》则揭示出两极悬殊的现状，阔人的楼房热气腾腾，无家可归的穷人流浪街头瑟瑟发抖。《为了一个煤球》真实地再现了捡煤球孩子的辛酸——为了争一个煤球头破血流。

---

1 林语堂：《吊热河失陷》。

1934年，孙伯父第一次以戏曲为漫画素材，创作了《庆顶珠》，现在的人对《庆顶珠》的名字可能相当陌生，但只要一看画面，熟悉京剧的人就会知道《庆顶珠》这出戏就是可以随便哼上几句的《打渔杀家》。他以《打渔杀家》为创作题材，告诫社会：渔霸勾结官府对穷人残酷剥削压迫的结果，就是肖恩的奋起反抗——血溅渔霸宅院，导致社会矛盾的急剧激化；只有妥善解决两极分化乃至对立的问题，社会才有可能步入良性循环。漫画家一而再再而三地揭示这一社会问题，就是呼吁人们对于两极分化贫富悬殊不可掉以轻心。

孙伯父不仅在漫画创作中一再以贫富悬殊、穷人难以为生的内容入画，还写下这类内容的文章。《上海游记》就以相当多的篇幅描写了上海贫富分化及穷人的悲惨状况：

上海的国际饭店是"东亚第一高楼，计二十二层，为高等华人、大班、要人所栖居地，豪华冠亚东，普通市民要想到'国际'观光简直是梦"。

"上海市民三百万，华洋杂处，睡马路的足有三分之一，每天晚八时起外滩草地上及其不甚繁华的马路上，统统躺满，一块凉席就解决了住的问题，这是普罗大众；二众就住鸽子笼式的小房，家窄得无法转身……比较苦的要算蒲松河上的船家了，这河水臭污无以复加，然而河面上也停满了船，船上就是家，简陋到了极点……"

"一个理发馆是用一个破席四根竹竿支起来的，外面悬了一小布条，写着'文明理发馆'，席子底下坐着一位病夫式的理发员，眼前一个破盆架，一盆水，他们虽也住在上海，他们的享受与资产阶级，实别天壤……大户人家的生活是在天堂，一切一切都随心所欲，物质文明尽量享受……"

达官贵人随心所欲地享受物质文明，下层群众却一点也享受不到社会进步所带来的物质文明，这种社会不公并非上海所独有，而是半封建半殖民地中国的一个缩影，正像孙伯父在《黑白》那幅画面里所表现的：

"白色"代表达官贵人，他们生活在社会上层，住在阳光明媚的高楼大厦里；"黑色"代表生活在社会最底层的劳苦大众，他们在暗无天日的地狱里；"白色"的世界压在"黑色"地狱的上面，两极分化，两极对立……

八、结束语

在即将结束本文前，笔者想简要介绍一下与孙伯父相濡以沫26年的妻子孙伯母丁阶青——一位接受过近代教育、充满爱心、心胸豁达的知识女性。孙伯母同我及其他到丙5号做作业孩子们的接触是相当多的，即使如此，对孙伯母的认识也需要一个从感性到理性的过程。

孙伯母与伯父同年出生，也生于1907年，而且都在冀中平原的滹沱河畔度过了童年、少年。一百年前的中国正处于晚清时期——光绪三十三年，冀中平原所接触到的新思潮的确不可能同广东、江浙地区同日而语。但孙伯母是幸运的，她的父亲是一个开明的乡村医生，伯母不仅保住了自己的天足，还得到接受近代教育的机会，成为第一批受过近代学校教育的新女性。即使到民国时期，是否缠足与家长的知识、阅历有直接关系，但能否最终选择天足，也有一个个人认知程度的问题。孙伯母是幸运的，父母没让她缠足，同时她自己也是个勇于开时代之先风的挑战者。

孙伯母接受过系统的学校教育，也受到传统文化的熏陶。上个世纪80年代，饱经"文革"摧残的孙伯母因中风病卧在床，辗转反侧于病榻上的伯母有感而发，即兴吟诗，写成一首七绝，并由其女婿李燕眷录，悬挂在墙上，原诗为："病榻辗转四月余，忽听响竹报除夕，小孙乐看初策杖，愧说老马梦伏枥。"。1985年春，她坐在一层楼的单元内，望着窗外的新绿，吟了一幅对联："才听落叶惊秋，又见嫩芽报春"，完全不像偏瘫了两年多的病人心态。

孙伯母是对我一生都有深刻影响的长辈，她对我的影响远远超过我的母亲……当孙伯母把丙5号的院门向我打开的时候，所开启的是一扇通向知识海洋的大门，是引导我正确地做人做事的阳光之门。我在丙5号宁静的小院里阅读书籍与燕华与伯父母经常进行讨论，比如对武则天的评价，能不能给曹操翻案，海瑞是怎样的一个清官……这些当时热议的问题都是我俩与老人共同探讨的……从而培养了我对文史的浓厚兴趣，使我走上了笔耕的道路。而孙伯母家里的《辞海》则使我养成通过工具书自学的习惯。大约是1959年，当《辞海》缩印本出版后，孙伯母家买了一部，伯父说在《辞海》刚问世时孙伯母的父亲就非常想买，始终未能如愿。虽然我对《辞海》一无所知，但听了这话从那时就立志将来一定要买一部《辞海》。在我工作后买的第一部书（确切说是工具书）就是《辞海》。几十年来，它一直是我的老师。至于孙伯母淡泊名利、荣辱不惊的处事哲学更是时时、事事影响着我，将永远成为净化我心灵的楷模……

2007年8月27日

李景屏 (1945–2010) 中国人民大学清史所教授，孙燕华之挚友。

附：李景屏提供史料——济南五三惨案

自从19世纪40年代鸦片战争爆发以后，中华民族同帝国主义的矛盾就成为中国社会的一个主要矛盾，到19世纪末20世纪初由于日本帝国主义发动甲午战争并通过《马关条约》迫使清政府支付二亿两白银的巨额赔款[1]、割让台湾、辽东半岛[2]等大面积的国土，中华民族同日本帝国主义的矛盾也必然变得日益尖锐。

从巨额赔款获得发展资金的日本，其综合国力迅速提高，而综合国力的提高，则又为其变本加厉地侵略扩张奠定了基础，如为争夺中国东北所发动的日俄战争、第一次世界大战期间以对德宣战出兵山东、1915年提出旨在灭亡中国的"二十一条"。反对日本帝国主义在第一次世界大战期间对中国的侵略，是五四运动的导火线，游行示威的学生所提出的"外争国权，内惩国贼"，"誓死争回青岛"，"还我山东"等口号以及要求严惩亲日派卖国贼曹汝霖（袁世凯签订立"二十一条"时任外交次长）、章宗祥（驻日公使）、陆宗舆等主张，都已经反映出反对日本帝国主义已经成为当时革命斗争的主要目标。

迨至20世纪20年代末，日本政府为实现侵占中国东北的狼子野心[3]挑起了一系列的流血事件，从制造"济南五三惨案"到发动"九一八事变"、"七七卢沟桥事变"，直至发动全面侵华战争，中华民族同日本帝国主义的矛盾也必然上升为主要矛盾。因而从1928年起在孙伯父的漫画中，揭露日本帝国主义侵略中国的罪行、号召人民奋起抵抗就成为一个重要的内容。

发生在1928年的"济南五三惨案"并非孤立的、偶然的，它反映出极力要占领中国的东北，策划满蒙独立，进而侵吞满蒙、侵占全中国的日本统治集团同得到英美支持的蒋介石政权之间的矛盾[4]。日本帝国主义竭尽全力要破坏南京国民

---

[1] 2亿两白银相当日本四年财政收入的总和，日本将《马关条约》赔款的一半用于扩军备战，另一半用于建立银本位的国际金融体系、投资重工业、发展教育，实现近代化。

[2] 割让辽东半岛的条款妨碍了沙皇俄国在东北及朝鲜的侵略利益，俄国联合法国、德国，向日本提出备忘录，要求"日本放弃对辽东半岛之实际占领"。在三国的干涉下，日本最终同意清政府以3000万两白银的代价"赎回"辽东半岛。

[3] 1927年4月日本田中义一组阁，6月27日至7月7日，日本内阁在东京召开"东方会议"，制定侵略中国的方针，明确提出：伺机占领中国的东北，策划满蒙独立，进而侵吞满蒙，侵占全中国。

[4] 1927年夏季以来，中国政局经历着巨变，建立在国共合作基础上的北伐军所掀起的大革命狂飙席卷长江流域，北伐军讨伐的对象——吴佩孚、孙传芳、张作霖，已经有两个被打翻在地，只有在北京的张作霖依然故我，在北京继续维持统治。

党政府所进行的旨在结束奉系军阀张作霖割据势力的第二次北伐[1]。

在蒋介石带领的北伐军到达济南之前，日军抢先占领军事要地，大肆构筑工事，4月30日"午后二点，日兵在商埠纬七、八路一带架设大炮与机关枪，凡商埠马路均用麻袋筑垒，外覆电网，作防御工事；日哨兵荷枪实弹，作进攻状，行人一律不能通过。居民睹此，竞相迁移，市面大起恐慌。日兵十一旅团司令斋藤公然张贴布告：保护胶济路及其电线，任何军队如闯入其保卫界内，一律解除武装"。日本军队开枪放炮，随意抓人。

5月1日上午，北伐军刚进入济南商埠，就遭到日军拦截，日军大开杀戒，奸淫妇女、杀戮平民无恶不作，两个日本兵"强暴商埠小学女教师黄咏兰，并将其残忍地杀害"，"又将一女掌柜的双手砍掉"，北伐军的一些官兵也被日本兵刺死。

日本侵略者在制造大规模惨案的前夕——5月3日上午8点，还派日本驻济南的代理总领事西田畊一及武官酒井隆拜会蒋介石，声称："到济南来的日本军队和宪兵今天就要撤回去"，特来"辞行"。他们所说的"撤回去"就是即将发起大规模进攻、进行惨绝人寰的大屠杀的代名词。日方代表在与蒋介石分手不久，就精心制造了"济南五三惨案"：日军突然袭击在济南的北伐军，7000余人被缴械，中国士兵、百姓遭到杀害。日军还唆使"日侨义勇团"，杀害有反日言论或参与取缔日货的中国工人、学生。仅5月3日白天，被屠杀的中国军民有1000多人。

5月3日深夜，日军又强行搜查了山东交涉署。国民党特派外交交涉员蔡公时用日语抗议："我们是外交官，这里是非战斗单位，不许搜查。"然而日本人根本不管国际法，不仅不理会蔡公时的抗议，反而把他捆起来，残忍地割下他的鼻子和耳朵。蔡公时怒斥日军道："日本人决意杀死我们，惟此国耻，何时可雪！野兽们，中国人可杀不可辱！"恼羞成怒的日军，又剜去他的眼睛、割下他的舌头，将其摧残至死[2]。而其余16名交涉人员，除一人侥幸逃脱外，均被残酷杀害。

---

[1] 北上讨伐张作霖，对于蒋介石来说既有政治上的需求，也是其完成统一的标志。盘踞在北京的张作霖，对南京的民国政府毕竟是割据一方的势力。但对日本来说，蒋介石的北伐则意味着南京政权势力的扩张。1928年初，当二次北伐再次提到南京国民政府的议事日程时，日本也就再次从本土、从在华的日军中抽调兵力前往山东。为防止日本以保护侨民从中作梗，南京政府通过外交部长——亲日派官员黄郛在2月22日发表正式声明，表明南京国民政府"当按照国际公法尽力保护居留外人之生命财产"。不管南京政府在保护外侨问题上如何有诚意，日本帝国主义绝不会改变要利用北伐来扩大侵略的既定方针。4月19日，日本出兵山东：驻扎日本九州的第六师团被派往山东，4月21日，负责济南事务的日本官员从天津调拨三个中队的日军到济南，济南的日军迅速增至3000以上。在东北驻扎的关东军也奉命抽调2300人从大连港出发乘船到青岛，转往济南。

[2] 新加坡著名爱国华侨陈嘉庚先生，在得知蔡公时惨遭杀害的消息后，特请德国雕塑家为蔡公时先生塑造铜像，以示悼念。铜像现存济南趵突泉公园管理处。

济南惨案发生后，南京国民党政府立即向日本提出抗议，英国总领事也出面调停，但均无效果。为避免扩大冲突，蒋介石命令北伐军"忍辱负重"，撤出济南，绕道北伐，只留士兵千余名留守在济南。5月7日，日军又向蒋介石发出最后通谍，限12小时以内予以答复。当蒋介石派人连夜奔赴济南与日军交涉时，日方却谎称已过期限，拒绝谈判，并于次日用重炮攻城，炮火延烧千余家。

留守的中国军队被迫反击，奋战三昼夜后撤出。在留守的北伐军突围后，济南再次遭到屠戮，来不及撤出的几百名北伐军伤员被屠杀，市民则被驱赶至一处，成为日本士兵练习刺杀的目标……在济南惨案中，中国军民万余人惨遭日军杀害，财产损失近2000万元。

大爱无言
——忆孙伯母丁阶青

李爱华　李景屏

人们说母爱是最伟大的，爱自己的孩子是绝大多数母亲能做到的，但是不仅爱自己的孩子更能爱别人的孩子是不太容易做到的，而孙伯母做到了。孙伯母丁阶青是一位接受过近代教育、充满爱心、心胸豁达的知识女性。她是师范毕业，当过多年的教师，能作诗，会弹琴，既温文尔雅又平易近人。在我们和她相处的四十三年中，我们深深地受到她的关心和爱护，成为我们做人做事效仿的目标。

我们两家住在柳树井甲5号，与丙5号孙伯母家只有一墙之隔，而丙5号却给我们留下了无限美好的童年记忆。孙伯母的女儿孙燕华与我们同岁，都是1945年出生，三个人都属鸡，一个是二月出生，一个是五月出生，一个是六月出生，从咿呀学语时我们就是玩伴，用现在的话说就是"发小"。

一、丙5号——我们的乐园

对住在大杂院的我们来说，孙伯母的小院就是我们的乐园。那里的花香鸟语，浓荫密布的静谧，清风拂面的温馨，都是孩童们愉快天性展示的最好环境，而最吸引我们的是院子东南角安装的秋千，那是孙伯父自制的。在上个世纪的50年代初只有公园里才有秋千，而我们在丙5号就能荡上秋千！当春风吹着我们的笑脸，细雨伴随着我们歌唱的时候，荡着秋千我们兴奋极了，开心极了……到了上小学的年龄，我们成了同年级的同学，放学后就到孙伯母家去做作业，那是最惬意的时光。我们两家的住房都相当紧，我们的家不可能提供一个安静的学习环境，在孙伯母家做作业不但有学习环境，而且遇到不认识的字、不会做的算术题随时都可以问孙伯母，这是我们自己的文盲母亲们所不能提供的。伯父伯母为人率真，不慕虚荣，崇尚自然。在我们的记忆中，每到夏天，因为院子里花多，都会有蚂蚱、呱嗒扁儿、金牛、蜗牛、萤火虫，光是蜂类就有好几种。而各种自然长出来的蒿草也有好多种，伯父伯母会认真告诉我们各种昆虫的名字，它们的各种生存本领。而一些"厉害"的昆虫，比如洋喇子，即使伯母经常提醒，也会擦伤我们的胳膊。每到春天，伯父就带着我们挖坑种向日葵，秋天我们把葵花瓜子晒在盖帘儿上，经常不等干透就吃起来了。

孙伯父有一个行军床，夏天就支在院子里。那时我们身材瘦小，经常三个人挤在帆布床上看小人书。我们常常因为问一个简单的问题而获得一连串的知识。现在回想起来，真是一种良好的儿童教育氛围，与

孙燕华与李景屏合影

我和李景屏一起照的照片很多，但是大部分是在家里，正儿八经的到照相馆可能这是唯一的一次，那年我们都考上了高中，我继续在女八中，她从三十三中初中毕业后也考上了女八中，我俩才成为真正意义上的同学。（孙燕华注）

自然的亲密接触中得到的乐趣是现在久坐在电脑前的孩子们无法比拟的。女孩子最爱跳皮筋、跳房子、丢沙包、踢毽……如果男同学来，我们就比赛滚铁环，打手球……

丙5号简直就是我们的第二个家！每天我们在孙伯母家的时间远远比在自己家的时间长，尤其是到了寒假、暑假以及节假日，简直就是长在孙伯母家，只是到了该睡觉时才回自己的家。

孙伯母是个充满爱心的长者，不仅辅导自己的女儿、辅导在她家做作业的我俩，也给胡同里登门求教的孩子不厌其烦地讲解功课，确切地说孙伯母承担起柳

树井一条胡同的义务教育,这些来问功课的孩子有的是拉三轮的女儿,有的是淘厕所的孩子,还有的是……对于这些出自下层社会家庭的孩子,孙伯母从来都是热情接待,耐心辅导。丙5号不仅留下了我们童年的欢乐,也为我们开启了一扇通向知识海洋的大门,更让我们受到"不独亲其亲、子其子"的启迪。

二、以大爱待人

孙伯母学习的师范教育,但她同时也酷爱诗文,有很好的文学功底,具备传统文化的修养,西方的博爱与儒学的仁爱在她的胸中交融,最终形成了她在人际关系上以超越血缘关系的大爱来处理各种事务的准则——以大爱待人。

上个世纪初出生的知识女性在婚姻问题上几乎都遇到无奈。孙伯母与孙伯父同庚,都生于1907年,中国的早婚习俗以及难以挣脱的包办婚姻枷锁,使得孙伯父还未大学毕业就已经娶妻生女。因而当孙伯母与孙伯父构筑爱巢时,是以博大的母爱来对待孙伯父第一次婚姻所生育的两个女儿——也就是燕华的大姐孙静(孙爱华)、二姐孙慕华。

由于孙伯母视两个女儿如己出,孙伯母的妹妹丁冷姨也就成为大女儿孙静关系最密切的一个人,正是在这个没有血缘关系的姨姨的关心下,孙静大姐与大姐夫宗凤洲结了婚;二女儿孙慕华的学业也未因家庭变故受到的影响,孙伯母在相当长的时间给同生母生活在一起的二女儿孙慕华寄钱,让她完成中专学业,甚至在她已经毕业后工作初,孙伯母考虑到刚毕业工资低仍然给寄钱,以至二女儿不得不给母亲写信,请以后不要再给自己寄钱了。这封来信让李景屏看到了,给她留下了深刻的印象,同时也成为她做人做事的一个标准。孙伯母不仅同两个女儿关系融洽,对两个女儿的婚后的亲属,也都热情对待,就连大姐夫的女儿宗荣华、女婿阎春杰、儿子宗荣彬、儿媳刘舜华也都同孙伯母多有来往,都亲切地叫她姥姥。让我们更为感动的是"文革"抄家以后,孙伯母就靠着燕华的31元工资过日子。60年代末,大姐孙静的四女儿(四兵)到北京来,孙伯母不但带她逛了颐和园,而且还花八块钱请她尝了尝北京烤鸭(半只),宁可自己节省着也要关照孩子们,这就是她的为人。

三、坦然面对灾难

在"文革"这场空前规模的浩劫中,愈发凸显出孙伯母的豁达与博爱,对于从天而降的抄家、对于顷刻间的家破人亡、一无所有，她始终都是坦然面对。1967年春，被轰出北京的人有不少因当地不能安置又回来了。我们见到劫后余生的孙伯母。家破人亡后的孙伯母无限感慨地对我们说："这么多年，我们一直跟着共产党走，走得好好的，怎么就叫人一脚给踹了出来？！"

1943年前，甲5号院周围不靠任何邻院，就是"柳树井5号"，胡同里的人都叫它"独一处"。听我们的家长说，孙伯父买了院外东边的空地，建了自己的院儿，我们的院才改成甲5号，两院并排着连在了一起，这一连就是二十多年。因此对他们家发生的一切，我们的父母都知道，孙伯母说的都是实情。北京解放前夕，因为做情报工作，有人被捕，孙伯父也因此被抓进了监狱。这些事实我们的父母都是见证人。

四、从来没把钱放在眼里

在处理财产问题上，孙伯母对三个女儿始终一视同仁。孙伯母曾对我们说过一句掷地有声的话："我这个人从来就没把钱放在眼里"，对此我们都有切身的体会。当年，安排志愿军复员时，一位没有住房的部队连级干部找到孙伯母，想租住丙5号的南房，孙伯母坚持把南房无偿地借给这位即将复员的军人住，而且一住就是七八年；"文革"后，孙伯母对退赔存折的处理，更是对那句话的最好注释。据说，在经历被抄家的老人中往往把失而复得的财产看得很紧，北京某大学

丁阶青50年代中期留影

校长的夫人在得到退赔的存折后放到哪里都不放心，竟然把存折缝在贴身衣服的口袋里……孙伯母在得到退赔的几千块钱后，拿出三千交给燕华，并说：你和两个姐姐每人一份，这是你爸爸一生的积蓄，是你爸爸拿命换来的，你们都是你爸爸的骨肉，每人一份，剩下的作为我的养老钱。在母亲行为的感召下，燕华没有要她的那份，而是异常沉重地对母亲说，"我只要父亲的抚恤金！"当我俩问她为什么不要时，她说，"母亲已经一无所有了，让她手里多存点钱，免得让她觉

得靠儿女养活，心中不安！"

　　荣辱不惊这也是传统文人宣扬的一种品德，孙伯母做到了。她家在生活好的时候，没有丝毫对周边人的蔑视；她在受侮辱和被迫害的时候没有沉沦和失望。令我们感触最深的就是她的金钱观，她从没有表现出对金钱的贪婪，一生都很节俭，但是"该出手时就出手"。在我们的记忆中，她家似乎总是住着"客人"，既有奶奶、姑姑、叔叔……孙伯父的亲属，也有姥姥、姨姨、舅舅……因为伯父母是一个村的，所以，两边的亲戚也很熟悉。我们俩是这个院的"常客"，所以，燕华家所有的亲戚我们几乎都认识，他们也都知道我俩，好像我们也多了好多长辈似的。孙伯母对大家都同样关照。亲戚们走的时候往往还带上北京的特产。

　　孙伯母是位对我们一生都有深刻影响的长辈，她对我们的影响远远超过自己的母亲……当孙伯母把丙5号的院门向我们打开的时候，同时开启了一扇通向知识海洋的大门，所展现的是一个洋溢着母爱的天地……

　　李爱华　孙燕华挚友，1967年毕业于北京经济学院，现居上海。

心包太虚
——忆塑造我人格的孙大妈（丁阶青）

杨 彬

孙大妈所居住的复兴门内柳树井丙 5 号在修建 1 号线地铁时已经拆掉，40 多年过去了，那温馨的小院却依旧深深刻印在我的心田，那里留下我太多的少年时代的记忆，既有充满诗意的恬静、也有动荡岁月的恐怖……

一、我心中的一尊雕像

我家住在柳树井甲 5 号，与丙 5 号只有一墙之隔。我和李景屏、李爱华家住在一个院子，甲 5 号每天都是热热闹闹的，上班的、下班的、出出进进，孩子哭，大人叫，像个大市场。而孙大妈家的丙 5 号却安静得很。更为难得的是，里面花木茂盛，我记忆最深的就是那棵枣树。每到秋天枣熟了的时候，孙大妈就把打下的枣给我们甲 5 号的街坊送过去，孩子多的家分三四碗，孩子少的家分一两碗。又甜又脆的大红枣，就是丙 5 号留在我童年的最甜美的印象。

由于我比孙大妈的独生女燕华姐小 7 岁，不可能成为她童年的玩伴，燕华姐都上中学了，我才上小学，根本玩不到一起。丙 5 号吸引我的，不只是又甜又脆的大红枣，还有他们家书架上一本本的连环画，里面既有孙大爷画的，也有其他画家画的。我当时最喜欢看的就是孙大爷画的《大人国游记》《小人国游记》《吹牛大王历险记》等。其实，连环画比大红枣更有吸引力，所以我总是要找机会到丙 5 号，去找孙大妈问作业就是最好的借口，即使孙大妈已经讲完了我也总要再磨蹭一会儿，跟孙大妈要本连环画看。即使不看连环画，看孙大妈读报、孙大爷作画都是一种享受。

然而这恬静的生活却在一天的上午被突然打得粉碎，那就是 1966 年 9 月初的一天。本来我在头一天跟孙大妈说，明天给她送一碗沏好的藕粉，让孙大妈尝尝自己的手艺。第二天上午，我端着碗藕粉兴冲冲走进了丙5号，见到的却是抄家的一幕：至少有十几个比我大四五岁的学生正在把屋子里的东西往外扔，孙大爷、孙大妈靠着墙站立着，孙大爷的头上包着绷带，一条胳膊也用绷带给吊着，一看就是被打伤的，只见他一脸茫然地站在那里。别说是孙大爷，就是那些身经百战的老革命被这突然地揪斗又有谁能悟出其中的玄机？我的心紧紧地揪在了一起，一直受人们尊敬的孙大爷、孙大妈怎能忍受得了这种凌辱……然而孙大妈那文静的脸上却依旧是那样平静，眼睛里也没有一丝一毫的惊恐，让人看到的是那张充满尊严与自信的脸就像一尊雕像，永远地印在我的脑海中。

听大人们说，在北京解放前夕，孙大爷按照北京地下党的要求搞到了重要情报，交给了交通员，这份珍贵的情报由于交通员被捕落到国民党特务手中，孙大爷也因此被抓走、被抄家，生死未卜。孙大妈在特务走后，就把三岁的燕华姐、五岁的羊子哥哥（后来因脑膜炎夭折）托付给我们院的奎太太照看，不顾个人安危立即到与此事有关联的朋友家送信，让他们赶快躲起来。生死考验早就把孙大妈磨练成一个从容面对灾难的特殊女性……

年仅14岁的我，却被眼前发生的一切给震呆了，我都不知自己是怎样回到家的。第二天，当我再次走进丙5号时，已是人去房空，一片狼藉，院子里到处都是散落的纸片，我最喜欢的连环画都堆在院子东南角一间原本堆放杂物的棚子里……

二、平凡而又伟大的人

再次见到孙大妈已经是1967年的二三月。那时被轰走的人有不少因当地不能安置又回来了，孙大爷已经被迫害致死。而韧如蒲苇的孙大妈看起来柔弱，面对狂飙，反而依然如故。就像是在狂风暴雨中摇曳的蒲苇，她顽强地屹立着，等待拨乱反正、昭雪沉冤的一天，这就意味她还要经受更多的磨难与痛苦。

举目无亲的孙大妈回北京来找燕华姐了。在孙大妈回北京前，街道就把燕华姐安排在丙5号的小南屋里住，那是他们家原来的厨房，顶多也就是八九平米。燕华姐一上班，家里就剩下孙大妈一个人了，住在自己原来的院子，却已是家破人亡，物是人非，真够老人受的，我要尽量多陪陪老人。学校早已经停课，我就成为孙大妈小南屋里的常客。

孙大妈蒙受那样大的委屈却从不说任何埋怨的话，遭受那样大的打击却没见掉一滴眼泪，甚至再也没提起孙大爷，这的确是一般人做不到的。那时孙大妈已经患有高血压，从不抽烟的她，有时也会点上支烟。她包容了经受的所有苦难与不公正待遇，一切的一切她都在独自默默地承受。她把一切痛苦都埋在了心里。

到了1967年国庆前夕，街道上开始遣返抄家后回北京、没能赶上在一月革命风暴时期（上海夺权、成立上海公社在1967年1月）上了北京户口的人，孙大妈又是在劫难逃。在街道找过后，孙大妈二话没说，就去买了回老家的火车票。当我和燕华姐、屏姐（李景屏）、爱华姐（李爱华）等送孙大妈去火车站时，孙大妈的脸色依旧是那样平静，没有埋怨、没有眼泪，没有悲伤。

孙大妈已经60多岁，身体又不好，让她一个人回老家的确是雪上加霜。更何况老人从小就在县城上学、后来又在城里当老师、长期住在北京，根本就没干过农活……那时燕华姐刚参加工作，仅有31元钱的工资，但也能够母女维持生计了。现在让孙大妈一个人回农村，燕华姐那点可怜的工资还得分两处，往后的日子就更艰难了。

好在风声一过，孙大妈就又回来了，小南屋就成了她们这一老一小的世外桃源。一般人在经受大劫难后就会像祥林嫂那样喋喋不休地跟周围人诉说，但孙大妈却不这样，她不仅不向别人诉苦，反而尽可能去关心周围的人。那时学校已经停课，社会上也闹着打派仗，像我当时那样年纪的孩子很容易脑袋一热，忘乎所以，走上歧路，我们学校的女同学就有参加武斗、甚至打死人的。孙大妈当时就劝我：不能总当"四三派"（当时北京中学分为"四三"、"四四"两派），要多读书，将来会受益的。

从我内心来说，不顾胆小怕事的母亲阻挠去小南屋陪老人，是想减轻老人精神上的痛苦，结果却是老人给我上了关系我一生走向的关键一课。和孙大妈在一起谈心，不会有任何心理障碍，这就使得正处于青春期的我在动荡的岁月里能健康成长。孙大妈的谆谆善诱同我那脾气暴躁、动辄申斥甚至以拳脚相加的母亲形成鲜明的对照，是孙大妈塑造了我。也许是我的阅历太浅，在我的身边并未有发现那种做出轰轰烈烈事业的人，但我却遇到一个既平凡而又伟大的人，这个人就是孙大妈。

三、文化上的启蒙者

孙大妈不仅塑造了我的人格，也对我进行了文化上的启蒙。

孙大妈教我读的第一首词，是岳飞的《满江红》：

怒发冲冠凭栏处，潇潇雨歇。抬望眼，仰天长啸，壮怀激烈。三十功名尘与土，八千里路云和月,莫等闲白了少年头,空悲切。

靖康耻,犹未雪,臣子恨,何时灭。驾长车,踏破贺兰山阙。壮志饥餐胡虏肉,笑谈渴饮匈奴血,待从头收拾旧山河,朝天阙。

孙大妈先把词给背诵了,又把我不懂的词给解释了一遍,然后就引亢唱了起来。她唱得是那样认真,那样动情,那样悲壮。老人通过吟唱岳飞的《满江红》来抒发自己对国家、对人民、对党忠贞不贰的情怀,虽然蒙受天大的冤屈,虽然家破人亡,依旧初衷不改。

孙大妈教我读的第一首诗,是白居易的《琵琶行》。我还清晰地记得,当年孙大妈几乎是一口气把这首长诗给吟诵完的。

《琵琶行》中的"弦弦掩抑声声思,似诉平生不得志"、"别有幽愁暗恨生""杜鹃啼血猿哀鸣"与《满江红》的"怒发冲冠""仰天长啸,壮怀激烈"迥然不同。孙大妈为什么要选择《琵琶行》给我启蒙? 40年过去了,我一直没有悟出其中的奥妙。一次和屏姐谈起孙大妈当年教自己学《满江红》《琵琶行》的情况,屏姐说:"孙大爷在1961年前后画了一张《琵琶行》的画,孙大妈是借吟诵《琵琶行》'说尽心中无限事',寄托对亲人的哀思,那刻骨铭心的情怀就像'杜鹃啼血猿哀

孙之俊创作《琵琶行》

《琵琶行》是唐朝诗人白居易的名篇。上世纪50年代中后期以《琵琶行》诗意孙之俊先生创作了这幅作品。用以语文课教学。"老北师"的同学们都非常熟悉它。梁兴华同学特意请孙先生拍了这张画的照片,留作纪念。"文革"后他将照片赠给孙燕华女士。由于当时摄影技术有限,所以清晰度较差,但是仍然可以看出孙先生作这幅画的风貌。(孙燕华注)

鸣'……"难怪孙大妈在劫难之后再也没提起孙大爷,原来是"此时无声胜有声",我终于恍然大悟。

四、下辈子,给孙大妈当女儿

从1967年春到1968年年底我去农村插队,在丙5号的小南屋我度过了最惬意的时光,在那里领略了唐诗、宋词、戏曲音乐……受到了传统文化、民族文化的熏陶,以至现在我对唐诗、宋词、戏曲音乐依旧非常喜欢。

屏姐曾对我说:"小的时候,非常羡慕燕华,羡慕她有个好妈妈。"我几乎脱口而出:"我不单是羡慕,如果有来生,我下辈子就给孙大妈当女儿!"不是我对自己的母亲没有感情,而是我的身世与一般人不一样,我是被抱养的孩子,我的母亲实际是养母,尽管养母也是个善良的人,但她从农村来,封建家长意识很浓,又没有文化,也不懂教育,而我当时正处于青春期,逆反心理很强,同养母的关系有时相当紧张……

是孙大妈经常抚慰一颗被无意伤害的少女的心灵;是孙大妈用她待人的宽容影响着我,使我能逐渐学会缓和同养母的关系;是孙大妈帮我度过青春期的迷茫;是孙大妈给我打开了知识的大门;是孙大妈塑造了我杨彬……

杨彬　原名杨秀英,中国工商银行会计师、孙燕华挚友。

怀念孙伯伯

郑秀岩

亲故篇·忆

最近，收到老同学孙燕华整理并出版的纪录孙伯伯生平的书《思想·手迹·足迹》，读后，让我想起小时候的许多往事。孙伯伯叫孙之俊，是漫画家也是连环画家，他画的《大人国游记》和《小人国游记》是我少年时代爱不释手的书。我一口气读完了燕华寄来这本书，伯伯鲜活的形象仿佛就在眼前……记得50年前，我还是个脖子上系着红领巾的中学生，经常和燕华、曹翠芬（北影厂著名电影演员）等同学一起回家，我们勾肩搭背，有说有笑，真是开心极了。因为是好朋友，有时也去燕华家玩。她家是一个独立的小院子，院子里种着一棵大槐树，每年春天白色的槐花就开满枝头，伸出院外，那清香老远就能闻得到。我喜欢这个充满生气的小院，更喜欢住在这个小院里的人。伯母是教音乐的，经常弹琴；伯父是教美术的，经常和学生们探讨艺术上课题。每次我到这个小院子，伯父总是微笑着和我说话，伯父是那么帅气，那么矫健，好像有用不完的精力。有一次我看到伯父画一张很大的画，那是一幅歌颂大丰收的画，气势恢弘，也很漂亮，据说是给国庆献礼的作品，我的心里充满了对伯父的敬重。燕华长得像伯父，个子很高，很美。有一次，我看燕华坐在她的房间里一动不动，很老实。原来是伯父在给燕华画像，那是在油画布上画油画像，伯父拿着油画笔，一会儿看看燕华，一会儿画两笔。那光，那色，真是像极了，真是美极了，看他们父女那认真劲儿，我们也止住了喧哗，静静地看着。燕华是多么幸福啊！伯父、伯母都喜欢孩子，热爱生活，他们平易、善良、和谐的生活在一起，我真羡慕燕华，有这么好的妈妈爸爸。然而就在文化大革命中一切都变了，小院里再没有了孩子们的欢歌笑语，再也没有伯父那慈祥的笑容和矫健的身影，大槐树也一下子变得苍老了，失去了往日的朝气……

文化大革命中不少家庭毁灭，不少孩子成了狗崽子，好多人为了怕株连，都离得远远的，不相往来。我不放心燕华，找了一个星期天，特意带上红卫兵的袖章（我是党员，当时在北京工业学院读书参加的是七一红卫兵）去看望燕华，燕华和她母亲住在小门房里，（她们的房子已被别人占住），床是用两条长凳子搭的木板，伯母盖着很旧的被子憔悴地躺在床上（如果那板也叫床的话），燕华在细心地照顾着伯母。在燕华的眼里我没看到泪光，我看到的只有坚强。是啊！我们的家庭在文化大革命中都受了冲击，但我们还要迎着风浪好好活着。我握着燕华的手，嘱咐她要好好照顾伯母，要保重自己的身体，我的眼里反倒充满了泪花。多么好的伯父，他竟然走了，不是因为生病，不是因为年迈，而是因为政治运动……伯父为人正直，爱党敬业，为什么遭到批判！遭到非人的待遇！我不明白，我只知道伯父绝不是坏人！在燕华身上，我看到了伯父的影子，伯父的品质在燕华的身上得到了传承和延续。伯父您的在天之灵应感到宽慰，愿您在天国里仍和伯母过着和谐的日子。

2008 年 6 月 6 日

郑秀岩　孙燕华在女八中读书时少年时代的老同学，毕业于北京理工大学（原北京工业学院）分配四川工作，后调回北京，任同仁堂药业集团工程师。

找回失去的记忆

赵 洁

今年适逢孙之俊伯伯百岁诞辰，按中国传统习俗·"整十逢五"要纪念庆贺老辈人的辞世或诞辰，孙伯伯早在20世纪20年代就已是著名漫画家、水彩画家，只可惜他在59岁（1966年）不幸死于非命，抚今追昔，不禁感慨万千。

50年前（1957年），我和孙燕华成了北京女八中的同窗好友。12岁的燕华是个品学兼优的小姑娘，她的穿着要比其他同学考究，尤其是春秋季穿的一件齐膝长的米色细呢外套，更是亮丽夺目。记得那时生物课讲鹤，老师说鹤是我国人民最喜爱的鸟，它是吉祥美好的象征。燕华在班里个子最高，身材最单薄，长得又漂亮，于是大家送给她一个美丽的绰号——仙鹤。这外号被孙伯伯、孙伯母知道后，大为高兴。孙伯伯说："鹤在我国被视为仙鹤，因为神话中的神仙常以鹤为伴，同时，人们认为鹤是长寿的动物，画家常把鹤和松画在一起，题作松鹤延年。你们叫燕华仙鹤，好啊。"

"仙鹤"的确有灵气，又多才多艺。我们那时常搞周末联欢会，每次燕华都要唱上一段越剧，那唱腔、那身段都极有味道。记得一次我当主持人，会上临时出现了一点意外，令我手足无措，不知如何是好，这时燕华马上来救场，才免去了冷场的尴尬。

渐渐的，我知道了燕华有个了不起的爸爸，是个大画家，尤其擅长画连环画。后来，我和同学们到燕华家，看到她家好多好多书，也从此认识了孙伯伯。

孙伯伯那年50岁，而我父亲当年只有33岁，所以初见伯伯很紧张，毕恭毕敬地站在他的画桌旁。好在伯伯很和善，也很风趣，他指着桌旁书架上满满的小人书说："这些书你们可以拿到燕华屋里去看，不过看完后一定要让它们'飞'回窝里啊！"我大胆地问了一句："书怎么会'飞'呢？"孙伯伯说："当然是要你帮忙了。"我才恍然大悟，伯伯是让我们养成看完书放回原处的好习惯。

燕华家院子很大，有四间北屋，左边的三间没有隔断，虽有孙伯伯作画用的大桌子和几个书架摆在一侧，屋子还是显得很宽敞，右边的一间是燕华和景屏的卧房兼书房。在一进院门的左侧有两间南房，其中一间是厨房。记忆中的伯伯和伯母是很勤奋简朴的，在家中看不到奢华之物，看到的只是满架的书和文房四宝。不过伯母待我们很是大方，视我们如成年客人一般，夏天请我们吃西瓜，秋天请我们吃梨和苹果……在燕华家有书看，有零食吃，伯伯和伯母又不嫌我们这些孩子烦，我们去燕华家就更勤了。

通常我们都是先做完作业，再经孙伯母同意，才到伯伯屋里找书看。伯伯一般是伏案作画，看我们进去，正好稍事休息。他有时跟我们聊聊天，有时拿纸笔为我们写生，有一次他拿给我看为我画的素描，他说："来看看，我画得像不像？"当时几个小姑娘都围在伯伯周围，齐声说："像，太像了！"我也细细地看了看，纸上廖廖数笔，一个梳着两根辫子胖乎乎的女孩，就是我，我兴奋地说："伯伯，你真了不起！"特别值得一提的是，伯伯为我们素描，并不要求我们规规矩矩坐着，他画我们的动态，因此画面格外栩栩如生。可惜当时的孩子太单纯，不知道向伯伯索要这珍贵的纪念，也不懂得向伯伯学习画画这一技艺。当时常去燕华家的同学，伯伯几乎都写生过，大约没有人想到索要，也就失去了珍藏的机会。

大约1958年，全北京市中小学生参与"除四害"，连续三天停课打麻雀。大家分组，用锣鼓敲，没锣鼓的用脸盆敲，用扩音器广播，让麻雀听到响声不敢歇息。最后一天歇工后，我们又聚到燕华家。望着兴奋疲惫的我们，孙伯伯问："这几天的战绩如何啊！"我们异口同声地说："完成任务，树上看不见麻雀了。"伯伯叹了口气说："春天麻雀喂小鸟时，是要吃虫子和虫卵的，秋天冬天主要吃草籽，说麻雀吃粮食实在冤枉。"我们当时听了很惊奇。不过，后来听老师再提到"四害"时，果然把四害"麻雀"改成"臭虫"了。现在想来伯伯的知识真是多方面的啊！

记忆中的孙伯伯并不完整清晰，因为我那时只有十三四岁。高中时，燕华留在女八中，我到了教育部实验学校北京二龙路中学，彼此忙于高考，来往中断了。

1963年，我考入北京师院中文系，同宿舍的印尼华侨陈春卿高中时恰好和孙燕华同班，我们相约去燕华家。那年10月1日，天安门游行后，我们一起到了柳树井丙5号（柳树井就是目前中国教育电视台台址）。孙伯伯，孙伯母见到我们很高兴，询问我们学习的情况，我们因为要回去开会总结，就要匆匆告辞。伯伯拿出照相机说："照张像吧！"于是在那熟悉的小院，留下了燕华、春卿和我的一张珍贵的照片。可惜当时不懂得要求和伯伯、伯母合张影，这次竟成了和伯伯相见的最后一面，这也是最后一次踏入燕华家的院子。此后，学校里不断的下乡、

"四清"、"文革"发起时,我们还在乡下。后来听说燕华家被抄了,孙伯伯去世了。而那时我家也被抄了,焦虑、恐惧、担心,以后始终没去燕华家。

后来春卿定居香港。一次春卿回京时,我们终于一起去了燕华家,此时燕华早已住在了南沙沟。这次我才比较清晰地听燕华介绍了孙伯伯的遭遇。我才了解燕华小时候为什么那么多才多艺,那么有能力,有素质。我也深深地为伯伯惋惜,记忆中那样勤奋治学的伯伯,那样知识开明的伯伯,那样和蔼可亲的伯伯,命运为什么如此多舛呢?

尽管历史不容假设,时光不能倒流,但我依然不住的遐想:假如孙伯伯在1950年时,不画《武训画传》,他是不是应该因为解放前协助中国共产党工作,三次被日伪、国民党特务逮捕而成为新中国的有功之臣呢?假如孙伯伯在1966年时,没有含冤去世,那么改革开放后,他是不是会重新被美术界定位,还他应有的地位置呢?

一切假如都是不存在的。孙伯伯毕竟成了一个被历史封杀的悲剧人物。应该说孙伯伯是位有个性的人,他的个性根源既在人性中,也在社会存在中。一个人的个性和复杂性正是他生存的时代的复杂性决定的。因此,孙之俊伯伯在美术界应该有一席之地。而且,在我们的历史文化著作

赵洁(左)、陈春卿(中)、孙燕华(右)合影

中,绝不应忘记那些对祖国文化发展做出过重要贡献而又被湮没过的人物,尤其在大好形势的今天。

可喜的是,孙燕华多年来致力于收集、整理、编纂、研究孙伯伯的遗作,现在已小有成绩,伯伯应该笑眠九泉了吧!伯伯您一定会欣赏地说:"艺术是要精益求精的,燕华的工作不仅仅是为了我,也是为了中国的美术,中国的文化!"

孙伯伯,您和伯母安息吧!人们一定会找回失去的记忆!

赵洁　孙燕华初中同学,毕业于首都师范大学(原北京师范学院中文系),后任中央音乐学院附中高级语文教师,多有语文教学论述文章发表。

一张珍藏四十多年的相片

陈春卿

2007年8月31日这天是我们一班相识近五十年的老同学相聚的日子。在大家欢聚一堂的时刻，孙燕华拿出一张珍藏了40多年的三人照片——有我、赵洁和孙燕华。

我看了照片，惊讶地说了声："哟！这相片是什么时候照的，还有我呢！"孙燕华说："这是我父亲给咱们拍下的最后的照片。"孙燕华的父亲就是孙之俊老人，他那慈祥和蔼的容颜即刻浮现在我眼前……悠悠岁月逝去了又再现。

我是一名印尼归侨。回到祖国后，我们被安排在北京的12所有宿舍的中学，1960–1963年我就读北京女八中（现今的鲁迅中学）。我们的校长是王震老领导的夫人王季青，她是1931年九一八事变后从东北流亡到北京的，后来在北京师范大学化学系学习。王校长是一位非常有领导艺术的校长，在她的关怀下我们几十位华侨同学被分到不同年级和班里，于是我认识了燕华。

刚回到国内很不习惯，尽管学校对我们很照顾，但是离开父母和家庭总感到很孤单，而且当时正是"困难时期"，粮食、油类和肉类都是严格控制的。燕华很关心我多次邀请我到她家去度周末，而且孙伯母还特地到饭店给我定几个好菜，两位老人跟我聊天，安慰我。每次去她家，我都感到异常温暖。

一踏进复兴门里柳树井丙5号院内，我就听到孙之俊老人热情、好客的声音："燕华回来啦！春卿也来啦?!"孙太太带着慈祥的笑脸从屋里迎面而来，"春卿，来啦！"这热情的呼唤使我这个十五六岁就远离父母、亲人的华侨子女仿佛重温了父母的温情！在60年代初，大家吃饭要粮票，吃肉要肉票的困难的日子里，孙先生一家人宁肯自己忍饥挨饿而对我付出的爱心使我永远难忘，永远怀念……

陈春卿　原女八中学生，毕业于首都师范大学（原北京师范学院中文系），后定居香港。

孙老师的二三事

孟宗五

我是原北京师范学校的教师，教化学，孙老师大约是1954年调入该校，教美术，因为我喜爱书画常去美术组看他们的画作，因此跟孙老师接触多些，现在将我想起的有关孙老师的几件小事写出来，和朋友们一起回忆。

孙老师非常敬业，热衷于绘画创作，指导学生写生素描，一有空闲便给学生画像，有时开会，他坐在那里也会寻找目标，及时画下来。

孙老师常利用星期天带学生外出作画，当时我就很佩服他这种勤恳敬业的精神。他曾在西山画过一幅水彩画。画面是透过一个古建筑的窗户所看到的风景，他告诉我这幅画是利用两个星期日连续去西山完成的。他还有一幅画挂在办公室，画面上空有一架飞机（下方是何物，记不得了）。我觉得他这张画很特别，飞机入画实不见多。这也反映出孙老师勇于创新的精神。

孙老师为人积极热情，愿意参加公益活动。1955年学校由西城区祖家街迁往宣武区南横西街，新校园有两座大楼，一个大操场，校领导要求美化环境，于是成立了一个临时工作小组，孙老师是组长，我是组员之一。我们的任务是为买来的树苗安家，什么树苗种在什么地方，大杨树种在操场周边（十几年后已成林荫大道）。前些年我去到原校址处（现为北京市卫生学校）看了看，当年种在教学楼前院门两侧的两棵白海棠依然生机勃勃，那是孙老师和我们几个人亲手栽种的。

孙老师平易近人，说话诙谐幽默，一见到我，第一句话经常是 H-2-O（这是水的化学分子式）。1958年春末我们去参观郊区农村，学校要求大家出几个小节目作为慰问演出，孙老师积极响应，演出就在一个大院子里，他说了一段山东快书，他是连说带演，活灵活现。他说的段子内容我记不清了，大意是说一位农民买了一筐熟透的柿子，后来发生了什么事情，情急之下这位农民"一屁股坐在了柿子筐上"。最后这一句逗得全场人员哈哈大笑。从这件事情也可以看出孙老师是个多才多艺热心肠的人。

2009 年 12 月

孟宗五　原北京师范学校著名化学教师。

孙之俊，一棵被砍倒的大树

武宝智

孙之俊，一棵被砍倒的大树，
他有一尊
　　聪明智慧的头脑，
他有一身
　　刚健挺拔的傲骨，
他有一双
　　透视灵魂的慧眼，
他有一枝
　　幽默浇铸的画笔，
他有一腔
　　爱憎分明的热血，
他有一颗
　　为民族的命运
　　永远跳动，
　　永远跳动的心脏！

孙之俊　一棵被砍倒的大树，
他光辉而短暂的一生——
　　令人钦佩、令人惋惜，

令人怀念、令人难忘！
解放前，他每天忍着饥饿，
　　为争取苦难同胞的生存愤怒呐喊！
他在黑暗的笼罩下，通宵作画，
　　为争自由、争民主、争人权，
他不停地把战鼓隆隆敲响！
　　他勇敢地撕破伪善者的画皮，
他的一幅幅漫画，像一把把利剑，
　　刺穿黑暗社会一个个恶魔的心脏！

今天，他巧妙浓缩历史的漫画，
像刚出土的珍贵文物，散发着——
　　中华民族灿烂文化土壤的芳香！
孙之俊的漫画，为什么如此耀眼？
　　为什么让千百人惊叹！
　　为什么像击碎黑夜
　　迎接新时代黎明前的曙光？
这是因为他用心血泼墨的漫画，
强光辐射着——
　　超人的智慧，惊人的灵感，
醉人的幽默和迷人的光芒！

孙之俊，一棵被砍倒的大树，
在四人帮遮天盖日的阴暗岁月里：
　　人权被奸污，人心被亵渎；
　　人贼挥屠刀，人渣称霸道。
　　人杰遭酷刑，人才受煎熬；

　　　　人间鬼猖狂，人性全埋葬！
被砍倒的大树啊，何止一棵？
　　　　当千百棵大树倒下时，
　　他们——
　　没有叹息，没有呻吟，
　　没有眼泪，没有悲伤！
有的只是心中那震撼天神的绝唱——
　　"生命比天小，尊严比天大！
　　想让我低头，除非天塌下！"
这就是大树的性格——
　　光明磊落，血气方刚！
　　　　这就是无畏的战士——
　　宁死不屈，无尚荣光！

孙之俊，一颗被砍到的大树，
昨天，
树干虽然被砍倒了，
可大树并没有死，
这是为什么呢？
他为什么今天又长出了新的枝叶？
新枝叶更加葱绿、更加茂盛、更加闪光呢？
这是因为大树的根，
深深地、牢牢地扎在了人民的沃土之中。
　　　　在沃土中，
人民用乳汁，一直在滋养着他的根，
人民的乳汁，就是那温暖的春风，
　　　　就是那甘甜的雨露，

就是那灿烂的阳光！

有了大地母亲充足的奶水，

大树就会永远闪烁

太阳般的生命之光！

被砍倒的大树啊，千百年不会死，

无论是在人间、还是在天堂，

孙之俊——这棵苍天大树啊！

他将永远矗立在亿万人民的心上！

    被砍倒的大树啊，千万年不会死，

无论是在人间、还是在天堂，

孙之俊——这棵苍天大树啊！

他将永远矗立在亿万人民的心上！

2011 年 5 月

武宝智　北京电视台艺术中心资深影视人，高级记者。

学子篇·赞

时光逝去教诲犹在
为人师表世代传承

一代名师，美术教育家

言犹在耳，师表摇篮责任大

往成在先，艺成在后

品格高逸如同雪绽梅花

先生率先垂范，画笔施彩流华

"为在活而已矣，不己见不离法"

寸目兮楼俱箴言

至今日难割缱绻片羽奇葩

北有孙之俊

陈四益

"南有叶浅予，北有孙之俊"。这个话，今天已经不太有人知道了。如果说，南北之间，"南叶"知道的人还不少，他的速写，他的漫画，他的自传，还有他同舞蹈家戴爱莲、电影艺术家王人美的婚姻，那么"北孙"就几乎完全被人遗忘了，直到近年才零星见到一点纪念文字，稍稍让人记起了这位曾经声名卓著的艺术家。

两个"王先生"

我同孙、叶二老都有一点因缘。

同叶先生的缘浅，只是因着丁聪先生的介绍，有过一面之缘。同孙先生的因缘就要深得多了，他曾为我授业三年，是货真价实、如假包换的老师，只不过因为我于绘画天资驽钝，所以虽有良师，并无长进，实在惭愧得很。

1953年，我从北京汇文中学读罢初中，就保送入读北京师范学校。孙先生是北京师范学校的美术老师。在我的印象中，那时的中学美术教师许多造诣很深，北京师范教国画的李智超先生和教西画的孙之俊先生都是久已成名的画家。

孙先生，河北藁城人，1907年生，与生于浙江桐庐的叶浅予先生同年。叶先生在上海以漫画成名家时，孙先生在北京也以漫画声誉鹊起。1936年，鲁少飞、陆志庠、叶浅予等在上海发起第一届全国漫画展，北京参加发起并担任评委的就是孙之俊先生。1937年在北京中山公园举办的一次以抗日救国为主题的北平漫画展也是孙之俊、叶浅予等先生策划的。这次画展因其鲜明的政治倾向和尖锐的现实主题，产生了极大的影响。

年纪大一些的人都知道，"王先生"是叶浅予先生创作的同名连续漫画中的主角,通过这个典型,刻画了诸般世态,最初发表于《上海漫画》。并不是很多人知道的是,"王先生"有南北两个,盖因这一连续漫画是由叶、孙二位先生接力完成。尽管孙先生起初还想尽量靠近南人习性,但毕竟居移气、养移习,造作不来,渐渐地王先生也分出了南北。后来结集为《王先生外传》,一时洛阳纸贵。孙先生创作的"王先生",署名"孙特哥(先生的笔名)客串",以示这个漫画人物的原创是叶先生,自己不过客串,未敢掠美。前辈先生这种同声相应、同气相求,相互支持、相互尊重,是中国漫画史上一段佳话。孙先生自己创作的漫画人物也自不少,《冬烘先生》《老糊涂》《贾醉生》《王曰叟》《费利儿》等,均曾名噪一时。

"南有叶浅予,北有孙之俊",这名头的得来,良有以也。

一部《武训画传》

那么,何以50年代之后,叶先生尚能担任中央美术学院国画系主任、中国美术家协会副主席,而孙先生却湮没无闻了呢?

起因就在一部《武训画传》。

中国自古只有有钱人才能受教育,没钱人家的孩子能识几个俗字已是万幸。到了近代,深憾于中国贫穷积弱的先进知识分子,以为要改变中国面貌,必须发展教育,因此便有了教育救国的呼声,行乞兴学的武训,也应时成了倡导教育,尤其是为贫苦儿童助学的一面旗帜。陶行知先生便是武训精神的倡导者。孙先生长于农村,又长期从事教育工作,深知农村孩子求学的艰难,武训兴学的义举自是于其心有戚戚焉,所以先后曾三次画过武训的故事。第一次在1936年,他应段承泽先生之邀,合作完成了《武训先生画传》,在天津《大公报》刊载。结集时陶行知先生曾为作跋。同年,又以连环年画的形式画了《武训的故事》。第三次则是在1950年,上海武训学校校长李士钊先生受陶行知先生生前之托,请孙先生"再画一部精美的武训画传"。于是,李士钊先生撰文、孙之俊先生作画的《武训画传》于1951年由上海万叶书店出版。不料这种爱国劝学的初衷,被当作反历史、反马克思主义的标本受到了严厉的批判。那时,意识形态的批判,最后都归结为政治立场的审判,孙先生虽然认真做了检讨,但也从此在画界消失。

我在北京师范读书的时候,已是在批判武训之后。因为年少,对文艺界的批判并不关心,何况他当时也已经更名孙信,除了正式档案,不再用孙之俊的真名,所以,我也不曾把美术老师孙信同什么武训联系起来。我所知道的只是孙先生画了好几十部连环画，记得名字的就有从《格列佛游记》改编的《大人国游记》、《小人国游记》和从苏联文学作品改编的《我是劳动人民的儿子》等等。以我的直接感受，孙先生是尽心竭力想学习马克思主义的。他在课堂上指导我们画画时，常常不离口的一句话是"绘画要从大处着眼，谁要不从大处着眼，谁就不是马克思列宁主义。"他是想把他学得的马克思主义如主要矛盾与次要矛盾、全局与局部关系等等，尽量用到美术教学之中。上个世纪50年代初期，在我印象中，许多老知识分子尽管在思想改造和几次意识形态的大批判中受过种种磨难，但仍旧孜孜不倦地在学习马克思主义，以求"跟上新的时代"。但是，这些努力似乎并不被看重——"荃不察余之中情兮，反信谗而齌怒"。孙先生有了《武训画传》的"前科"，漫画早已不作，开会也很少发言，就这样一切谨言慎行，也绝不会再受信用。他学习马克思主义的努力，也就只有他的学生能心中感知了。

这样"夹着尾巴做人"，除了仍旧醉心于他挚爱的艺术，一切名利早已视之如过眼云烟，终其一身，他连美术家协会会员都不是，遑论其他。诸葛亮所谓"苟全性命于乱世，不求闻达于诸侯"，大概就是这种心境吧。

三画《骆驼祥子》

孙先生一生，除了漫画在早期创作生涯中占据了重要位置，后期的创作，已敛尽锋芒，主要是作连环画了。他所钟爱的人物，三次画过的武训已经给他带来噩运，没有料到的是另一个他曾三次画过的人物，又把他送到了人生的终点。这个人物就是"祥子"——老舍笔下的那个"骆驼祥子"。

老舍是被誉为"人民艺术家"的，他的《骆驼祥子》更是脍炙人口的名著。孙先生长期在北京生活，熟悉北京的风情、世情和人物。他对"祥子"情有独钟，是理之必然，情之必至。早在上个世纪四十年代，他就开始为《骆驼祥子》作插图，为此，经常实地写生，把老舍文字的京味儿化为绘画形象的京味儿。在插图的基础上，他创作了《骆驼祥子画传》，于1948—1949年间在《平明日报》连载。老舍先生回国，孙先生曾把画稿送他过目。老舍先生说："祥子没毛病，虎妞很合理想，刘四爷也不错"。小说的主要人物全都得到作者的首肯，足见孙先生对原作理解之深刻，对小说人物之熟稔，对故事产生背景之了然。但孙先生并不满足，他要像再画一部精美的武训画传一样，再画一部精美的祥子画传。他重读小说，重访旧地，重作写生，搜集素材，到了60年代，已大致画就，可惜我们已经无缘再见这部积聚孙先生毕生功力的作品了。横扫、批斗、抄家、毒打，遭送原籍，破灭了孙先生仅存的一点希望，那部《骆驼祥子》的画稿，也就在这场残酷的风暴中不知所终。武训不行，祥子又何罪之有？但那时，《骆驼祥子》的作者也落入了同孙先生一样的境遇。昔日的"人民艺术家"已成了今日的"罪人"。

我在北京师范学校读书时，见过先前毕业生赠送母校的一座日晷，大概是要后人珍惜寸阴吧。赠者列名中有舒庆春（老舍的原名），他是老北师的学生。孙先生是我当年的老师，那么，《骆驼祥子》和《骆驼祥子画传》的作者都同这所学校，也都同我有了某种渊源。可惜他们最后的归宿都是一幕惨烈的悲剧。老舍先生于1966年8月24日自沉于北京太平湖。十天之后，被"勒令"遣返原籍的孙先生，也自缢于老家的葡萄架下。

我一直很伤感于前辈的遭遇。孙先生1927年考入北京国立艺术专科学校西画系，几乎同时，就开始了他艺术创作的人生。他同李苦禅、赵望云等成立"中西画会——吼虹社"探讨中西合璧的绘画道路；他联合同志创办北京漫画社；济南发生日军残杀中国民众的"五三惨案"后，又组织"五三漫画社"，此后十几年间，抗日是他漫画的中心主题，同时还利用自己广泛的社会关系，为中国共产党的抗日队伍收集情报，保释被捕的抗日志士；抗战胜利后，他又把漫画的矛头对准蒋家王朝，他这时的笔名"付基"，取音于"反蒋"的声母。

终于胜利了，终于解放了！但他没有料到的却是他也终于在精神上被消灭，成了无法自赎的"罪人"——尽管他不甘于没有精神创造的生活，躲闪地、迂回地、小心地继续着自己的艺术创作，但仍没有逃脱覆灭的厄运。"彼苍者天，歼我良人！如可赎兮，人百其身"。可惜，不能。

今年是叶先生，也是孙先生百年冥寿。人民文学出版社出版了《孙之俊漫画集》，在此之前，他的《武训画传》和《骆驼祥子画传》也相继再版。我相信"南有叶浅予，北有孙之俊"这句话，终于又将广为人知了。这大概也可以称之为历史的公正。

2007 年

陈四益　1956年毕业于北京师范学校，后入复旦大学学习。短时间教过书。主要从事新闻工作，在新华社、《瞭望》周刊任职多年同，是《瞭望》副总编辑。

怀念之俊师

毛志成

学子篇·赞

1956 年，我 16 岁。由于我生在农村，兼之家境贫寒，只能考取公费学校，我选择了北京第一师范学校（两年后改为北京高等师范专科学校）。

入学之后，得知该校对"小四门"（即体育、劳作、音乐、美术）很重视，起初我有些失望。这是因为我从少年时起就对我的同乡刘绍棠很崇拜，因之也酷爱文学，于是对"小四门"不感兴趣。

但遇到了美术老师孙之俊先生以后，我的眼睛为之一亮。孙老师是与叶浅予齐名的大画家，文章也写得很好。几乎就在第一次给我们上美术课时，我就被孙老师的风采、文采惊动了。

孙老师仪表堂堂，出言不凡。在用他的作品向我们做绘画示范时（有时还在黑板上边画边讲、边讲边画），我第一次懂得了什么是艺术。为此我爱上了我的学校，爱上了美术课，尤其敬爱德艺双馨的孙老师。

实事求是地说，我对美术的兴趣远不如我对文学的兴趣，我的美术天分也不高，但我爱孙老师的美术课。听他的课，是一种真正的享受。他能用最通俗也最简炼的语言讲明白很深奥的绘画理论，包括透视学、光谱学、色彩学，而且能引伸出一切文学艺术必须遵从的创作原理：一，真实是生命，造型的失真是致命的失败；二，死守真实而没有想象力、发挥力（包括夸张手法）同样是艺术创作的失败。他幽默地说："画什么东西都画不像，将茄子画得像南瓜，将猫画得像狗，将中国人画得像外国人，甚而将人画得像鬼，这只能叫拙劣！同样，仅仅为了追求真实而不理会其他因素，拿个照相机去拍照就可以了，但那叫艺术吗？也不是！"孙老师为了教育我们懂得这个道理，还拿出他提前画出的两幅画作示范：一幅是用水彩画手法画的菊花，一幅是用漫画手法画的菊花。通过他这两幅画，我至少明白了一个道理：客观真实与艺术真实必须是统一的。

孙老师为了扩大我们的艺术视野，还领我们到苏联展览馆（今天的北京展览馆）参观俄罗斯油画展。我看了之后，实在惊叹不止。此后，孙老师又用一节课的时间做了讲述，使我们大大提高了艺术鉴赏力。

人遇名师，人伴名师，不仅是人生一大快事，而且是人生一大益事。我本人没有当成画家，也缺少美术才能，但我永远不会忘记孙老师对我的点化。

后来我当了作家，当了教授，与美术没有很深的缘分。但我能有幸认识孙老师，有幸听过他的讲课，这本身就是最大的缘分！

孙老师是位很有魅力的老师，他至少有三种魅力：一，教育魅力；二，教学魅力；三，人格魅力。

什么是教育魅力？主要指教师本身的魅力。也就是说，一个真正有影响力的教师只要往讲台上一站，或在任何场合一出现，包括他的一言一笑、一举一动，很快就使人本能地觉得他是好教师。学生不仅愿意听他的课，而且打心里愿意走近这样的老师，亲近这样的老师。当然，也发自内心地愿意接受他的教育。孙老师就是这样的人。

孙老师的教学魅力，主要指他的教学不是死教学而是活教学。既有很深的学识功底、技艺实力，又善于将教学活动搞得生动化、才气化。我毕业后也多年做教师（先做中学教师后做大学教授），始终主张教学必须有智慧含量，有生动效应。这一点我从孙老师身上学到了不少有关教学的悟性。孙老师的人格魅力是突出的，因为他刚正不阿，心地坦荡，出言率真而不虚伪。在关怀学生的时候，也不掺私心，不用虚情。

像孙老师那样的好人何以在"文革"之初就惨遭不幸？这就要联想到我们民族的不幸了。某些人，忏悔吧！

1966年孙老师的受难，我没有亲眼目睹。因为孙老师受难的日子，恰恰也是我开始受难的日子，而且受难十年。十年之后，我赶上了好日子，而孙老师却没有赶上。我只能愿孙老师在地下有知，在天上也应当有他的席位！

毛志成　1960年毕业于北京高等师范专科学校，首都师范大学教授，著名作家。

缅怀恩师
——孙之俊先生

李荣光　李荣增

1947年，我们兄弟二人在北平和平门内中华中学读书学习，有幸受教于著名画家孙之俊先生，并成为他特意辅导的"美术小组"成员。我们哥俩都酷爱绘画，常在课堂上被他昵称"李氏兄弟"。在孙先生视学生如亲子的教育下，由于得到先生亲授的、正规的、严格的素描、写生、速写及色彩等绘画基础课，加上自己认真习画，这对我们一生的成长和事业的进步都受益匪浅，影响深远。

自1951年我（李荣光）先后被分配到京西矿区、良乡县、房山区的文化馆、文化局以及中学从事美术工作或书法课教学。从建国初期一直到退休，为本地区

北平中华中学美术组同学合影

李荣光先生保存的1947年的珍贵照片，是孙之俊组织的北平中华中学美术组同学的合影。

文化艺术事业做了许多的初创工作。在美术、工艺、设计、装潢、展览、摄影、旅游、文物保护、考古发掘等方面，配合各个历史时期政治和生产活动以宣传画、壁画、插花、连环画等形式为本地区的中心工作和经济发展服务。还参加了河北省、北京市和全国的展览，以及国际展览中心的展览。我们设计的机动模型车、大型图表、宣传画，参加了历年的国庆游行，接受国家领导人的检阅。1959年由荣光设计的"聚宝麦丰"机动模型车，在2001年中央新闻纪录电影制片厂摄制的"国庆纪事"片中出现，它的形象代表了中国农业发展的前景；而荣增在从事中学教学工作中先后被评为市级先进工作者，80年代被评为中学高级教师。北京铁路局教育处又聘任他为中学高级教师评审委员。2007年荣光75岁时荣获北京市文物保护工作先进个人奖。

如今已过半个多世纪，我们都是古稀老人了，但记忆中的孙先生大艺术家的人格魅力仍历历在目。他重视国民教育，他关注贫民疾苦，他潜心创作，他教学严谨，令我们终身难忘。

孙先生执教期间，突出绘画的思想性和艺术性，印象最深刻的一次是，上课时悬挂在黑板中央的供学生临摹的一幅水粉画，题目是"解放区的天是明朗的天"。画里一位手持旱烟袋杆农民装束的中年人，喜笑颜开地扭着秧歌大步走来，背景为大片禾苗点缀着向阳花，那位沁人心脾的新中国农民形象，至今记忆犹新。孙先生还亲自教我们自制调色板，把一块薄的旧木板锯成一块椭圆形，右下方挖一个大拇指握口。还自制水粉调色盘，是用一块长方形木板，上端安七个键盘样的木条格子，可装调好的颜料，下部分用作调色。孙先生还告诉我们到珠市口颜料店买廉价的石黄、朱红、伏青等，以这"三原色"和泡化的桃胶可调配出多种颜色。孙先生注意培养我们节俭的品德，更锻炼我们动手能力。有时他带领我们去卢沟桥写生。市内有那么多公园、景区，为什么单去宛平城呢！现在回想，先生真是用心良苦。为了扩大学生眼界，带我们去中央美院观摩裸体模特素描课。孙先生还善弹三弦，手把手地教我们拉二胡，并给曲艺名家马增芬伴奏。特别是亲自带我们拜会过徐悲鸿先生。他仅仅是一位学科老师，仅仅是教一门美术课，却包含了极其丰富的教学内容。

当年，我们小哥俩家境贫寒，房无一间，地无一垄，是城市平民的子弟，靠父亲微薄的收入难以维持生计，所以从小就学着做工以补贴家用，勉强上学。由于住家距学校较远，中午不回家，每天只带两个窝头，一块咸菜，作为一顿午餐，而孙先生对穷人家孩子不嫌不弃，反而关怀备至。孙先生送我们的《武训画传》《骆驼祥子》两本大作我们倍加珍爱，妥善保存着，只可惜在十年浩劫中被抢夺走了!

记得中学临毕业前,又是孙先生主动联系海军司令部,推荐荣光前去应考,他自带列宁、斯大林水粉肖像画,并临场画了毛泽东头像素描以及自画像,最后经政治处审议,部队领导握着荣光的手祝贺他说:"欢迎你参加咱们的人民解放军。"

而在太庙孙先生作品回顾展上,仰视先生的生平和画作,令人心潮澎湃。无限思念少年时代就崇拜的孙先生,在中学年代里,我们还亲眼目睹过先生高超的滑冰英姿;悠然漂游在清澈水面上的仰泳姿势;先生还对卡车、坦克亦能驾轻就熟。

孙先生生前忧国忧民,以他犀利的画笔,抨击内外敌人,置个人生死于度外;又以现实主义和浪漫主义的文笔,真实而独到地反映社会现实。

孙之俊先生具有历代文人的铮铮铁骨,爱国爱民的高尚情操,充分表现在他的为人处事和大量的创作中,蕴含着极为高洁的人文思想;然而他又不同于一般的文人,他能上能下,能屈能伸,能文能武,在绘画之外,对音乐、摄影、文学等诸多领域,都有所建树,不愧为多才多艺,才华横溢的一代艺术大师。先生的人品与艺品,皆足以传世而不朽。

孙之俊先生,我们永远怀念您。

2008 年 3 月 26 日于北京

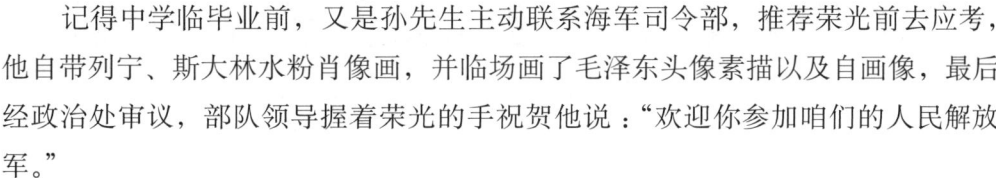

李荣增　1947 年孙之俊学生,北京铁路局教育处中学高级教师评审委员。
李荣光　1947 年孙之俊学生,后从事美术工作和书法教学。

恩师孙之俊先生与《骆驼祥子画传》

刘光勋

我的恩师，三四十年代著名漫画家孙之俊先生离开我们已经39年了，但是他的音容相貌仍时时浮现在我的眼前。50年前，在我上中学时，他教我们做人的道理，他既严格又热情的教诲，他对美术及教育事业的敬业精神，他疾恶如仇、襟怀坦白而又乐观的性格，激励和影响了我的一生。

1948年初至1950年的近三年时间，孙先生一直教我们中学图画课，有一个时期还兼任劳作和音乐课。图画课在中学是一门副课，向来不被重视，也引不起学生兴趣。但自孙先生来校以后，情况大变。他对这门课的教学极为认真，要求也很严格，他不仅教我们室内外写生，而且在课堂上讲解人体结构比例、透视学等美术基本知识，并重视对美术作品的观摩和临摹。孙先生虽然主要从事漫画，但他的水彩画、水粉画、油画也画得很好，因此每一堂课，每一教学环节都拿他自己的画为我们作示范。至今我仍记得他画的大幅解放全中国的彩色漫画、鲁迅水墨头像、《新儿女英雄传》小说主要的人物大水、小梅和《白毛女》喜儿的水粉画。这极大地激起同学对图画课的兴趣，我们十来个特别爱好美术的同学，还自己组织了一个美术小组，课外跟孙先生学画。

孙先生是位极其聪明而又热爱生活的人，他爱好十分广泛，而且每一项爱好都钻研到一定的深度。他会开汽车、摩托车，在大教室的范围内可将当时的大轿车（比现在的要小）掉头，他能驾驶三轮摩托车表演拆换车轮。他擅长花样滑冰，并达到相当高的水平。在上世纪30年代和40年代末，曾两次在报纸上连载滑冰讲座，且自画插图。当时每到冬季，利用星期日假期就带我们去中山公园筒子河滑冰。他特别喜爱京剧、昆曲和北京各种曲艺，且能自拉自唱。无论中式乐器还是西式乐器，如钢琴、小提琴、京胡、三弦、笛子、洞箫以及坠琴，都能拿起来演奏。记得在一次全校晚会上，他自拉坠琴自唱河南坠子。在兼任我们的音乐课时，他不满足于只教唱几首歌曲，还要教我们识谱，学会视唱，甚至还用钢琴伴奏教我们唱单弦，将曲艺引入中学音乐教学，大概是绝无仅有的。

正是由于孙先生所具有的这样深厚的生活底蕴和文化艺术素养，才能创作出《骆驼祥子画传》这部优秀作品。

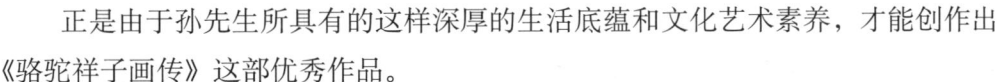

在《骆驼祥子画传》出版之前，我们就见到这部《画传》原著，因为在上图画课时，他会带来几幅《画传》的画稿让我们观摩，每幅画都是画在八开厚绘画纸上，上面蒙着一张透明纸。我们这些学生大都生长在北京，而且不少人读过老舍先生的这本小说，对小说中的人、物、事都极为熟悉，因此，看到这精美的画幅，倍感亲切。不论祥子，还是虎妞、小福子、刘四爷，这些我们熟悉的人物个个生动地被描绘在画面里。过了几个月，于1948年10月7日，《骆驼祥子画传》就开始在《平明日报》上连载。尽管平时也经常在报刊上见到孙先生的漫画作品，但这次看到自己老师的画作，而且事前我们见过原作，那种兴奋又自豪的心情溢于言表。

在《平明日报》连载一段时间后，于1948年12月上旬，该报社就出版了《骆驼祥子画传》第一集，该集结集了已发表过的35幅画，也就是到祥子送老马及孙子出茶馆为止。这个版本是铅印的，开本比1951年版本稍小，也为横长方形。封面也是三个主要人物的水彩头像，除祥子、虎妞外，还有小福子，而没有刘四爷。记得当时我特别喜欢这幅封面画，自己还用水彩临摹过一张。可惜的是，《画传》在《平明日报》连载到1949年1月5日第59幅即中断了，第二集也未再出版。

连载中断的原因，可能与当时紧张形势有关。1948年12月初，解放大军就已经将北平团团围住，北平成为一座孤城。12月6日，傅作义就派《平明日报》社社长崔载之为代表，带电台和译电员赴我军前线，与东北野战军参谋长刘亚楼谈判。1949年1月6日，傅作义就与我军草签了傅军起义、和平解放北平的《会谈纪要》，1月19日签订《关于北平和平解决问题的协议》，1月31日解放军开进北平，宣告北平正式解放。

解放后，1949年12月老舍先生从美国回京，暂住在北京饭店。孙先生闻讯于1950年初，携《画传》画稿去北京饭店会见老舍先生，征求老舍先生对《画传》的意见。第二天，孙先生就高兴的对我们谈了他会见老舍先生的情景，他说："老舍先生对《画传》很满意，并拿出许多《骆驼祥子》小说的各种外文译本，摊在床上，让他了解和参考这些译本的封面画和插图。老舍先生就提了一条意见，认为祥子戴毡帽子不太合适。但孙先生对我们说：我当时不便给老舍先生解释，实际上小说写到祥子与虎妞结婚后的一天，"收车以后，他故意的由厂子门口过，不为别的，只想看一眼"，这时写到他"把帽子往下拉了拉，他老远的就溜着厂子那边，唯恐被熟人看见。"可见祥子是戴帽子的，而且是有帽沿儿的，有帽沿的帽子在当时主要时兴鸭舌帽和毡帽两种，显然祥子戴破旧的毡帽合适。由此也可以看到，孙先生创作《画传》时，为了原汁原味的忠实于原著，他对小说研究得多么认真细致呀！从此孙先生一面教学，一面投入《画传》的修改工作，以便早日将《画传》完整的予以出版。

一年以后，于1951年4月，《画传》终于由上海华东出版社分上下两集正式出版发行。果然，这个版本较《平明日报》连载的版本有了较多改动，就从连载的59幅画面来看，增加和改动的共25幅，几乎占了一半。其中，最重要的改动就是将结尾改为祥子经曹先生介绍去了解放区。孙先生之女孙燕华说的对，这与孙先生经历有关，但我想，这大概也符合当时老舍先生的意愿，老舍先生曾多次表示小说《骆驼祥子》没能给祥子找到出路而愧疚。1954年小说再版时曾说："出书不久，即有劳动人民反映意见：ّ照书中所说，我们就太苦了，太没希望了！'这使我非常惭愧！在书里，虽然我同情劳苦人民，敬爱他们的好品质，我可是没有给他们找到出路；他们痛苦地活着，委屈地死去。这是因为我看出了当时社会的黑暗一面，而没看到革命的光明，不认识革命的真理。"这确实是当时老舍先生的真心话！

《骆驼祥子画传》出版至今已过去半个世纪了，时下50多岁的人大都没见过这部最忠实于小说原著的美术作品。我们有责任将它重新献给广大读者，让广大读者去认识、品味和欣赏这部凝聚着孙先生心血和才智的优秀画作。为此，孙燕华多年来锲而不舍地作了坚持不懈的努力，终于使这部《骆驼祥子画传》得以再版，并且花了两年时间写出了题为《对比·推想·赏析》的七万多字的解读文章。文章既是对《画传》的解读，也可以说是对原小说的一种解读，但与一般文学解读不同，她是从老北京社会和人文风情的视角去解读，别有一番新意。这篇文章只有孙燕华才能写得出来，她是用感情来写的。因此，文章通篇蕴涵着对父亲的深深怀念之情，对老舍先生的崇敬之情，对老北京的眷恋之情。

这部被尘封了50多年的《骆驼祥子画传》，今日能够重新呈现给广大读者，无疑是一件大好事。我想，老舍先生和孙之俊先生在九泉之下闻此喜讯，也会感到欣慰的。

　　刘光勋　1935年生于北京，1947—1950年在中华中学受教于孙之俊先生。1957年毕业于北京地质学院，留校任教。1985年任研究员。先后任地壳应力研究所副所长，中国地震学会理事及地震地质专业委员会副主任，中国地质学会构造地质专业委员会和地质力学专业委员会委员。现为中国地震学会荣誉理事。

一份童心忆恩师

祝锡勇

学子篇·赞

翻开孙燕华同志寄来的画册《回眸》，心情久久不能平静，和孙之俊老师那一段相处的幸福的美好时光，特别是孙老师高大的身影，慈祥的面容，洪亮、亲切、幽默的谈话像电影一样一幕一幕展现在眼前，同时也因当时年纪小没能和老师保持联系，后来虽然千方百计地想找到老师，但线索难寻，后来听人说孙老师已经去逝，为此使我感到终身遗憾。

和孙老师相处是在 1949–1950 年我在中华小学读高小的一段时间，当时北平刚解放。记得，一次美术课孙老师把他画的一张题为《今天我们做了扬眉吐气的人》的水彩画挂在黑板上，画面上是一个带着草帽的老人，叼着烟袋昂首阔步地行走，当时孙老师在讲台上做着画中人的姿势讲解画面上的内容，教育我们要热爱新社会。当时我感到孙老师特别忙，他除了教美术还教音乐，课外还指导学生排节目。我还在胡同里见到他带着学生搞宣传，他亲自弹着三弦给演唱者伴奏，在教学楼走廊里摆着孙老师画的巨幅油画《万里长城》，操场上还挂着他画的毛主席、朱总司令的巨幅画像，当时作为十多岁的孩子第一次见到这么大这么好看的油画心中无比兴奋，见着同学就说："孙老师太伟大了。"

当时上美术课是我的一大乐事。孙老师教学非常认真，每次上课都带一些他的作品张贴在黑板旁边，每次上课都是边画边说。看着他从画各种几何形体逐步演变成生动的人物、动物的全过程，教室里鸦雀无声。每次下课我都站在讲桌旁如饥似渴的欣赏孙老师的画，这时孙老师从不急于收起自己的画，直到下一节课快到了才收好，然后笑着拍拍我的脑袋走出教室，每次我看着老师高大的背影离去，心里都在倒计时地计算着下一次美术课的时间。

对于班上特别爱画画的孩子，孙老师特别关切。记得有一次孙老师背着画箱见到我后叫我跟着他走，我们走到操场南边的一个高坡外停了下来，他说："就在这了。"我好奇地看着他支起画架，打开画箱，拿起画笔，昂头远望片刻后把画笔沾了些油彩有力地在画板上画了几条直线，然后扭过头用手指向天空说："这就是我说的仰视线。"接着又把手指向远处地面说："这就是俯视线。"我目不转睛地看完孙老师写生的全过程。这次是我平生第一次看油画写生，感到无比神奇，当时对于孙老师我真是无限崇拜了。在回家路上边走边畅想将来一定要做孙老师这样的画家。

孙老师除了教我们画画外还经常弹钢琴教我们唱歌、做手工。每次上课他总带一些他自己制作的像竹蜻蜓、小泥塑、小剪纸一类的小玩意。记得一次上手工课，他看着窗外说："今天有点微风，我教大家做风轮吧。"说道他拿出圆规画出图样仔细地讲解怎么剪怎么折叠，在他的指导下，一会儿工夫，小风轮就做好了。然后他带着我们来到操场，我们把小风轮往地上一立，在微风的吹动下几十个小风轮同时飞转起来，孙老师看到我的风轮总是往右歪来歪去，他急忙跑过来蹲下身子拿起我的风轮认真的调整一下，然后轻轻地往地上一放，孙老师和我一起站起来高兴的看着我的小风轮笔直平稳地向着远方滚去。

从我离开中华小学算起和孙老师分别已56年了。当时在一个普通的小学里能遇上这样一位具有高深艺术造诣，同时又这样全身心地投入教育事业的老师真是太幸运了。孙老师是我走上艺术道路的第一位启蒙老师，我和孙老师相处虽然只有一年多的时间，但他那爽朗热情善良的性格和他那造型刚劲、形象夸张的艺术风格对我一生绘画风格的形成和技法的进步所产生的影响是巨大的。

今天我已年近七旬，多年来虽然工作千变万化，但画笔始终紧握在手中。

祝锡勇　孙之俊在中华小学任教时的学生，八一电影厂美术设计。

优秀的老师影响学生一生

孙蒲远

　　我一生曾遇到过不少很好的老师,其中孙信老师对我影响最大,他改变了我的思维方式,使我的思想跳出了循规蹈矩的范畴,他给了我一个人要做出一番事业的理想与信念,奠定了我一生的追求。近50年了,他对我的教诲至今还历历在目。

　　教我时候的孙先生,五十开外,高高的个子,一身笔挺的毛料中山装,脚踏一双擦得很亮的黑皮鞋,口袋里装着一块叠得方方正正的干净手绢,出门时,戴着一副雪白的手套。高雅,帅气!别忘了,那可是60年代初,当时很多人还在穿着补丁衣服。孙先生不常笑,让我感到他骨子里面的忧郁与傲气。

　　但是,他对自己的学生却珍爱有加。我有深刻的体会。有一天,先生说:"你是女生里画得最好的。"我问:"男生谁比我画得好?""郜宗远。"这就是后来中国美术出版社社长、荣宝斋总经理、著名画家和出版家郜宗远。我是不服输的,于是,我就和郜宗远等同学互相学习,共同切磋,我天天画速写,周日画写生。之后,有一天,孙先生终于说:"我的学生里,画得最好的就是我的这两个'远'。"指我和郜宗远,当时给我美得够呛,特有成就感。可惜后来,工作后我当了班主任,教的学科是语文和数学,没有继续再画下去,辜负了老师的一番栽培。即便是这样,我在北京市编写小学算术教材时,还给数学、语文、物理等教材画过插图,得到过北京市教育局韩作黎局长的夸奖,他在审查教材时,拿着我画的插图给其他局长看,并说:"你们看,这插图是小学算术组的孙蒲远画的,我看比插图组画得还好。"他过奖了。

　　孙先生的美术课上得不一般,他教的知识让你记一辈子。他教我们画人物,为了让学生把人物面部五官的位置画准确,教给我们一首他自己编的顺口溜:

竖三鼻子横五眼,

两眼中间一眼宽，

耳齐眉梢侧面中，

眼在顶颔当中间。

这是1958年的事情，到今天已经快50年了，我还记得清清楚楚，这就是先生教学的魅力所在。

先生在我们画人物的体态和动作时，告诉我们："你要想画出一个穿衣服的人，先得画出他没有穿衣服的样子，然后再画出他穿衣服的样子，所以你应该会画人体。"一边讲，一边在黑板上画出一个裸体，再给这个裸体人物"穿"上衣服，给同学们演示这个过程。

孙先生教知识不是直接告诉你结果，他要你自己动一动脑子，以便留下深刻的印象。课上，孙先生指着教室的墙问："这墙是什么颜色的？"叫起一个同学，同学说："白的。""错啦，你们听听孙蒲远是怎么说的。"我想，明明是白颜色的墙，为什么老师说错了？哦，老师是指在画这面墙时应画什么颜色吧，于是我说："墙角有点发蓝。""对！""上边有点发灰。""对！""窗户那边有点发黄。""对！实际上，真画起来，色彩比这还复杂。你们看看哪个画家把白墙画成白的啦？没有！"这件事深深地记在我的脑子里。

课上，先生说："要会用面来表现物体的立体感。"他一边说一边用铅笔画面，非常均匀的笔触排列成一个一个的面，我也画，却画不出这样的效果。我问："您用的是一毛钱一根的HB的中华铅笔吗？""对。"我竟然说："我的铅笔和您的是一个牌子的，可是您那根铅笔比我这根好使。"先生语重心长地说："铅笔是一样的，你是基本功还不到家。"后来，我没事时，就用铅笔练习画平面的基本功。

先生经常说："画画的线条千万不能琐碎，能一笔画完的绝对不要画两笔。你们可以看看唐朝大画家吴道子的画，有一笔是多余的吗？"我就真的从图书馆借来有关吴道子的书来看，发现果然是这样的。

有一天，我们的美术课是在院子里画速写，先生走到我的身边，看完我的作业，说："你这笔触是天生的，这是天赋。不是每个人都能画出这样的笔触的。"说完这句话，他又大声说给全班同学听，"有绘画天赋的人只要努力，可以达到国际画家的水平，比如徐悲鸿。没有天赋，但是很努力，也可以达到一般画家的水平。"孙先生善于鼓励学生，我总能够在美术课上享受到被认可的喜悦，所以，每周我都盼望着上这两节美术课。

先生也多次强调："自己创作的作品无论怎样，也比临摹的作品有价值。"这是对我们创造性的培养。我体会到，无论是画画，还是做别的事情，一定要有自己的个性和特色。这对我以后的工作影响很大。使我能够在学习前人的教育理论的时候，也注意提炼自己从教育实践中得来的规律性的东西。所以，我被评为特级教师；所以，我写出了自己的教育书籍《美丽的教育》《班主任之歌》等四本著作。

上师范时，我经常自己画一些画，利用中午休息时间去孙先生的办公室请教。孙先生有睡午觉的习惯，有时候我去早了，看到他的门口"正在午休"的牌子，就在外面等着。听到响起铃声，我就进办公室，先生还在躺椅上躺着，我就蹲在先生旁边，把自己的画拿给先生看。先生睁开惺忪的睡眼，也不责怪我，认真地看我画的每一张画。记得我用水彩画了一张风景画，画面左边有一个人物往左走，似乎眼看就要走出画面了，先生说："这个人应该让他往画面里边走，这样会给人感觉他的活动空间大一些，即使是画一个头像，也应该给他前边留的空间多一些。"他的这些观点在我以后给学校办展览、编辑画册设计版面时都很有用。当我把画的人物肖像拿给先生看的时候，他告诉我："用线画眼睛时，上眼皮的线要画得重一些，下眼皮要画得淡一些，因为上眼皮背光，下眼皮受光。这不是每个师傅都这样传授给徒弟的。"我说："知道了，谢谢老师。"我真切地感受到老师的关怀与希望。

我和孙先生在街上一起走，他一边走一边问我："你往天上看，上边和下边的天，颜色有什么不同？"我看了看说："上边蓝，下边发灰。""为什么？""不知道。""下边有灰尘。画画的时候，注意颜色的不同。你要注意细心观察周围的事物，才能用画笔真实地表现出来。"我一方面感到先生在随时随地对学生进行教诲，一方面感到他不仅教我绘画的技巧和方法，也告诉我一些道理。孙先生的教学绝对是开放式的，现在想起来他真是一位了不起的老师。他带我们到徐悲鸿故居去参观，不仅让我们学习大画家徐悲鸿能够把中西方的绘画技巧融为一体的风格，也要我们学习徐悲鸿异常勤奋的学习态度和简朴的生活作风。我们还听到了徐悲鸿的夫人廖静文女士的亲自讲解，使我们开阔视野，树立雄心大志。

孙先生多次带领美术组的同学出去看画展。有一次，在看展览时，我发现一张画的画面奇特，不知用什么方法画出来的，我问先生："这效果好像不是画出来的，不是点出来的，也不是皴出来的，这效果是怎么出来的呢？"他说："你已经学会了。"我当时很纳闷，后来一想，是啊，当一个人能够提出一个问题的时候，他已经找到了答案的一多半。因为，一旦发现问题，就会去探讨，去寻找答案，去发挥自己的创造力。

先生还说："如果有人问你，梅兰芳的唱腔有什么特点哪？你就得能够说出是字正腔圆；如果有人问你齐白石的画有什么特点哪？你就得能够说出，他的笔触干湿滑涩软硬虚实运用的恰如其分。"先生会唱戏，会说山东快书和天津快板，会唱大鼓书等，他在东城师范的新年联欢会上给全校师生表演过。先生曾说过："无论对方是哪儿的人，只要他跟你说上十分钟的话，你就应该能够用对方的口音和他讲话。"所以，我也喜欢模仿人说话。不知先生怎么知道我曾经模仿过一位老师的地方话，他一定要听听我的模仿。他听后，开心地笑了。后来，我经常模仿广播或电视里的节目，给学生编写反映学生生活的小节目，如山东快书、天津快板等教给学生表演。受先生的影响，我还学会演唱多种地方戏曲。

  我的父亲是随着解放大军进北京的，他在中央卫生部工作。解放初期，他主动要求支援边疆，全家去了新疆。我在北京就没有了家。孙先生待我像父亲一样，我多次去过先生家里。我不会忘记，那天下雨了，先生亲自打着伞，走出柳树井，到大街上去接我。晚上，我住在先生家，和燕华住在一个房间，先生亲自拿一块木板把燕华的单人床铺加宽，够我们两个人睡下。那时是困难时期，吃饱肚子都不容易，别说吃肉了。吃饭的时候，师娘给做了一桌子的鸡鸭鱼肉，还有挂面汤。先生说："这是脯五房的酱肉，你要细细地品尝。"我哪顾得上品尝，只顾狼吞虎咽地吃。当时吃这些东西，真香啊！写到这儿，我流泪了，我想念我的老师和师娘！可是他们都不在了。幸亏还有他们的女儿孙燕华，我那像姐妹一样的好朋友。

  先生鼓励自己的学生成名成家，他常常对我说："小学教师也可以做出大成就。刘厚明原来就是小学教师，后来，成作家了！赵树理原来也是小学教师，后来，成大作家了！"他列举了很多原来是小学教师的人，后来都做出了很大的成就。我知道先生对我寄予着莫大的希望。

  尊敬的孙先生，我可以告慰您，您的学生孙蒲远，现在人家也称她为教育家呢！您在九泉之下一定为此感到欣慰吧！

2007 年 11 月 19 日

孙蒲远　北京市史家胡同小学特级教师，全国劳动模范，著有《美丽的教育》《班主任之歌》等书。

和孙之俊老师在一起的日子

王庆生

唉！岁月无情，真的老了。

自己头发白了，也常常联想别人，想想父辈都已经离去，想想师辈也没有几个健在的了。我想过老北师的几位老师，像李智超老师、曹试甘老师，他们虽然经过十年"文革"的磨难，总算得到了善终，到晚年还能去看望，略尽弟子之礼。唯有孙之俊老师，他是我毕业后才遇到的老师，是传授给我很多"真招儿"的老师。我知道他去世的消息，是在干校改造时期，那时候我还属异类，以前他给画的两张速写，在运动初期就化成了灰烬，连凭吊他都没个对照的了。我不敢想一个给孩子们画了大量课本精美插图的老画家，一个为了教育事业辛劳半生的老园丁，到底哪点儿触犯了始作俑者，竟被那些爪牙夺去了性命。我更不敢想，画起画来气定神闲的老先生在人生的最后一刻是何等的凄凉悲苦，我觉得胸前发堵，喘不过气来。

我认识孙老师是在毕业之后，我当时在北师附小工作，有时回北师看看，从心理上似乎是想从老师那里再学点什么，事实上已经是不可能了。一次走进礼堂后边大筒子里的美术组办公室，看见靠着墙摆放着一张水彩画，画的是一个蒲包里盛得满满一堆西红柿，蒲包周围都是暗褐色，对比之下，那些西红柿更显得红亮亮的、水汪汪的，美极了！走进一看，底下署名是孙之俊。我眼睛一亮，以前只看过他画的《骆驼祥子画传》，还知道他是个漫画家，没想到他的水彩画也这么出色。我小时候很喜欢水彩画，在北师上学期间，政治运动频繁，也没有机会把画画好。我想如果能把孙先生的本事学下来该多好啊！这一天，我见到了李智超老师，他告诉我："孙老师已经调到咱这儿了。"一个星期六下午，难得没有开会，我又一次去北师，见到美术组新添了几个石膏像，就问李老师要了张纸，用木炭画了张贝多芬像。在快要画完的时候，从外面走来一个人，粗看五十来岁的年纪，两鬓染霜，一张方方正正的脸上，五官非常明显。我想该是孙老师吧！就站起来招呼了孙老师，旋即请他指点，他坐下来看了看我的作业，指出我画的轮廓很好，明暗处理上却有不少毛病。说着拉过我的胳臂，这时袖子上出现了几道皱纹，他让我逐个看看衣纹上从暗到亮的变化，在我有所领悟的时候，他就忙别的事情去了，我们的师徒关系就是这样开始的。有一天的课后，我带着几个学生到阜成门外写生，回来经过白塔寺，正好孙老师下班回家经过，我上前招呼了一下孙老师，孩子们问我："这是谁呀？"我回答："我的老师。"孩子们愣了一下："老师的老师啊！"孙老师笑了笑，摸了摸孩子的脑瓜儿，走了。此后，我还在北师看到孙老师画的几幅水彩画，一幅是碧云寺后院柳丛中的灰砖亭子，一片冷绿的调子，非常恬静。另一幅是一个寺院的庙门，从门洞向外望去，远处的天空和景物在门洞暗色对比下，非常明快。这对我后来出去画画的选景、构图都有影响。

  北师解散了，孙老师到东城师范执教，一次，我和史仁宇老师到东城师范听课，正遇上孙老师教学生画人物速写，他对学生们做模特的站立姿势指导得很细，还让学生们参看挂在墙上的他画的油画肖像，这样学生再画出来就显得不呆板了。这堂课上他给学生们讲解面部结构的时候，念了一套口诀："竖三鼻子横五眼，眉眼之间一眼宽，耳眉等高侧面中，眼在顶颌当中间"，听他一节课受益不小。

  同孙老师相处最长的一段是1960年，那时正是社会大搞持续大跃进、粮食匮乏的前夜，北京市正在编写自己的中小学课本，我和孙老师都被调去从事插图工作。孙老师到那里以后，编写组的青年同事，常向我打听孙先生，问"南叶北孙"是怎么回事，我转告孙老师，他平心静气地说"是有这么个说法"，可见他虽然默默耕耘在学校里，他的社会影响并没有消失。工作时，我的办公桌和孙老师的安排到了一起，我挺高兴，听人们说，学艺的时候能看着师傅一招一式地练，再好不过，这样的条件居然让我赶上了。那时候的课本还没有摆脱苏联的影响，语文课的封面上要画一张画，这项工作理所应当就由孙老师承担了。他在半尺见方的画幅里，画出了小学生学习、锻炼、游戏等内容，随着年级变化，年龄特征把握得很好，一点也不重复。他画的孩子形象很准、很美，用色漂亮但不失淡雅，注意立体感却不太强调体面关系，内行外行都挺爱看。原课本里有一幅《北京的秋天》彩页，本出自一位大家之手，审稿人认为画得不具体，要求重画，这任务自然也落在了孙老师身上。他在一天早晨到北海公园，登上了白塔画了一张包括团城在内的铅笔小稿，回来以后据此画了一幅非常写实的水彩风景画。我站他后面看着，感觉他画得太精美了，远处的天空很清澈透明，是用了好几种颜色配成的，由上到下衔接的天衣无缝；近景在传统水彩方法里加进了少量"白粉"，画得非常匀净，一般群众看了很容易接受。孙老师使用绘画工具很讲究，打开他的调色盒，色相相近的颜色都挨着排在一起，使用时相邻的颜色沾上一点儿，毫不影响大体；他的调色盒里的颜色总保持着湿润，一幅画完成以后，盒里干干净净，留下的颜色就像新挤上的一样，他的作画习惯显示了一种修养，这套作法倒让我不折不扣地学下来了，直到现在，每当画起水彩画来，还常常想起他一边画一边用带着藁城口音的普通话作讲解的情景。那时候画插图，总要听取编写者的意见，特别是小学语文。由于编写者们对美育的感受参差不齐，看画样往往不从艺术性与科学性着眼，常常提出些细枝末节的问题。我画了一幅《让我们荡起双桨》的画页，一经编者看过反馈回来的，不是这个眉毛细了就是那个手指甲不清楚甚至要求把远方缩小的白塔画大些等等，令人哭笑不得。我改着改着就烦了，觉得简直没法干了，这时孙老师微笑着对我说："庆生啊！咱们画的画是给外行人看的，多咱你把该画的不想画了，就行了。"我听了真佩服老先生的修养，终于耐住性子改了下去。事情过去以后，孙老师又向我提起了他的一次经历："有一年出差到绥远，在旅店登记时，填写职业是美术工作者，旅店的服务员不懂，问我什么是美术工作者？我做了一番解释之后，他终于明白了，说'你原来是个耍手艺的呀！'"老先生说完带着苦涩笑了笑。我们听了真佩服老先生对事情看得透彻，同时对于该怎么给自己定位，又多了几分明白。一次偶尔得闲我随便画了几笔遣兴，我曾经给几位好事的编写者画过漫画，也给一起工作的画过些速写。有一天，我拿起毛笔想给孙老师画像，他要求我"尽量夸张"！可是我没有胆量，火候不够，还是比较老实地画了，第二天孙老师从家里带来了一张叶浅予给他画的漫画像，哎呀！眼耳口鼻都夸张到极致了，粗粗的墨线，楞红楞绿的颜色，令我在惊讶之余又对漫画多了一层理解。

这年秋天，我和孙老师完成了插图任务回到了各自的学校。

一年后我又调到一家校外教育的单位工作，我做了十年教师，一旦离开课堂心里非常失落。这时，中央电视台的林庆章、果青找到我，让我在电视上给少年儿童作了几次讲座。一天遇到孙老师，他对我说："我的几个朋友对你讲的反应不错，看来你还能找到用武之地，你别撂下，慢慢走着瞧吧！"又过了一个时期，我参加了农村的四清运动，同孙老师"中间消息两茫然"再没见过，他这几句话成了对我的最后赠言。

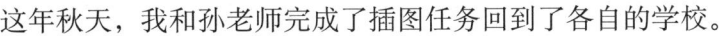

王庆生　1952年北师毕业，擅长水彩画，中国少年儿童出版社高级美术编辑。

影响至深的老师

徐绪标

那是1951年,六十年前了,我考入了北京师大附中。我们这批不懂事的孩子,事事感到新鲜。教我们音乐和美术的孙之俊老师,尤其给我们留下了深刻的印象。

他个子高大,四方脸,浓眉大眼,神情严肃。开始,我们有些怕他。刚开学,他教我们唱《在卡吉德洛古老森林》,这是一首波兰民歌,圆午曲。在建国初期,这是一种很清新的声音。他弹着钢琴,同时很投入地歌唱,他启发我们跟他一起唱。先唱谱,然后唱词,很快就会唱了。他不时看看我们,用目光鼓励我们,我们就更起劲了。

"在卡吉德洛古老森林,有一股清水泉……"

这声音从此就注入了我的内心。在此后的六十年来,我不时会在心中想象古老的森林,想象流动的泉水。特别是在人生遇到坎坷的时候,这歌声中的泉水可以冲去心中的不少烦恼。

自此,我对波兰文化格外钟情。几十年来,感受了肖邦的音乐,感受了居里夫人的科学精神,直至最近阅读了波兰的历史《波兰通史》和《波兰!波兰!》。

孙老师也是我们的美术老师。上课的时候,他很少讲话,而是用笔画出很多新奇的东西,让我们这群小男孩更加好奇和钦佩。

我们到美术教室,去看高中美术组的大哥哥们画石膏像。孙老师在旁边观看,也动手示范,气氛严肃认真。我们几个挑皮学生看得出神,也不敢出声。几次下来,孙老师就让我们一起画,我们也就成了美术组员。寻找"面"的感觉,寻找"质感",成了我们为之入迷的事。

特别是画阿克里斯巴,从不同观察角度,连着画了好几张。我的好朋友王杰画得最好,后来他考入了中央美院附中,经过多年的努力,他终于成了美院的教授。他一生坚持基础课素描教学,他编写的石膏像素描教材广被多所院校选用,深受同行们的好评。

孙老师会演奏多种乐器，而且能演唱，能创作。记得是一个夏天，在校园的一棵大树的树荫里，街道上组织了一次爱国卫生的宣传活动，来了几十位老大爷老大妈，孙老师编演了一个单弦牌子曲，又说又唱，十分有趣，老大爷老大妈们乐得前仰后合。演出完了，我们几个好奇地围了过去，拿着八角鼓，三弦，看了又看，还模仿着刚才老师的架势和神态比划着……

后来我学了中国文学史，才了解了说唱文学的历史和重要。懂得了要编写说唱的文字，必须合辙押韵，讲究平仄，这样才能听起来入耳，唱起来上口。回忆当年孙老师，在半即兴的场合下，既弹又唱，还得拉开架势，能文能武，说明他是很有传统文化功底的。

孙老师和我们在一起，大概只有一个学期，不到半年，后来他就不来了。我们到教导处去问过，也向老师们打听过，可是都没什么结果。也许我们当时太小，大人的事情，我们还不懂。

随着时间的流驶，我自己由少年、青年、中年、终于成了老年，但我对孙老师，始终在不断地读，不断地悟。他跨越音乐和美术，融会民族与西洋，重视基础与发展，实现规范与自由，展示了严肃与幽默……．他把很多对应的范畴，统一得十分自然与和谐。

孙老师这一辈人，出现了多位艺术大师。孙老师和他们并肩站在一起，自有他的音容和笑貌。

徐绪标　北京师大附中四部毕业生，曾受业于孙之俊先生，原杭州市教育科学研究所所长。

教泽宏深 音容永存
——记美术教育家孙信老师二三事

侯 刚

我是1952年入北京师范学校（简称北师）后，认识孙信（之俊）先生的。那时，因画《武训画传》孙老师被错误批判之后，已淡出美术界到北师担任美术教师了。我们那届同学入学后，对老师的过去知之不多，但都知道他是一位很有名的画家，感到能在大画家的教导下学习，是莫大的幸福。

孙老师离开我们已经42年了，但是老师留在我脑海中的形象，仍可清晰再现：在路上遇到他时，向他道一声"孙老师好！"他总是把目光对着你，彬彬有礼地答一句："同学也好！"流露出一位长者对晚辈的关爱和尊重。这是他随时以自己的言行，给未来的教师作出的表率。随着时间的推移，我们渐渐从侧面听到孙老师曾因画武训传而被错误批判的事，对这样一位受尊敬的老师受到不公正的对待，总觉难以理解，而从未听到他本人说过什么，他是以坦荡的胸怀、淡定的心态，泰然处之，不禁对他肃然起敬。

我们那个年级入学时，新中国成立不久，北京市的教育事业飞速发展，教师十分缺乏。党和政府号召和鼓励青年报考师范，并决定保送一批品学兼优且有志于教育事业的初中生到北师，讲明毕业后做小学教师。学校的教学计划，也为适应小学教育的需要，不仅重视文史、数理化的知识，也十分重视音乐、美术、体育"小三门"的教学，学生毕业后，可以适应各科教学需要。当时美术教研室的老师中有两位大画家：一位是国画家李智超老师，一位是漫画家孙信老师。李智超老师教我们班美术课，一些同学知道了孙信老师不仅漫画画得好，还是一位水彩画专家时，便产生了向孙老师学水彩画的想法。我们班上喜爱绘画的几位同学，以佟继武为首，约了王德一、王维昌、金连绳等利用寒假到孙老师家拜访，向孙老师提出学习水彩画的请求。开始他们怀着忐忑的心情，因为孙老师不任我们班的课，不知会不会答应。让他们高兴的是，孙老师热情地接待了他们，耐心听完他们讲述来意后，充分肯定了他们的热情和学好美术的积极性，鼓励他们说："不论学什么画，开始时一定要打好基础，不可好高骛远，而打基础是从写生开始。"并语重心长地说："下了决心就要持之以恒，要坚持练习。"然后又详细地告诉他们，写生应注意些什么，并随手从书架上找出参考书借给他们。几位同学受到启发和鼓舞，第二天就冒着初春的寒风，跑到动物园去写生了。王维昌回忆当时的心情说："那几天我们觉得取到了'真经'，特别高兴，有人还穿着单裤在野外写生，手都冻僵了，也不肯停笔，仿佛那迷人的春色，是专为我们几个人布置的。"自那以后，他们一发而不可收，按照孙老师的指点，坚持每个周末都出去写生，并经常拿出自己的习作请孙老师点评，老师也会经常动笔给以示范，他们在绘画上进步很快，成为班上的绘画尖子。毕业后有人终生担任美术教师，有人在绘画及剪纸艺术创作上硕果累累，终生沐浴在审美的领域里。

　　1955年，我在北师毕业了，留校做团的工作，直至北师改为师专，我又有幸和孙老师相处三年，这三年中因为工作关系，经常向孙老师请教，交往更多的是请孙老师指导课余美工队的活动。学校为了提高师范生的业务素质，培养学生多方面的爱好和特长，成立了一些课外活动的文艺社团，记得有合唱团、舞蹈团、板报组、广播站等。为了更好地进行美育教育，使同学掌握更多美术知识和技能，将来能胜任美术教师工作，又组织了美工队，我就去请孙老师担任指导老师，他欣然同意。当时学校有30多个班，只有三位美术老师，孙老师的教学任务很重，但他不辞辛劳，除任课外，每周都要占用他一两个小时的休息时间，无形中加重了他的负担。在孙老师的设计和指导下，美工队的活动丰富多彩，队员们十分活跃，学校的主楼大厅里经常有美工队员的作品展出，有宣传节水节电、爱护公物的漫画，也有以团结友爱尊敬老师为主题的宣传画，还有人尝试创作油画。由于受到孙老师的熏陶，很多作品都能显示出孙老师的画风和笔意。有一件事给我留有深刻印象，当时为了配合革命传统教育，美工队在孙老师的指导下，创作完成了一套英雄人物的肖像画，其中有刘胡兰、黄继光、邱少云、吴运铎、卓娅、舒拉、保尔等人物，形象逼真、色彩鲜明、栩栩如生，收到了很好的教育效果，能有这样的成绩，都是因为队员们在孙老师的引导下刻苦学习，练就了扎实的基本功。

　　美工队年年有人毕业离队，走上新的工作岗位，又年年有新生入队，爱好绘画的又补充进来，而孙老师就不断地引导着这支小小的队伍步入美的世界，培养、锻炼了一批美术教育人才。很多人毕业后担任了美术教师，又在不断承续着孙老师的事业，在美术教育中作出了重要贡献。还有人成为画家，如现在已知名的画家孟庆唐，当年追随孙老师学画，就曾是美工队的骨干成员。

因为孙老师不担任我们班的课，在北师学习三年，我始终未能亲自聆听孙老师讲课。但是听到许多亲历他课堂教学的同学，异口同声地说："听孙老师讲课，真是一种艺术享受！"他在课堂上，循循善诱，善于用形象的比喻、鲜活的实例，把深奥的美学理论讲得明白透彻，还不时讲一些幽默语言，活跃课堂气氛，同学们在笑声中加深对教学内容的理解。他很注重因材施教，他的原则是既让多数同学很好地按照教学大纲的规定，完成学业，又让有特殊爱好和专长的同学，充分发挥他们的潜能，让他们的水平进一步提高。孙老师知识渊博，道德高尚，特别是对自己的学生有一颗赤诚的爱心，平时严以律己，宽以待人，他的言行，潜移默化的影响着学生，为学生树立了做人的榜样！

孙老师在北京市中小学中播下"美"的种子，将代代相传，他教泽宏深，音容永存，不愧是一位受学生爱戴的美术教育家！

侯刚　北京师范学校1955届毕业生，曾任北师、师专团委书记，北京师范大学校长办公室主任、北京师范大学出版社副社长。

四姐妹漫话孙信教音乐

梅洁予　梁秀文　孙大芳　孟玉茹

老北京师范学校有个传统，不同年级的同学互不认识，但彼此却要按年级高低互称师哥、师姐、师弟、师妹，不熟悉的还以为真的是兄弟姐妹呢。

一天，梅洁予（1956年毕业）、梁秀文（1956年毕业）、孙大芳（1957年毕业）、孟玉茹（1960年毕业于师专），四位情似姐妹的老大姐，围坐一起，谈起北京解放初期有关孙信老师的一段往事……

梅洁予

1950年前后，我在梁家园小学读六年级。在音乐方面，我只是一个普普通通的学生，但在孙信老师生动活泼又严谨的教学中，我和其他同学打下了一个很好的音乐知识的基础。

别看是小学，北京刚解放，我们学的可是五线谱。上音乐课是在礼堂，舞台左侧有一个画着五线谱的黑板，右侧斜放一架钢琴。孙老师穿件皮夹克、马裤、皮鞋。那次的音乐课上老师讲的是高音谱记号，他在黑板上画了符号，又讲了它的意义和规范画法。当时我年龄虽小但也懂得了佩服之情，以致回家后愿意反复练习，不断向父母亲表示："我特别爱上孙老师的音乐课，那叫一个棒。"

当年给我印象最深的是音乐课成绩的考核，现在想起来，那是非常科学的一种方法，叫视唱练耳，想掺假，没门！

老师手里有一摞纸条，上面写的是简短乐谱，每个纸条有四五小节吧。轮到谁，考生任意抽取纸条，考生看后，老师在钢琴上给出标准音，考生马上要正确地唱出纸条上的旋律。这些旋律和平时学唱的歌曲没有关系，全凭平时对乐理知识的理解，而且站在舞台上还得有胆。长大后，我也当了老师，对当年老师安排的教学有了进一步认识。那就是老师在考核过程中，注意师生互动和教学的生动活泼。让同学们互动起来。这算老师讲课的艺术性吧。考生视唱练耳后，还要面对台下几十名同学，指挥大家唱一遍刚才的旋律。台下同学唱得带劲，台上的考生也有了勇气，有时，考生还要唱一首学过的歌曲。我在孙老师的钢琴伴奏下唱过一首热爱解放军战士的歌："长长的行列高唱着战歌，一步步地走着……叮叮得儿隆格隆……炮口在啸，战马在叫，战士们的心在跳……"最后用鼻音哼鸣，声音渐弱。这首歌深深刻印在我心上，至今不忘。这就是孙先生教课的魅力所在吧。

我觉得自己很有运气，那么小就碰上一位好老师，他培养了我音乐素养和对音乐的热爱。

考入北师后有一年，在南横街的新校舍，全校师生大搞义务劳动，修整大操场。为鼓干劲活跃气氛，同学们自编了一些小节目，在广播室播出。我们三九班推荐我唱了段单弦《风雨归舟》。孙先生这时已干上了他的老本行美术，当他听说我会唱单弦，特别高兴，特地从家里拿来那把京韵大王刘宝全用过的三弦，为我伴奏，他说："别紧张，只要你唱出来，我就能用三弦给你托住。"虽然没有排练，现场播出，却一次取得成功。可见孙先生三弦的技艺多么娴熟。毕业都五十年了，现在还有人提起当年的演出，称得上是一段佳话。

孙先生是一位艺术上的全才，令我敬重，让我怀念。

梁秀文

1950年我在梁家园小学上六年级。平时，我并不喜欢唱歌，唱起歌来爱跑调，缺少节奏。孙老师却给我们讲，音乐可以陶冶情操，振奋精神，鼓励我们多唱歌。他严格要求我们一定要牢固掌握乐理知识，练好视唱，学会打拍子，为此，他不厌其烦地为我们一次次辅导。

一次考试，心想，不就是几个人一组唱首歌嘛，要是不会唱，跟着大伙瞎哼哼吧。没想到，那次考试真难，要求每人单独唱，还得自个儿打拍子。记得我唱的是《中国少年儿童队队歌》（后改为《中国少年先锋队队歌》）。轮到我了，往前一站腿肚子不由自主地就软了，孙老师在一旁使劲给我加油："别怕呀，勇敢点！"看着老师，我鼓起勇气一边打拍子一边唱了起来："我们新中国的儿童，我们新少年的先锋，团结起来继承我们的父兄，不怕艰难不怕担子重，为了新中国的建设而奋斗……"也许是歌的内容鼓舞了我，慢慢地忘了胆怯，总算完成了任务，成绩还不错，打那以后，我再也不敢滥竽充数上音乐课了。

工作后，我当了班主任。学校活动丰富多彩，其中每年的歌咏比赛是必须参加的，我想，班与班是比赛，其实，对班主任来说不也是一次比赛嘛，但我都能像模像样地指导孩子们排练歌曲，既教唱又指挥，不成就逼着我多下功夫呗。没想到每次都能获得好成绩。这时候我就会想念当年为我打下基础的孙信老师。可见基础教育对一个人的成长是多么重要啊，这里面就包括音乐。如今虽然退休了，我倒对唱歌有了浓浓的兴趣。

孟玉茹

　　1950年我初小毕业考上六区一中心小学高小（即后来著名的梁家园小学）。幸运的是我们音乐老师孙信，不仅课教得好，同学们喜欢，他还组织过小学合唱团，这在当年的小学可不是件容易的事。记得当时教唱的第一首歌就是《解放区的天》，这首歌是以轮唱形式演唱的，听起来很带劲。还有《翻身五更》，这是一首有领唱的歌曲，我是领唱者之一。还有合唱的歌曲《大生产》等等。

　　孙老师在解放初期，就以不同内容不同形式的歌曲，把我们这些刚懂事的孩子带进了一个崭新而优美的音乐世界，使我们从中受到教育，让我们热爱共产党，长大了建设新中国。同时，也培养了我们对音乐的热爱。今天回想起来，我们有多幸福呀。

　　合唱团成立不久，我们就去中央广播电台少儿部录音。记得那是在下午课后，一辆解放牌大卡车把同学接到了电台，先在一个大房间里练习，正式录音时大家鸦雀无声，只听见编辑亲切地说："现在请六区一中心小学合唱团演唱《解放区的天》、《翻身五更》。"录音后，电台的阿姨、叔叔们都拍着手，祝贺我们录音成功。有位阿姨还夸我嗓音甜美，请我以及同学们吃花生、瓜子和糖果。

　　后来中央音乐学院成立了少儿班，中央台少儿部和孙老师推荐鼓励我去少儿班学习。可惜，我因突然得了严重的关节炎，已经无法走路，失去了一次机不可失、失不再来的机会。

　　但是，我喜欢音乐，喜欢唱歌的兴趣，始终没有变，而且伴随了我一生，抚今追昔，我要由衷地感谢培育过我的音乐启蒙老师孙信。

孙大芳

　　我的母校，是位于北京南城的梁家园小学，解放初叫九区一中心小学，后来又更名为六区一中心和前门区一中心。孙信老师在北京刚解放的1949年至1950年，在学校担任音乐教师。往事逝去了近60年，但我们对孙老师的印象却记忆犹新。

孙老师的音乐课，注重传播音乐知识，培养学生的实际操作能力，如认识五线谱、视唱练耳和指挥打拍子。

1949年11月的一天，我们这些北京市第一批少先队员，排着整齐的队伍，来到大栅栏庆乐剧院举行入队宣誓仪式，同学们一边行着队礼一边高唱着孙老师教会我们的《中国少年儿童队队歌》，心里真是无比激动！

记得北京刚解放不久，我们会唱的第一首革命歌曲《解放区的天》就是孙老师教的，他还教唱过《支前小调》《行军小调》《年轻人，火热的心》《大生产》《兄妹开荒》等许多老解放区的歌。我们在操场的主席台上唱，他坐在板凳上用二胡伴奏，这些歌曲曲调明快，使人振奋，在歌声中，我们了解了共产党是为老百姓谋利益的，解放军是人民的子弟兵。在我们幼小的心灵里播下了热爱党，一辈子跟党走的种子。

在学校礼堂前的山墙上，挂着"马恩列斯毛"大幅油画像，听说，那也是出自孙老师之手。当时我还纳闷，怎么教音乐的老师还会画这么好的画呢？这个疑问直到北师后才迎刃而解。那是1957年，我们四姐妹先后考入北京师范学校。教室门开了，大家惊异地发现，美术课老师竟是在梁家园教音乐的孙信老师！他还是那样神采奕奕，慈祥可亲。当孙老师点到我的名字时，下意识地抬头看看，说："你是梁家园小学毕业的吗？"老师的记性真好，他仿佛看出我的疑问，解释说："其实教美术才是我的本行，音乐是我的爱好之一。"

原来毕业于北平艺术专科学校西画系的孙信（原名孙之俊）老师，上世纪二三十年代就已是闻名南北的漫画名家、连环画高手了。他的漫画曾像匕首一样唤醒民众投身抗日，他的连环画《骆驼祥子画传》、《武训画传》是我国早期连环画的经典之作。

总之，60年前，是孙信老师教会我们解放区的革命歌曲，使我们受到良好的革命传统教育，明确了人生的方向；以后又是孙信老师教会我们素描写生，画水彩画，使我们受到良好的美学教育，打下了绘画基础，从心底更加热爱美好的生活。

（小石整理）

梅洁予　1955年毕业于北师，终身任教。
梁秀文　1955年毕业于北师，终身任教，曾任小学校长、书记，北京市劳动模范。
孙大芳　1957年毕业于北师，终身任教。曾任小学音乐教师，现任某老年合唱团团长。
孟玉茹　1960年毕业于师专，终身任教，唱歌是一生至爱。

终生最难忘的一次谈话

赵广智

学子篇·赞

1956年，在我参加工作的第一天，孙之俊（孙信）先生与我的一次谈话，竟影响了我一生。

那年，我在北京师范学校读三年级，面临毕业。上半年先是到北京小学做毕业实习。6月份全年级到上海实习参观。回来后，投入了紧张的毕业考试复习，以等待7月份工作分配。

然而，6月中旬一天的上午，校领导史文炳主任找我谈话。通知我：不用参加毕业考试，提前留校工作，两天后到北京市教育局进修学院，参加由清华大学董以师教授主持的"金木工工艺学"的学习培训。同时告诉我，学校决定由谢时尼先生作为我的指导教师。并要求我利用暑假，做好9月份学校开设"手工劳动教材教法课"的准备工作。开学后，由我一人承担整个三年级十二个班、每周24节的手工劳动教材教法课。办公地点是音乐美术教研组。

由于这个决定来得太突然，脑子一下子呈现一片空白。我呆呆的思考了许久，像我这样一个刚满十九岁的毛孩子，就是教小学，还要从头学起，哪里有资格在北京师范学校这么高的学府任教呢！——这就是我当时精神紧张的根结。为此，我立即找到学校的肖岩校长，向她表达我不敢承命之意。

我之所以敢于大胆地去找肖校长谈及此事，是因为我与肖校长有过一段特殊的因缘。

1952年上半年，我在北京南堂中学（原教会学校）读初中二年级时，南堂中学被北京师范学校接管，改为北京师范学校第二部（以下简称北师二部）。肖校长当时任北师二部主任，她的全家人，就临时安排在学校二楼西北面的几间房里居住，我也住校，可以说天天见面。当时我是南堂中学少先队大队长，队部就在肖校长住所的楼下。我常在队部里做飞机模型，肖校长的大孩子占占，没事就到我那里玩，像我的弟弟一样。肖校长见我爱做飞机模型，把我推荐到北京市航模队学习。1952年暑假，又把我介绍给了北师二部师范班教音乐的曹试甘先生，使我开始了追随曹先生的小提琴及各种乐器制造与雕塑的生活长达十余年。1953年我初中毕业，由于我不想离开肖校长和曹试甘先生，还有那些待我如同亲弟弟一样的师哥、师姐。肖校长说："那就跟着我走吧！我保送你上北京师范学校，将来当个老师多好啊！"1953年9月，我到北师报到入学。肖校长、曹试甘先生以及五五届的师哥师姐们，也全部转入北师本部。

我走进校长办公室，肖校长就说："我知道你会来找我。"我说："我哪里有资格在咱学校教课呢！这是不是有点强我所难。我怕……"听了我的陈述，肖校长郑重地说："你的事，是经过我和各位校领导多次商量，并且认真听取了音乐美术教研组各位先生的意见后，才决定的……"然后又讲了关于中央决定在中学开设工厂实习课，小学开设手工劳作课的重大意义，她严肃地说："你的情况我们做过认真分析，认为你承担工艺课是有基础的。你勤奋好学，在大家的帮助下，是可以胜任的。这确实是一门专业性很强的课程，不做全身心地投入是难以掌握的。为此过两天送你到进修学院进修。市教育局从清华大学请了专门研究金木工工艺学的名教授——董以师先生辅导教授。另外，本校谢时尼先生是你的指导教师外，其他先生也都会帮助你。"肖校长沉思了一会说："你知道，咱们学校音美组的先生们，个个都是身怀绝技的名师呀！李智超先生是著名的山水画大师；谢时尼先生是专攻花鸟鱼虫的国画大师，齐白石先生的学生；孙信先生是全国有名的漫画、连环画大师，水彩画、油画也是一流的；曹试甘先生是学雕刻的，但在音乐教学方面，他又是全国第一批特级教师。你守着这些高师，还怕教不了那几节课！"

听了校长这些话，我表示："那我就去学习、钻研教材，争取把课教好！"校长听了这话一笑，说："你想得倒挺美的！除教课外，还得担任一个班的班主任的工作。还得担任（北京）市教育局中学工厂实习课的教研组长，以及宣武区教育局中学工厂实习课的教研组长。另外，本校你得兼任校教师团支部书记……"听了这番话，我的脑袋一下觉得变大了，耳朵也嗡嗡作响。但，当我在茫然中进入音美教研组，经过孙信先生开导，我竟变成了一个头脑清醒，心态豁达，一身轻松的人。孙信先生通过他循循善诱的开导，由浅入深的教化，教给了我一个做人的最基本的理念和准则。这个理念和准则，竟支配了我一生，直至今日。

当时，我站在音美教研组门外，看见，屋内只有孙信先生一人在写着什么。

孙先生在同学眼里，不管是课上还是课下，他永远是一个谈笑风生的人。大家都觉得他老人家可亲、可敬。谁有什么心里话都愿意向他倾诉。那天我在孙先生面前,也来了个竹筒倒豆子。从南堂中学……认识肖校长、曹试甘先生……做小提琴……保送北师……直到史主任、肖校长的谈话,全说了。

听完我的叙述,孙先生不言语。一会儿,他反问我:"你知道我现在在想什么吗?""不知道。"我回答"我听你讲的时候,我脑子里演起了电影,"孙先生沉思着说:"电影里演的都是我们小时候求学,找工作的事。哪时候上学的人很少。家里饭都吃不上,那还有钱上学呢。我的家境算好的,能够上学。可我们在学校吃的是粗粮淡菜,校舍十分简陋……许多人还得边上学边在外面打工。那个年代,国家经济落后,时局动乱,事业不发达,无职可求。许多人毕业就失业……怎么能和你们现在相比。"

听着孙先生的述说,我发现,他在陈述他过去的求学生活时,心情是沉重的。而谈到我们的学习生活时,心情是舒展的。我立即请教孙先生,说:"看得出来,您是真正地受过求学之苦,也真正羡慕我们现在的学习生活,而我……""而你却感受得不深。为什么呢?心理学中有一个重要论点,叫做'没有比较,就没有差别'。我是过来的人,经历了两重天,深深地体验到,我们过去是在'艰难困苦中,保命求学',也亲眼目睹了你们现在的在'欢乐幸福中,健体习文'。"说着还比划了一个单手投篮的动作。

我的心被孙先生打动了,不自主地说:"我真是不知福呀!"孙先生注视着我,高兴地说:"好,真悟是关键,佛门讲:'不度无缘之人',看来,咱俩有缘,那我就不客气地多说几句。"

接着孙先生提高了嗓门说:"我要对你说的就是,我们决不能做忘恩负义的人,不能做被人唾骂的'白眼狼'。可以说,这就是做人尊严的所在。"说着,孙先生激动地站了起来,说:"要做人,就做君子,做堂堂正正、光明磊落的君子,昂着头、挺着腰板活着的君子,这样才有味儿,才能算得上不虚此一生!"

孙信先生讲这一番话时的神态,真的让我记住一辈子。那时,我看着他,在想:"他就是凭借着他的——堂堂正正君子的那副钢筋铁骨,面对这个世界的。我要是能像孙先生那样活一辈子,该有多好呀!"随之,我脱口而出:"君子!"

孙先生听了,以为我是在问他:"君子。什么是君子?君子就是人格最崇高的人。崇高的风格,当然反映在各个方面。'知恩图报'就是一个方面。你想过没想过,这福是谁给你的呢?你可以回答说是肖校长、曹试甘等先生。而你是否认真地想过,他们到底给了你多大的福呢?这是根本。"

我问:"我是不是还不清楚我享了多大的福?受了多大的恩惠?"孙先生一笑,说:"我看你的脑子里,就是一本糊涂账!"

孙先生喝了口水，说："我说你现在脑子里是一本糊涂帐，是有根据的。比如，你说，是肖校长看着你长大的。"孙先生面对着我，问："你是这么说的吧？"我说："这是真事。"孙先生说："你糊涂就糊涂在这个'真'字上了。如果较起真来，应该说：是肖校长关照、扶植、培养你长大的。不然你哪能有那么多丰富多彩的、幸福欢乐的学习生活呢？"我听了频频点头。孙先生说："你现在点头，还是过早了，你要心服口服才成。"

　　孙先生思索着又说："你在南堂中学表现不错，这我都知道，当时你是鹤立鸡群，大家羡慕你。尽管你家庭成分高，可你一点也没有背思想包袱。一句话，是肖校长给了你一定的政治地位！之后肖校长介绍你参加市航模队，拿了二等奖；又把你介绍给曹试甘先生，学做小提琴、学雕塑；你的小提琴做得好，学校送给了毛主席，你受到夸奖；接着又把你派到北京乐器厂小提琴车间，拜当时的制琴大师侯连章为师，得到了真传。可以说你是又学得了技术，又得了奖励，名利双收；后来，干脆让你任学校的小提琴厂厂长。老师们都喜欢你，对你的辅导格外认真，使你的功课年年优秀。不知你每年领取三好学生奖章时，心里都在想些什么？你想没想过，这些奖章是怎么得来的？以我看，这些成绩的取得，固然与你自己的努力分不开，但如果没有肖校长等领导及老师们的帮助，你是根本不可能有这么多成绩的。你应该仔细反省。"

　　孙先生对我的光荣经历叙述一番，我想，之前，我只觉得自己赶上了好时代，却从没这样系统地想过。我是够糊涂的。

　　然而，孙先生的语气里，多少带着些对我的"没良心"的愤慨！我的脸觉得很烫。

　　孙先生似乎觉察到了我的紧张，说："如今可不一样了，你马上就要为人之师了，再糊涂下去怎么行呢？尤其是这次的工作分配，这是组织纪律的一个大问题。"

　　孙先生的话很中肯，字字千钧。而我确实是没想过我的表现会产生那么严重的后果。我说："幸亏我这种情绪只是向您一个人表露了，要不然会造成极坏的影响。"孙先生没等我说完，就说："什么'幸亏'啦！这都是侥幸心理。一个人就是要胸怀坦荡，怎么想，就怎么说。关键是有了正确的思想观念，你的话怎么说也是正确的。"

　　听孙先生这么一说，我顿时哑口无言，因为我真的不明白，肖校长为什么要这样安排我的工作？

　　孙先生说："假如我是你，听了校长对我的工作安排后，我就立即跪地，向她连磕三个响头,还得高呼:"谢主龙恩!。""真的?"我惊奇地问:"当然是真的。"孙先生非常遗憾地说:"这可真是'不得其门而入,不见宗庙之美,……得其门者或寡矣'!"

看得出来孙先生当时是真的在为我着急。可是,我是真的不明白。孙先生无奈地以京剧道白的腔调说:"来、来、来,你且听我仔细道来!"

"你是一个师范生,毕业后的职务,只能是教小学的教员。师范学校是中等专业学校,比小学高几级?"我不懂,摇头。孙先生说:"小学、初中、高中,就是三级,肖校长让你刚毕业就留校教学,这意味着什么?"我说:"意味着我不合格。"孙先生一笑,说:"意味着你一毕业,在职位上就连升了三级!"我听了,一惊。孙先生又说:"这些年来,咱们学校有过几个留校工作的毕业生,就是留校,也多是做职员,实验室的实验员,搞思想工作的党团组织干部,也有一两个是站操场教体育的教员。而当年的毕业生,留校站三尺讲桌,教文化课、教工艺美术课的,还从来没有过。你要站的位置,过去都是李苦禅、王雪涛、谢时尼等名家站的位置。这意味着什么?"我听着浑身发热地说:"我不配!"孙先生又一笑:"眼下国家缺乏这方面的人才,所以决定现用现培养。培养谁呢?选来选去选到了你,这意味着什么呢?"我不敢回答。孙先生说:"这意味着,你是北师的幸运儿。你是被北师校领导宠爱着的宠儿,你多幸福!"

孙先生依据客观现实所做的剖析、推断,无可辩驳。我毕竟是在几百名毕业生中唯一的被选中者,确实在有幸之外,很难推脱受宠之疑。我对孙先生说:"我应该勇敢地面对现实,我只是担心我的水平……"

孙先生说:"其实,肖校长他们早就考虑到这一点了,所以找专人辅导你,让你学着边写大纲,边写教材,边教学。第一年是累一点、苦一点。但,明年再上课,就是轻车熟路了。你就能腾出手来改进、充实教学了。肖校长站得更高、看得更远。还让你担任市、区的教研组长。这意味着什么呢?这样你就能够从全市各中学取得经验,提高你发现问题、解决问题的能力,并在解决问题中,用这些经验去推动全市中学这个学科的教学工作。可以这么认为:肖校长早已经给你确定了将来你在北京市教育口里扮演的角色——专业性很强的,专门研究中小学的教育与生产劳动相结合的专门家……你的任务是重了些,但和你说的'强我所难',是完全不同的两个概念。"

当时我听了"强我所难"这个词,心如针刺,真是后悔,我对孙先生说:"您就别再提这个'强我所难'了。"孙先生毫不客气地说:"不提,那可不成!对于你错了的东西,一定要真正让你认识到,它到底错在了哪儿,以后永远不会再犯这种错误。我这个人，有个脾气，凡是学生在我面前说了错话的、办了错事的，我一定给他们进行纠正，这是我在尽一个教师的责任。"

孙先生对学生学习和思想的认真负责精神，在全校是闻名的。听着孙先生的谈话，我回忆起了他在课堂上、楼道里、校园中，与同学谈话时，一会儿严肃认真，一会儿开怀大笑的种种场面，真使我肃然起敬。同时，也为能够有这样的老师指点自己而庆幸。

孙先生说："一个人想问题、说话，一定要有根据。还要反复比较，深思熟虑。肖校长让你留校教手工工艺课，是因为看中了你一直热衷于手工劳作，也知道这是你的最爱。一个人的一生，如果能做自己最爱做的事，那将是一种幸福。而肖校长把这种幸福给了你。可你反过来，倒说肖校长在强你所难，这你就大错特错啦！"

接着，孙先生若有所思地说："肖校长和他爱人吴冷西同志，都来自延安老区。延安有'抗大'、'鲁艺'……是我国知识分子扎堆儿的地方。吴冷西同志和肖校长他们也是拿笔杆子作学问搞新闻的。他们很熟悉知识分子，他们知道并关心知识分子。所以，为培养你，第一步就直接把你介绍给了全国最高学府，清华大学的名教授。这叫名师出高徒；另外，她把多才多艺，具有真才实学的曹试甘先生介绍给你为师；那年，她看你制作的小提琴，在市里获了奖，马上就把你介绍给了北京乐器厂侯连章老先生，让你去再提高；尤其是这一次把谢时尼先生指定为你的指导教师，可以说，你是拜到真师了。谢时尼先生，在国画上是齐白石的高徒。写美术字、图案设计全是一流，又是著名的手工艺品制作大师。你可真是有福气，又有运气！你遇到的是一个有水平、有见识、又有路子的好校长呀！"

我问孙先生："什么叫'有路子'？"

孙先生说："肖校长他们在社会的各个方面，认识的人多。有些事，一个电话，一个便条，就能把你介绍到一个单位去学习啦、参观啦。"我听懂了孙先生的解释。之后的几年里，我又求教于梁思成先生，又到民族乐器厂学做民族乐器，到艺华管乐器厂学做管乐器，到市劳动技校学习木模型制作，到印刷二厂学习印刷技术，到宣武机械厂学习车、铣、刨等加工技术等等，这些全是肖校长给我联系的呀。

听了孙先生的一席话，使我明白了什么叫苦口婆心，什么叫帮你掰开了揉碎了的分析问题。孙先生已经使我清清楚楚地认识到，多少年来，是肖校长费尽心思地帮助着我，扶植着我，培育着我。

孙先生觉察到了我是在悟，于是便说："刚才，我说的'不得其门而入，不见宗庙之美，'那句话，那是孔老夫子的弟子子贡对先生说的话，表面上看，是说：'先生家的院墙太高了，学生找不到院门，从墙外，看不到先生家中的美好景致'。而其寓意是说：'先生的水平真是太高了，使学生望尘莫及。'子贡还说：'得其门者或寡矣！'意思是说：'能够懂得先生思想的人是太少了。'现在，你知道了自己对肖校长的认识太浅薄了，说明你还有希望。这样，你就有入门的可能了。"孙先生真诚佩服地说："在我看来，肖校长不仅有水平、有远见、有魄力，而且是位为党和国家培养干部、培养人才的专家。你看，这些年她培养了多少干部。大批地，向外输送出去的不说，就是咱们学校现有的，经她的手，培养选用的这些干部，还都个顶个的棒。肖校长是代表党主持学校工作的。国家出资建学校，请老师，还提供一切教学设备、物资。……这就是我们常说的：你们受到的是党和国家的培养。"

　　孙先生把肖校长对我的培养帮助，提高到了党和国家的高度，就使问题变得严肃起来了。想起刚才，我找肖校长谈工作分配的问题，真是我的愚昧之举。但，又在孙先生刚才夸赞的，'个顶个的棒'的鼓舞下我有了勇气，说："孙先生，我绝不会给领导丢脸。一定认真地接受每项工作任务，好好干！"

　　孙先生听了，高兴地说："这就对了！过去的武将有一句话，叫做：'养兵千日，用兵一时'，连掉脑袋都不怕，还怕什么呀！"

　　我听了，一怔，心想：说着接受工作任务的事，怎么又蹦出了一个"掉脑袋"呀！我忙说："我不明白"。孙先生说："过去的官兵，被养了千日，一遇到战争，需要他们上前线，他们没二话，拼死往上冲，连掉脑袋都不怕，这就是'以死相报'。你有这个思想准备吗？"我听了说："我还真的没这么想过！"。孙先生又说："中国的文人，比武将还厉害，他们认为：不用养育千日，只需有'滴水之恩'就得'甘当涌泉相报'！"

　　说到这儿，孙先生的态度，变得甚至有些激动。"这可能又是你没有认真想过的。"我点着头。孙先生说："这是一种什么精神？这可是一种无私无畏的报恩精神。也就是说，报效祖国是不能带有一点私心杂念的。假设，没有了这种报恩的精神，家将不家，国将不国呀！"孙先生自言自语地说："子女竭尽全力地报答父母的养育之恩，这个家必定能幸福美满。国家的人民，都能竭尽全力地报达国家的哺育之恩，这个国家就一定能够兴旺发达。也可以说：一个国家，全是靠着这些无私无畏，以命相报国恩的人撑着呢！这些人，被人们称为君子。历史上把这些人称做民族英雄、忠臣。值得人们世代相颂。然而，被历史记载下来的，仅仅是千千万万中的极小的一部分。更多的是那些从不显露名声的奉献者，那些人就更显得伟大。"孙先生十分诚恳地对着我说："我最佩服的，就是这种人！"

孙先生的眼神告诉了我，他就是遵循着这种人的脚步走过来的。

听着孙先生的话，好像他就是这样做着的，这些发自内心的自述，又像是在为我，描绘着人生的蓝图。

突然，我脑子里闪出了一个我几次想问，而又没有问及的问题："您生长在旧社会，那时没有党和国家的培养，您向谁报恩呢？"

孙先生一笑，说："这个问题问得好。好像从来还没有学生问过我这个问题。"孙先生沉静地说："因为我是中国人，我永远没有忘记中华大地的养育之恩。孝敬父母、报效祖国，就是我做人的准则。为此，我苦读书，学知识，练本领，并用我的笔，赞扬我们民族的真、善、美，用我的笔去抨黑暗及无能政府的鄙害，也揭露人们的错误和不健康的思想和行为。目的就是要唤起人们的爱国热情，激发大家的进取心，改变旧观念，改掉旧陋习，以求强国……"孙先生停了一下，又说："我爱党，我十分懂得今天的胜利是来之不易的。我做了我所能做的一切。……如今，我是教师，我能借这个岗位，尽我最大的努力去工作，我就心满意足了。"

听了孙先生的这次谈话，我什么话也没有再说，只是在想：孙信先生他那一副钢筋铁骨撑着的不仅是他那高大的身躯，还托着他的那颗火红的爱国之心，和他的那腔火热的爱着人民的血。他的那颗心那腔血，不正激励着我和像我一样的年轻人么？

赵广智　1956年毕业于北京师范学校，留校任教，清华大学梁思成教授学生。曾和孙之俊（孙信）在同一教研室工作。中国古建筑微缩精品之工艺大师，中央民族大学客座教授。

大师小事

沈念乐

以"大师"相称,对于我的恩师孙之俊先生来说并不为过。本人有幸在北京师范学校上学的时候曾从师于孙先生,更巧的是,之前我在北师大一附中读初中时,就是孙先生教我美术课,其后,我考上北京师范学校不久,孙先生也调到了北师任教,这真是"缘分"啊!

那个时候,当学生的特别喜欢背地议论自己所崇拜的老师,哪怕是道听途说也会迅速传开。于是关于孙先生的传闻,在我们这些美术爱好者中间传播着,诸如孙先生在民国期间就是很有名的画家,有过"南叶(叶浅予)北孙(孙之俊)"之说,还有孙先生是中国的"英国水彩画之杰"之说,"漫画大家"之说等等。而孙先生创作了很多受青少年喜爱的中外题材的连环画,则是我亲眼看过的。由于我酷爱绘画艺术,所以对我所崇敬的孙先生就加倍的关注,那些师生间相处的"小事",也就成了我记忆中的永久。

"一分"的故事

一次上美术课,铃声响后孙先生准时进入课堂,按照惯例,不事开场,直截了当地向同学提问:"国画的特点是什么?"而突然被孙先生叫起来回答问题的正是我。我一下愣住了,十几秒钟呆若木鸡,我听到了一个干脆的声音:"一分,坐下!"其后,孙先生用极其精炼的语言表述了国画的特点以及与西画的根本不同点。我心想,孙先生怎么这么注意我,让我来回答问题?苏联的五分制根本没有"一分",最低就是"二分"——不及格,怎么给我"一分"呀?越想越窝囊。当时觉得我这个美术爱好者还怎么去面对教美术的孙先生呢?然而,这个"一分"换来的是我深深地记住了国画和西画的本质区别。

其后，在我和孙先生的相处及教与学的关系中，并没有出现我想象中的那种尴尬局面，孙先生似乎早就忘了那个"一分"事件，仍然是认真地指导我完成各种绘画的作业，我的心逐渐平静下来。

"爱徒"的惊喜

北京师范学校从西城的端王府夹道搬到了宣武区的南横街新校舍后（1955年冬），校舍需要布置环境，这个任务当然地落在了孙先生身上。主要的任务是在教学大楼一层的被称为"圆柱大厅"的四个大柱子上和每个楼梯拐角的墙面上悬挂油画作品。万万没想到，我这个被孙先生"狠狠地"打了"一分"的学生，竟被选中成为协助孙先生绘画那些油画的四名学生之一。欣喜若狂，受宠若惊——这回可以得孙先生之真传了，吃"小灶"的滋味就是不一样！不管是画大厅悬挂的风景画，还是楼梯拐角处的教育家画像，都是由我们先起草，再由孙先生修改完成。这时的孙先生完全没有了那种打"一分"时冷冷的语调，而是耐心地亲切地进行着深入的指导。当他修改我们的"半成品"时，在我们眼里简直是马良的神笔，只几笔就把所描绘的事物栩栩如生地显现出来了，我们几个同学佩服得五体投地。那是我第一次知道孙先生还会画油画，也是我第一次接触油画，学到了很多油画方面的知识和技能。谁知日后还派上了大用场。但是，后来由于工作和本人方面的原因，在这方面没有成就事业，始终只是一个"爱好者"。

色彩的学问

一次上课，孙先生发问："你说什么颜色最好看？"一位同学毫不犹豫地回答："红色！"这位同学可能是偏爱火一般热烈的红色，也可能是红色代表"革命"、代表"胜利"、代表政治的先进性，"红色"显然是不能否定的。然而，孙先生却反问："那么给你的鼻子染成红色的怎么样？"这个"尖酸刻薄"的反问，使这位同学的脸，包括鼻子一下子变得通红，其他同学则哄然大笑。孙先生接着说："把鼻子染红会是谁，马戏团的小丑是一种幽默、可爱、夸张，而平常人就成了酒糟鼻子。"——又是一阵哄笑。这一问、一答、一讲，把色彩学深入浅出地讲明了：色彩是要根据所要表现的事物，以及光线对其作用而确定的。作为绘画者，不应对"色彩"讲喜欢这个，不喜欢那个。"黑色"似乎最不好看，但它却是油画颜料中的"皇后"。一个最简单的问题，阐明了一个色彩学的深刻道理，令人拍案叫绝！

相互"揶揄"

与孙先生同为我们的美术老师中,还有一位大师级的人,就是书画鉴赏、国画家李智超先生。李先生是当时琉璃厂画商们无人不知无人不晓的,有"李半尺"之称(即打开画轴后,露出半尺画面,便能断其真伪)。这两位大师级的老师在一起经常互相"揶揄"。孙先生浓眉润脸。李先生瘦长身材,真像是一对相声演员。有一次我到美术教研室,看见孙先生和李先生互相画了一张"肖像画",孙先生被李先生画了一个绿脸汉,连鬓胡子黑乎乎的,李先生被孙先生画成了"黄脸婆",两个人正在那里哈哈大笑。我到现场,他们也不避讳,还问我画得像不像,搞得我哭笑不得。当时我还不太理解,后来才明白,两位大师的内心以幽默的漫画形式,表达了相互的尊重与理解:一个是率真的"绿林好汉",一位是善良的"说客"。在我们眼里,他们都是最优秀的艺术教育工作者。

天才"杂家"

有一次,一位同学突然发现图书馆里有一张解放前的《北平日报》,上面有豆腐干大小的一则新闻:"北平市某年月日举办滑冰比赛,孙之俊先生携其夫人到场观光……"啊,孙先生怎么还成了体育界的知名人士?后来听同学说,孙先生曾经是冰上高手,获得过北平市花样滑冰比赛的第三名,真是多才多艺。孙先生还对北京的曲艺颇有研究,三弦弹得很专业,很多同学都听过。孙先生自弹自唱,怡然自得,潇洒自如。孙先生还谙熟北京的民俗风情,记得有一次在课堂上给我们讲起北京特色的"叫卖",他张口就唱了一段"桂花糖来糖薄脆,白糖面包……"那声韵抑扬,至今还留在我的记忆中。有时我还以此来"考考"那些民俗专家:"你们知道这段吗?"大有蝎虎子掀门帘——露一小手的自豪感。只有对生活和人生充满乐趣和自信的人,才有这样的情趣。另外,孙先生还写得一手好文章,半文半白,词语丰富,流畅通顺,真是才艺双全的"杂家"。

结束语

在"文革"期间,我曾经用孙先生传授的油画技艺,为我所任教的学校大门内的影壁上和操场的操台影壁上绘制了大幅的毛主席像,后来又招来很多学校老师亲属或朋友的单位找我画毛主席像。"去安源"、"东方红"等大约有十来幅。

当时，一方面是出于"无限热爱"、"无限忠诚"，另一方面又是我锻炼绘画能力的极好机会，还可以在很大程度上躲避"你死我活"的政治风浪，真是一举多得。当然，如果画得不像，照样会被当"现行"揪出来。风险是很大的。但是我自信，从孙先生和其他恩师那里学到的本领完全可以做到一个"像"字。就这样，我的"文革"生涯还算是有惊无险。然而，教给我绘画本领的孙先生，一个才华横溢、乐观豁达的画家和艺术教育家，却在那场浩劫中，由于众所周知的原因离我们而去，哀哉！悲哉！我想，如今我们最应该做的事，就是记住他，永远地记住他！

2008 年 5 月 20 日

沈念乐　1954—1957年在北京师范学校学习，曾在宣武区任教多年，后任区教育工会主席、文化局局长、琉璃厂管委会办公室主任等。中国市长书画院副院长。主编《琉璃厂史画》《中国宫廷大词典》等书。

师道匠心

张其贵

孙信老师已经去世多年了。我接触孙信老师也只是在北京师范学校读书的三年里,仅限于每周一两节的美术课上。他是声名显赫的大家,我只是一名普通的师范生,又不是他的得意门生,极一般的师生关系。据此行文,真可谓"回首难言"。

不断地翻阅记忆,梳理往事,渐渐地我看到了孙老师极具个性的师道匠心。

北京师范学校的原址在西城区端王府夹道,那是一座老旧的庭院,最高的房屋也不过是两层的小楼,连接主体建筑的是通向许多方向的回廊,把中心庭院分割成许多既独立又相通的小院落,被树荫覆盖着。

借着回廊的木柱,悬挂着许多木质黑板,那是学生会和工会的板报园地,很吸引人!每次更换新内容,孙老师总是忙碌在这些文字和绘画高手之间,指指点点。

有一次,我驻足在属于教育工会的板报前,看孙老师如何画报头。记得那是一篇宣传某项国家政策的短文,短文写得很漂亮,版面只留下一角。孙老师先用粉笔画了一个类似讲台的桌面;又是几笔,一个台式麦克风立在桌面上;接着一个只露出大半身的演讲者站在桌后。这个人微微侧身,左手潇洒地撑在桌沿上,右手轻松自如地在空中比划着;嘴微张,头发恰到好处地遮挡住部分前额……仿佛正满怀激情地在宣讲着什么。围观的同学鸦雀无声,我也看得目瞪口呆,心想:画得真好,比真人还传神,什么时候自己才能有这么两下子呀!

这一幕,似乎是一节启蒙课,从那以后,师从三位老师(还有李智超、谢时尼老师),兢兢业业,认认真真学习绘画。事隔50余年,孙老师那幅板报插图始终印在脑子里,挥之不去!

孙老师教我们那是二年级的事。这之前,我们跟谢时尼、李智超老师学实用美术和国画；孙老师教西洋画。

　　50年代初期，课堂教学流行"组织教学、检查复习、讲授新课、巩固练习、布置作业"五环节的教育理念，老师们大致都按这样的步骤安排教学过程。一上课，老师总要提出一两个问题点名要同学回答，当场打分记入摆在讲台的学生名册。一般老师问的多是上节课学习的重点或难点，是学生应当理解和记住的内容。孙老师的提问却常常使人难堪。

　　"油画的特点是什么？"孙老师发问。这时教室里静极了。

　　第一个同学被叫起来了，沉默！

　　"1分。"孙老师宣布了成绩。这相当于100分中的零。

　　第二个同学站起来了，哑然！

　　"1分。"一连几个都站在那里，教室一片寂静！

　　"大家都不知道？"孙老师停顿了一下，"真实！"教室一片释然。接着便是生动地讲，认真地听，孙老师也就"忘记"了记分。

　　课堂上，谁要能把他讲过的知识记住，运用恰当，他会真诚地夸赞："5分。"甚至兴奋地说："5分还少哇！"

　　同学们揣摩不透孙老师的评分尺度，心理上既紧张又兴奋，情绪起伏大，注意力要集中，又得学会迅速转移。

　　随着对教学的深入理解，我渐渐明白了孙老师的做法属于"激发动机，引导注意"的大写意。

　　其实，孙老师课上"讲"得并不多，大量的时间是在绘画的学生中间穿行，随时给以指导。或替同学修改几笔，或示范一下，发现谁的习作有代表性，当即召集大家进行点评、指导。你可以离开座位去观察别人的绘画，也可以跟随孙老师，看他怎样指导别人；更可以直接找他请教。师生都很投入，活而不乱。

　　在我的印象中，孙老师"讲"得最多的是关于绘画中的"透视"原理。用四根线分别穿过一叠同样大的正方形白纸板的四个角，并按一定的间隔固定住；竖着展开后，便能看到四条平行的垂线中间悬着若干间隔相等的白色正方形纸板，长长的一串，很像天空中放飞的蜈蚣形风筝。挂在那里的纸板，明明大小式样完全相同，但在我们的视觉里竟完全不同。

　　继而，孙老师引导大家在不同高度、不同位置观察这些正方形的各个部位，体会其间差异很大、甚至截然不同的视觉效果，反反复复，不厌其烦。在这样的基础上，他才告诉你，现实中的真实是怎样经过眼睛的"折射"成了绘画中的真实。于是"视平线"、"视点"、"散点"、"平行"、"收缩"、"垂直"……便成了我们表现艺术真实的基本武器。

写生开始了，描摹几何形体、石膏模型、实物、静物……运用比例、色调、线条等等。同学们的才能渐长，兴趣渐浓。

利用课余时间，我画了一幅静物写生：一只豆青色的瓷瓶，瓶壁上趴着一只壁虎。我尽己所能画好后，犹豫再三，终于在画面的一角，署上了自己的名字，把画交给了孙老师。没想到，孙老师当面好一番夸奖，形象、比例、质感、色感、色调、过渡、光点、笔触……一一点评，还拿给其他老师看，赞不绝口！几天后，我的这张静物写生，就在美术教室的墙上张贴出来，要知道，那可是全年级各班上美术课的地方！

看着墙壁上同学们的习作，我想：这些被展示的图画，真正的作者是孙信老师。

毕业后，我在北师附小（现右安门一小）教书。三年困难时期我当班主任，教语文、数学。粮食定量，副食短缺，师生体质下降，不少人得了浮肿病。上级一再强调"劳逸结合"。学生晚上课，早放学；年轻的住校老师也要早睡、晚起；减少作业，减少活动……一下子空闲的时间多了，就看看小说，画点画，权当休息。

就自己的能力水平而言，只够得上"雕虫小技"。新年快到了，学生们送给老师一些小礼物。当时也没什么特殊的，无非是小画片、小书签等。送学生些什么呢？画书签！于是一头扎到宿舍里，在一些小纸片上水墨、水彩一齐上，画点盆景、花架、孤帆远影、小桥人家之类的小品，再写上祝福鼓励的话，每个学生一张，学生们高兴异常，师生间多了些温馨的交往。

"文革"前，我调到另一所小学，依然教语文、数学，当班主任。事务老师出于好奇，从教育局的仓库要来一台科普式幻灯机，正愁派不上用场，我试着用到课堂，总算冲破了一支粉笔打天下的局面。可惜机器太小，只能放映电影胶片的画面，很难广而用之。于是根据需要，自制幻灯机，自己画片。在教学"行程问题"、"工程问题"、"长方体的求积问题"时，我利用多片复合的方式，比较直观地演示其动态变化过程，引导学生正确把握立体空间。绘画中的"透视"原理搬到了学生的作业本上。学生们解题时，也从简单的套用公式计算，发展到有了"动态思维"的理性支撑，做到了知其所以然。

我被请到区电教站，向全区相关老师介绍经验，大家一致称赞这些幻灯片的绘制。我心里明白，这都源于北师的培养，源于孙信老师！

1970年，我改教唱歌、图画等科目。当时正值纪念巴黎公社100周年，报章杂志刊登了不少介绍巴黎公社的美术作品，社会上大唱《国际歌》。巴黎公社本身、《国际歌》本身，就有无比的震撼力！因而涌动着想做点什么的激情。于是我用收集到的图片为小样，用炭条将其临摹放大，搞了一个由几十幅画组成的巴黎公社画展，引来无数参观者。

教师生涯后期，做行政工作了，在和老师们共同研究语文教学时，总觉得"分析课文"常常演变成"肢解课文"，面面俱到，支离破碎。我认为，文章就像一个球，各个部分都向"中心"拱着，呈现"轮辐向心"的状态。这很像一个物体的透视图。作为范文出现的课文，"中心统领具体，具体指向中心"的特征是很鲜明的，因而应该从"概括与具体统一"的角度，借鉴"透视"的原理，去培养小学生的阅读和写作能力。我试着把透视图的视点做为文章的中心，周边散置着代表文章具体内容的空白方格。方格的四角向"视点"（中心）收缩的轨迹用阴影描绘，一个辐射图显现出来了。师生合作或学生独立，边读书，边在方格中填上文章内容或代码。日久天长，逐渐形成整体统一部分，部分归于整体的认知能力。

这也算是绘画透视原理的跨学科应用吧！

做为画家的孙信，我没有资格与能力去全面的评价；做为美术课教师的孙信，在十分有限的时空迅速地吸引学生的学习热情，真诚而有效地提升学生的能力，长久地影响着学生的学习、工作、人生。他，应该获得恒久的尊敬。

2007 年 3 月 20 日于北京

张其贵　1957 年毕业于北京师范学校，长期从事教育教学工作，北京宣武区实验小学校长。

不应被时代遗忘的画家

冯大彪

孙之俊先生不仅是我国现代漫画和连环画的先驱者之一，而且是卓有贡献的美术教育家。

三四十年代，京剧界有"南麒（麒童）北马（连良）"、国画界有"南张（大千）北溥（心畬）"，漫画界也流传着"南叶北孙"之说，南叶即指沪上的叶浅予，北孙就是北京的孙之俊，可见孙之俊先生当时的社会影响和在美术界的地位了。

《武训画传》使他付出了生命的代价

1937年，孙之俊先生创作的《武训先生画传》在天津《大公报》连续发表，当时是段承泽文，孙之俊画。1943年在重庆办育才学校的陶行知先生看到后，备极称赞，并亲自作跋，6次再版。而且还将《画传》的文字部分译成英文，介绍给苏联、加拿大、印度、英国等国际间进步的教育界朋友。尽管如此，他感到手头这个版本，在时间空间和历史观点评价上，都需要加以修正补充，另外也看到其他的几个版本，由多位南方人制作，生活环境、用具都不对，所以有一次对李士钊先生说："你将来一定到北平找到孙之俊先生，请他再画一套精美的《武训画传》！"

1950年李士钊任上海武训学校的校长。说起来，他的老家离武训的故乡只有几十里路。自幼便听到很多老人和乡亲们对武训的赞誉和传说，武训那种锲而不舍的行乞兴学的精神，深深地感动着他。他花了20多年的时间，搜集采访了有关武训的生平的大量史料，并编辑出版过《武训的传记》。这些书为著名导演孙瑜改编创作电影《武训传》，提供了宝贵的资料。同时，他还牢记着陶行知先生的嘱托，专程到北京找到孙之俊先生。结果二人的想法，一拍即合，孙之俊画的

《武训画传》于1951年由上海万叶书店出版，孙瑜、赵丹、李士钊、孙之俊分别写了序，郭沫若不但题写书名，而且还手书题词。

天有不测风云。未料，当年的5月20日，人民日报突然发表了《应当重视电影〈武训传〉的讨论》，迅即在全国范围内便开始了铺天盖地、上纲上线的大批判。接着孙之俊和郭沫若、田汉、赵丹、孙瑜等一切宣传过武训的人纷纷做了检查。孙之俊的《检讨我画〈武训传〉的错误》发表在6月13日的《光明日报》上，

《检讨我画〈武训画传〉的错误》
孙之俊先生的检查被编辑在《关于影片〈武训传〉的批判》（中）。

该报还做了"编者按"。应该说，这是新中国成立以后，在文化艺术领域发动的第一次大规模的批判行动。

以后，孙之俊先生也就迅速地在美术界销声匿迹了。他易名孙信，一方面默默地埋头于美术教学，先后在北京师范学校、东城师范学校、北京第二师范学校等校任教，兢兢业业地培养了许多优秀的美术教师，有些还成为了著名的画家，同时还应邀在教材编审处画了大量的中小学课本的封面及插图；另一方面，他把绘画题材转向了民间的、苏联的连环画和童话故事，利用寒暑假、业余时间进行创作。现在收集到的计有四十多种，如《曙光照耀着莫斯科》《巴黎公社的故事》《底格里斯的枪声》《银碟与红苹果》《胆小的兔子》《英雄亚诺士》《嘉丽亚的新生》等等。其中《大人国游记》《小人国游记》《吹牛大王历险记》《我是劳动人民的儿子》《鼓手的命运》等颇受欢迎，多次再版。

1966年8月底，"文革"风暴席卷大地，孙之俊先生自然在劫难逃，9月4日孙之俊夫妇被迫回到了离开40多年的农村老家。次日深夜（或凌晨）孙之俊先生在老家院内的葡萄架下结束了自己的生命，时年仅59周岁。

爱国是他漫画的主调

孙之俊先生是河北省藁城县南四公村（现为东四公村）人。1907年出生，2007年12月在北京劳动人民文化宫隆重地举办了《思想·手迹·足迹——孙之俊先生诞辰百周年作品回顾展》，参加开幕式者近千人，场面之热烈，盛况空前。他的爱女孙燕华女士用诗的语言在展前题词：

这是一位被遗忘的画家，

这是一批尘封了几十年的作品。

画家从历史的风尘中走来，

匆匆的，又在"文革"的风暴中离去。

脚步走过的年轮，

深深地，

留下了他的思想，他的手迹，他的足迹……

孙之俊先生自幼酷爱绘画，尤其擅长漫画。中学时代即闻名乡里。1927年毕业于正定的河北省立第七中学，考入北京国立艺术专科学校西画系。同"艺专"的高材生冯翰、雷奎元（雷圭元）、宗维赓、童漪珊等一起创办了"北京漫画社"，并得到校长林风眠的支持。他们的宗旨是："鉴于漫画之在今日，实于改革社会，描写性情，不可少之民众化的艺术。"从此便开始了大量的漫画创作。同时，还参加了由李苦禅、赵望云等当时具有革新思想的画坛友人成立的"中西画会——吼虹社"，探讨"中西合璧"的绘画道路。

漫画是时代的晴雨表。应该说，孙之俊先生一踏上从事漫画的道路就与国家的命运息息相关。1928年的5月3日，日本侵略者在济南制造了惨绝人寰的"五三惨案"（非1925年上海的"五卅惨案"），当时的《北洋画报》大字标题"济南日军歇斯底里大杀戮"。为雪国耻，孙之俊先生连续画了大量的抗日漫画。这一时期代表性的作品，有《五三》，画面上，日本侵略者是一根重重的铁链，把中国人牢牢地捆绑起来，折磨其身躯，囚曲在地，"五三"两个字警示着国人。下面的英文可译为"日本人的暴行"。另外一幅是《无题》，画中被捆绑的山东大汉正遭受日本板斧的砍杀，而"他省"的那些官僚们正纷纷逃避，深刻地讽刺了当时国内军阀混战，不顾国家民族利益的现状。另外，还有《大家还不快醒吗？日本人的炮弹打在你们头上了！》这幅画中沉睡的人们没有感到日本人侵略的危机，仿佛作者在向他们大声疾呼。画面上飞动着的和已经爆炸的炮弹与沉睡的人们形成了强烈的对比。

国立艺专毕业后，孙之俊先生到河北省立第八中学（因其设在易县，故又称易县八中）任教。第二年，即1931年，九一八事变，全国人民愤慨激昂，他为该校救国团创作了《国人速醒》的宣传漫画，发表在《世界画报》上。这一时期的代表作还有：《一九三三》《日本说：中国不是一个国家》《一哭一笑》和《新年漫画》等。尤其是发表于1932年12月31日的《新年漫画》，对于仍然沉浸在纸醉金迷之中的官僚政客，进行了无情的揭露和讽刺。还有，1933年热河失守，他画了《刚一瞧见个影子》《今年不抵抗，明年徒悲伤》等漫画，尖锐地讽刺了军长汤玉麟弃军而逃的事实，号召国人奋起抵抗，后退是绝无出路的。

到了1937年，也就是"七七"卢沟桥事变前夕的7月3日至7日，战事如箭在弦，一触即发，孙之俊先生与叶浅予、陆志庠、张振仕、梁津等人发起并组织了在中山公园举办的北平历史上第一次漫画展览会。会上展出130多幅作品。主要内容就是揭露日本帝国主义侵华阴谋，暴露当时伪冀察政务委员会统治下汉奸走狗的卖国求荣的各种丑恶嘴脸。

这次展览在当时的北平引起很大反响，几家报纸同时给予报导。展品中有两幅同为《打回老家去》的内容，由于这些揭示了日本侵占东北后，不甘心做亡国奴的流亡国民的心声，因而受到了工人、学生、市民的深切同情和热烈欢迎，也因此立即受到日本侵略者的监视。一个日本浪人闯进会场，巡官也接踵而至，又拍照又纪录，并命令立即摘下画幅。做为组织者的孙之俊先生，一方面千方百计进行应付，将五线谱上的"打回来家去"改为"流亡进行曲"；另一方面还要掩护参展的进步学生张启仁，告诉他："要抓你呢，赶快藏起来！"

7月7日，观众更是人涌如潮，闭馆时迟迟不肯退场，因此日本浪人又来监视、捣乱。最后，在画展结束的几个小时后，卢沟桥事变发生了。在当时的历史条件下，这次展览起到了鼓舞群众、宣传抗日、打击日寇和汉奸的作用。作为这次展览的主要组织者孙之俊先生功不可没。1982年原中央美术学院副院长张启仁先生在《学习与研究》杂志撰文《忆"七七"前夕北平的一次漫画展》，其中写道："45年过去了，抚今思昔，我们要在此文中缅怀和纪念这次画展的主办人，我们的老一辈的漫画家孙之俊同志。"

他是中国现代漫画的先驱者之一

1950年以后，直至1966年含冤而逝，孙之俊先生一幅漫画也再未画过。但是他的女儿孙燕华女士从北京的国家图书馆查到的他在20年代末到新中国诞生前夕所创作的漫画作品竟有三千幅之多！当年为遮人耳目，他是用了多个笔名，曾用过近之、之隽、CCT、小苏、苏恩、特哥、慕尔轲、慕鲁娄、付基（分别是"反"和"蒋"二字的第一音）、"彻底抗日"四个字的字头等。装了十个大牛皮纸袋，连图书馆负责这件事的人都惊叹地说："我们的工作人员，几乎都没听说过您的父亲，但是越查作品越多，以至让我们感到简直是重新发现了一个人！"

20年间能有如此大量的创作，实在是个惊人的数字。孙之俊先生的漫画创作是密集的，几乎天天有，甚至有时一天发表两篇，犹如是一本"漫画日记"。

1942年就有专家在《作家群与漫画生产》一文中评论他："提起了开拓漫画困苦的前路，孙之俊应该是一个永远放置在人们记忆里的人物，他经历过漫画发展途径上极苦难的日子，从腐旧的时代中尾随着漫画被唾弃后的余息，坚忍着一切诽谤漫画艺术的风暴，而滴着热情的泪滴，在沉渊中挽起这将垂死的生命。如果我们来歌颂它的伟大的劳苦，似乎不能遗忘他血迹斑斑的一支手的。"

孙之俊先生曾经表白过："导人为善是我创作漫画的目的。"所以他的漫画，除去反映"国事"的时事漫画外，还有大量的与人民生活息息相关的"家事"题材。比如发表于民国十八年一月十三日的《华北画刊》上的《饭碗问题》即是他早期关心国计民生的作品。孙之俊先生以独特的构思，简洁的笔法，深刻的寓意，将这个问题反映的尖锐而明确。另外，1942年他创作了《为了一个煤球》《升官有术》《文人》《大的跑了》《老师与学生》等大量反映在日本侵略者的压迫下，物价高涨、人民日益贫苦的社会状况。

一般说，漫画是独立成幅的，但是1928年孙之俊先生创作的《快乐家庭》，是目前发现的较早的"连续漫画"。应该说，是具有开拓性贡献的。

"连续漫画"是漫画特有的一种形式。它是在四格或六格组成的漫画小故事中发展起来的。四格或六格的漫画已经组成了一个简明的故事情节，犹如一篇文章的起、承、转、合，再把它们连续地发展就会串连出更多丰满的人物和更深刻的内涵。

孙之俊先生自1928年至1948年共创作了长篇连续漫画16组。最早的《快乐家庭》反映的是以一个城市中产阶级家庭为背景，表现了他们的生活方式、追求和困惑。当时他才21岁，还是艺术学校二年级的大学生。到第二年创作的《冬烘先生》（1929年1月13日－12月22日，共32回128幅），则主要是针对腐儒冬烘先生种种保守思想和做法进行了尖锐的讽刺和抨击。

这两部长篇连续漫画，从绘画风格上看与丰子恺所命名的"漫画"差异甚大。孙之俊先生的人物造型和动态的夸张是建立在坚实的结构基础上的，表情的夸张是基于对绘画主题的理解而塑造的。画面上设置的人物之间的矛盾冲突是对社会的直接感受，画面上线条、弧线、水平线和垂直线的运用无不表现出西画的优势和特点。由此我们可以看出在西洋画法传来中国以后，形式感所能达到的效果已经很快地被艺术院校的学生所掌握，并在连续漫画中运用开来。

《贾醉生》是孙之俊先生工作以后创作的连续漫画。从1934年10月4日到1936年6月7日共计370幅，发表在天津的《庸报》上。顾名思义，"贾醉生"是运用了《红楼梦》中"贾雨村言""真事隐去"的手法，创作了一个"假的醉生梦死"的人物，表现社会中各种世态或人生哲理，以导人为善，启人智慧。画面风格与《冬烘先生》已大不相同，笔法简炼，人物造型从写实的夸张变化为几何形的夸张。人物的动态是经过归纳的夸张：显得既合理，又明确而生动。

在《贾醉生》连载尚未结束时，孙之俊先生又塑造了另外两个人人物："王曰叟"和"费利儿"。《王曰叟》开始发表于1936年4月5日，这两个人物依然以"贾醉生"的手法定名：叟——老头儿，一个姓王的老头；"费利儿"儿化音，河北方言。费利儿是一个小孩子的形象，寓意是教育孩子不容易，得费力气。

一个老头儿，一个小孩儿，一个年轻的贾醉生，三个人物就构成了社会不同年龄段的读者群，反映了社会不同层面的生活。

随着社会的发展，1936年下半年孙之俊先生又有新的两组漫画发表，即《混混儿》（《世界画报》1936年9月13日–1937年7月11日，共计144幅）和《老糊涂》（《世界画报》1936年10月1日–1937年6月30日）。

至此，贾醉生、王曰叟、费利儿、混混儿、老糊涂等人物纷纷亮相，十分活跃。1937年6月1日，孙之俊先生在给老友王森然先生画的册页上，就画了当时活跃在报纸上的这几个漫画人物形象。

孙之俊先生另外一个影响巨大的连续漫画是与叶浅予先生既分工又合作的《王先生外传》，1938年从1月30日至12月27日在《新京报》副刊连载，后结集出版。

关于这一情况，孙之俊先生曾有一篇文章专作介绍，说"王先生是我们社会里的一位怪人，他扮演的各种角色，形容出咱们社会的丑态，他能代表群众心理，他能捉摸世道人心，他不怕指责，不怕辱骂，唯其他能赤裸裸表演现代生活，才惹得多数人注意。"然后谈到，所谓合作者"王先生是叶浅予先生创作连续漫画的主角，在上海漫画时期已给了大众一个深刻的印象"，所谓分工者，是"民国二十六年他在新京报露头，由鄙人和叶先生接力作。"因为"王先生"是上海人，其中的"小陈"也是上海人，这是叶浅予先生以上海人的生活方式创作的漫画人物，因此孙之俊在"接力"创作《王先生外传》的时候，开始仍沿用了上海人的语言和生活方式。不过因为当时他们有约，由孙之俊先生来创作"北方的王先生"，所以发表在1938年长达一年的"王先生"后来逐渐北方化了。为了表示王先生的形象并非自己原创，孙之俊先生特意署名"孙特哥客串"。

之后，孙之俊先生不但画了《王先生新传》，而且画了《王先生别传》。由于其反响强烈，影响巨大，同一题材，叶浅予在上海画，孙之俊在北京画，因此也就有了"南叶北孙"的称誉。

孙之俊先生在以漫画、连续漫画做武器反映人生，针砭时弊的同时，还写了关于漫画的理论文字——《漫画浅说》和《漫画应走之途径》。这是较早的系统的介绍现代漫画的文章。为了使自己的作品《贾醉生》更容易被读者理解，更直接地达到教育的效果，他还写了《贾醉生集序》和《贾醉生集人物志略》，分别刊载于1936年2月24日和3月9日的天津《庸报》上。

孙之俊，是中国现代漫画的先驱者之一。

他又是中国现代连环画的先驱者之一。

应该说，孙之俊先生也是中国现代连环画的先驱者之一。

孙之俊先生的视线一直关注着社会的底层。他一生三次创作一个人物共有两次。一个是真人武训，一个是小说人物骆驼祥子；一个是乞丐，一个是车夫。凡是看过这两本连环画的人都会承认，他是用自己的心在画他们。

《武训画传》在前边已经做了介绍，这里重点说说《骆驼祥子画传》。

2002年9月15日，

《漫画应走之途径》　　1939年7月发表于《新民报》半月刊

在北京中国书店第 20 期大众收藏书刊资料拍卖会连环画专卖场上，第 81 号《骆驼祥子》上下集（1951 年版本）有五六个竞拍者，从 400 元底价开始，最后拍出了 4200 元的高价。由此不难看出，孙之俊先生的连环画在收藏爱好者的心目中的地位。

《骆驼祥子画传》于 1948 年 10 月 7 日开始在北平的《平明日报》正式连载。由于受到读者的欢迎，于 12 月上旬，该报社就出版了已发表过的 35 幅《骆驼祥子画传》第一集。可惜的是，《画传》连载到 1949 年 1 月 5 日第 59 幅即截止，第二集也未再出版。据说截止的原因，可能与当时的战事紧张有关。

这年的 12 月，老舍先生从美国回到北京，暂住在北京饭店。孙之俊先生闻讯，于 1950 年初，携《画传》画稿去拜访，借以征求老舍先生的意见。老舍先生热情接待后，仔细的看过《画稿》，表示很满意，说："祥子没毛病，虎妞很合理想，刘四爷也不错。"并拿出他带来的许多《骆驼祥子》小说的各种外文译本，摊在床上，让他了解和参考这些译本的封面和插图。一年以后，即 1951 年的 4 月，《骆驼祥子画传》由上海华东书店分上下两集正式出版发行。这个版本较《平明日报》连载的版本有了较大的改动。增加和改动的共 25 幅，几乎占了一半。其中，最重要的改动就是将结尾改成祥子经曹先生介绍去了解放区。

说起孙之俊先生创作《骆驼祥子画传》来，应该说是"十年辛苦不寻常！"

他在 1950 年版的《画传》"前记"中写道："远在十年以前就开始试着给祥子作插图。""十年前"就是指 1940 年，当时距老舍先生的《骆驼祥子》小说开始在《宇宙风》杂志连载的 1936 年，仅仅过去了四年。又写道："画者是老北京，这部书中的人、事、景物都是北京的，画起来有许多近便，屡屡不断的便画了二百多篇。执笔之前，内心美术品结构的挺像样，落笔之后，便发生了很大距离。为了画的真实一些常到实地去速写。"

孙燕华女士还记得幼时爸爸给她说过，画连环画跟当导演似的，你得设计好人物形象、体态、衣着、表情，再配置上相应的环境——犹如布景；再配上相应的用具——犹如道具，这"戏"就开场了。

在《画传》的"前记"中孙之俊先生写着："把祥子读了很多遍，造出了人形，都画成裸体的，然后再给他们穿衣服。这样虽然费事，可是总比直接画衣纹妥当一些。姿态神情画不妥当时，常自己比划比划，或是找朋友比划比划。"最后感叹道："糟蹋了多少纸片，耗去了多少时光与心血，完成了这本骆驼祥子连续画！"

可见他对画连环画的态度的严肃认真，一丝不苟！

他深深地印在人们的心里

现在的历史已经跨入了21世纪。今天,这位被时代遗忘的画家一经挖掘出来,了解的人说:"早就应该还他的历史地位!"不了解的人说:"美术界竟然还有这样一位了不起的功臣!"

孙之俊先生同时代的朋友油画家张振仕先生曾对其女儿孙燕华女士说:"你父亲应该是继丰子恺之后,漫画界承前启后的人物!"华君武先生也说:"漫画史上应该有你父亲一笔!"笔者最近看到由北京画院院长王明明主编出版的北京地区美术史,书中为孙之俊先生专辟一章做介绍,可见他在美术史上应该占到一个何等重要的地位!

笔者还看到:《武训画传》由上海三联书店再版了;《骆驼祥子画传》也由人民文学出版社再版了!最近人民文学出版社还出版了一套"我的人间喜剧"丛书,这是七位当代著名漫画家的专集,第一位就是孙之俊先生的《思想·手迹·足迹》,其他人有华君武、方成、江有生、李滨声、毕克官和缪印堂。

孙之俊先生,人虽然离开了我们,但是他的事业,他的艺术成就却深深地印在人们的心里。

2008年清明节

冯大彪　1958年毕业于北京师范学校,毕业后任教师,中国新闻社高级编辑。享受国务院特殊津贴,系中国书法家协会会员、"国家体育馆"馆名书写者。

执教遗珍
——董晓山忆往

小 石[1]

劫后仅存的一本速写集

在一间充满艺术氛围的房间，望着这位瘫痪了十几年的主人，既是画家，又是司局级干部的董晓山，和摆在桌上的那本厚厚的速写集，集子封面上有当代画家李燕题字：中国美术先驱，孙之俊执教遗珍。

我们的谈话就从这本"遗珍"开始。

过去的20世纪，董晓山是北京师范学校五七届毕业生，孙之俊是他的美术老师。当时门门功课堪称优秀的董晓山，偏偏喜欢上每星期两节课的美术。说起五十年前这段往事，他动情地说："穿戴整洁，精神矍铄的孙先生，是位极受学生爱戴的老师，他几分钟，就能把一个人的形象画得活灵活现。那时，我从没画过油画，但当年挂在学校大厅的油画，上面却涂有我画笔上的色彩。这是一幅工业题材的油画。是孙先生教我有生以来第一次拿起油画画笔，告诉我油画应该怎样画，怎样用油彩起草……第一次的尝试，就像幼儿学步，让我开窍，才有了我以后"走路"，有了自己画油画的经历。

对未来定下目标的他，只靠美术课已不能满足心里不断冒出的不解问号，于是，他开始跑孙先生的家里。在北京复兴门内柳树井一座安静的宅院，去聆听教诲，去请教技艺。这一对师生间的往来，就这样坚持到1965年"四清"运动前。

大约60年代初，一次，在孙先生家里，董晓山浏览着先生栩栩如生的水彩画，他突然冒昧地对先生说："您能否把您的画作借我带回去学习学习。"孙先生听了没有丝毫犹豫，随手把桌上的一本速写递给了他。

---

[1] 本文系小石根据董晓山口述整理。

如获至宝的董晓山，拿着速写本，反复看着一幅幅给同学速写的头像、全身像、手、鞋、校园，等等，一边临摹，一边琢磨，特别是只用几分钟完成的人物素描（稿子上都注有完成的时间），使他爱不释手，对他帮助极大。

1966年开始的"文化大革命"使孙先生的命运和当时许多知识分子一样，个人受到冲击，家被抄，画被毁。尤其是在新中国成立之初，他因画了连环画《武训画传》受到上面点名批评，致使他在1966年9月，自缢于老家藁城自家院落的葡萄架下。而董晓山的家庭因在"文革"中受到冲击，也被下放干校和农村参加劳动，破"四旧"时他的画作被毁，做美术老师的愿望也随之破灭。然而，劫后仅存的这速写本，却奇迹般被他保存下来。但此时他早已和孙先生失去联系。转眼到了2007年，董晓山看到《北京晚报》孙先生的女儿孙燕华发表的两篇关于孙之俊先生的长文，使他大受感动，他急于想找到她，把这本珍贵的速写集送还。

这时，有人告诉董晓山，燕华想把人民文学出版社再版的连环画《骆驼祥子画传》送给他。这样，董晓山有了燕华的地址、电话。他立即把手里保存着孙先生速写本的信息告诉她，燕华惊喜异常，她在电话中连连叮嘱"请千万保护好，别丢了！"

2007年12月，一个阳光明媚的日子。在北京著名的太庙举行了《孙之俊诞辰百年作品回顾展》，纪念这位中国漫画和连环画的先驱，参观者熙攘不绝，董晓山破例坐着轮椅，在家人陪同下，前往参加开幕式。望着展板上一幅幅被放大了一倍的当年的速写，听者围观啧啧称羡声，董晓山眼含着热泪，心绪起伏，不自主地喃喃自语：速写本没及时归还，倒成了万幸！

那，这本速写为什么又回到董晓山那儿呢？

原来，孙燕华在速写集展出后，决定复制一本放大一倍的集子，再返还给董晓山，并请夫君画家李燕在封面上题了字。孙燕华在集子的"前言"里以朴实的笔调写道："这是一本普通的速写本，普通的不能再普通；但又是极凝重的速写本，凝重的不能再凝重！……在这里展示出的是孙先生在这速写本里的画作，同时也展示出了学生的一片真情！珍存了50年速写本的，就是那位北京师范学校五七届四班的学生——董晓山！"在"后记"中，孙燕华又颇有感慨地说："……董晓山保存下来的这本速写集又让我们'回闪'到令人怀念的岁月，涌荡出难以割舍的缱绻，更令人怜惜的是，这本集子竟然是我父亲劫后仅存的素描和速写集，也是他执教生涯的片羽吉光。……中华文明的辉煌成果，似乎跟博物馆里残头断臂的石雕杰作一样，看到的往往是余烬之物，知名者又是太多的劫余之人。先父孙公之俊并此册得无如是之列乎！"

孙之俊先生影响了我一生

董晓山回顾五十年前，深情地说，是孙先生帮助自己树立了理想，这理想就是下定决心搞一辈子美育，孙之俊先生影响了我一生。

1958年，朝阳区成立少年之家（后改为少年宫），教育局调董晓山做少年宫美术辅导员。他说，这是自己一生中最美好的时候。一方面，当时要把从孙先生那里学到的点滴知识，通过自己努力，传承给学生；另一方面，有幸继续向孙先生学习，每过一个阶段，便带着自己作品，请先生给予指点。

董晓山清楚记得，那次带着几幅素描头像、水粉景物和彩墨京剧人物画向孙先生请教。孙先生指着那幅水粉画说："一定要记住，画近处色要实、艳，画远处色要虚、灰，画景物的窗外光，亮处应偏冷，暗处应偏暖。"孙先生对几幅人物画（马连良的《赵氏孤儿》、裘盛戎的《姚期》、张君秋的《诗文会》）很感兴趣，夸这几幅画"形象画得准确，神态画得生动，有京剧名家那个份儿。"董晓山还提到一件往事。他说，他曾经看过孙先生根据老舍先生名著画的连环画《骆驼祥子画传》的第三稿。第三稿与第一、二稿相差了十几年。先生画的是铅笔素描，人物构图、北京风貌，生动而富有感染力，没有文化和生活的底蕴，没有精细的深入观察，是绝对画不出来的。在处理人物的关系上，也跟以前的画风不同。如果说，以前的人物还有漫画遗痕，而第三稿却完全注重写实。1950年孙先生重新创作的《骆驼祥子画传》，出版前，曾将画稿送给老舍先生，得到了他的肯定，但孙先生仍感画传有不完美处，所以又画了这第三稿。先生的这部画稿在"文革"前才刚刚画完，却被那场"浩劫"毁于一旦，实在可惜。

孙先生不仅关心指导自己曾经授业的学生，还热衷于公益事业。凡属美育教育的领域，只要他能干，都尽力而为。孙先生对朝阳区的美术教育十分关心。董晓山当时除辅导学生美术外，还支持朝阳区美术教研组活动，为把美术教师组织起来，切磋业务，利用少年宫场地，每星期六大家一起活动，活动内容丰富多彩。董晓山请孙先生多次到少年宫给老师们进行讲座，在讲人物画技法时，孙先生用木炭条在整开的白纸上现场作画，深受老师们的赞赏。孙先生还怀着浓厚兴趣参观学生画展，加以点评，他说："这些活动好，可以校内校外结合起来，老师学生互相促进。"当时，孙先生来少年宫是义务辅导，每次都从十几里外蹬着自行车来。第一次来时，教室里临时挂了块黑板，孙先生讲着讲着黑板突然掉了下来，正好砸在孙先生脚上,他"哎哟"了一声,砸得不轻。可是,他还是坚持把课讲完骑车回去了。看着孙先生远去的背影,董晓山的眼睛湿润了。

孙先生对展出学生的作品,除赞赏有加外,如果有时间,还对一些画画好的学生进行辅导,吃"小灶",认为这有助于发展学生的兴趣,他说:"这些对绘画有兴趣有天资的学生,要多加鼓励,让他们刻苦作画,持之以恒。将来他们中一定有人成为画家、美术工作者呀。"

董晓山至今记得孙先生曾经表扬过的几位同学的作品。他拿出当年这些作品的照片资料说:"十二岁学生刘平的《新工地》,画面气氛渲染生动热烈,曾送到罗马尼亚展览;王二可的《喂鸡》,生动地表现了小鸡被放出鸡笼后瞬间的动态,这幅画曾送到尼泊尔展出;刘国庆的《跳皮筋》,把学生的课外活动,表现得欢快而富于生气,作品曾送到法国展出。龙瑞的《公社里的新电视》画面人物众多,构图巧妙,形象刻画生动。作品曾在香港展出。

这些充满童趣的画,当年被中国人民保卫儿童全国委员会送出国外展览,孙先生知道后,高兴地说:师傅领进门,成才靠个人。后来,这些孩子有的真成了美术之才,有的成为专业美术工作者或知名画家。

董晓山自己后来虽然搞了行政,当了国家语言文字工作委员会的党委副书记,但他始终没有丢掉自己曾经热爱过的群众美术和出版工作,在繁忙的工作之余,抓紧一切可以利用的业余时间,为书籍作插画、画尾花达几百幅之多。1995年突发脑溢血后,右手完全不能动弹,他顽强地用左手抱着右手练习写字,画插图,后来竟可以独立地用左手写字画画了,要是不了解情况的人一点也看不出这些字画,是这样完成的。

董晓山是孙之俊先生几十年执教美术的一个好学生,他忠于学生时代立下的宏愿,努力实践创新。他又把孙先生的美术理念传授给自己的学生,董晓山不无感慨地说:"当孙先生在天之灵,知道如今有那么多人怀念学习他,一定由衷感到欣慰。"

2008年4月10日

董晓山 1954—1957年在北京师范学校学习。毕业后长期从事校外美术辅导员工作,曾经在北京朝阳区文化局、语文出版社任职,担任过国家语言文字工作委员会副书记。是北京美术家协会会员。

跟随老师学画的日子

于 淼

十年浩劫夺去了我们心爱的美术老师孙信的生命,但这位德艺双馨的老师永远活在我们的心中。

每当我在艺术上有点滴进步时,都会饮水思源,怀念孙信老师。古人云:受人滴水之恩,必当涌泉相报。大家都知道我善画鹰、鸡、马,这自有悲鸿恩师的指点和教诲,然而北师二年级的一节美术课却使我没齿不忘:孙老师带着同学们欣赏一幅徐悲鸿的"奔马图",那次,我初识了国画(写意画)的笔墨艺术。毕业后,我去北京第二师范学校求教孙老师时,有幸目睹了孙老师即兴挥墨的"奔马图",令我受益匪浅。我是在孙老师的引领下,向画坛迈出了第一步。

孙老师的幽默教学给同学们留下了很深的印象,他的讲课充满着幽默诙谐。一位同学在画石膏像时把看不到的部位也画上了。孙老师说:"这是形而上学。你的眼睛会拐弯吧!在你的位置上明明看不到的部位你却能画出来,那还不是形而上学吗?"

一次,美术课的内容是画记忆画。孙老师一走进教室就逗得同学们哄堂大笑,原来他戴了一顶大沿礼帽。只见他迅速把帽子收起来,说:"今天画记忆画,记忆的题材就是刚才我戴的那顶帽子。"因为是瞬间记忆,所以只有极少数人画了出来,据此,孙老师讲述了绘画与观察,强调要观察,并注意掌握观察的方法。然后他又指名同学回答一个极为简单的问题:"你知道你们班的教室有几个灯泡吗?"有位同学竟支支吾吾答不上来。对熟悉的事物居然视而不见,这让同学们懂得了要观察和记忆生活中的点点滴滴,为绘画积累素材。

1957年夏毕业庆典后,我和同学刘炜、任耀威三人结伴去看望孙老师。孙老师在家里热情地接待了我们,亲自削苹果给我们吃。师生交谈了很久。孙老师的谈话有两点至今我仍记得。一是说你们已走向生活,要为教育献出自己的青春,你们就是孩子心灵艺术的启迪者，要教育好孩子。二是临告别时，孙老师把他刚出版的两本连环画——《鼓手的命运》和《吹牛大王历险记》赠给了我们三人，一再叮嘱我们要注意多画各种题材的写生和速写，并把我们送出宅门。

此后，我虽然离开北师，走上了工作岗位，却始终没有中断和孙老师的联系，经常得到他的指点；特别是在我进工厂搞工会工作后，孙老师更是教诲我要深入车间，深入到工人中间去，多画生活中的新鲜事物，以利今后的创作。

1964年春节前，我收到了孙老师的贺年卡及一封热情洋溢的短信。几十年过去了，信中感人至深的话语仍铭刻在我的记忆里："殿英（我的原名）仁弟切记，没有生活的绘画艺术是没有生命的，是死的艺术；艺术既来于生活，又高于生活。"为此，每当我身背画板，游历名山大川，感受大自然，描绘大千世界时；每当我铺展画纸，挥毫绘骏马时；每当我翻阅一张张速写稿，构思新的作品时，脑海中总会浮现出孙信老师的影子。我衷心感谢敬爱的孙老师，并时刻牢记孙老师的教诲。我会不懈地努力，创作出为人民群众所喜爱的绘画作品。

作为画家，孙老师绘画作品颇丰。1955年在北京举办的全国美展中，他的水彩画和水粉画均获一等奖。孙老师的油画更是精彩绝伦。他借鉴了苏联大画家列宾的手法，画品尤显自然写实。油画《黛玉焚稿》把含泪焚稿的黛玉刻画得惟妙惟肖，形神兼备。可惜这幅油画同其他许多作品的命运一样，在"十年浩劫"中被诬蔑为"四旧"，化成灰烬。敬爱的孙老师也在这场动乱中含冤而死。

在这华夏中兴、神州崛起、艺术昌盛、百花盛开的今天，我们更加怀念这位艺术大师。孙信老师永远活在我们心中。

2007年4月2日于北京天马斋

于淼　又名师鸿，原名于殿英。1950年有幸受到徐悲鸿先生教诲。在北京师范学校受业于孙之俊（孙信）先生，随其学习素描、色彩等绘画技法。擅长于鹰、鸡、马等国画创作。中国书画研修中心教授。

我崇敬的老师孙信

刘 炜

我虽然自幼爱好绘画，但初中以前就读在农村，没见过大世面。1954年，有幸考入北京师范学校，才得以眼界逐渐开阔。记得，到北师报到时还不到开学时间，由于学生不管住家远近，全部住宿，阅览室就是我经常出入的地方。听师哥、师姐们议论，孙信先生的作品《我是劳动人民的儿子》已经出版，并赠送给北师图书馆，在阅览室展出，供师生参观。我听后深感惊叹，心想，一位师范学校老师竟能创作作品，并能把它变成漂亮的印刷品，这可是自己从未想到见到的新鲜事。于是，我沉醉徜徉于孙先生的作品中。由此，产生了对孙先生的敬佩之情，下决心好好向老师学习，以至永远。

在北师学习的日子里，接触到孙先生的作品就更多了。最早的一件作品是《邻居》。后来，有彩色画《长廊一角》、写生画、画像（有工友的、老师的、学生的、老师子女的……），这些画，经常用来供学生们上课时欣赏参考。有的作品还是即兴速写、作画，这时候的气氛往往最为热烈，孙老师随手画随手讲，讲作品比例，讲构图，对象的特征，以什么形式表现更完美等等。使我们情绪高昂，大开眼界，大饱眼福。

孙先生还经常配合各科教学而创作，他有求必应，克服困难也要按时完成。当年，有一幅整开的素描（注意，作为素描画可谓大矣），素描的内容是表现抗日战争时期，一次军民的战斗部署。表现的人物众多：游击队员、民兵、农民、村干部。当时我就感觉，光构思人物以及表现形式，就得深思熟虑，劳心费时，何况要把这些表现于画面上呢。这幅画生动直观地再现了当年的历史环境与人民的战斗精神。有不少同学都看过这幅画原作。孙先生事后跟我说，画这幅画连续画了一天一夜，铅笔就用了两支。孙先生的热心肠和极其负责的精神，是我永远学习的榜样。

另外，孙先生还画过一幅供欣赏的作品《遐想》，取材于《红楼梦》林黛玉的故事。先生告诉我，那个年代光妇女发型就有二十多种；林黛玉脚踩的脚垫，是种摆设，镂雕的，当时只有有钱人家才使得起；至于身上穿的服装，哪朝哪代的，更不能错。不能"明服清穿"呀。

以上作品大部分由阅览室保管。后来听说，十年浩劫，被"造反派"付之一炬了。这无疑是天大的罪过，莫大的遗憾。

临时性的作画任务也很多。有一次，我上一年级的时候，学校请孙先生组织几个同学画画，作为礼品，回赠友好的外国兄弟学校前苏联莫斯科第一师范学校。一班的张维安同学画得不错，他临摹了《长廊一角》水彩画。我也是被选中的一个，在作画过程中，大家都得到孙先生的指导，尤其使我对水彩画的技法和用色，有了进一步了解。这次，人数少，讲得细，是"小灶"，真可以说受益终生。

我是学校板报组负责插图的小组长，孙先生对这种公益事业一向热衷，经常现场指导。他说，一定要抓住重点文字去插图，那样，才能起到文图并茂，文图互补的作用。

孙先生为人正直，作风正派，语言诙谐。平时，他平易近人，和蔼可亲，且多才多艺。在端王府夹道老北师礼堂，当年他表演的相声，弹奏的三弦，仿佛余音袅袅至今还在耳边萦绕。

2008年3月17日

刘炜　1954—1957年在北京师范学校学习。毕业后在四海中学等校教授美术。画家，擅长国画，画虎、花草等。参加过大兴区和北京市举办的教师美展并多次获奖。

恩师孙信

李其震

50年前我毕业于北京师范学校,那时北京只有这一所中等师范学校。这个学校毕业的学生,能胜任小学所有课程的教学任务。北师有许多高水平的师资是重要原因之一。当时学校开设了音乐、体育、美术和手工,人们把它叫做"小四门",这小四门是学生非常喜爱的课程。我的父亲李智超在北师教美术,他是专攻国画山水的,另一位谢先生(那时都叫老师为先生),是专攻国画花鸟的,太缺一位西画老师了。孙信先生(孙信先生原名孙之俊)是专攻西画的大师,尤其擅长漫画,当时有"南叶(叶浅予)北孙(孙之俊)"之美誉。我父亲与孙先生是老同学,都毕业于北平国立艺专。当父亲把要聘孙先生来校任教一事说明之后,孙先生欣然同意。事后,父亲告诉我,当时有几所大专院校,要请孙先生去任教,他都婉言谢绝了,此乃真是北师幸甚,北京的美术教育幸甚。

孙先生的教学风格以幽默著称。我们每一次习画,都要把习作写好名字交给孙先生,他批改以后,下节课再发给大家,发的时候,先生要念学生的名字,念到谁,谁就把习作接过来。记得有一次发作业,念了几个同学名字后,孙先生拿起一张作业,稍停后说:"这是哪位银行行长的签名?"并皱起眉头端详习作上的名字,原来这位同学写的名字太潦草,看不明白。大家听了以后,忍不住笑了起来。那位同学不好意思地走过去,把画接了过来,以后他再也不胡乱写名字了,都是工工整整的写。至今,我的教学中也不乏幽默,受到学生的欢迎,孙先生的言传身教,对我大有裨益。

孙先生是教师黑板报的美术编辑,一次,在走廊中他正在黑板上用粉笔画插图,边画边与我聊。"你知道画人,怎么画才精神吗?""不知道。""要把腿画长一些就行了。"然后在黑板上给我做了示范,不但画了长腿的,还画了短腿的,这一比较,不言自明。

粉笔和铅笔、钢笔不一样，只要写一两个字，粉笔头就不尖了，笔画就粗了，怎么办？有办法，孙先生告诉我，用粉笔写字或画画的时候，边写边转动粉笔，画出来的道道就是细的。孙先生教我的这一招，使我受益匪浅，工作后写出的粉笔字，画出的粉笔画漂亮多了。

孙先生不但画画的好，在全国非常有名，他还多才多艺。有一次，在学校的联欢会上，孙先生演出了拿手好戏——三弦弹唱，结果是技惊四座，掌声雷鸣。

孙先生非常喜爱自己的女儿，有一次父亲带我去孙先生家拜访，进得屋来，看到一张落地大画挂在墙上，画上是孙先生女儿的整身画像，记得好像是一比一的，那时孙燕华还是一个小姑娘。最近我从燕华处得知，这幅画已不复存在，原因大家是知道的，真是太遗憾了，这是一张名作啊！

孙先生，您的众多弟子早已经长大成人。当初您的教诲，早已牢记在学生心中，并且已经开花结果，您可以笑慰九泉了。

值此孙先生百年华诞之际，谨以拙文表示怀念。

2007年4月初

李其震　天津美院教授，国画家，李智超先生之子，1957年毕业于北京师范学校。执教多年。科普作家、特级教师。

难忘那已逝的往事

翟元凯

1956年对于我，就像一条渴望长大的鱼从小河进入了大河，饵食充足，尽性畅游。记得那一年，我们这些"追梦者"得到了宽裕的条件，政治活动减少，可有可无的功课被删掉，增加了自习，有时一天只有三节课，那一年大张旗鼓地贯彻"发展个性，独立思考"，因而我得以有更多的时间用在自己的爱好上。

那一年，在我原来的爱好不变的前提下，我加强了对美术的倾注。那一年我非常有兴味地读了车尔尼雪夫斯基的《生活与美学》和有关法国印象派美术的书刊。比这更激发我的"爱美之心"的是参观大型的苏联的美术展览。

年轻人热情高涨时做什么都要倾其全力，记得在那年春夏的"俄苏画展"在北京展览馆展览期间，每到周日，我和张维安都提前入馆，一幅一幅地细看。许多珍贵的原作我第一次入目，那种艺术魅力的确堪称震撼。有些画有一面墙那么大，让我惊奇。爱伊瓦佐夫斯基的狂怒的大海，列维坦和库茵芝笔下的充满诗意的俄罗斯景色，还有列宾和苏里科夫的原作真的可以把你引入幻境。以往多次见过列夫·托尔斯泰画像的复制品，但那一次当我站在克拉姆斯科伊的原作前，久久地凝视着托翁的那双蓝灰色的眼睛，才懂得了什么叫做"大师"，我满心体验着一种激动……

在那个春夏，学好美术的心情油然而生，我的想法也得到好友张维安的支持。我们也一块议论学校的三位美术老师。三人之中，李、孙两位老师都是够得上教授级的，但他们倾向不同，李老师长于国画，孙老师长于西画，而且他们的艺术实践也有所不同。李老师对于画论、鉴赏、美术交流感兴趣，他似乎并不常在学校。倾注于美术实践、扎根最深的是孙老师，时而教课，时而写生，时而炭描，时而用彩，人不离画，画不离人的就是这位孙之俊老师。他的作品的格调与风采也为学校的师生所倾心接受。1956年是北师建校五十年，在校庆的展览中，我们得见孙老师的油画、水粉、水彩、素描、速写多种形式的作品。那时我最喜爱的是孙老师的静物水彩，现在还记得在展厅里有他的一幅水彩瓶花，那形、那光、那色、那影很独特，充溢着美感，让我着魔。至今深记在心的是每当我从展厅的门口走过，我一定要进去看一会那幅瓶花，仿佛那是个美丽迷人的女孩。

到了这年秋天孙老师又教我所在的那个班。这时，我已不像1954年初入北师时画个撅尾巴小狗应付老师那样了，我对美术已经有了一种出自内心的浓厚的兴趣，特别醉心的是人物。还记得我每次见到一张出色的脸，无论在汽车里、舞台上或是在书店中我都会产生一种激情；尽力感受他（她）的特征，然后"吞"之心里，想绘之纸上。不过我距离"得心应手"差得很远。

我不知有否"诚则灵"这种心理感应，总之有一天下午在美术课上我遇到一件事，令我至今还常常回味它。

那天画维纳斯石膏头像的侧面素描。大家听孙老师讲完就起稿。我和别人一样坐在自己的画架前在敷于画板的白纸上边看边画。大约画了十几分钟，轮廓已经画出。我在聚精会神地开始涂明暗。孙老师走过来，轻抚了一下我的后背，示意我停笔，然后一把将我的画板举起来，面向大家："你们看！按他的位置，他的比例找得很准……"孙老师分析从我的角度看"维纳斯"眼角到耳廓的距离，耳垂到发际的距离。他又先后找几个同学逐一地走到我的位置来看石膏头像五官侧面的相对位置。

我当时有点受宠若惊，也有点不安，因为孙老师批评画错了的同学，语调是满严厉的……我担心被批评的同学会对我产生反感……孙老师把画板放回原处，站在我的左前方对大家说："是不是翟元凯的能力比你们高一块呢？完全不是。那么为什么他找准了比例，而你们许多人没有找准呢？"我微仰着头，看着孙老师，很想听他对我的评价："至少有两点从他的起稿上能看得出来，第一，他对我的嘱咐重视，细致地用眼去看，用心去比较，这就叫'听课勤劳'；第二，他看准就画，这就叫'下笔勇敢'……他不涂抹"孙老师指着坐在我旁边的一个同学，接着说："涂了改，改了涂……黑漆漆地，你画的是煤球，还是石膏？"不少同学应声而笑……

孙老师对我这样表扬，在我的北师生涯中是少有的几次。它没有使我骄傲，倒是使我更看重功课，看重老师，丝毫不敢怠慢。教育心理学上提出要重视激发学生学习动机的内驱力，回顾在北师的学习生涯，我常把我所遇到的这件事当成一个难忘的实例。

2007年春于北京万寿路

翟元凯　1954—1957年在北京师范学校学习，北京阜成路学校教师，精于散文。

教我如何不想他——孙老师

武冀平

引子

那天，天格外晴；太庙，人格外多，我应邀去了太庙，那是2007年12月2日。在大殿前，隆重举行了《孙之俊先生诞辰百周年作品回顾展》，东西配殿展出有关先生自己的四百多件作品。与会者，以北师学子居多，大多华发丛生。之后，人民文学出版社出版了孙之俊漫画——《思想·手迹·足迹》、《孙之俊漫画集》。湮没几十年被称为漫画、连环画先驱的这位大画家、美术教育家，一下子把我的思绪拉回到几十年前阜内祖家街、宣外南横街的北师学府。

北师名师多

北京师范学校建于清光绪三十二年（1906年），这一校名从1912年延续至上世纪50年代中期，当年，她一直是北京唯一一所培养中小学师资的摇篮。从创建到1958年后改名"师专"，历时52载，毕业生六千多人，生源多来自于京、津、唐三角地带，生源质量优异。曾任教育部门领导的陶西平说："北师以良好的文化积淀、优秀的教师队伍，为北京的基础教育培养了大批优秀师资，也为各条战线输送了大批优秀干部，是我国中等师范教育的典范。"

北师名师多。北师能在北京成为各界瞩目的第一流学校，这和它有一支高水平的师资队伍有关。为使学生德智体全面发展，学校重视体、音、美、劳"小四门"课程，实践证明，这是避免学生死读书、读死书，进而培养学生更快更好成长的教育方法。

在上述科目上，亦有一批令人难忘的名师。单说我在北师学习的1954年后，音乐课名师有：钱仁康教授誉为"一代名师"的曹试甘；教作曲、发声法的赵玉瑛；擅长钢琴调律的孟昭仿；美术课名师有：擅长鉴别国画、山水画，爱讲《红楼梦》趣闻的李智超；齐白石弟子、擅长花鸟画的谢时尼；还有功底深厚擅长人物画、水彩画，且多才多艺的孙之俊。1998年，在北图竟发现了孙先生当年的三千多件漫画作品和文字作品，一时以中国漫画先驱的头衔冠之。

重点说说孙之俊（时名孙信）先生，他逸事多多。

一是先生热心公益事业。当年，用美术美化北师环境是一大特色。学校圆柱大厅、走廊上、礼堂、图书馆，无不悬挂着先生和学生们的油画作品。绿化校舍，先生是组长，"什么地方应种什么苗种"是先生的美学理念。两年前，我去"北师"教学楼前校门两侧，拍摄了生命力依然旺盛的白海棠，此树乃先生所栽，令人想起"水晶窗外月如霜"的佳句。学校黑板报（一期五六块黑板），是反映北师学习生活的一面镜子，先生经常临场指导，鼓励版画组同学要有创造性。先生还去少年宫为各校美术教师、学生无偿讲座辅导。二是先生在课堂上，教学极严谨，一丝不苟；课堂下，爱学生如亲骨肉，敬业精神有口皆碑。先生重视基本功训练，如写生、素描、透视关系等。星期六日，带学生去郊区写生，去自己家吃"小灶"。对有天赋的学生关爱有加，教他们制作石膏像、画板、调配颜料，说将来工作用得着。三是先生博学多才，先生爱好音乐，会拉二胡、京胡，唱单弦（先生之单弦竟是鼓王刘宝全遗珍）、说山东快书、天津快板，写一手绝妙美文，还会游泳滑冰（曾获市比赛第3名）。

教人感动的是，先生与穷苦人有着难以割舍的情缘。先生以老舍的《骆驼祥子》为素材，用连环画的形式，再现了当年北京"洋车夫"生活，它也是有京味价值的资料库。先生三画《武训画传》，对于一生靠乞讨办义学的武训，深感其精神难得，说："武训是好人，好人越多越好。"如今，孙之俊与郭沫若、陶行知的石刻像和碑文宁静而默默地伫立在柳林镇武训祠堂，笔者攒凑了几句略表敬意："武训精神使，泼墨丹青佳；催人良知醒，天高大步跨。"

名师出高徒

北师的诸位名师，不仅在学子求知做人的路上将你领进门，还扶你走一程，指点迷津。

孙之俊先生，把自己对美术的心得体会，融汇于每节课，每周，每月，每年，整整三载，让所有听他课的学生无不有所获益，并能学以致用。北师虽然不是培养美术人才的专门学校,但在名师培养影响下,不少学生的艺术潜质还是被挖掘出来,成了画家、美术工作者;或终身成为耕耘在第一线的美术教师。即使是未从事美育工作的,其自身素质和艺术情操也会得到提高。何况素有"精于一而通百艺"之说。

1958年毕业于北师的张立一,不仅在校学习时酷爱美术,工作后更是接过孙先生接力棒,几十年如一日工作在小学美教的岗位上,他说:"50年前,我走到北师,报到那天,看见学校走廊里挂着一排孙先生的水彩画:有苹果、梨、洋葱、西红柿,心想,画的真好,和画书上的一模一样。"接下来三年的学习生活,先生那深厚的绘画功底,临场指导的教学风格,循循善诱的教学方法,影响了他一生。

使张立一印象深刻的,是先生充满辩证的艺术理论,先生常说,理论必须靠实践的检验才会体会得更深。比如物体透视关系,当你站在台阶上和沟堑里,由于高度不同,透视关系是不一样的,你应当亲自观察一番。又说,一个物体画在纸上,应有明暗对比关系,因为光线强弱不同,所以画面上的黑、白、灰的色调就会有变化。这些变化,要学会用眼睛去体察,用画笔去强调。而把观察到的事物变成图画,最好的办法是练习素描写生,先生重视平日写生的练习。只要一有时间,张立一便到美术教室画石膏像;写生呢,利用假期去校外描摹人物和山水。几年下来写生稿攒了几本,成了他日后教学与创作的财富。

先生对来自农村的学生尤为关心。1961年春节,正是困难时期,张立一和同学去先生家拜年。先生热情接待,沏茶倒水,端出细皮点心请大伙品尝。面对此情此景,经常是两个馒头就着一分钱一碗酱油汤的张立一,眼眶湿润了。先生拿出画稿和珍藏的画册,并随即讲起画艺,学生们听不厌烦,爱不释手。张立一说:"那天,我真感动!我的精神和肚子吃了一顿大餐啊!"

张立一这个出身于农家的子弟,经先生调教,练就了一手好素描。直至今天,他的素描画都公认出手不凡;他又把这个特长用于自己教学上,培养出一批好苗子,而他也在实践中成了"家",多次在市展、国展中获奖。国画"冬梅"、"群驴图"荣获国际文化交流书画金奖。

2011年盛夏,在位于琉璃厂的大千画廊美术馆,举办了孙之俊、李智超、谢时尼及北师张立一等10位弟子的书画人联展。参加这次"师缘书画联展"的均是弟子中有社会影响的佼佼者,如主攻山水的画家孟庆唐、兼画国画和西画的张瑛、得到徐悲鸿指点的于淼(师鸿)、曾获首届韬奋新闻奖的著名书法家冯大彪及王庆生、张敏儒、沈念乐、陈长智、林庆萍等。他们用自己的书画作品表达了对诸先生的怀念感恩之情,同时,亦继承名师之事业,弘扬民族传承文化。联展获得北师几百师友、琉璃厂各店专家和中国文物网、中国文化报等媒体好评。

其实，北师的学生中，和张立一一样的"高徒"，数不胜数。现在，仅将我知道的在美术领域有所成就的人名附后，以表达对先生及其他诸恩师春风化雨之怀念。同时，也算对学友抹不去记忆的一个纪念吧！

附：北京师范学校毕业的美术界人士（部分）

1956届和56届以前毕业生

张　瑛（国画）	曹　侠（水彩画）	王庆生（水彩图、书法）
佟继武（油画）	王德一（水彩画）	王维昌（水彩画）
徐振淑（国画）	胡义华（书法、国画）	王侠帼（书法、国画）
金连绳（水彩画）	赵广志（工艺）	钟又明（国画山水）
荣景生（手工劳作）	王博生（国画）	张敏儒（油画、国画）

北师1957届毕业生

樊宝珍（工艺）	董晓山（插图）	沈念乐（油画、书法）
高广乾（书法）	李其震（叶画）	刘念华（国画、花卉）
刘　炜（国画、花鸟）	贾术杰（书法）	于　淼（国画、书法）
张秋香（国画、书法）	张之琴（花卉）	胡宗智（国画、花鸟）
黄士杰（国画、花卉）	徐敏一（艺术行政管理）	詹　玲（国画）
寿吉赢（国画）	董文珍（创办书法学校）	毛介瑞（国画、花卉）
殷淑玲（国画、山水）	尉淑芬（国画、花卉）	王慧敏（编织）
赵英男（编织）	吴华南（制作教具、学具）	

北师1958届毕业生

冯大彪（书法）　　　孟庆唐（国画山水）　　李大鹏（书法）
张立一（国画、人物）　窦　枫（国画）　　　　孙精武（插图）
彭志蕴（水彩画）　　　许锦芳（山水）　　　　黄若雯（国画）
谢蕴玲（插图）　　　　赵文良（插图）　　　　吉　堃（油画）
毕金兰（国画）

北师1958届后师专毕业生

陈长智（国画、书法）　　林庆萍（国画、人物）
张克仁（国画、人物）　　明连生（国画）

东城师范毕业生

郜宗远（国画）　　　孙蒲远（插图）　　　阮文龙

2011年7月　定稿

一件小事
——怀念孙信先生

杜保安

1954年我在北京师范学校读书的时候，喜欢文学，不喜欢美术，但是我喜欢教我们美术的孙信先生。

几十年过去了，孙信老师的音容笑貌仍然在我的记忆中抹不掉。他，高高的个儿，瘦长脸，浓眉毛，大眼睛，风趣幽默，能和学生打成一片。

记得有一次上美术课，孙老师教我们画五星，因为我不太喜欢画画，孙老师讲课的时候我脑子走神，画的时候抓瞎了，怎么也画不好，这时孙老师在教室巡视，他走到我身后，轻轻地拍拍我的肩膀，小声笑着说："杜保安，你画的不是五星是风筝！"我看看孙老师不好意思地笑了。

孙老师拿过我的画笔，把住我的手，刷刷几下，风筝变成了五星。

"看见没有，"孙老师对我说："只要用心，就能画好！"又真诚地教导我说："你的字也写得太潦草，不能'龙飞凤舞'，要一笔一笔认真的练。记住，你们毕业后要当小学老师，要全才，将来才能胜任工作。"

孙老师的教导，牢牢地记在我的心里。不论我当小学老师的20多年，还是在中国少年报当文艺编辑的20多年，"用心"、"认真"四个字我永远没有忘。

一晃过去几十年了，弹指一挥间。孙老师在那个特殊的时代，含冤去世，年仅59岁，是我国美术界的一大损失。学生也失去了一位良师，感到无比悲痛。如今雨过天晴，阳光灿烂，有关部门能为孙老师出版纪念画册，又感到无比欣慰。

杜保安　为北京师范学校57届毕业生。中国作家协会会员，中国少年报原文艺部主任。

导人为善的好老师
——忆孙信先生

张立德

早在上世纪40年代初，时年仅35岁的我国现代漫画和连环画创作的先驱者之一的孙之俊先生（孙信是后来先生用的笔名），就曾明确说："导人为善是我们作漫画的目的。"今天，在我看来，"导人为善"也是老师教书育人的出发点和归宿，是老师人生观的核心思想。

从"导人为善"出发的教育方法既充满智慧，又不乏幽默且极富人情味，因而受教育者从中得到了细致入微的又是刻骨铭心的人生启示，成为人生的指南，甚至终生不敢有些许忤逆。

54年前，我考进北京师范学校，受业于孙信老师学绘画。说来汗颜，在绘画方面，我天生愚拙，又不肯悉心学习，直至现在都难及涂鸦水平，枉费老师当年苦心。但这毫不妨碍我对老师的尊重与感激，从老师那里，我学到了许多绘画的理论知识，得到了欣赏美术作品、指导学生作画的内功，在以后指导晚辈作画时，绝不致被视为南郭一族。尤其重要的是，老师那"导人为善"的教育理念，更是我以后为人处事的指南，使我成为一个不辱使命的教师。

初见老师，便觉眼前是一位很有风度、修养又颇具亲和力的人。当时大家都知道，老师曾是一位出名的画家，出版过好几部连环画。有的同学甚至还拿来连环画，大家都认为画得十分出色！

老师虽是出名的画家，却是毫没有印象中名画家不修边幅、邋遢不羁的作派。平时总是一身藏青色呢制中山装，同色呢帽，一双黑色皮鞋，全身上下一尘不染，威严又时而露出一丝微笑。在极其讲究仪表，提倡教师风度的师范学校里，尤其受到学生称道。在学生眼里，这才是教师应有的样子。开始，老师教我们画图案画、写美术字，后来教我们设计封面及一些简单器物的装饰，这些我还能勉强应付。记得一次做封面设计作业，我在一张白纸的四周，画了若干二方连续的小花，中间偏左画了一条贯穿通天地的二方连续柳条，右边写了"美术"两个字。老师走到我身边看了看，面带微笑，连声夸赞后，以商议的口吻说："把'美术'二字改成'图案'好像更贴切。"我恍然明白了，我做什么事，都要"名实相副"，不可大而不当，老师给我评了最高的"5"分。悉心指导，热情鼓励，我对绘画的兴趣，渐渐提高了。

当时孙老师要教几百个学生，上课做示范画用的颜料量大且色多。这些他都要在上课前亲自备妥。为去商店选购这些矿物颜料和桃胶，就要跑不少路，回到学校还要将它们按色调成一盆盆浓淡适宜的浆状，而这些都要在上课前完成。其工作量之大，老师工作的辛苦可想而知。但是孙老师任劳任怨，总是笑对他的学生。

稍后，师生接触多了，感情也逐渐浓了，一些比较敏感的政治疑问也敢于与老师当面交流了。一次下课后，有位同学问老师为什么不画画而来学校教书了，老师很坦然地告诉我们，因为画了《武训画传》吃了孙瑜（电影《武训传》的导演）的"挂落儿"，做了检讨，还登了报，就不敢再画中国题材的画了。以后再画就画苏联作品的连环画。老师最后还不无揶揄地说，检讨登报之后，还得了几十元稿费呢，要是早知道写检讨也有稿费，真该写得长一些，惹得同学们一阵哄笑。当时我们还小，哪里知晓文化生活中不断涌动着暗流的玄机呢！今天想来，当时老师说这话时，心中隐忍着多么沉重的悲愤与无奈啊！

中国的知识分子是最善良的，他们总在以自己之"善"去"导人为善"，并以之奉为终身使命。中国知识分子心中的善，浓缩着几千年民族的美德，是中华民族历经磨难而始终屹立的精神支柱。儒家思想，一直是中国知识分子的主宰，这可能不合某个时期的政治需要，于是"团结、利用、改造"知识分子的政策也就颇显顺理成章了。我的老师，虽受批判，做了检讨，但其一技之长尚有可"利用"之处，于是老师便来到北京师范学校。从此，我们也就有幸聆听一位"导人为善"的好老师的教诲了。

孙老师在繁琐的工作中不但敬业，也极善授业。他教课很讲究规范，我们学得很正规，甚至有专业的味道。图案画之后，我们学写生画，老师先教画静物，之后又买来活鸡、活鸭、活兔教我们从不同角度观察、描摹。记得最后还请了一位老太太坐在画室，让我们为人物模特画速写。这大大开阔了我们的眼界，进一步领略到艺术的无限风光。后来学素描，画室里摆放着许多石膏雕塑，都脱胎于西洋名作。星期天画室也不锁门，尽量为学生提供良好的条件。

在学习过程中，老师常常巡视到我们身边指导，有时还亲手在学生的画纸上作示范，使学生们的技艺日有长进。可敬的老师，呕心沥血地为国家培养着明天的教师，其景、其情，至今仍萦绕着我心而不去。

学素描，面对全身雪白的石膏像，我犯怵了，轮廓、比例、透视我还不至于出大错，那明暗、质感我却怎么也表现不出来。越不行越急，越急还越不行，手忙脚乱，心里发急，而我却怎么也挣脱不出这种困扰。每次上课，老师总踱到我身边对着石膏像给我讲，我却是眼高手低，知道该怎么画，就是画不到纸上。每次看着连自己都惨不忍睹的作业，实在不好意思交上去，总觉得对不起老师的苦心，当时恰好睡在我下铺的同学画得很好，在全年级也是拔尖的，于是我有时就捡他废弃的画稿，写上自己的名字交上去顶数。一次捡到这种"便宜"时，我便把他交上去评"5"的作业，裁去他的名字与分数，写上我的名字冒充——造假的胆量见涨。老师在这张冒牌画的角上打了个"4"分，发下来，师生之间没有一句话，只有老师威严的一瞥和学生发热的面庞。

同一幅画，写人家名字得"5"分，写我的名字得"4"，一阵脸热之后，我深深地感受到老师教育方法之妙；给犯错者应有的尊重与信任，也给犯错误者深刻反省的余地。老师用内心的"善"启迪着学生心中的"善"，让学生明白且牢记做人要正直、诚实。

北师三年，教过我的老师先后有几十位，他们都从不同方面对我的成长耗费过心血，唯孙信老师这次充满人情味的教育，教我铭心刻骨，不敢忘却。无言的教育，使我在以后的人生路途中，面对种种艰难险阻，始终秉承做人要正直、诚实的教导，成为一名受到学生信赖的老师，成为敢于坦然面对自己晚辈的长者。

我常想，人的一生最受人称道的莫过八个字：认真做事，清白做人。我的老师无愧这个评价，并且以自身的行动把它传给了我，而今我也可以内心无愧地告慰老师，这八个字我做到了，且传给了我的后辈。

中国是个多灾多难的国家，中华民族是一个多灾多难的民族，外患内忧，天灾人祸，绵绵不绝，难得消停，然而，中华民族又是坚韧不拔的民族，历经磨难而依旧岿然，这其中不可缺少深谙儒家之道的知识分子的呐喊与鲜血。

当一场灾难来袭时，中国的文人信守两条貌似不相容的人生信条，一曰"士可杀不可辱"，一曰"忍辱负重"。前者表现了正直的知识分子坚守信念，后者表现了正直的知识分子的使命感与责任心。老师英年早逝，以其信念和气节，表达了对邪恶不公的势不两立。如今我们这些后来人将继承先辈终其一生未竟之"导人为善"的使命，为国家的强盛，为民族的复兴大业，默默前行。其勇气、坚毅、忠诚，正是国家民族的希望所在。

"导人为善"既有前赴，更有后继。国家庆甚，民族庆甚，吾师孙信先生，似可瞑目矣！

学子篇·赞

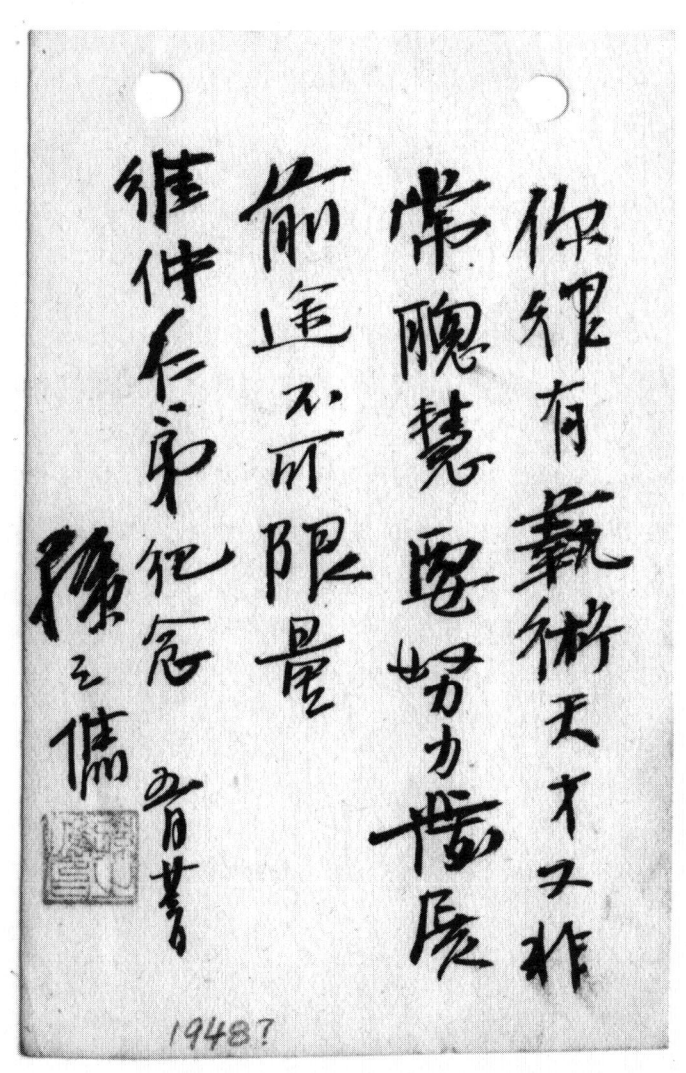

孙之俊写给温维仲的评语

老师的鼓励给了学生一种强大的动力，温维仲先生保存着孙之俊老师对他的评语竟达65年。（孙燕华注）

张立德　1954—1957年在北京师范学校学习，毕业后到丰台区小学任教。1963年离京，种地近18年，辗转山西晋中数县代课，后教中学语文近二十年。

悼恩师　循遗教

张之琴

云烟往事，如丝如缕。弹指五十载，依稀如昨，匆匆半世纪，宛若一梦，学友每每晤面，无不缅怀孙师，并为之深深叹惋。虽时过境迁，但往日俨然在目。

孙师，您切肤谆谆之教诲，又重响于耳畔。追思萦怀，心潮跌宕，恍惚中似见您潇洒魁伟之身影。

孙师，您献身于艺术教育，披肝沥胆，广树桃李，您宁心一志，宽厚仁德，当书于师范之青史，令我代学子仰之慕名。

孙师，您的画作，或清新，或飘逸，或郁结，或洒脱。内心的情志与哀乐，无不泼墨于毫端，寄情于丹青。那难得的画卷—————"断肠人在天涯"意境之清旷秀逸，氤氲之烟岚飘渺，气韵之疏朗有致，笔锋之苍劲流畅，下笔入神不失骨韵，是名垂千古的绝唱。

忆当年，您于画室内巡回执教，指点之精严，批评之中肯，虽片言只字，无不令学生衷怀激荡。偶遇惑者，面授指点释疑解惑，瞬间或信笔一挥或略加渲染，即刻化腐朽为新奇。滴水穿石，极力提携，以谆谆教导，陶铸了一代代青春年少艺术之魂魄。

孙师，您之授课，仪态从容，有如仙风道骨，您语言精炼，句句铿锵，更似珠落玉盘。

孙师，您虽为漫画、连环画、水彩画界之先驱，但宁愿倾心教学，俯首甘为孺子牛，对青年的稚拙学步，纠谬匡正。俾使学子豁然醒悟，终身难忘。至今仍不时在记忆中，漾起涟漪。

孙师，您对学子终身受益的教诲如窖存的酒浆，年代久远越显甘冽清醇。您并未离开我们，伴您墓旁的松涛分明是万千学子的吟唱，那冢上之百鸟，分明是众学子为您合鸣，您未尽之遗志，已在万千个孙信当中继承并实现，它们已抽枝、吐蕊，并根深叶茂，彰显着您心中蕴籍的梦想。在您印留履痕的领域里您生命的交响诗已镌刻于艺术的史册。再不是春红霞碎，再没有夏绿霜凋，您的生命在延续，您的未尽事业在发扬光大。

莘莘学子冥思苦索，驰骋百年，悼恩师，循遗教，对您的缅怀和思念永不泯灭。值此，追忆恩师，仅赋一诗，以表寸心永志：

毕竟人间四月天，

桃红如火柳如烟。

莘莘学子承遗志，

遥祝恩师笑九泉。

2008年暮春

张之琴　原崇文区广播电视中专校长、党支部书记，为区百名优秀知识分子之一。

一方白手帕　飘舞几十年

刘　敏

五十年前，在孙先生教授的课堂上，一同学在画室中写生，遂将双足蹬于前方凳子边缘，先生见之剑眉紧锁，凝眸良久，学生起立欲离去时，先生掏出手帕，擦去凳上污泥。在座的同学愧疚万分。区区小事，足见孙信先生教化之深。

孙先生诲人不倦，平易近人，他把全部知识与画技毫无保留地教给学生，他画龙点睛式的点拨使学生画技产生质的飞跃，并享用终生。

孙先生衣着朴素，教风自然，和终日耕耘在七尺讲坛的其他老师没有任何区别，然而站在我们面前的却是一位名人，一位赫赫有名的画家，尤其对中国的漫画有突出的造诣，被誉为中国漫画界的前驱。从20年代就丹青不辍，以其名作及画卷驰骋于华夏画坛，直至50年代初期仍有《骆驼祥子画传》、《武训画传》等长篇巨作出版。

孰料，十年肆虐，血雨腥风，闻听先生拂袖而去，谁不哽咽扼腕，悲痛、惋惜。斯人绝响，怎不让学生寸心欲碎，一腔悲情，喷涌而出，只能化作永久思念。

孙先生：您的作品篇篇洋溢着您的内心世界、您的才华。您立意的新颖、构思的别裁、线条的精巧、手法的娴熟，翻看您的画作，宛如与您晤面，耳畔响起您的教诲，眼前浮现您的身影，您的那方白手帕如锋利的犁铧，划破心田，并在我们眼前飘舞挥动了五十年，教育了我们半个世纪，虽人天永隔，但您永远活在我们心中，永世流芳。

刘敏　1957年北京师范学校毕业，原北京东四街道办事处党总支副书记。

老师是我的榜样

殷淑玲

北师是培养老师的摇篮,是一座和谐温馨的大熔炉。在这里有许多出类拔萃、身怀绝技的名师,他们都是道德高尚,为人正直,热爱学生,热爱教师事业的优秀教师,深受我们学生的爱戴和敬仰。孙信先生就是其中之一。

孙先生给我留下深刻的印象,虽然毕业已50多年了,但他的音容笑貌依然深深地留在我的脑海中。他是为人师表的典范。

最让我敬佩的是孙先生的为人。他胸怀坦荡,从不张扬自己,而且经常教育我们:"做事要实事求是,不要形而上学,要唯物主义,不要唯心主义。"这句话深深地铭刻在我心里,老师也成了我一生中学习的楷模。1957年毕业后,我先后分配到三所小学,大部分时间教美术。在工作过程中,无论做什么事,比如多次做观摩教学,我都遵循实事求是的原则,主张真实反映学生的水平,从不弄虚作假。学生说我的课讲得明白生动,在那个不太重视"小三门"的年代,学生们特别爱上我的课,这对我是一个极大的安慰。

后来邓小平多次提出,不管从事什么工作,都要坚持"实事求是"的思想,使我进一步觉得当年孙先生的教诲的正确,他说的绝不是简单的一句套话。

孙先生的教学非常严谨,精益求精,范画也非常精致,特别是人物画。记得在一节课上,孙先生拿出一幅范画,画的是一个非常漂亮的少女,讲的是关于人物头部五官的比例,至今我还记忆犹新。他用一句话概括成"竖三鼻子横五眼",孙先生随着讲,随着在黑板上示范,他说,一个人头是一个鸡蛋形,上宽下窄,头的最上面要留出发际,下面竖着分成三份,中间一份是鼻子,鼻子上面横着分五份,第二和第四份画眼睛。鼻子下面的二分之一画嘴,在眼角和嘴角之间画耳朵,这样的比例和画法,人物的五官自然就显出来了,而且比例正确。

孙先生在一次美术课上还讲过,关于人物五官喜怒哀乐的变化。他说,眼睛和眉毛都画成弧形，嘴角往上挑，就是"笑"的表情；眼睛和眉毛直着斜下来，两个嘴角也随着勾下来，就是"愤怒"的表情；如果再加上泪水则又变成了"哀痛"的表情。

　　他一边讲一边画，一边用五官演示，逗得大家大笑不止。但这一幕却永远的成了我挥之不去的记忆。以后在我所从事的美术课上，我也照方抓药，讲给学生们听，他们都反应讲得形象，记得住，启发了兴趣，越画越爱画。

　　我凭着孙老师交给我们的知识，再结合儿童特点和当时宣传工作的需要，我自编教材，从一年级到六年级，从易到难，从简到繁，认真画范画，多次练习演示，把老师教给我们的知识消化理解，再结合孩子的兴趣教给他们，获得了很好的效果。

　　现在我已经退休二十多年了，虽然年过七旬，但我又重新走进老年大学，学习国画。画，成了我生活中不可缺少的内容；画，伴随我度过晚年，使我老有所为老有所乐。我喜欢画牡丹、山水。画好后挂在墙上，自娱自乐。不少同学朋友来串门，对画品头论足，他们喜欢的就拿走，使我有一种成就感。

　　2007年12月我参加了孙先生百年诞辰作品回顾展，进一步知道了先生过去一段鲜为人知的历史，使我肃然起敬。原来，他在抗日战争时期就是一位伟大的爱国主义漫画家，为党的事业做了大量的地下工作。

　　这样一位多才多艺的好人，竟然在"文革"初期被迫害致死，作为他的学生，我写到此处不觉眼睛湿润了，泪水模糊了我的稿纸

　　　　殷淑玲　1957年毕业于北京师范学校。几十年从事小学美术教学工作，喜欢国画，擅长牡丹、山水画，并多次参展获奖。

老师伴奏　我唱坠子

刘桂珍

我已年届古稀,但年少跟孙先生学习的日子,依然时时浮现在眼前。

上个世纪50年代初期,孙先生在师大附中任美术教师。当我步入北京师范学校读书后又荣幸地和先生不期而遇,倍感亲切万分。

先生是位有才的画家,他瘦瘦的身形,高高的个子,再加上从黑色西服里露出的平整洁白的衬衫领子,显出儒雅的绅士气质。

记得孙先生在师大附中任课时,一次课间,我们班(女生班)的同学拎着画具陆续来到美术教室。大家分头找好自己的座位,在画架或石膏模特前一边欣赏一边探讨画技。忽然,前排传来争吵声,声音越来越大,大有谁也不肯败下阵来的架势,顿时,教室里乱了起来。当——当——上课的钟声响起,同学们立刻回到座位。此时前排还站着一位同学,她气愤地瞪着身旁坐着的另一个同学。这时先生已经走进了教室,他先环视了一下教室四周,随后走到站立的同学面前,轻声问:"发生了什么事?"女生生气地喊着:"她抢了我的凳子!"一时间,空气和心跳都凝住了。这时,只见先生一边带着地方口音幽默地说:"噢,这个凳子上有水呀?"一边慢慢地从西服口袋里拿出一条雪白的手绢,他弯下身子擦净了凳子上的水。当先生把脏手绢又重放收回口袋时诙谐地说:"小事一件,快上课吧!"我们都惊呆了!感动了!此时鸦雀无声的教室里响起无声的喝彩,尊敬和仰慕一起涌上我的心头。先生的宽容给学生打开了一扇阳光灿烂的窗户。至今,那种温暖的感觉依然记忆犹新。

先生多才多艺。他不仅画得好,还喜欢曲艺。学校的课余曲艺小组,先生是指导教师。先生辅导我们学唱单弦、河南坠子,从打八角鼓、打板尺、唱乐谱开始,直到排练河南坠子《渔家恨》,每每都是先生亲自操琴,特殊的段子先生总是一句一句的口授。

《渔家恨》由高中部的学长学姐们担任主演，我们初中部的组员负责伴唱。渔家女的大段哭腔很难演唱，先生就利用业余时间一次次地为她们说戏，一遍又一遍地操琴排练。

为了庆祝抗美援朝伟大胜利，师大附中全体师生在大礼堂举行了文艺联欢大会。一曲《渔家恨》唱出了中国人民对美帝国主义侵略暴行的血泪控诉。悲愤的琴声、唱声，感染了全场观众，哭泣声、口号声充满整个礼堂。联欢会掀起了又一个高潮。先生废寝忘食的精神，至今令我难忘。我不禁低吟着：

鸭绿江水白浪翻，

滚滚流向长白山。

有位渔民王老汉，

父女打渔在江边……

每到"五一"国际劳动节，"十一"国庆节前都是先生最忙、最累的时候。偌大的游行队伍里，人们高举的硕大宣传画和横幅，先生都要参加绘制，从构思到设计，从着色到制作，每每一一参与其事。

"十一"将至，我们有幸在校园的小院里目睹了先生作画的风采，一件深蓝色的工作长服，袖口、前襟，到处蹭着五颜六色的油彩。先生左手托着一块大调色板，右手拿着一支像刷子似的大毛笔，站在一人多高的大画布前面，时而修改图形，时而调彩，时而着色……

学生围在四周认真地看着、学着、聆听着先生的教导：画画心要细，胆要大，大胆下笔不要怕！

"钢花四溅"、"五谷丰登"、"民兵雄姿"、"攀登高峰"……望着一板一板完稿的、半稿的、待画的板面，我的心久久不能平静。至今我仍以先生为榜样，用手中的画笔宣传社会、服务教学。

先生已去。但，在先生身旁学习、生活的一件件往事，先生的音容笑貌，仍历历在目，使古稀之年的我久久难以平静。

于丙戌年十月十九日书此文追忆恩师孙之俊先生。

刘桂珍　1957年毕业于北京师范学校。能写会画，活动能力极强，长期担任少先队总辅导员，从事语文教学。

远方的思念

张秋香

读着妹妹的来信和寄来的有关孙先生的文字资料，我心潮澎湃，激动不已。眼前浮现出文化宫孙先生画展的盛况：太庙前，黑压压的人头攒动的场面，人们交口赞叹，唏嘘悲痛的音容……

我却因不在京而未能前往参观，感到无限遗憾，十分惋惜。读了资料，我才得知，孙先生竟早在"文革"初始，就自缢于家中葡萄架下，我的心怦怦跳动，孙先生啊，孙先生啊！您竟然离开您的家人、亲朋好友和千千万万的弟子，驾鹤西行，已经四十多年了……

望着窗外的远山，我浮想联翩，思绪绵绵：批判电影《武训传》的一幕幕；曾主持"修正主义教育战线"工作的蒋南翔等人被拉到楼房的平台上揪斗；老舍先生（我们的老校友、老师哥）跳湖自杀；……男六中传达室墙壁上蘸着被活活打死的老校工的鲜血写成的"红色恐怖万岁"……突然，一只喳喳鸣叫的小鸟落在窗棂上，打断了我的回忆。回想当年，先生正年富力强，着一身深色制服，容光焕发，在课堂上为我们侃侃讲述，耐心辅导不厌其烦的样子，仿佛我又坐到了北师宽畅明亮的美术教室里，他那朗朗的语调，诙谐的言辞，不绝于耳……

眼前除了您的吼虹社社员的照片，您的部分作品的影印照和介绍您的文字材料，还有什么呢？只有我内心的悲怆、激动，无可奈何……

当年，我给孩子们买的连环画册《大人国游记》、《骆驼祥子》等，人物形象那么可爱。尤其《大人国游记》我一眼就看出是孙先生的画风，一看果然是孙先生所绘，我喜出望外，于是立即买下了它，拿回家兴冲冲地给孩子们讲解。我回忆着，凄怆着，激动着，连先生作品的画展也未能前去瞻仰，……如今，我们能做什么呢？看着先生作品的影印照，我琢磨着，恭临先生一幅画吧，聊表我对先生的无限缅怀之情。于是，我决定临摹先生的元人词意画作。一边画，一边激动，凄然萦怀，总不能平静。

马致远那《天净沙》的千古绝唱，仿佛昭示着先生辞世前的悲凉心境；那落日余辉映照下的小桥流水人家，那枯藤缠染的黄叶凋零的老树，那栖树高叫声嘶色荏的乌鸦，路边的野草枯黄，天边的落日昏灰，那迎着瑟瑟的西风骑马缓缓西行的行者……

孙先生像西行的骑马人，走了，走了，向西，向西……

先生不是迎着落日的昏辉，而是迎着未来将重新出升的光辉灿烂的温暖的火红的太阳……

张秋香　1957年毕业于北京师范学校，一生从事教育，爱好国画、书法。

师生铸深情　艺坛苦耘耕
——画家孟庆唐谈受业孙之俊的艺术之路

武冀平

一、学生时代举办个人画展

孟庆唐[1]，山东乐陵人，中国美术家协会会员。早在上世纪90年代，就已多次获得国内外美展金奖，蜚声画坛。全国两届政协领导人，曾带着他的《冬趣》、《秋光》以国礼送给外国领导人，备受赞赏。如今他体衰鬓白，仍在画坛伏枥前行。听他娓娓道来往昔所走过的艺术之路，五味杂陈，既斑斓多彩，又发人深省。

他，青少年时代，没有进过美术门类的专科院校，却在几位知名画家精心栽培下，靠吃"小灶"，靠灵气和拼搏执着的精神，终于圆了画家梦。

1955年，穿着一身农家孩子服装的孟庆唐"进京赶考"，入了著名的北京师范学校（现在该校已撤消）。当时的北师很重视音体美课程，气氛浓浓。他在毕业于北平艺专的孙之俊（孙信）、李苦禅、李智超等大师指点下，西画、中画的功底迅速提高。尤其是学西画的孙之俊先生，更是给他打下了一个素描写生的好基础，使他受益终身。

孙之俊先生是我国漫画、连环画的开拓者。他出身河北农家，经历过苦难的旧中国，饱尝了日本军国主义对中国人民的欺凌，对社会、对人生、对生活有着敏锐的认知，因此对成长于北师的学子，倾注了心底的大爱。他慧眼发现孟庆唐绘画上有天资，勤奋好学，除了每周规定的两节美术课外，给他另开"小灶"，进行个别辅导，关爱有加。

往事如昨。孟庆唐对当年孙先生的谆谆教诲，铭记在心。老师曾多次讲过，

---

[1] 孟庆堂，1958年毕业于北京师范学校，师从孙之俊（孙信）、李智超、李苦禅学习西画与国画，从事艺术教育40年。主攻山水，兼人物、墨竹等。中国美术家协会会员，多次在中外画展中获奖。2002–2006年全国政协领导访欧时以其画为国礼赠外国领导人。

谈艺术性必须先谈科学性。具体说一幅画只有把结构画准了，才能谈到艺术性。如连环画，便要求人物和人物间其结构要准确。孙先生曾在黑板上归纳人体的腿，把一个圆锥体分成三截——即大腿、小腿、脚腕三部分，他说，只有把人体方方面面的构成记熟，画出的人物才能准确，看着自会舒服。先生画的《骆驼祥子画传》，就证明了这点。先生强调要加强写生素描练习，熟练掌握运用色彩，要精通各种透视关系，等等。年轻的孟庆唐整天练习的就是人物写生画，画眼睛，画手，画脚。有一次恰逢素描大家邵宇先生去孙先生家，孟庆唐也在一旁细心揣摩邵先生用笔。星期天孟庆唐就到学校附近陶然亭公园写生；星期六日、寒暑假也不回家，兜里总装着速写本，花两块钱买张月票，人坐在有轨电车上，眼睛却瞄着车下，看到有卖蔬菜的，就下车去画；上车后又看到有钉鞋补帮的，赶紧再下车。就这样，以孙先生、叶浅予、邵宇等为榜样，有空就加紧实践，很快片页纸攒了一大摞，孟庆唐和他的伙伴的画技日渐进步，而他自己更是在同学中脱颖而出。

学校办有黑板报校刊，两大排黑板立在走廊东西两侧，一星期一换，每期的校刊都有新的要求，配合内容，办得有声有色，这些对孟庆唐和一些美术组同学来说真是锻炼的好机会。

渐渐的，孟庆唐的画作在学校有了名气，当时提倡同学们在功课全面发展的基础上"突出个性"，于是，学校团委和孙先生商定，决定为孟庆唐举办一次个人画展，由他自己写前言、写体会，几十幅画醒目地挂在墙上，让同学们赞叹咂舌不已。这件事当年很轰动，因为在北师半个世纪多的历史上，为学生举办个人画展还是绝无仅有的。孙先生从画展中还选了几幅优秀画作做为礼品，代表学校赠给前苏联列宁格勒第二师范学校师生。

自此，孟庆唐这位颇具才华的青年人，在孙先生等名师指点下，完成了他人生艺术道路上的一次飞跃，幸运地走进充满阳光的艺术天地。

二、披肝沥胆，教育生涯四十秋

孟庆唐工作后，被分配到北京郊区大兴的学校教美术，半世纪前的大兴属农业县，交通不便，各方面条件包括教学设施都很落后，但他每想到孙之俊先生的叮嘱：一个美术教师，应该有社会责任感，时刻关注着民族、国家的命运，我们是"为社会而艺术"，并非"为艺术而艺术"；一个人还必须经历磨难，才能对艺术有真感受，才能成为名副其实的专业美术工作者。又说，中国要富强，首先最广大的农村要改变面貌，农村的孩子更应该受到良好的教育。孟庆唐憋足劲，一头钻进大兴师范学校的美术教室,默默地一干就是40年。

除教学外,孟庆唐一如既往,继续他的美术创作,每画一批画,逢星期六,便进城去孙先生家请教,而孙先生每次都放下手中工作,热情接待,一幅画一幅画的点评,并拿出自己的作品和孟庆唐一起切磋。

1959年夏日一天,下着瓢泼大雨,孟庆唐冒雨赶到孙先生家,这时天已经黑了,那时从大兴到城里的长途车一天只有一个来回,孙先生见孟庆唐浑身浸透,心疼地赶快拿出自己的衣服、袜子,让他换上。为驱寒解饥,给他沏姜糖水,又给他端出点心桃酥。那年正赶上困难时期,买什么都得定量,凭票证。晚上孟庆唐睡在沙发上,他觉得老师对自己犹如亲生父母,处处关爱,无微不至。那一夜他失眠了,流下

孟庆唐(左)与孙之俊(右)合影
1959年孟庆唐冒雨赶到老师家,让老师给他看画。老师见他浑身湿透赶忙拿出自己的衣服给他换上,第二天穿着老师的衣裳与孙先生合影拍下了这张珍贵的照片。(孙燕华注)

了眼泪。第二天,雨过天晴,孟庆唐穿着老师的衣服,和老师照了一张合影,这成了他们师生难忘的纪念。

孟庆唐横下一条心,在大兴干一辈子教师,一方面他要兢兢业业教好学生,一方面他要披肝沥胆,使自己成为一名像孙先生那样的美术教育家。功夫不负有心人,他所教的学生的画作在北京曾多次参赛获奖,而且,是京郊区县获奖最多的。而他自己的画作,也开始在北京、全国的美展上崭露头角。《北京青年报》、《世界知识画报》先后提出调他去报社当美编,县教育局长、县委书记分别找他谈话,说县里培养一名高水平的美术教师不容易,大兴师范的工作需要他,孟庆唐点点头,听从组织安排,留了下来。他说,大兴那么看重自己,我就留在大兴,心无

旁骛，心甘情愿。

孟庆唐想起当年孙先生多次跟他说过，不管干什么工作，也挡不住出好作品。先生举徐悲鸿为例，说徐悲鸿少小便有"艺苑奇才"之称，但他一直从事着美术教育工作，这并不妨碍他神思飞越和好作品的问世。徐悲鸿说："美术之大道，在追索自然。""吾所法者，造物而已。碧云之松吾师也，栖霞之岩吾师也，田野牛马，篱外鸡犬，南京之炉，江北老妈子，亦皆吾所习师也。"

孙先生鼓励孟庆唐心怀大志，立志成家而不要因眼前小利止步不前。先生又解释什么是大家？说工笔画作细致、准确，达到极致，即是大家，而中国写意画虽然画得很纵横捭阖，也叫极致。齐白石大师在一片硕大树叶上画蝉虫，蝉脚上的芒刺，翅膀上的纹理，和生活中所见不差毫厘，想伸手去摸；而叶子呢，却画的粗犷洒脱。这粗和细只要画得好，都可以达到极致。当然，一幅画"内容是很要紧的了，"画家应该自觉"跟着时代的巨轮转变"，"胸有成竹方能一挥而就"。

如今，孟庆唐所在的大兴早已变成了瓜果之乡，花卉之园，成了人民向往的休闲胜地。大兴虽无崇山峻岭，也无太多名胜古迹，但孟庆唐早已深深爱上了这里的一草一木，他几乎走遍了大兴，画遍了大兴，并萌生了一个想法，把大兴的风貌描绘到一幅长卷上，他凝神戮力，和画友耗时半年，画出了高1.25米，长110米的国画巨卷《和谐盛事·神韵大兴》，上面有乾隆行宫、麋鹿园、古桑园、清真寺、万亩瓜园、梨园等十余处景观，把美丽巨变的大兴搬上了形象而斑斓的画卷。长卷由中国美协常务副主席刘大为和中国美协副秘书长李荣海先生题签、写序；由中国美术馆杨秉延先生作跋，跋中评说画卷："写真景，序真情，立意淳朴，下笔庄重，结构宏大，取材典型，诸象相成，美不胜收……乃中华画苑之奇葩也。"

三、笔墨传深情 艺高敢创新

冷、峻、硬的西部山水画

孙之俊先生曾这样说："素描——犹如楷书，速写——犹如草书，最好随身带上速写簿，将你日常所见的景象——记不大清楚的——通通的写一次。""还需要想象——看不到的。这样，根底稳固的人，想要画什么便都可以应手而生。"

上世纪80年代初，改革开放的春风吹遍神州大地。孟庆唐认为，为适应新变化，在文化建设上也必须要提高群众的文化素质。他想到了自己喜欢画的风光山水画。孙先生讲过的话，又再次萦回耳畔。自己的素描写生的基本功是比较过硬的，但如何把西方画讲究的写实与东方画的写意有机结合起来，让国画中成就很高的山水画这一宝中宝，更富有时代气息，更能表达心中的至爱呢！

他想，喜马拉雅山是造山运动最后崛起的地方，也是世界最高之处，其实它就是中国崛起的象征。尤其早晨，是一天的开始，太阳首先照耀着那里。他决定一反人们热衷地去画江南的秀丽山水，而去探索试画《喜马拉雅曙光》、《地球之巅的早晨》、《圣洁亘古》等一批反映西部的山水画作。

由于各种原因，孟庆唐没有走到喜马拉雅山，但他去了新疆，久久仰视动人心魄的天山，回来后他反复地看录像，体会摄影家的照片，逐渐地在他心中酝酿出了世界屋脊的风貌。西部大山由于没有太多风化剥蚀，棱角多多，这就要求有别于当代大多似曾相识的传统画法，他把西画中的素描融入传统画中的勾、皴、擦，使之巧妙融合，显现出山石的阴阳面和纹理，且十分坚硬锋利，表达出画家的情怀及喜马拉雅山的雄峭的气势，孟庆唐指着画说，"画西部大山，从立意说，可以用此述情；从艺术上说，可以找到一种新感觉。我喜欢西部大山的那种高大冷峻，它特有的性格，是我多年追求的。体会深，画的多，便能如孙先生所说的自会'应手而生'了。"

读孟庆唐西部山水画便如是。它使人激奋，而且又很现代，这或许正是画家艺高敢于创新，准确地抓住了艺术本体语言的表达，才能给人以震古烁今之感吧！

画竹一枝一叶总关情

孟庆唐的竹画别具一格。他所画的竹丛，仿佛让人觉出竹子环境的态势，听见竹叶间摩挲的飒飒声，看见竹随风摇曳的舞蹈状，充满灵性、动感继而延伸使人联想，竹子所以可爱，因为它有坚韧和坚定不移的节操。

孟庆唐小时候，在山东乐陵乡下姥姥家，屋里四壁糊满旧画纸，郑板桥的竹画也在其中，早上一睁眼就能看见竹子，天长日久，心里爱上了这些竹竿竹叶，孟庆唐稚嫩的小手拿起画笔试着画竹子玩。后来，他又听大人说起郑板桥虽是芝麻官，却为官清廉，进而读了郑公的有关竹画的诗词，使他更加钦佩郑板桥的人品，引起他画竹的浓浓兴趣。

在北师上学时，孙之俊先生既重视美术教育，更重视学生的美德培养，他教育学生："德成在先，艺成在后"。将来大家要当老师，一定要做一个品格高逸的人。他举风骨不凡的郑板桥为例，说他的竹画画如其人，后人喜爱郑的竹，不如说郑的竹画寄托了他的情怀,多为世人青睐。孙先生以己示人,率先垂范,因而受到了喜欢美术和不擅长美术的学生们的爱戴。工作后,孟庆唐看到郑板桥的《露竹新晴图》题记,对老师讲过的话,有了更深的理解。题记说,"其实胸中之竹,并不是眼中之竹也,因而磨墨展纸,运笔又是一格。其实手中之竹,又不是意中之竹也,步步变相矣。可说使其天机流露者,莫知其然而然于独画云。"

郑板桥的竹受人赞赏,还在于他不拘一格的笔墨,他说:"凡吾画竹,无所师承,多得于纸窗粉壁日光月影中耳。"这些都给孟庆唐以启迪。他借用郑板桥的话,说出自己画竹的准则:"不离古法,不执己见,为在活而已矣。"

的确,孟庆唐画竹为抒情,为表达自己独有的感触,并使其能传递出画家个性中的孤傲、倔强,但绝无媚俗之嫌。

早在20世纪80年代初,孟庆唐深藏若虚的竹画便在日本三获金奖,有位记者说,看他的竹画满纸文气,充满了生命的灵性。

画家要"导人为善"

在孟庆唐工作初期,孙之俊先生经常告诫他,世上万物在画家眼里都是有生命的,我们描摹他们的过程,就是一个生命的感受过程。老师有所感地说:在日常生活中,画家要不断地去挖掘美的东西,并尽可能用完美形式去展示自己的体验和感情,目的是让世人更加憧憬未来,画家的角色犹如演员,所谓"导人为善"。

孟庆唐说:"我看过孙先生无数画,油画、水彩画、连环画、素描写生画,从中发现,他的每幅画都在竭尽全力使画更美。用一位名教授的话说,就是他老人家始终在前进着,'聚精会神地跟小孩写大字似的,在那里练呢!我看着有一种震撼的力量。'"

孟庆唐牢记先生的教诲,并把心中对美好事物的追求,体现在他不断变化的江南小景的画作中。如《江花》,画面为一片低坡浅洼,几株疏朗的修竹掩映着几座茅舍,岸边凸显的湖石系着两叶扁舟,远景湖面如镜,小船扬帆远行;中景丛丛树影如纱;近景为清澈水面,倒影下几道轻抹的鹅黄水纹,使人遐思不已。整个画面布局严谨,空灵清秀,给人宁静和谐、温润清新之感。其实,这样的小景在江南比比皆是。许多生长于斯的朋友每见到孟的江南小景,不禁感慨地说:"看庆堂的这类画,让人眼睛一亮,仿佛一下子回到了令人留连忘返的故乡。"孟庆唐则表示:"是江南无处不在的美景给了自己创作灵感,为学先贤,走到哪里就把哪里的景色速写下来,然后集中概括的表现一己感受而已。"

是自由自然的创作心境，一颗师承下来导人为善的良心，使孟庆唐的江南小景，张张美轮美奂，以小见大，富于变化。访问中孟庆唐还提到，当年，经孙先生引荐，认识了大师李苦禅，苦禅大师曾说："小画布局严谨了，放成丈二匹一样严谨。心中无数，仅想以大取胜，往往不是画画，"而是"大花被面一幅！"总之，从孟庆唐或大或小、或山水、或人物多样画作中，我们看到了一种精神，那就是对艺术严谨的创作态度和对美的一贯追求，而且，他善于用科学方法"整顿"眼中的自然，努力营造着自己心中的绿洲。

2008年12月30日

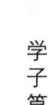

学子篇·赞

武冀平　笔名小石。1957年毕业于北京师范学校。儿童文学作家、词作家。中国音乐家协会会员、中国老摄影家协会会员、北京民间文艺家协会民俗委员。

为我改诗的孙老师

秦大经

1954年，我考入北京师范学校。当时学校的美术老师谢时尼、李智超、孙之俊在北京美术界都很有名，很多喜欢美术的学生都是冲着他们才报考北师的。

在这三位老师中，和我接触最多，对我影响最大的当属孙之俊先生了。

与先生结缘，是因为我初中时的语文老师余大猷先生，余老师是孙先生的老友。我考入北师时，余老师曾将我托付给孙先生，请他给予培养和关照。正因为如此，我很快便拿着我写的诗去拜见孙先生。一个星期后，孙先生将诗交还给我，我打开一看，几乎每一首诗都用红笔进行了批改。好的句子下边圈了红圈，错的词字进行了改正。最后还写了评语。评语多是鼓励的话，这使我很受鼓舞。

在北师三年，孙先生给我批改的诗大约不下百首。几乎每个学期都要改个一两次。对我诗歌水平的提高帮助极大。记得有一个阶段我喜欢写一些顺口溜式的打油诗，孙先生立即制止了我，说这提高不了我的水平。有一个阶段我又喜欢上了写讽刺诗，孙先生也明确表示他不赞成我朝这方面发展，说那样一不小心便会毁了我的前程。当时我还不太理解，直到后来我们五人文学小组出了问题，我才庆幸自己当时听了先生的话，躲过了那场劫难。

考入北师之初，只是听余老师对我们说过孙先生是一个大画家。人品好，学问也很好，仅此而已。之后，对先生的了解才逐渐多了起来。我有一个师哥叫彭敬修，不知怎么对孙先生的情况了解得特别清楚。彭师哥告诉我，孙先生是个绘画天才，16岁就崭露头角，不到20岁就全国有名了。解放前被称作华北第一画家，北方第一漫画家，全国第一连环画家。他画的连环画不单在国内，在日本，在东南亚都极受推崇，只是因为解放后画了一本《武训画传》的连环画而遭受牵连，受到铺天盖地的政治批判和人身攻击，无奈之下，经李智超、李苦禅、王雪涛推荐改名孙信到北师当了一名普通的美术教师（李苦禅、王雪涛此前都曾在北师教过美术）。

　　孙先生在北师期间，各方面都表现得非常低调。平日沉默寡言很少说话。好像除了教书作画就是作画教书，极少有人知道他曾是个大名鼎鼎的画家。我在听彭师兄介绍之前，也不甚清楚他从前竟是个知名人士。只是有两次亲身经历，才对先生的知名程度确信不疑。一次是在美术教研室里看先生作画，忽然接到李苦禅打来的电话。电话中说的是李苦禅去西山写生带回了些柿子让先生下班后到他家去取。我当时听了第一感觉便是他们的交情不一般啊。一次是一个星期日，他带我们几个同学去建国门里（现在的北京站附近）去参观徐悲鸿纪念馆。初去时没有引人注意，待参观到"田横与八百壮士"画前时，忽然有几个工作人员拥着一个年轻漂亮的女士匆匆赶来和先生握手寒暄，表示欢迎。谈话间那位女士曾有这么一句话引起了我的注意。她说："徐先生生前对你也是很仰慕的。"徐先生显然是徐悲鸿，而那位女士便是徐夫人廖静文。

　　相处的时间久了，我也敢在先生高兴的时候问一些敏感的问题。记得有一次我问先生："听说您以前被称为华北第一油画家是真的吗？"先生回答颇有风度："徒有虚名，那是别人抬举，不过油画确是我的真爱。""听说您解放前漫画比油画还有名，现在为什么不画了呢？"先生沉默了一会，"害怕犯错误！""那为什么又把精力花费在不能登艺术殿堂的连环画上了呢？"他听了哈哈大笑，反问我："你读过毛主席在延安文艺座谈会上的讲话吗？连环画妇孺皆宜，这叫做为工农兵服务！"

　　孙先生是个多才多艺的艺术家。不单画画得好，诗和散文也写得非常了得。更令人称奇的是他的琴也弹得非常有名。听彭师兄说，前几年人艺演郭沫若的话剧《屈原》还专门请先生去伴奏，足见先生水平不俗。先生唱的京、昆、梆子也有一定水平。据说有一年学校新年晚会上先生携夫人及女公子曾表演过"二进宫"。那时他女儿还戴着红领巾，很可爱。大家都非常羡慕这个充满艺术氛围的温馨之家。"二进宫"我虽然未亲眼所见，亲耳所闻，但我却亲耳聆听过他和另一位美术老师，著名山水画家李智超合说的相声。两位那亦庄亦谐的语言功力，至今令人思之仍忍俊不禁笑出声来。

　　我不是个美术爱好者，不怎么喜欢画画，不可能成为先生的真传弟子。先生大约也发现我不是学画的料，但没有嫌弃我，只是告诉我学诗的人也应当学画、懂画，这样才能触类旁通，成为大家。我们平常说诗画一家，诗中有画，画中有诗就是这个意思。你要培养自己多方面的兴趣，广泛涉猎，将来才能有所成就。

　　北师当时的校风极好，课余学校组织了许多课外小组，这些小组中美术小组应当说是佼佼者。他们经常举行一些讲座、写生、参观等活动。我不是美术小组成员，但美术小组每次出外参观孙先生都要通知我参加。那时候北京还没有建美术馆。偶尔有一次像样的美术展大多选在故宫、文化宫或帅府园。给我印象深刻的参观有两次。一次到苏联展览馆（如今的北京展览馆）看苏联百年油画展。我们从早晨最早排队进馆到晚上闭馆最后出来，连中午饭都没吃。孙先生几乎把每一幅画都给我们从构图、色彩、光线、细节一一详细作了讲解，使我们极大的提高了艺术鉴赏能力，直到现在我依然记得那次画展上的《伏尔加河纤夫》《不相称的婚姻》《归来》《白桦林》等油画及孙先生当时对这些画的评价；另一次是到故宫绘画馆参观，孙先生告诉我们这里展览的画大多是国宝，希望将来你们的画在这里有一席之地，我听了这话感受很深，回校后写了一首诗表达自己的情感，孙先生看后，用红铅笔在诗后郑重写了几个字：勇攀艺术高峰，师生当共勉之。

孙先生不单画展带我去，有时候有些带有开拓眼界增长知识的活动也带我参加，记得他在一个暑期连续几次带我到老北京图书馆听常书鸿介绍敦煌，听常任侠介绍印度的阿简佗，后来学校搬到牛街南口又带我们去参观附近的法源寺，去逛琉璃厂荣宝斋。所有这些对我的影响都是很大的。我这一生兴趣广泛，尤其喜欢看展览、看画展，大概就是那个时候形成的。

1957 年，我们几个文学爱好者为了便于毕业后联系，成立了个五人文学小组，没想到引起了祸端，这个小组被定为右派组织，五个人里面一人被逮捕，两人戴右派帽子送茶甸农场劳动，一个戴右派帽子送南苑天堂河农场劳动，只有我在被留校审查、批斗几个月之后没有发现什么反党反社会主义言论，写的诗也都是歌颂，最后被分配了工作。在留校审查期间，连工友都和我们划清了界线，像对待阶级敌人一样对待我们，只有孙先生在一个晚上趁同学们上晚自习的时候，在教学楼和宿舍楼之间似在徘徊，当我看见他的时候已是躲之不及，只好羞愧地从他身边低下头来装作没有看见，就在此时，他环顾左右看看无人，便向我走来，就在擦肩而过的时候，他突然拉住我的手紧紧地握一握，然后一言未发，默然而去。

以后的岁月我的日子越来越不如意，所以也就无颜和孙先生联系，但始终怀念着他。直到改革开放落实政策后，我才从同学董晓山口中得知孙先生早在"文革"之初便惨遭不幸。呜呼！一个天才的画家，一个值得怀念的老师，他本来应该也能够成为一个伟大的画家的，可惜他却生不逢时……

秦大经　1957 年毕业于北京师范学校，先后任植物蛋白研究所所长，生物制品公司工程师，中国保健协会理事，创办黑色食品开发公司。擅长写诗。

怀念孙之俊先生

秦大经

学子篇·赞

2007岁末的一天
扫尽阴霾的北京
天空出奇的晴
在文化宫太庙前的广场上
有人在举办画家孙之俊诞辰百年纪念会

那一天我也去了
以他五十年前学生的身份
让我惊讶的是
在这曾是国之庙堂之上
参加会的竟有那么多人
生前几乎被那个时代淹没的逝者
在远离世界五十年之后依然有如此魅力
该是一个怎样的灵魂

他没有被忘记
也不该被忘记
一个才华横溢却未尽展才华的画家
一个勤勤恳恳教书育人的老师
留下了怎样的风范
留下了多少精神财富
人们不愿也不忍重提他的不幸
是因为悲剧本不该在他身上发生
一个真正的天才
令人惋惜的却是生不逢时……

啊，孙先生
作为曾经被你谆谆教诲的学生
本来早该去你的坟前献上一束花
惭愧的是这样的愿望终未成行
感谢你的子女孝心堪赞，令人感动
提供了这个机会让我能参与缅怀参与追忆
先生若地下有知
当含笑九泉
慰安平生
请看多少人在怀念你，赞颂你
一个本该是个伟大画家的画家
一座矗立在多少人心灵中的高大丰碑

角儿就是角儿

聂续翰

学子篇·赞

翻开孙之俊先生的书，其漫画作品多是切中时弊的，不乏幽默。如《王先生外传》、《真正音乐迷》、《学生与老师》等。这里，我想从孙之俊先生的作品中，抽出一幅画，说一点体会，并由此引发了我的回忆与思考，再谈谈我做学生的一点感受。

书中一幅画

《思考·手迹·足迹》是记录孙之俊老师的创作之路的书，内容丰富。1936年他去西北写生，我想谈谈其中的一幅画。

这年，孙先生在包头，创作了《武训先生画传》，写生多篇。其中一篇叫做《漠北娘儿们》。画面很简单，一个西北妇女卖西瓜，孙先生的文字说明如下：

包头为大陆性气候，有谚"早穿皮袄午穿纱，怀抱火炉吃西瓜"。废历（指农历）八九月的天气，早午相差之甚远，清晨时多着皮棉，中午时则赤膊棉裤。此地西瓜中秋时节正上市，现已十一月中旬，西瓜摊子仍到处都是。此地妇女与平市（北京）迥异，日中时于街头巷尾常见如图中所示者，红缎子兜肚镶着黑云子，下边是真正三寸金莲，小的邪行，绿袜子红缎子小鞋还绣着花，太那个。

初看说明，"娘儿们"一词太俗，看完，顿觉解颐。孙先生用"邪行"来代替"很""非常"等词语，耐人寻味。"太那个"是太什么，留给人的想象空间极大。是太美，太丑，太风光，太暴露……几个词都是北京俚语，越琢磨越感觉韵味无穷。一种爽然，一种快感，一种说不出的兴奋涌上心头。想笑又觉得没什么好笑，不好笑又忍俊不禁。只可用一个"妙"来形容，而且是妙不可言。

我想起了孙先生课堂教学，幽默是孙先生的特点之一。

初识孙之俊先生

那是1955年夏,太阳毒毒地灼烤大地,树荫下,到处都是参加招生考试的学生。到时间了,该进考场了,我们鱼贯而入,坐定,人数到齐,便有一个身材伟岸、神采奕奕的老师讲话:"今天太热了,大家不要'考'糊了!"我们都笑起来。"我简单介绍一下,我姓孙,男的!"考生们又笑了。"你们今天如同进了太上老君的八卦炉,又像孙猴子上了火焰山。"他指了指手中的扇子,说,"我要是有铁扇公主的本事,一扇凉风习习,二扇阴云密布,三扇大雨倾盆,那该多好。"孙先生几句笑话,让教室里紧张的空气缓和了下来,大家都笑眯眯地擦汗抢手绢儿,用手绢当扇子摇风。

我们在轻松、愉快的氛围中进入考试。天实在太热,胳膊放在桌子上,烫得生疼,放在考卷上,又粘住了。汗从脸上啪嗒啪嗒直滴下来,如同毛毛虫在爬。空气热得好像要燃烧起来。这时,我有些焦躁不安,忽然,一阵风从背后袭来,顿感清爽。回头一看,孙先生正给我打扇,我回头表示谢意,孙先生又到了别的学生跟前。这时,我看到了孙先生洁白的汗衫已经贴到了脊背上。同场的考生,对孙先生无不感激。听说,别的考场的学生有中暑倒下的。

考前,上届同学就给我介绍了学校,特别介绍了孙先生的绘画造诣、简历等。我已然对孙先生有了崇敬之情,可惜这次考试竟没有把前后情况联系起来,开学后,才知道,给我们监考的就是孙信——孙之俊老师。

看老师做画

我接到了录取通知,9月1日开学。快到国庆节了,我们准备参加庆祝游行。一天,我的同桌李俊说,美术教研室老师在画游行时抬的大宣传画,何不过去看看。课后,我约了张立一同学,到筒子房去。教美术课的老师都在这里,正端着颜料,拿着画笔,在忙碌。旁边还有同学帮忙,抬画板,递颜料。我们是师弟,不用动手。谢时尼老师画到了一幅画角,有些问题,便停下笔,自嘲地说:"你们孙先生透视学掌握得好,这一部分让他画。"那话里的几分恭维,是要抬孙先生上轿呢。孙先生一边画一边回敬:"什么不会画,谢老师又要偷懒,留给我躲清闲去了。若再懒得活动可要胖成圆球了!"同学们看着谢先生发福的身体,想笑吧,又不好意思。谢先生听了,就知道孙先生已经答应,脸上还透出得意的神情。

课余,我们天天去看老师做画,这是一个绝好的学习机会。孙先生一边画,一边讲着线条、色彩，我们受益匪浅。经常，孙先生挑起斗嘴，收场时，还要透出对其他老师的保护和尊敬，别人开心了，好像就达到了目的，毕竟在三位美术教师中孙先生年纪最轻。

观察事物的角度

孙先生教我们画素描，在美术教室摆上石膏像，学生们则随便找个地方坐下，他又检查了每个同学的观察角度，认为合适了，可以开始。他说，我们班的四十多个同学，位置不同，观察的角度不同，每个人的画面也就不同。如果角度相同了，你们的座位就会在正前方或正后方，重叠起来，这时，你们的眼球就会被视线穿起来，成了近大远小的糖葫芦了，同学们听了都笑了起来。

又一次，孙先生还是讲不同角度的观察，他说："观察的角度不同，物体便不相同，甚至失去了它们原有的特征。"于是，他拿出了几张图片。第一张，外边有几个圆圈，中间又有一个小圆圈。看了半天，有个同学举手说，是个手电筒。孙先生点头道："从正面看，这是手电筒的头，中间小圈是小电灯泡。"同学们一听就活跃起来。接着是一个双耳罐，一个大圆圈是罐肚，一个小圆圈是罐口，两边还画了点什么，老师说是罐耳朵。接着又拿出一个茶壶，观察角度也是从正上向下。一个大圈是茶壶身，一个小圈是茶壶盖儿，一边多了一个奇异的壶嘴儿和壶把儿。同学们热烈地讨论着，把图片看完后，孙先生再次给我们强调了不同角度观察物体的不同形态。角度虽然刁钻，例子也有些极端，但观察到的物体形象却是迥异。

这时，孙先生问我们："你们的教室在四楼，如果从四楼向下观察，一个人是什么形象？当然他的距离超过了物体的三倍，只说大致像什么！"孙先生问题一出，教室里马上安静下来，同学们都在思考，气氛似乎又凝重了起来。大家你看看我，我看看你，又看看老师。这时，老师把刚才放下的双耳罐图片拿出来，没等学生纳过闷来，就说："从楼顶向下看人，只能看见大脑袋，因为远嘛，不是正像个双耳罐吗，不是也像个大茶壶吗？"孙先生这一语点破，教室里爆发出爽朗的笑声。我从来没有见过同桌李俊的那副笑脸，他喘着气，弯着腰，侧着脸，斜眼看着我。我也笑的一佛出世，二佛升天。眼看笑够了，教室渐渐安静了，孙先生又找补一句："你们谁把人头画成双耳罐，大茶壶，我绝对给你个及格分。"同学又笑了起来。

梨园界称突出的演员为角儿。一个优秀的演员不论是演主角还是配角都会表

学子篇·赞

现出他的风采，所以人们说"角儿就是角儿"。孙老师就是我们杏坛上光彩夺目的角儿。

聂续翰　1958年北京师范学校毕业。曾任小学教师，高中语文教师，教学管理干部等职。

沉甸甸的光辉

夏培卓

当5本一套的装帧精美、带着套封的沉甸甸的《孙之俊漫画集》送到我手上的时候，在惊喜之余，我心里也是沉甸甸的。

在这之前，我收到过孙之俊先生的女儿孙燕华老师赠送的孙先生的《骆驼祥子画传》和《思想·手迹·足迹》，加上这套漫画集，我几乎已经拥有了孙之俊先生现在面世的所有作品了。

我不认识孙之俊先生，对他的漫画更是一无所知。

我只认识孙信先生，他是我在北京师范学校上学时的美术老师，我只知道他画得好，也教得好。但这不足为奇，因为当年的北师，是以师资的出类拔萃和传统的优良校风而闻名于世的。我喜好文学，所以崇拜的是北师往届毕业生中远的老舍，近的刘厚明，而教美术的孙先生留给我的只是一副淳朴、憨厚的师尊形象。

50多年后的今天，突然发现我不仅认识孙之俊先生，而且还曾有幸成为他的弟子，原来漫画家孙之俊先生就是我们的老师孙信先生！孙之俊，孙信，同一人也！

我们居然曾是中国著名的漫画大家的学生？何幸之有！

我们居然从不知道自己曾是中国著名的漫画大家的学生，何悲之有！

正惊讶不已，还没有从不解中醒悟过来，接着就是他的漫画和连环画铺天盖地地迎面扑来，使我目不暇接，翻翻这幅，看看那幅，幅幅都那么生动，那么诱人，不知道该看哪幅，也不知道该赞美哪幅了！

可悲的是，我只能从面世的画册上来认识我的老师了。

说来滑稽，孙之俊先生丢弃画笔竟是因为一个与之毫无关系的100多年前的本来连名字都没有的武训！

武训7岁丧父，乞讨为生，求学不得。14岁后，多次离家当佣工，屡屡受欺侮，雇主因其文盲以假账相欺，谎说3年工钱已支完。武训争辩，反被诬为"讹赖"，遭到毒打，气得口吐白沫，不食不语，病倒3日。武训吃尽文盲苦头，决心行乞兴学，成为中国近代群众办学的先驱，享誉中外的叫花子教育家、慈善家。武训原无名，名"训"是清廷嘉奖他行乞兴学所赐。

武训的精神广为后人敬仰，孙之俊先生在1936年与人合作创作了连环画《武训先生画传》。孰料10多年后武训被批判，孙先生因为又画了《武训画传》受株连而获罪，断送了他的艺术生涯。他从此改名孙信，淡出画坛。这位李苦禅的同窗学友，本来在画坛上与叶浅予齐名，被称为"南叶北孙"的一颗明珠从此陨落。此后孙先生一心只传道授业，而隐去杰出画家的本相。由是我辈当年受教之时，无缘得见先生的漫画真迹，无缘得见先生的漫画大家的庐山真面目。更为悲惨的是，在那个史无前例的残酷年代，重节尊道的孙先生不堪凌辱，年仅59岁自缢于老家的葡萄架下，永远地离开了这个不公道的世界，中国一代漫画大家无声无息地消失于人间。

可幸的是，今天，孙先生的子女把这位漫画大家的作品重新展现在人们面前，让这位在画坛沉寂了60多年的前辈大家重新活跃在人们的心中。我终于能从面世的画册上来认识我的老师了。

我愧为孙先生的学生，纯属"画盲"，面对这么丰富的漫画和连环画作品，乍见之下，不得不惊讶孙先生在画作上的丰收和高产，却不敢评论孙先生的艺术造诣。从1927年到1949年，孙之俊先生以高昂的激情，以勤奋的精神，把自己对生活的理解，对社会的认识倾注到笔端，22年中，他发表了627幅单幅漫画，还有共计2241幅之多的16部连环漫画。这近3000幅的画作，是怎样的宏伟的成绩啊！

丰富的画作饱含了孙先生的全部的生命的热情，那一幅幅的漫画和连环画，看似信笔拈来，几多随意，却蕴藏着画家怎样的生活和艺术的底蕴，因而无限传神，而且具有深厚的内涵和深刻的时代意义，每一幅画，都是一幅社会生活的写照。

从这里，我认识了当时的社会生活，也认识了我的老师。从每一幅画中，我似乎都能看到当年的孙先生的身影，孙先生的形象在我脑海中生动了起来，亲近了起来。我仿佛看到了年轻时代的孙先生对美的追求，看到了孙先生对旧社会包办婚姻的憎恨，看到了当时社会的各种风貌，看到了社会的丑陋之处，看到了孙先生对社会问题的积极关注，看到了从青年到中年的孙先生的成熟……

啊，我看到了当年我没能看到的除了作为教育家之外的另一个孙之俊先生——作为中国漫画的先行者的孙先生,看到了一个热情澎湃,有血有肉,有情有义的孙先生,虽然是晚了50多年。

　　孙之俊先生的画作,孙之俊先生的为人是光辉的,将永远立于天地之间,然而却又是令人感到沉甸甸的。

学子篇·赞

2011年5月25日于晓园山庄

　　夏培卓　北京师范学校58届毕业生,北京四中高级语文教师,中国作家协会会员,北京作家协会会员,北京写作学会顾问。

孙先生永远活在我心中

冯颖铎

众所周知，教师乃传道、授业、解惑之人，我这个人一辈子没离开过学校，从入学校门上学，到进学校门儿教学，上学十几年，教学四十年，退休前在首都师范大学化学系任教，任《分析化学》主讲教师。一生所以有些成就，思想起来皆赖于一生受益于众多教师！而孙之俊先生就是我在北京师范学校就读时的一位好老师！

那是在上个世纪50年代中期，我在河北省立辛集中学读完初中后，进京赶考。由于仰慕老舍先生大名，报考了老舍先生曾学习过的誉满京城的北京师范学校。"老北师"校风严谨，人才辈出。有一大批德才兼备的教师，孙之俊（当时名孙信）先生即是其中的一位。时隔50余年，可我仍清晰地记得孙先生高大魁梧的身躯，西服革履，冬季常穿一件合身的蓝色呢子大衣，潇洒倜傥。孙先生教美术课。由于孙先生在绘画艺术方面造诣极高，知识渊博，教起课来得心应手。上课时用粉笔在黑板上示范作画，简洁明快，惟妙惟肖，要领要求，细致明确，而且教学语言生动幽默，是学生们非常愿意上的一门课。孙先生教学效果好，使我深深感触到"只有教师有一桶水，才能给学生一杯水"的道理。这也是我从事教学40年为人师表一贯遵循的准则。

我在上初中时，由于受了"学好数理化，走遍天下都不怕"的影响，轻视小四门。对音乐、美术、体育、手工劳作都不太重视，没打好基础，在上师范时可就遭了殃。刚上美术课时作业经常得"3"分，而孙先生在课堂上却少批评，多表扬。对完成优秀的作业展示宣讲，树立样板，我还记得我们同年级的同学，像孟庆唐、于淼、张立一等同学跟孙先生学画像着了迷一样，课上认真听讲，课下、课间、睡觉前，抓紧一切时间练写生，练素描，绘画艺术突飞猛进，无怪乎现在都成了有名的画家！在这些同学的影响带动下，我逐渐也对美术产生了兴趣，特别是孙先生讲作画时要细心观察，如近高远低、近大远小，明暗虚实要得当等等使我受益匪浅，经过一段时间的努力，我的美术作业成绩也有了提高，还得了好几个"5"分呢。

孙之俊先生是一位教师，更是一位漫画家，一位画家。我还记得原来学校一楼大厅曾展示过孙先生的部分作品。漫画形象生动，针砭时弊。它是对当时社会生活的即时反应，孙先生对国事、家事、天下事，事事关心，说明孙先生的思考是有深度的。

最近，阅读了孙之俊先生的《我的人间喜剧——思想·手迹·足迹》，更了解了孙先生在我国漫画界、连环画界的地位和作用。

我怀念孙之俊先生！

孙之俊先生永远活在我心中！

2008年3月3日

冯颖铎　1958年毕业于北京师范学校，首都师范大学化学系教师。

从看小人书知道了孙老师

窦 枫

小时候，我家住在后海北官坊胡同。每天都要通过银锭桥到烟袋斜街去。就在挂着大烟袋的东口路南，有一个出租小人书的小屋，每天经常有七八个小孩在那里租看小人书。我和八九岁的妹妹，也经常向母亲要几分钱，去那里租看。一分钱租一本，我俩合看。我们喜欢看的小人书很多，其中一本是《武训先生画传》，这本画书深深的感染着我俩，不久北京又上演了电影《武训传》，哥哥满足了我们的要求带着我们去看，武训这个人以及这个人的精神从小在我们的心中扎了根。武训是个穷苦的孩子，从小上不起学但又渴望上学，长大后他为贫苦孩子能上学读书，靠乞讨要饭，以至"卖艺"打一拳给一文钱，踢一脚给两文钱，用这种难以忍受的屈辱来筹集钱，为的是办义学。经过他呕心沥血的拼搏，义学终于办起来了。看《武训传》电影，我现在还清楚地记得："不要马，不要牛，盖个义学不发愁"这句山东腔的台词，当时我和妹妹经常挂在嘴边。一本小人书让我认识了武训，一部《武训传》电影让我认识了赵丹，唯独不认识孙之俊。因为小时候看小人书没有必要知道画小人书的是谁。后来听说《武训传》被批判了，"批判"是什么意思？不懂，也没有人告诉我。随着时间的推移，武训渐渐的在我的脑海里淡忘了。

2007年12月2日，《思想·手迹·足迹——孙之俊先生诞辰百周年作品回顾展》的开幕式上，我才又回忆起了武训，才联想起孙之俊老师因《武训画传》受到了批判。我思绪万千，进而回想起当年孙老师的做人、做事、爱国育人的可贵精神，使我对孙老师更加的尊敬爱戴，更加怀念。

1955年，我考入北京师范，有幸受到孙老师三年美术课的教育。孙老师是一位充满朝气、充满活力、积极进取、和蔼可亲的师长。老师总是以极大的热情授课，传授知识风趣幽默，富有深刻的哲理。可以说，孙老师的每一节课，对学生来讲，都是一种艺术享受。

在课堂上，老师从来不固定站在讲台上，而是穿梭于学生之中，以诙谐的语言指导学生习作。有一次，在人物写生练习时，我和高淑兰互为"模特"，老师走到她身边说："你画得太苗条了，人哪有这么细的小腰？而且是 s 形的，这个人能站得住吗？这样的写生违背了马克思主义辩证法，违背了客观存在，不符合人体的一般规律。人体也好，实物也好，写生前首先要用心观察，掌握理解其特征，然后再动手。写生是绘画的基础，练好基本，掌握绘画的技巧，手脑并用，才能完成一幅好的作品。"讲完这些话，老师唰唰几笔就使这个 s 形的"模特"站稳了。

我和高淑兰在最近的两次聚会又回想起孙老师那次"人体写生练习课"的细节，真是永生难忘啊！

在北师读书的三年中，由于老师有特色的教学和他的高超技艺，影响着我，使我爱上了美术，喜欢上绘画。毕业时北京师范升格为专科学校，我留校做学生政治辅导员工作，因为师专不设美术课了，孙老师调到东城师范学校，此后想继续学绘画的愿望也就放下了。

退休后，我们几个同学：毕金兰、王世娴、张禄慧等又集聚在北京老年大学，圆了我们当年的绘画梦。由于孙老师给我们打下了很好的绘画底子，我们的画经常受到老师的表扬。毕金兰是画得好的学员之一，移居美国后，经常参加华人华侨的国画义卖活动，资助那里的慈善事业。

在北师，我们 58 届的毕业生中，还有不少喜欢绘画和书法的同学，他们之中有的已成为"家"，像我们班的许锦（许锦芳）的山水画，著名画家秦岭云先生评价为"巾帼不让须眉"。

画家孟庆唐，1997 年之前曾获"国际美展"三次金奖，在"国际文化交流展"中获日本书艺院"特别奖"，他的山水画曾为两届全国政协主席出访的国礼。

书法家冯大彪，中国书法协会会员，享受国务院特殊津贴。前不久应邀为奥运村新建的"国家体育馆"书写了馆名。

书法家李大鹏（已辞世），曾为东城区政协委员。北京、山东等地留下他不少墨迹。

另外如赵文良，在望京地区业余教授启蒙美术课，使不少少年儿童在北京少儿美术绘画比赛中获奖。

纪念孙之俊老师诞辰 100 周年，我把在北京市老年大学画的一幅"多寿图"展示给大家，以表示对孙之俊老师的怀念。

窦枫　1955—1958 年在北京师范学校学习，先后在北京师专、北京饭店工作。爱好画画。

追念我的美术老师

彭志蕴

正值纪念孙之俊先生百年诞辰之际,我有机会了解到曾在 20 世纪 50 年代在老北师任教的孙之俊先生——我的美术老师有着怎样正直而又苦难的艰涩人生。

先生的博学多才兼一身正气都令我仰慕,尤其是为老舍先生的名著《骆驼祥子》作连环画的经过更是感人至深。先生倾注近十年的心血,画了二百多幅,其间不知用掉了多少纸片,其艰辛可想而知。先生以这样严谨的作画精神还绘制了大量对我国青少年有广泛影响的童话故事及前苏联读物,如《吹牛大王历险记》、《小人国游记》、《曙光照耀着莫斯科》、《我是劳动人民的儿子》等精美的连环画。而这些作品都是孙先生到北京师范学校任美术教师期间业余创作。先生不仅擅长画连环画,还很早就创作漫画。

对先生了解的越多,我的心越加不能平静,半个世纪前与先生有关的往事渐渐清晰起来。我是老北师 1955 年招生的最后一届的新生,入学后的第二年校址也从端王府夹道搬到了宣武门外的牛街南口。就是从这年开始,我们班的美术课由孙信(1951 年后先生开始用这个笔名)老师担任。当时的我对老师没有任何了解。一方面是我的知识面窄、思想单纯,从不深问老师的经历,另一方面老师也从未在学生面前炫耀过自己的才能,也未曾抱怨过任何的冤屈。但今日想来有几件点点滴滴的小事却是没齿难忘的!

我虽然在初中的美术成绩就不错,但对水彩画接触不多,直到师范二年级选修了美术课才有机会画水彩风景画。我首先被孙信老师的范画打动了,写生的主景是新教学楼和宿舍楼之间的大花坛,摇曳的柳枝和远处的楼宇相衬在画面的适当位置。色泽湿润、笔触轻快、光感明澈,让我感到校园竟有如此之美!我决心一定要画好这张画儿,一次没画好我就重画,星期天也不回家。对照老师的范画细心揣摩,终于领悟到阴影部分与受光部分的颜色反差对表现景物的立体感及空间感的作用，调色、下笔就不再犹豫了，画面也立刻干净漂亮起来。从此我爱上了水彩写生。以后孙老师又带我们画过校门口的传达室，讲解了透视的一般规律，对我们准确掌握造型很有帮助。最让我开心的是在教学楼的地下室举办的美术作业展览，当同学们看到我的人物速写，说出画中同学的名字时，我骄傲得不得了。没想到，就是这些细雨润无声的滋养给我日后的工作打下了坚实的基础。

1958年师范学校毕业后，我被分配到北京师范大学实验小学担任美术教学，直到1994年退休。1992年我荣获了北京市中小学美术教学优秀成果一等奖，并被评为北京市中小学美育先进工作者。我常带学生到户外去写生，去美术馆参观，也常举办本校学生的画展，我辅导学生创作的画还在市里得过奖……先生在天有灵一定会感到一丝安慰吧！

时光如能倒流，我多么想把先生生前的作品介绍给我的学生们啊！我相信那些脍炙人口的连环画将重见天日，那些童话中的美好形象，将会继续影响我们的子孙后代。

孙先生将永远活在世人的心中。

2008年5月22日

彭志蕴　1955—1958年在北京师范学校学习。一生从事小学美术教学工作。曾荣获北京市中小学美术教学优秀成果一等奖，北京市中小学美育先进工作者。

本该是愉悦的回忆、笑谈的往事

孙精武

孙之俊是我 51 年前在北京师范学校读书时的美术老师,那时我们都称他为"孙信老师"。有关他的一些故事至今记忆犹新,仅记述下面几件。

粉笔画技法教学。我读初中时是学校的墙报委员,经常在黑板上画小人。开始时用白粉笔摹画书报上黑线条的轮廓画,脸廓、眼睛、鼻子、头发都是白的。后来加用一些彩色粉笔,如用浅红色粉笔勾脸、眼睛、鼻子、手的轮廓,用蓝粉笔画头发、眉毛,用红色粉笔画红领巾、红旗、帽徽等。到了北京师范学校,看到这里板报上的彩色插图,近似水粉画的效果,一时惊讶不已。一年后,我才知道这种效果来自孙老师的粉笔画技法课。这是孙老师根据师范学校特点独创的教学内容,当时一般美术教材上都没有。

上课伊始,同学们每人取一块用胶合板涂黑的画板。只见孙老师先在黑板上画出一个男孩轮廓,接着用横倒的白粉笔将男孩的脸部涂成白色,留出头发、眼睛、眉毛、嘴唇、鼻侧及唇下的阴影区域。再用红色粉笔在脸颊、嘴唇区域涂上红色,用手指在脸颊区域的红色上轻轻挫动(皴法),红色与白色融合,白里透红的男孩面庞便显现出来。又在嘴唇区域轻轻挫动(皴法),男孩红润的嘴唇也显现出来。这时,空留出的头发、眼睛、眉毛、鼻侧及唇下的阴影区域呈现出了黑色效果。随后略加修饰,一幅漂亮的彩色男孩头像画就完成了。他最后总结说,粉笔画的基本技法是:涂、擦、皴。孙老师边画边讲,大约用了四五分钟。这一堂课使我掌握了粉笔画的基本技法,受用一生。

铁茶壶。孙之俊老师在讲课中言简意赅,句句说到点子上,而且富有幽默感,就像他的漫画一样。一次静物素描写生课上,画的是一把白瓷茶壶和两只茶碗。要求:除了轮廓、比例正确之外,还要画出对象的明暗和反光。我画好轮廓后开始打暗调,反复涂擦,努力改善壶体的明暗对比度。孙老师巡视到我的身边,接过我的画板向全班同学说："请看，铁茶壶一把！"教室内响起稀疏的笑声。孙老师接着讲："轮廓、比例、明暗、色彩、空间感、质感，这六条要统筹兼顾。他犯的毛病是明暗强调过度，忽略了质感。白亮物体的明暗对比度小，背光面的暗调很淡……"于是我擦掉后重新打暗调，质感有了明显提高。

虚心使人进步，骄傲使人落后。这是孙老师经常教导我们的一句名言。他还经常说："做人要虚心，作画也要虚心。"在石膏写生课上，我刚画完轮廓线，孙老师向我指出某段轮廓线的缺点，我就用橡皮擦掉它。但由于笔迹较重，擦了好几次未能擦干净。这时，孙老师说："打稿伊始就要想到修改，下笔要轻，这就是一种虚心。虚心使人进步，骄傲使人落后。"这句话也成了我日后的座右铭，我无论做什么事，都勤学多问，试步而行，循序渐进，终生不忘老师的教导。

近大远小。在透视教学课上，孙老师先在黑板上画一长一短两条竖线，然后以长竖线为基础，画成一根木杆，旁边再画一根相同的木杆，中间连上一条线，画成了凉衣架。又以短竖线为基础，画成一幢远景大楼。孙老师于是讲道：大楼实物虽高，如果它在远处，在画面上的高度较小。而凉衣架实物虽比大楼矮得多，但处于近处，在画面上的高度却比大楼还要高。这就是透视学中的近大远小规律。孙老师的讲课太生动了，我不仅理解了近大远小这一透视规律，就连当时孙老师的讲课过程我都记忆犹新。

连环画。有一天，我从图书馆借到一本连环画，书名是《鼓手的命运》，我惊奇地发现绘画者竟然是我们的图画老师——孙信。我顿时产生一种异样的感觉。我对古今文化名人历来有一种隔世隔洋之感。每当走进书店或图书馆，面对图书上作者的名字，犹如仰望天空中的星星。而今，却有一颗"星"落在我所在的学校里，能不惊奇吗？我将此发现告诉了同桌，他却毫不在意地说："还有好几本呢。"从此，我对孙老师又多了一分敬佩。当然，就孙老师在绘画领域的成就而言，这只是山之一角。

包租客房。孙老师的严谨画风和求真务实的精神在北京师范学校内广为人知，当时有如下一则传闻：

孙老师所画的连环画中，有一段故事发生在高级宾馆客房里。孙老师为画好这一场景，不惜花钱费力，到一家高级宾馆包租了一套客房，将室内的陈设、装潢速写下来。他严谨求实的画风由此可见。难怪在他所画的《骆驼祥子画传》中，西直门的箭楼、天桥的四面钟、玉栋桥和北海、蜈蚣桥等老北京的景物是那样真真切切。

1958年7月，我作为北京师范学校最后一届毕业生，满怀对教育事业奋斗终生的豪情，唱着《社会主义好》；怀着对母校、老师和同学们的美好祝愿和惜别之情，奔赴了教育第一线。在而后的岁月里，我曾有机会先后见过老北师的数位老师，或再次听到他们的教导，或得到他们的鼓励，并借机会向他们表达我的敬意。但略感遗憾的是，一直未能见到孙老师。当时我想，来日方长，迟早会见到的。

几年之后，我等到的却是一个难以承受的噩耗：孙老师在那场史无前例的"文革"浩劫中受到迫害，含冤自尽了。我一时头若雷轰，心如针刺。孙老师的音容笑貌刹时在我脑海中突然凝固，他高大的身影从北师列位老师的群像中突显出来。

值此孙之俊老师百岁诞辰之际，我想假如真的还有来世，孙老师您还教美术，我还去做您的学生。我想那时，您在做人方面对我们的教导，除了"虚心使人进步，骄傲使人落后"之外，定然还会在防范、抵制极左思潮方面讲出您的至理名言。

2007 年 3 月

孙精武　北京师范学校 58 届毕业生，长期从事教学工作，擅长绘画，退休于顺义区教师进修学校。

我心目中的孙老师

李 琴

当时在北师上课时，教我们班的美术老师是李智超。有一次我去办公室交作业，李老师没在办公室。可我看到了一个高个子老师站在画架前，正聚精会神地画上课教学用的范画。稍等片刻我冒昧地叫了一声老师，说："我是李老师的学生，这美术作业放在哪？"这时他慢慢地转过身来，我才看到老师的正面，一双神采奕奕的大眼睛。他微笑地问我："你是哪个班的？"我说是三十二班的，他说就放在那儿吧！他指了指他对面的桌子，于是我把作业放在李老师的办公桌上。

在走出办公室之前我向孙老师表示了歉意，说："孙老师，不好意思打扰您画画了。"

初次见到孙老师给我留下了深刻的印象，从他放在办公桌上的备课本和挂在墙上的很多张范画，都体现了孙老师对工作的认真负责，而对待学生又是那么平易近人、和蔼可亲，处处为人师表。

记得一天，刚刚下课，在楼道上，遇到了孙老师，我说："孙老师好！"他顿时一笑说："啊！你就是前些日子到办公室交作业的学生吧？"我说："是，您的记性真好啊！"接着，我说可以向您请教一个问题吗？孙老师说："可以！虽然我不教你们班，没关系，你们都是北师的学生，尽管问。"我说："我很喜欢看美术作品，也看得出画儿的好坏，就是自己想的好，画不出来，怎样才能画什么像什么呢？"孙老师说："无论一个人做什么都应该用心去做，要有一个认真的态度和刻苦的精神。平时仔细观察你所接触到的事物，还要学会绘画的技巧及知识。平时刻苦地画、多练。等有机会再谈吧！"说完就迈着稳健的步子走了，他给我留下的印象是大方端庄、干净利落。他对事业的态度和精神是值得我努力学习的！

1958年我们毕业了。我被分配到京郊，但不管在什么地方，只要是北师的学生去任教，很快就能被人猜出来，为什么呢？因我们受到过各位高师的教诲，工作起来认真负责，不怕苦和累；因为北师的魂永远留在了我们心底！

在"文革"中孙老师遭受迫害，受尽了折磨，无奈自尽。真好像晴天霹雳般地震撼了我们。我为失去了孙老师而痛苦、不解。老师去了，作为北师的学生，我要一直奋进。

2007 年 5 月 15 日于北京

李琴　北京师范学校 58 届毕业生，长期从事音乐教学工作。

师之楷模

李 蓉

孙之俊先生也许是一位"被遗忘"的画家,但在学生的心目中,他是一位不能忘却的师长,他永远值得我们怀念。

"一滴水能反射出太阳的光辉"。一本普通的速写本凝聚了孙先生对学生的一片深情,也是他在北京师范学校教学的一个缩影。他的速写,内容丰富,题材广泛,几乎无所不包。有人物,他笔下的人物,多以师生为对象。有整体的,也有局部的。从整体姿态看:有端坐、有深思、有微笑、有劳动……人物形象个个栩栩如生。从局部看:细到丝丝肌肉、小小的骨骼、头部的五官……处处细致入微。有景物,包括校园内的小屋、教学楼,校外的田野、村庄……植物更是多样,有树木、花草,尤其是水仙和菊花更显独特。静物包括得就更多了,有石膏像、乐器、衣物等,总之,他身边的一切都是绘画的对象,他作画不分时间,有时是上午,有时是下午,有时是晚上;不分地点,教室内外,校园内外,到处都有他的踪影。短到三四分钟,长至十几分钟,一张速写或素描就跃然纸上。我们不能不惊叹他的功底,更不能不佩服他的勤奋。

后来,在中、小学的课本中,出现了大量插图和封面设计,原来都是出于孙先生之手。在我从事中学语文教学的过程中,就曾经使用过孙先生的插图。例如:唐代诗人白居易的七言古诗《琵琶行》,就有过这样一幅画面:客船之上坐着几个人,而其中琵琶女怀抱琵琶半遮面的形象尤为突出,而诗人"同是天涯沦落人,相逢何必曾相识"的感慨,也似乎流露其间。借助这幅插图,学生对诗的意境有了进一步的体会。再如:元代词人马致远作千古绝唱《天净沙》,孙先生的画作更是意境传神。那枯藤老树、小桥流水,黄昏的夕阳、古道、乌鸦、瘦马,无不衬托出断肠人在天涯的悲凉,从而加深了学生记忆,增强了对词句的理解。而老舍先生的长篇小说《骆驼祥子》,经过孙先生连环画的诠释,一个人力车夫的形象立刻鲜活起来。他年轻、健壮、憨厚，具有骆驼般的坚毅性格，但在万恶的旧社会，他连遭打击"三起三落"，最后成了一个"将就活下去就是一切"的庸人。这一幅幅画面使学生至今记忆犹新。

真可谓：有几分耕耘，就有几分收获。当年孙先生的辛勤劳作，如今已收获了桃李满天下的累累硕果。他的有形的和无形的资产，传承给我们一代又一代人。孙先生不愧是"人类灵魂的工程师"，他是我们永远学习的榜样，更是人民教师的楷模。

2007年12月

李蓉　毕业于北京师范学校，长期从事中学语文教育。

传承是我们的责任

明连生

一

整整半个世纪之前,我在南横街老北师上学,教我们美术课的就是孙信先生(那时上中学后就称老师为先生)。

孙先生身材高大,两眼炯炯有神,总喜欢穿身藏蓝中山装。他举止优雅,言谈不乏幽默,总是随身带着速写本。他经常跟我们讲要多练基本功,学美术就要不断提高观察能力和表现能力,要多写生,多画速写,要"曲不离口,拳不离手"。

美术教室的墙上,除了张贴学生的优秀作业,还经常挂着孙先生的作品,有他画的石膏像、素描、蔬果水彩静物写生。有时也挂其他人的作品,如画家王青芳的水墨画鱼。这都大大有利于提高我们的欣赏水平。留给我们印象最深的是孙先生根据白居易诗意创作的大幅水彩画《琵琶行》。"浔阳江头"的船上,坐着"江州司马青衫湿"的诗人自己,对面是"低眉信手续续弹,说尽心中无限事"的琵琶女,舱边"枫叶荻花秋瑟瑟",远处"茫茫江浸月",情景意境表现得淋漓尽致。

孙先生教学中的示范作用最为突出,每次课上讲完有关知识和提出要求后,他总是打开速写本,和我们一起画,针对我们的问题,边讲边画,教学效果非常好。

后来,师范、师专毕业后,我在中学教语文也有意识的学孙先生这么做。作文课上,在黑板上写下题目,讲了要求后,我也和同学们一起写。下课前我把自己写的读给大家听,请同学们评论。然后收上作文本我再给他们批改。这种做法同学们非常欢迎。我在课堂上写的东西,后来有几篇还在报纸上刊登出来。前不久,我和老学生们聚会时,他们还特别提到这种教法好呢。

二

孙先生学识渊博,造诣精湛,而且融会贯通,我们特别愿意向他请教。有时还与同学相约去柳树井孙先生家拜访。每次他都热情接待，有问必答，滔滔不绝地倾其所有给他的学生。我记得他拿出正在创作的《骆驼祥子》（现在知道这是他第三次画祥子），讲如何塑造祥子、虎妞的形象，表现老北京的风土人情，这些都来自日常的不断积累。每次临走时，他都要把我们的名字一笔一画很郑重地写在台历上。

前不久，我在收拾东西时偶然发现一本40多年前的日记，里面居然有一段是写拜访孙先生的，现摘录于后：

1964、10、2晚，张克仁（北师同班同学）来，一起去孙信先生家。8：00—10：00。孙先生暑假去香界寺画了不少风景写生。他强调基本功的重要。艺术上，美术、音乐皆如此。歌唱家练声，提琴家拉音阶，都是练基本功。

从一棵柏树的画上，讲起虚实、阴阳、浓淡干湿，这些矛盾造词中的讲究，都是长期从实践中总结出来的。艺术中的虚比实还重要，一般人不易做到，有阴才能衬出阳。当繁则繁，当简则简，笔画越多越空洞无物。

从陶然亭的一块张伯英的碑，说到要广泛学习前人，又要有独创性，这才可贵。张的字融篆、隶、楷、行、草于一炉，十分洒脱。要学他首先要找出他所以写成这样的来源。只知步人家的后尘，即使学得再像，也没什么意义，临颜真卿的字如此，学马连良的戏也如此。

从齐白石的一幅水仙画又说道，齐是从工笔起步，细心描摹，到后来大笔挥洒的写意，如果没有前面的小心谨慎，就没有后来的胆大包天。细心的过分是怯懦，胆大的过分是鲁莽，二者必须结合，才能成功，像诸葛亮。齐白石画中没有败笔、废笔、误笔，他都是经过反复思考，做到心中有数。

这是我们与孙先生分别6年后的一次拜访。没想到两年后的"文革"中，他竟被迫害致死。后来，当我听到这一消息，不禁为失去这样一位好先生潸然泪下。

万事理相通。孙先生的教诲使我受益终生，对我后来的中学语文教学工作和报纸副刊编辑工作，都有很大的帮助。还培养了我一直以来对美术的爱好，退休后我还画起中国写意画，感受水墨在宣纸上浓淡干湿变化的无限妙趣。

三

几年前，作为本系统的媒体人，我参加了一次中房集团的书画活动，见到他们约请的顾问画家李燕。谈话中，告诉他我是他岳父孙信先生的学生。他说他夫人孙燕华很想和他父亲的老学生们聚聚、聊聊。最近，跟武冀平、冯大彪、孟庆唐几位师兄一起去南沙沟家拜访了他们。从谈话中得知，孙燕华家在"文革"初被抄得一无所有的情况下，几年来做了大量艰苦的工作，对孙先生的生平和作品进行了收集、整理和研究，取得了令人瞩目的成果。

原来，我们只知道孙先生是位学养深厚的画家，有多部连环画出版，因画武训受到不公正的待遇。

而今，我们重新、全面认识了孙先生。

他在整个的三四十年代，画了3000多幅漫画，几乎天天有作品发表，仿佛就是漫画日记。那一幅幅漫画应和着时代的脉搏，有历史事件的表现，有社会生活的反映，涉及国事、家事、天下事，如匕首和投枪，针砭时弊，就像文学中的杂文。他那些"导人为善"、鞭挞假恶丑的漫画，具有强大的生命力，我们在几十年后的今天来欣赏，依然受到启迪。他还参与发起成立我国早期漫画社团，筹办漫画展览。

他从上世纪30年代到60年代初，一直没停止连环画的创作，出版了40多种。他一直关注社会的底层，三次画行乞办学的武训，三次画车夫骆驼祥子。由于他苦心孤诣的不懈追求，最终把它们锤炼成连环画的精品。

作为一个正直的爱国艺术家，他还为了掩护地下党同志和协助他们工作，曾三次被捕。这在他人生道路和艺术创作中都有着深远的影响。

孙先生无愧于我国现代漫画和连环画两个画种的重要开拓者之一。他应该在中国现代美术史上有浓重的一笔！

孙先生一生从事美术教育，桃李满天下，兢兢业业地培养了许多优秀的画家和美术教师，提高了广大学生审美素养，这也是功德无量的。

孙燕华把去年人民文学出版社再版的《骆驼祥子画传》（1951年版）赠送给我们。书的后半部分是她花了两年时间写的7万多字的解读文章。在人物、情节、场景等内容方面及创作手法的解读中，饱含着她对父亲深深的怀念之情。

孙先生那些凝结才智和心血的作品，是一笔珍贵遗产，传承它是我们的责任！

孙先生，我们永远怀念您！

2007年10月于北京百万庄

明连生　1957—1958年在北师受教于孙信先生。曾在北京51中任教，曾先后担任《北京青年报》、《中国建设报》文化副刊主编。

深深的怀念

陈长智　林庆萍

半个多世纪前，我们在北京第一师范读书，那时候学校里有三位美术老师，都很受同学们拥戴，一位是齐白石的弟子谢时尼先生，一位是国画大家李智超先生，还有一位就是孙信先生。

孙信先生是唯一画西画的。他平时看上去斯文而持重，但讲起课来却声音朗朗，深入浅出，幽默而又生动；还特别善于以手势或身姿来帮助表达。有一次，上课铃响，他走进教室，同学们在行注目礼，他忽然蹲到了讲台后面，问大家说："同学们，你们还看得见我吗？"逗得同学们大笑；他这才站起身，在黑板上写下"透视"两个大字，一堂原本枯燥的"透视"课，始终在这样愉快活跃的气氛中进行着。这样的课谁能不喜欢呢？顺便说一句，字如其人，孙先生的板书写得既规整，又透着帅气，实在太规范太漂亮了；自然就成了不少同学的书法样本。

同学们最喜欢看的是他在黑板上画的示意画，寥寥数笔，笔笔爽利生动，不仅传神，还能抒情，这样的基本功，谁能不赞叹，不钦佩呢？每节课他都尽量多留些时间，让同学们更多地动手作画，他则不断地巡视指导；他很少批评哪个同学画得不好，而是善于发现优点，循循善诱，因势利导。大家最感兴趣的是他在课堂上示范画的人物速写、素描，运笔灵动如飞，抑扬顿挫，如诗、如乐，节奏感特别强；片刻功夫，已经画好，形神兼备，栩栩如生；同学们爱如珍宝，许多同学保存至今。

孙信老师以他的言传身教在同学中赢得了崇高的声誉，每当提到他，大家都有一种高山仰止的心境，但却很少人知道他在美术界的地位。后来，有的同学在书店里看到了他画的连环画，如《巴黎公社的故事》、《大人国游记》、《小人国游记》等，更感觉到我们的老师实在不简单。又过了多年才知道，他原名孙之俊，是赫赫有名的漫画大家，1927年就开始大量创作发表漫画，在社会上产生过重大影响，以致漫画界在解放前就有"南叶（浅予）北孙（之俊）"之美誉。

然而更让我们意想不到的是，就是这样一位在中国漫画史上做出过杰出贡献的漫画大家，竟然因为好心画了一本《武训画传》而在1951年惨遭无情批判，1966年将他迫害至死，终年59岁。

今天，历史早已还我们的孙老师以公正，他用他的画作为自己树立了一座不朽的丰碑。

陈长智、林庆萍　画坛伉俪，毕业于师专，画家。陈长智，陈少梅之子，以山水见长，兼攻人物；林庆萍，自幼与父亲林长青学习国画，擅长山水人物，尤金鱼技法独到。

五十年前的一天下午3点20分

尤淑香

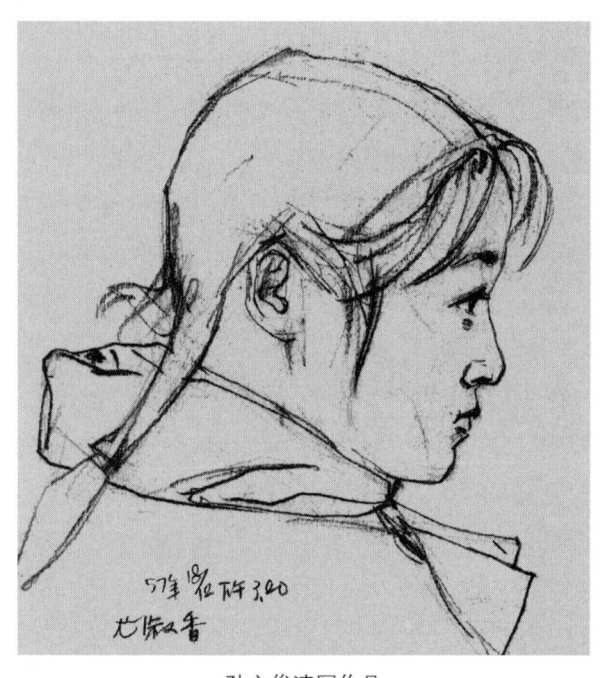

孙之俊速写作品

在《孙之俊先生诞辰百周年作品回顾展》西配殿展室的南墙上,展示着孙先生为诸多学生所作的人头速写画像。其中一幅画像画的是一位全神贯注、显现出天真淳朴梳着小辫的女孩,那就是50年前的我。画像下方标明作画的时间是1957年12月18日下午3∶20,并写有我的姓名,距今整整过了半个世纪时光。这是一个多么值得怀念和记忆的日子。

记得那天下午,刚上完两节文化课,我就匆匆拿着画具,直奔另一个教室参加美术课外小组的活动,聚精会神地投入到画画中去,以至于连当时在教室里的孙先生何时为我作画都全然不知。只是在五十年后,当我看到这幅速写画像展出时,才朦朦胧胧地推想着大概是在这时候给我作画的。

整整50年过去了,当我看到这幅线条流畅明快的画像,心情无比激动愉悦,仿佛看到了从前年轻天真活泼的自我形象。从画面上看特别是那一瞬间的眼神,充分体现了先生抓住我全神贯注的特点,神笔一挥,使我纯真的精神面貌淋漓尽致的跃然于画面上。这是先生娴熟的写生功底和高超技艺的"华彩"之处,令人叹为观止，赞赏不已。而且，像这样的速写画像，当年有无计其数。

50年过去了，先生遭遇了不公的磨难，失去了很多真迹，绝大多数作品毁于一旦。这次从仅存的速写本中，保留下来若干幅人物速写画像中的一幅，更显弥足珍贵。先生难得的墨宝也为我们留下了年少形象和美好的回忆，这是一幅多么令人回味的作品啊！此时此刻，此景此物，激荡着我的心，对先生的感激、敬佩和怀念之情油然而生，我将永远怀念您——孙先生，并铭记着"57年12月18日下午3点20分"这一难忘的时刻。

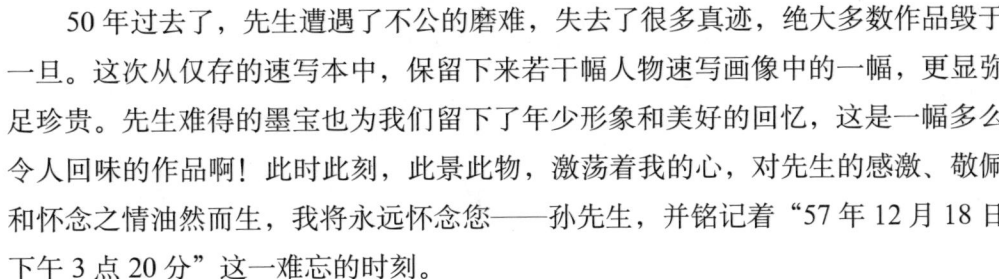

尤淑香　1956年在北京师范学校学习，1960年毕业后留校，后又到北京市少年科技馆和中学任生物辅导员、教师。出版过《生物游艺会》、《我学自然》等多本科普读物。

烛光永照
——记恩师孙信

张建国

偶闻今年是孙信老师的百年华诞，诸师兄写文缅怀。我于东城师范毕业已44年了，恩师的音容笑貌历历在目，故也写文以示怀念。

我跟恩师学绘画

我于1960年入北京东城师范二班读书。第一次在学校礼堂开会，看到礼堂的东墙上挂着马、恩、列、斯等伟人的油画像，有的同学指着这些头像说："这些画像是教美术的孙信老师画的。"我虽不太懂画，面对着明快传神的画像，我看呆了，开学典礼讲了些什么我没有听进去。一年级时音乐、美术两选一，我选学了孙老师的美术课。虽说选学了美术课，可我几乎没有美术底子，开始学起来很吃力，每节课都不敢荒废，专心学，用心记，星期日早返校，在画室里一练就是几个小时。孙老师课堂上深入浅出地讲解演示，深深迷住了我，每周的两节大课，我都是盼着它快点到来。一个多月后，我的美术作业竟然得到了孙老师的表扬，并当作"成绩"。这更激起我学习美术的兴趣，对美术的学习更认真更刻苦了。现在我还清楚地记得，一年级第一学期有三张画得了5分，并当作了"成绩"（留成绩的画可在其他班同学间传看，期末再发给本人，有的孙老师就留下了）。二年级画人物时怎么画也画不好两只脚，我请教孙老师，他看后没有直接回答，过了一会儿他回到黑板前让我们停下笔，用粉笔勾画出几个不同视角的长方体，然后在这些长方体上只几笔就勾出了几只不同方向站立的脚，有光脚的，有穿鞋的，听着老师讲解，同学们会心地笑了。孙老师的教学魅力，在于他知识渊博，能恰到好处地抓住每节课的重点进行深入浅出地讲解。

记得有一次上美术欣赏课，孙老师拿出一幅幅名画给我们讲怎样看画的"笔墨气韵"。讲到一段落后忽然问我们：怎样欣赏音乐戏曲，我们呆呆望着老师不知如何回答。他说那个也是四个字，用"字正腔圆"来衡量。后来，"笔墨气韵"，"字正腔圆"这两条，就成了我评价美术作品和音乐戏曲的尺子。

在教学中，孙老师常讲的两句话是："艺术的真实感并不等于存在"，"都错就是对"，这两句富有哲理的话，后来在教学中我也学着去用。

跟孙老师学乐器

孙老师多才多艺，吹拉弹唱样样都拿得起来，他是东城师范民乐队的辅导老师。东城师范是1958年建立的。首届学生组成的乐队能演奏多支曲子。到60年我们这届入学后，决定从我们这个年级选拔一些人充实民乐队，我被指定练大三弦，还有几个同学分别学习其他乐器。孙老师边讲乐器常识，边讲指法，我们学得很用心，有一次他用二胡亲自演奏了广东音乐《卖杂货》和《小放驴》等曲子。那美妙的乐音真把我们这群小伙子给迷住了。我跟孙老师学了几次三弦弹奏的指法，刚有点入门，学校就"减员度荒"、"劳逸结合"了。由于正处在困难时期，民乐队被迫停止了活动。我虽有心学习大三弦，因为当时还负责着学生会的宣传工作、出版报、搞广播宣传等，就没有坚持学下去，至今还觉得遗憾。

两件小事

1961年正是国家困难时期，生活物资供应紧张，香烟得凭烟票买。孙老师不抽卷烟抽烟斗，课间休息时，他常在院子里边抽烟斗，边与我们聊天，烟斗里散出屡屡香味，原来烟丝里掺上了香料。

那时，虽是困难时期，东城师范教师工会活动还是很活跃的，有时开舞会，有时搞文艺联欢。记得是一个秋天的星期六，教工在室外开文艺联欢会，我们几个没回家的同学也围观看热闹，这次孙老师用大三弦演奏了一个小段，后来又即兴唱了个去女朋友家串门的小调，诙谐、幽默，逗得大家笑得前仰后合。

1963年我从学校毕业后，就没有再见过孙老师。如今回忆起和他老人家相处的日子仿佛还是昨天的事。

2007年07月23日

学子篇·赞

张建国　1957–1960年在东城师范学习，长期从事教学工作。

附：来信四封

难以忘怀的孙之俊先生

李燕先生：您好！

  我这陌生人给您写信，不为别事，即为孙之俊先生之事。1947年–1950年我上初中时，一直受教于孙先生，当时我们爱好美术的几位同学，组成一美术组，几乎全部课余时间都追随孙先生活动，尽管以后，我并未从事美术专业，但在几十年的生活工作中，在思想修养、文化素质以及业余爱好等各方面，无不受孙先生的深刻影响。初中毕业后，我考上北京六中，原学校也解散归入其他学校，孙先生也随之调走，从此失去了联系。几十年来，我始终关心并打听孙先生情况，但从书籍上找不到有关他的只言片画，询问当时同学，他们也都同样与孙先生早已失去联系。随着自己年岁的增长，愈加怀念孙先生。

  今年初，见到您写的回忆令尊李老一书，书中附一：上个世纪二十年代某画社成员合影，前排就座除李老外，旁坐孙之俊先生，并特别说明孙先生为漫画家，李老的好友。我见此非常兴奋，几十年来第一次见到有关他的介绍，并知道他与李老为至交，尤其通过此照，知道世上仍有人了解他，记住他，自然感到欣慰和亲切。前几天，我偶翻购买的一画册，见印有王青芳先生绘的"三馀图"（目前知道王先生的人也不多了），图上由您写的一篇题记，尽管图字都甚小，仍可大致辨认，题记中云：岳父孙公之俊先生，"文革"中家破人亡等语。此语让我甚感意外，意外的是方知您与孙先生乃翁婿关系，更使我意外的是，我终日怀念的孙先生早于二十多年前就已离开人世，心中不觉为之惨然！

  我于1947年进私立中华中学读初中（当时学校在和平门内），孙先生来学校任教稍晚，可能是1947年底或1948年初。初来时，见他高高的身材，两腮凹下，二目炯炯有神，身着西装革履，颇有气派，他始终主教我们美术课。自打他教美术后，一改过去一贯的素描瓶罐之枯燥教学，而成为内容丰富多彩、方式生动活泼之教学，除带我们野外写生，而且经常将他所绘的作品，如骆驼祥子画册，武训画传等原作挂在黑板上，作示范教学。于是，我们几位爱好美术的同学组成美术组，在课余时间也由孙先生教我们绘画。假期，他带我们找叶浅予先生参观中央美院。他对同学既亲切又严厉，记得一次，我们同学在课堂上不守秩序，他火了，手执教鞭敲着讲桌，狠狠地批评我们，并以武训办义学的精神，鼓励我们用功读书。当时，他的音容相貌至今留在我脑海中，历历在目。

  孙先生人极聪明，可以说是多才多艺，音乐、体育许多项目他都精通，这一点，让我当时极为崇拜，也影响我一生爱好广泛。在乐器中，钢琴、小提琴、京胡、二胡、三弦，以至坠琴他无一不会。业余用钢琴伴奏教我们唱单弦、京韵大鼓。至今我仍然记得他在一次文艺晚会上，自拉自唱河南坠子的景象。初三时，音乐教师空缺，学校请孙先生兼教音乐课（后还兼教劳作课），过去音乐期末考试，都是唱支熟悉的歌曲了事，像孙先生却是事先发给我们一篇生疏的歌曲谱子（记得有一次是一首歌颂五星红旗的歌曲），考试时，叫我们一个一个地去视唱，一些对音乐一窍不通的同学，唱的奇腔怪调，令孙先生哭笑不得！到冬季时，他在当时《新民报》上连载滑冰讲座，并附有他亲自绘的插图。星期日时，他带我们去中山公园滑冰，他的花样滑冰技术真高。

这样一位多才多艺而且对我国美术发展、对我国漫画事业发展做出贡献的美术家，美术教育家，至今使我难以忘怀。现在到了恢复他在美术界应有的地位的时候了，应让美术界让社会上更多人的了解孙先生。我想在这方面，您有责任也有条件多多地在报上介绍孙先生以及他在美术界和教育界的成绩。1996年可能是孙先生九十诞辰，能否从现在起就开始着手筹备，届时组织纪念活动、座谈会或他的作品展，最好有可能出版一套他的作品集。

谈到作品，令我非常遗憾，因在毕业与孙先生分手时，他曾送我一张斯大林侧面炭笔头像画，但几十年颠簸，早已不知去向。过去，我始终保留着他的《王先生外传》、《骆驼祥子》画册和《武训画传》（1951年出版），但在60年代中期，我有了小孩，我的老人将此作为小人书给孩子玩耍，待我发现时，只剩下一本残破的《武训画传》，至今仍珍藏着。有幸的是，我始终存着孙先生在"新民报"上发表的5—6幅小幅漫画和滑冰讲座的剪报。记得我去孙先生家时（当时住复兴门脸儿内南侧一小院），见挂着不少他自己的作品，给我印象最深的是一幅名叫"陶然亭"的水彩风景画，孙先生特别说明，这不是北京的陶然亭，是想象中的理想风景，这张画绘的很美很有诗意。我估计这些作品大概都在"文革"中被毁掉了。

如果您认为可以而有闲暇时，我非常希望能拜望您和您夫人孙女士（恕我不知详名），并一起回忆交谈孙先生生前往事，并特别想知道孙先生1950年以后的情况。

此致

夏安

刘光勋[1]

1989年6月11日

---

[1] 此信是刘光勋先生通过养龙斋主人阮文龙出的一本画集而得知李燕与孙燕华的关系后，写给他们的第一封信。阮文龙系孙之俊先生在东城师范的学生。

吾师孙信

燕华女士：您好！

喜见请柬，异常欣喜，特此致谢！

我退休后，在《中国少年报》文艺编辑部当了三年临时工，主任赠我一本《武训画传》与纪念文集。画传是三联书店出版，当时不知作连环画的人是孙信先生。后来又在《北京晚报》读到您和李燕教授评介孙老师的长文，才对老师有更多的了解，令人更加崇敬。

1954年–1957年在北师上学，我有眼无珠，不识真人，不像刘炜、于淼、董晓山、黄士杰等那样，跟着名师认真学美术；张克仁、张立一和孟庆唐、冯大彪几位也是当代的书画家，无愧是孙先生的高徒。这些人在绘画和以后的美术教育上取得的成绩多与孙信老师的言传身教是不能分的。

思念之际，孙先生在北师潇洒倜傥的身影与音容笑貌似乎又浮现在眼前。他施惠众生，艺术超群，是画家，也是美术教育家，在中国文化史美术史应占一席之地。

吾师孙信，　长存我心，
《武训画传》，艺术珍品。
画此连环，　先生独尊，
颂真善美，　画家良心。
孙师慧眼，　高尚精神，
应入史册，　启迪后人。
史实永在，　万古常青，
百年回顾，　喜泪沾襟。

此复

敬礼！

50年前孙信先生弟子　周世宝[1]
2007年11月28日

---

[1] 周世宝　1957年毕业于北京师范学校，长期从教。北京朝阳区垡头二小主任。

难忘往事

燕华女士：您好！

  收到来信及赠书，十分高兴，感谢您不忘我这个五十多年未曾谋面的朋友。回想起当年造府拜望孙老师时，您依偎在师母身旁的情景，犹如昨日。

  约在1950年前后，于师大附中的晚会上，有幸结识了孙老师。在以后的交往中，由于老师从未炫耀自己在绘画方面的成就，就只知道他是一位多才多艺的美术老师，是朴实无华、和蔼可亲的长者。直至今日，才晓得老师是一位造诣很深的平民画家，也是德高望重的学者。回想当年年幼无知，有眼不识泰山，未能聆听到老师更多的教诲，实为憾事。记得在京上大学时，尚能有时进城看望老师，多好啊；后毕业分配到山西，很少回京；有一次专程去复兴门内，竟然未找到那座小院落，从此与老师失去了联系。

  燕华，您在花甲之年、辛勤笔耕，陆续完成只有您才能完成的大作，非常钦佩您这种锲而不舍的精神。它不仅抚慰了令尊的在天之灵，更重要的是分清了是非、伸张了正义，具有不可磨灭的社会价值。

  我退休后应原单位之邀返聘工作十年。现在，有时还弹会儿三弦、拉拉二胡。我原有的京胡、二胡、月琴都在下放插队时送人了，唯有老师赐我的三弦一直舍不得送人，可算伴随终身了。去年还换了蟒皮，每每自弹自唱，便又想起了老师。

                            祝

安好！

                              苏绍嘉[1]
                           2007年3月28日

---

[1] 苏绍嘉　早年就学于师大附中，清华大学建筑系毕业，长期从事建筑设计工作。退休于山西建筑设计院，现居北京。

远方来信

孙燕华、李燕老师：您们好！

  1955–1958 年我就读于北京师范学校，有幸成为孙信老师的学生。在他严格而耐心的指导下，奠定了我一生的绘画基础，到老也不忘对绘画的兴趣。在小学任教时，曾担任美术课教师，学校的黑板报主编。当大家愉快的欣赏我的美术作品时，内心无限欣慰。毕业后我曾在门头沟区工作一段时间，当时与同学王世娴被派到区检察院进行绘画创作，主要是用连环画形式表现各种刑事案件。我们工作很辛苦但也很出色，受到了领导的鼓励。退休后我在老年大学学习国画，也时有作品展出。

  我是 1973 年回到家乡福建工作的，与北京的同学一直有联络。在去年纪念孙信老师诞辰一百周年画展上，大家看到孙老师 50 年前为我画的素描，真是欣喜若狂。同学们克服了种种困难，在大年三十将这张珍贵的画送到了我手上。望着这张画，我十分激动。回想当年上美术课时，老师还曾表扬过我的作业，让我为同学作模特写生，素描画可能就是这时被老师画下来的。记得当时我们上他的课纪律特别好，没有人随便讲话。

                      祝

工作顺利！身体健康！

                           黄若雯[1]

                        2008 年 2 月 12 日

---

1 黄若雯　1955–1958 年在北京师范学校学习，一生从事小学美术、音乐教学。先在北京后调福建工作。多次辅导学生参加美术作品展和唱歌比赛并获奖。

孙之俊作品选

- 速写遗珍（摘选）
- 漫画回眸（摘选）
- 色彩瞬间（仅存）
- 连环画缘（摘选）
- 文如其人（摘选）

速写遗珍（摘选）

"拳不离手，曲不离口"，这是孙先生教育学生和身体力行的学艺准则。他在每一天的生活中，总是挤出时间来画画。对于一位从国立艺专毕业的学生来说，写生就是最主要的基本功。短时间的写生，称之为速写，长时间的写生且涂上复杂的明暗关系，称之为素描，都是造型的基础。现仅摘选部分速写作品，提供给读者，这些画面中的技法和内容让我们体会的却是很多很多……

这是一本普通的速写本，
普通的不能再普通；
但又是极凝重的速写本，
凝重的不能再凝重！
在每一个页面，
都凝聚着孙之俊先生对自己学生的深情！
而它的经历，
又凝聚着一位学生对自己最尊敬的老师的深情！
五十年过去了，
学生自己的画作丢失了许多许多，
但是这小小的速写本却被他珍藏了又珍藏！
终于有这么一天，
他和孙先生的女儿见了面，
没有虚荣的客套，
没有华丽的词藻，
他把这速写本赠给了她……
这个过程就像那本子一样朴素平实，
但是却又让人感到异常的凝重……
当年的速写记录了逝去的岁月，
如今的展示浓会了学生的真情。
当我们编辑、翻阅它的时候，
涌出的是对北京师范学校五七届四班的学生董晓山的感激之情。

孙之俊先生的速写本
董晓山珍藏

孙之俊作品选

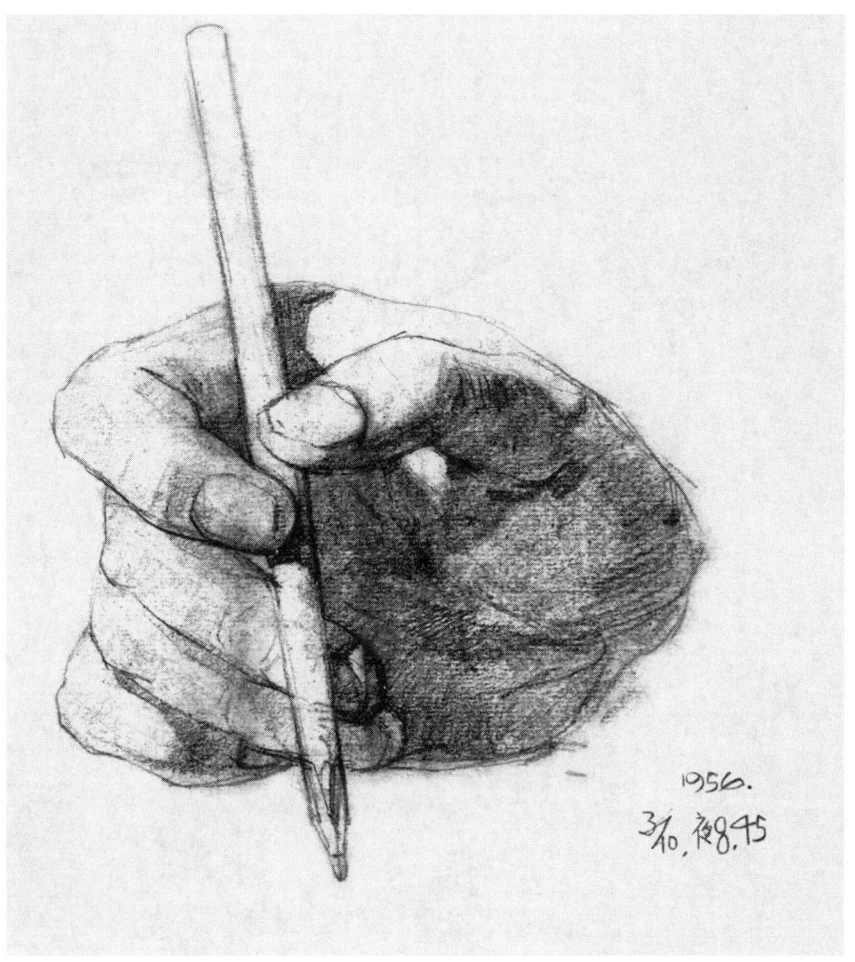

孙之俊作品选

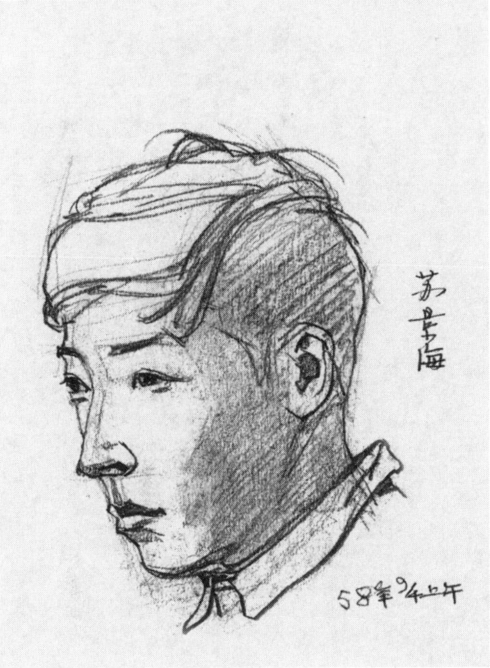

为了记住的纪念——孙之俊纪念文集

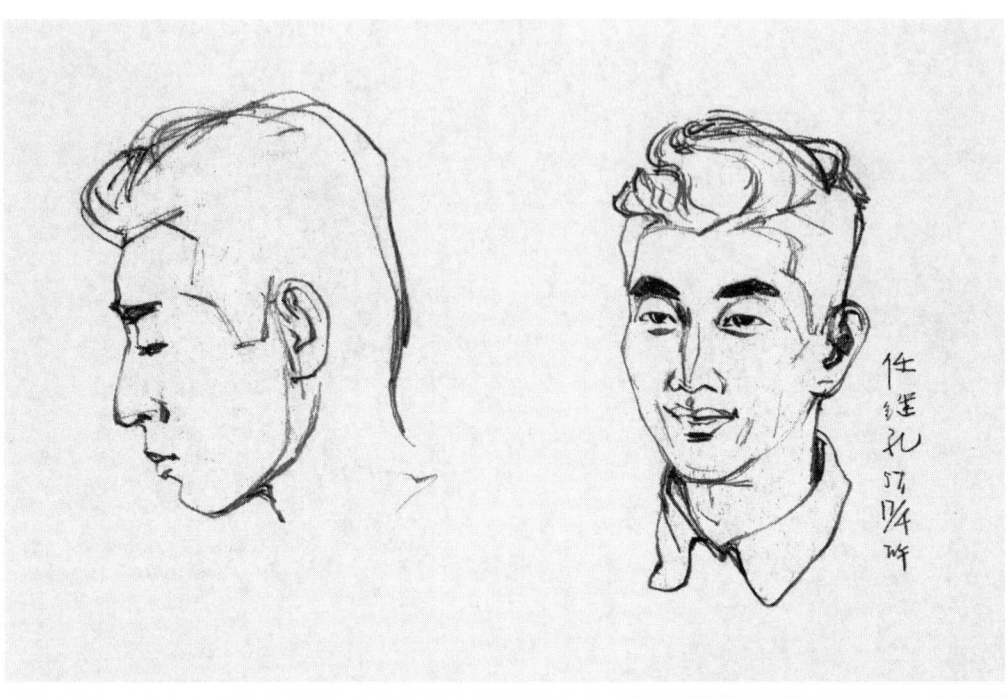

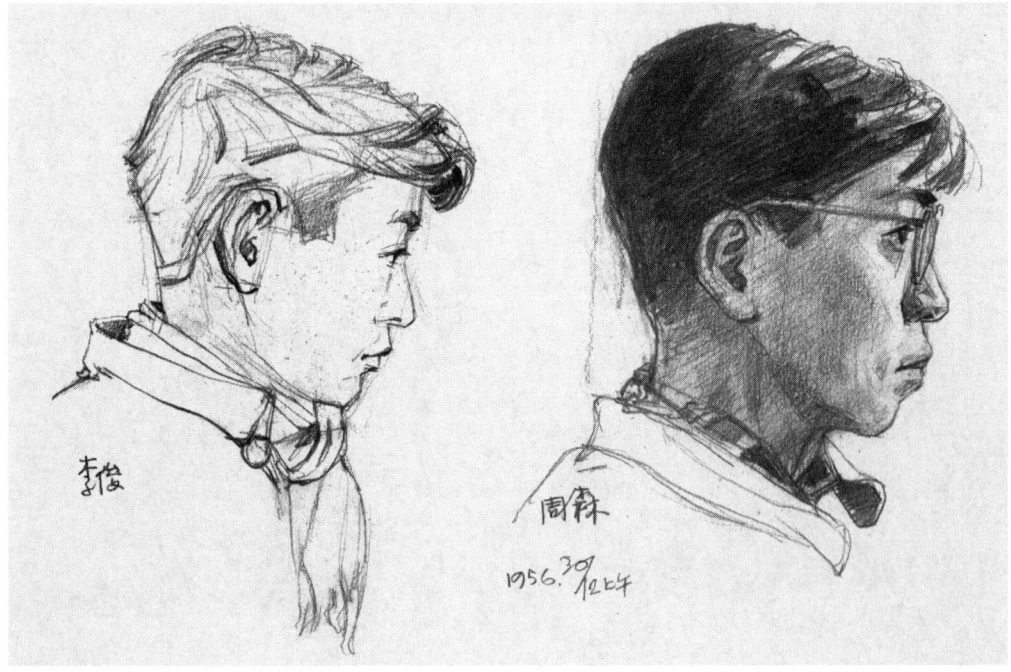

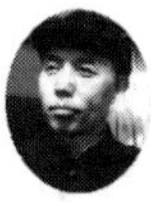

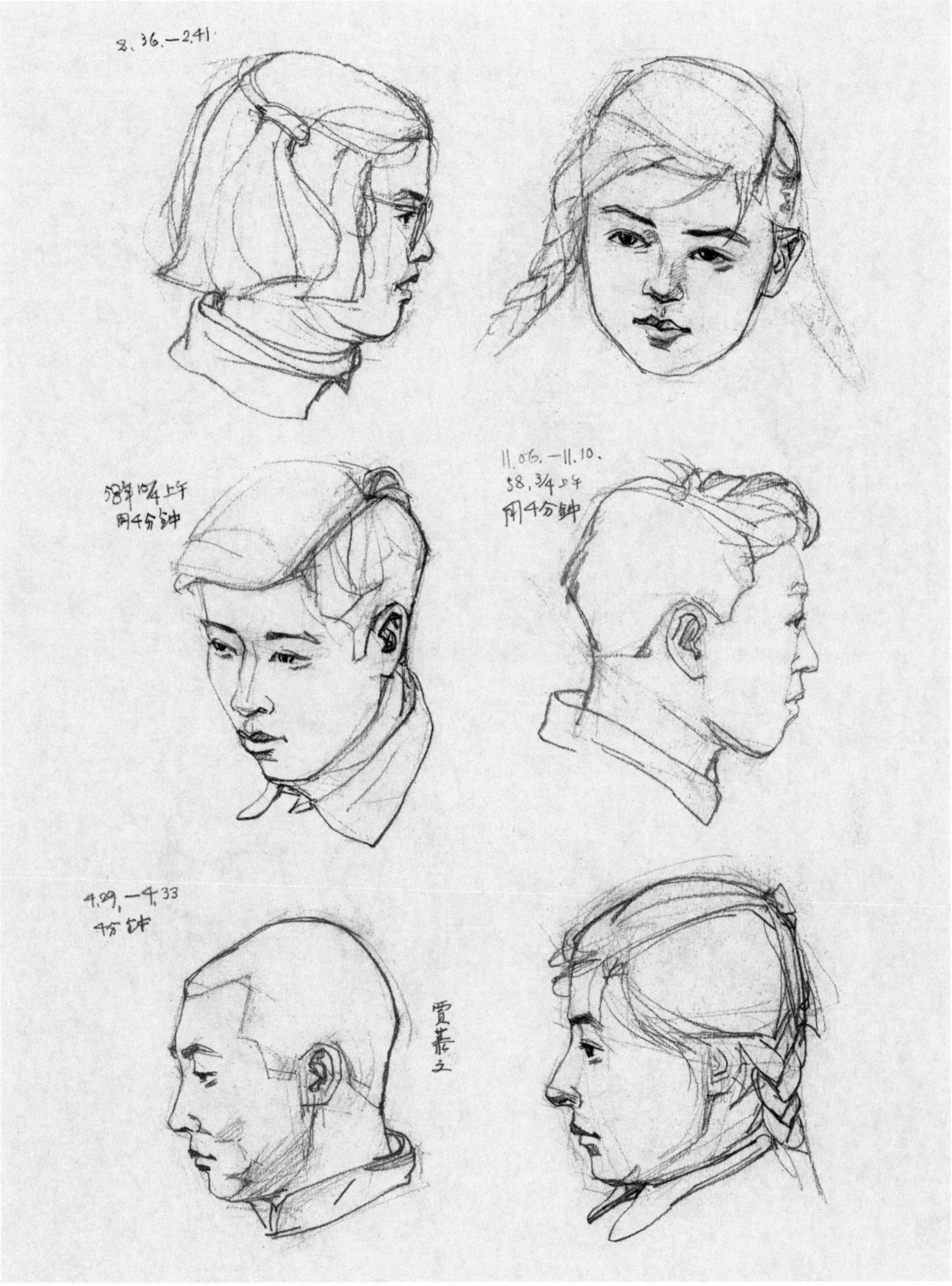
8、36.—2.41
用4分钟
11.06.—11.10.
用4分钟
4.29.—4.33
4分钟

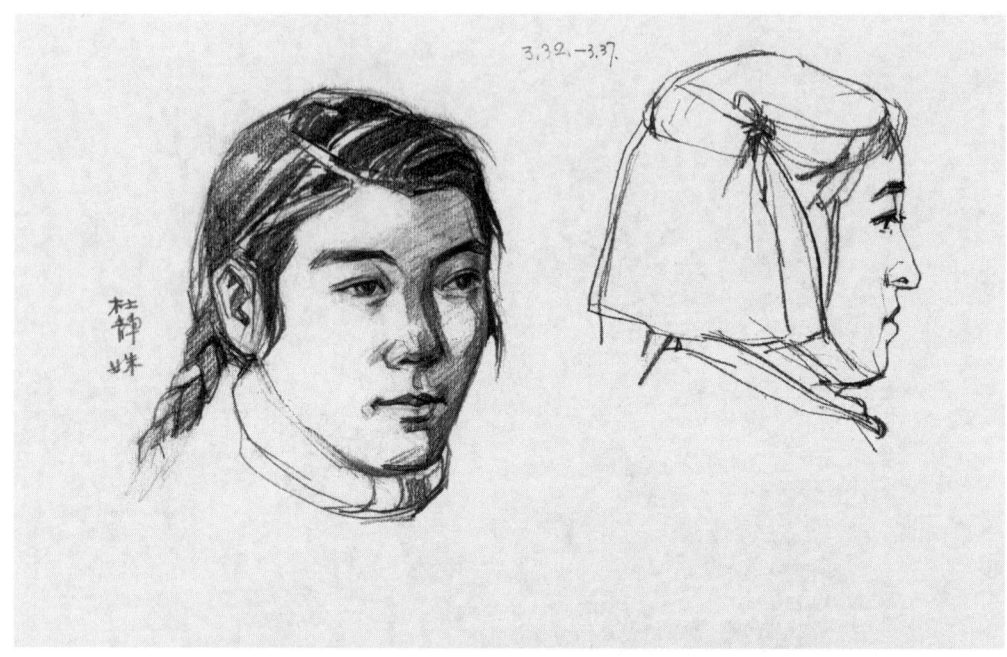

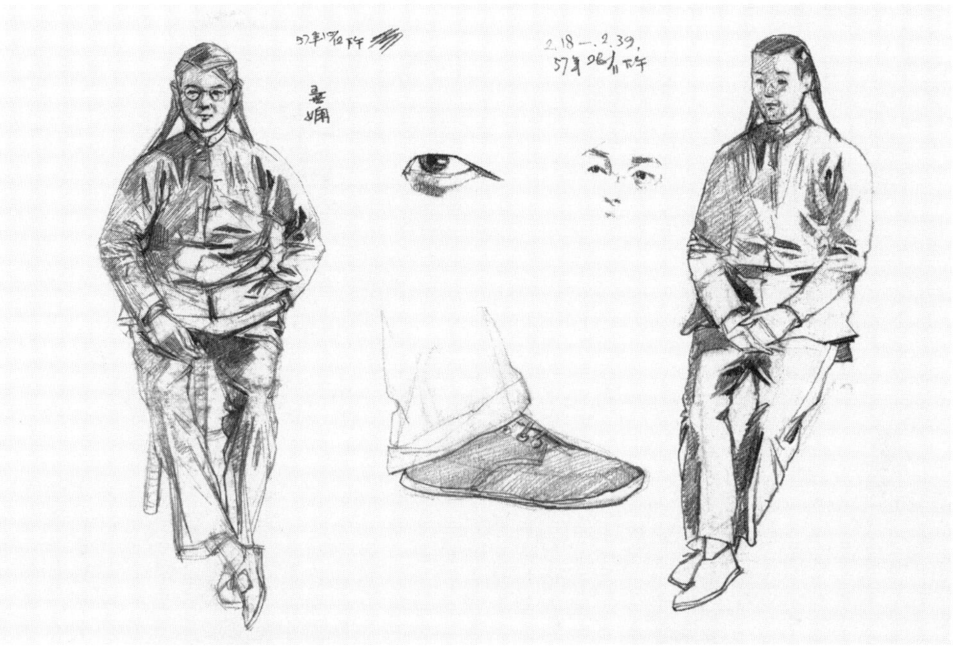

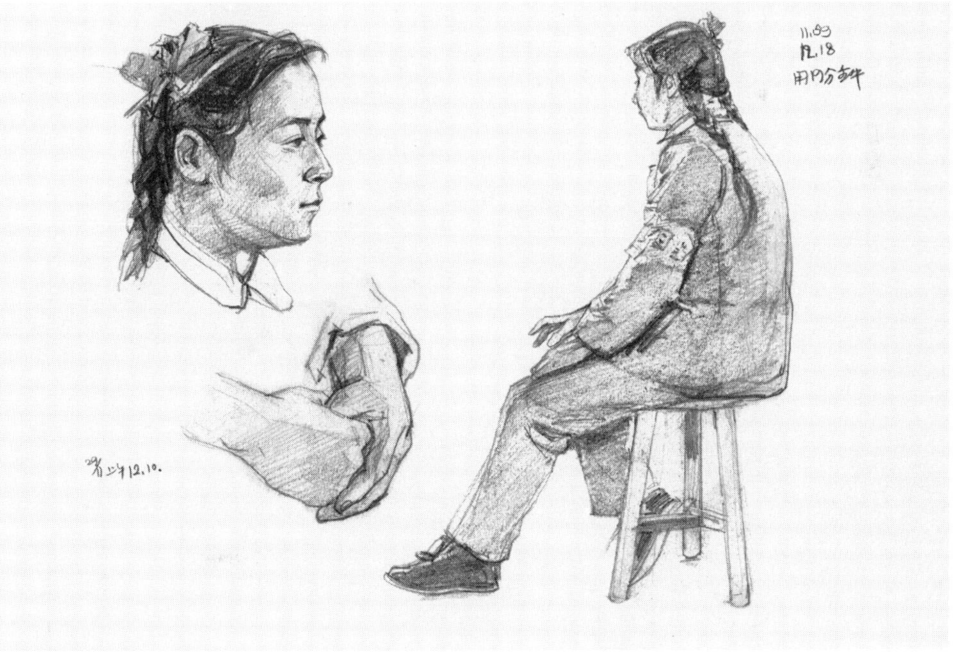

孙之俊作品选

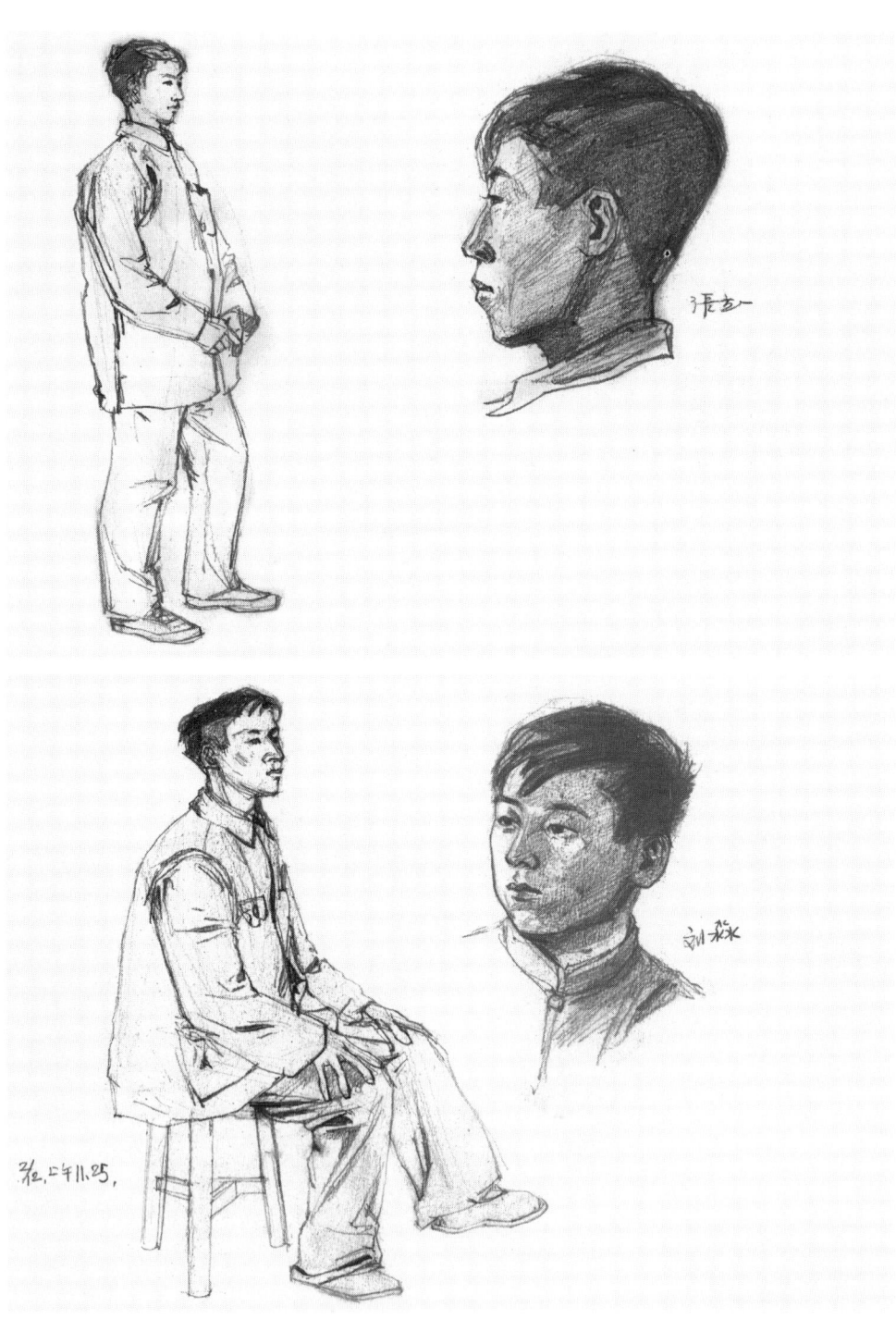

312

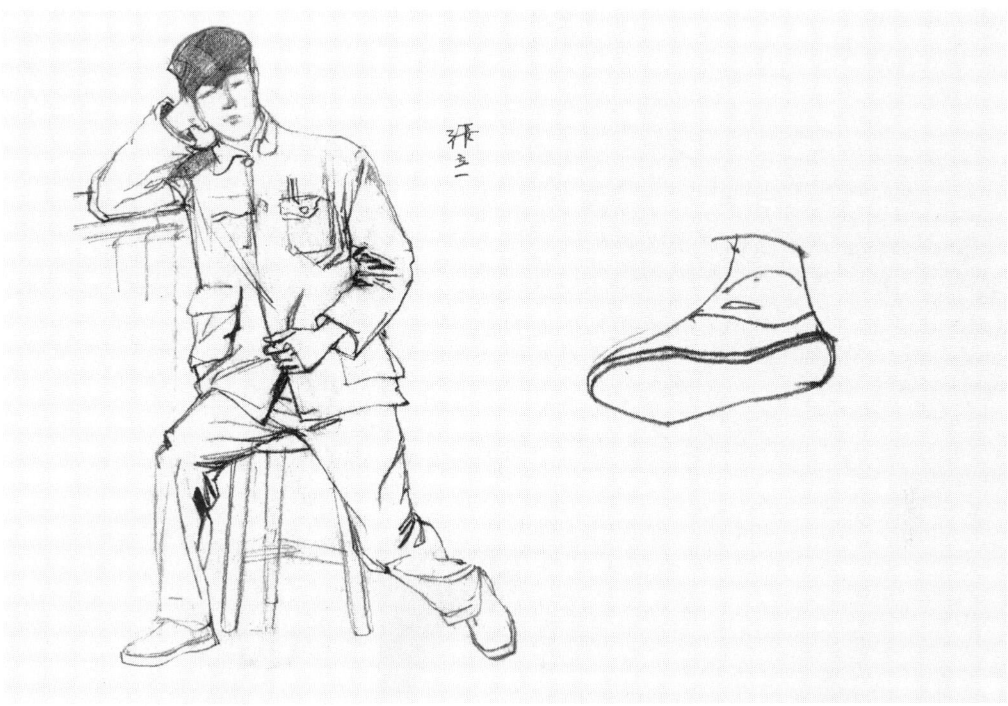

孙之俊作品选

为了记住的纪念——孙之俊纪念文集

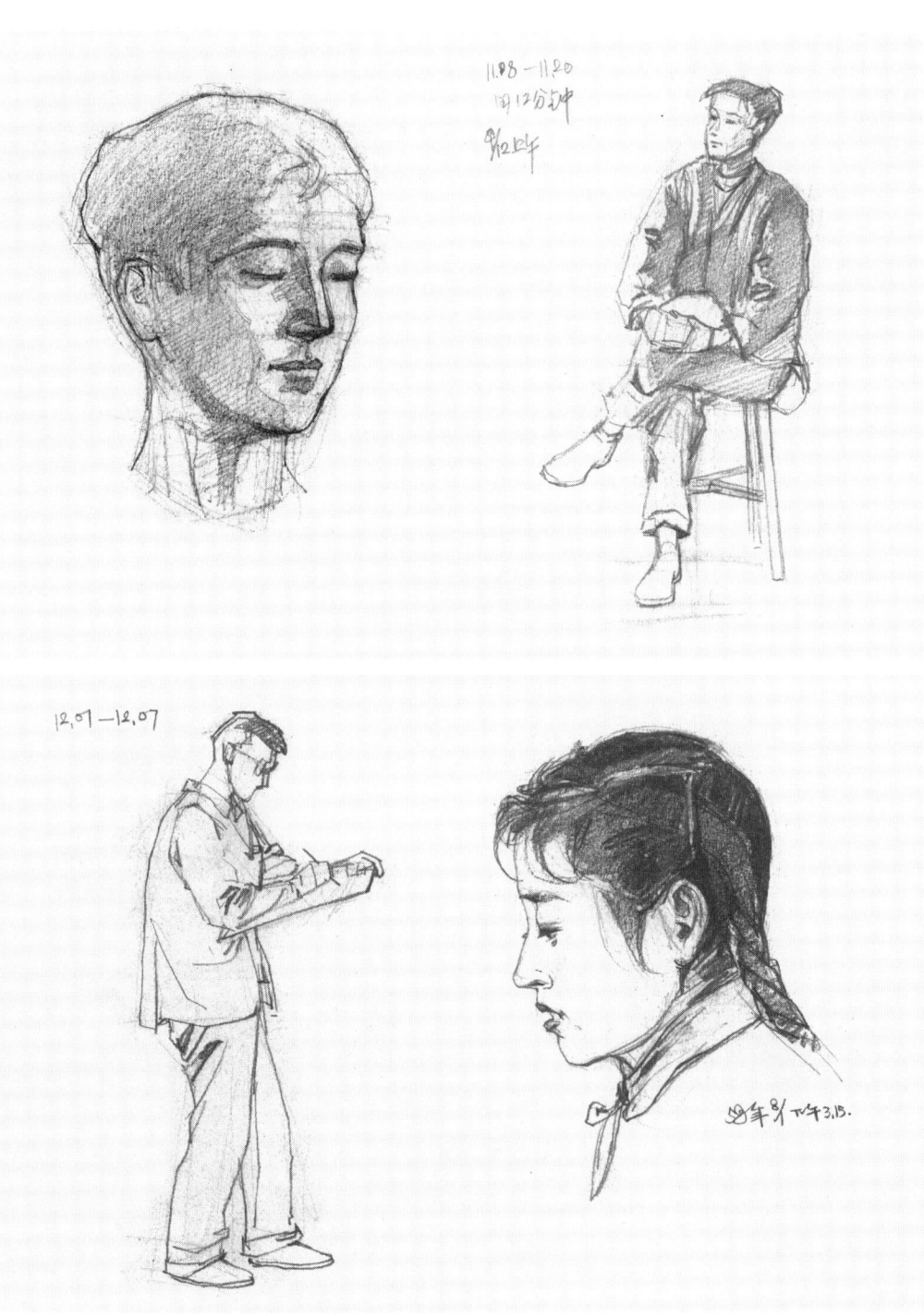

孙之俊作品选

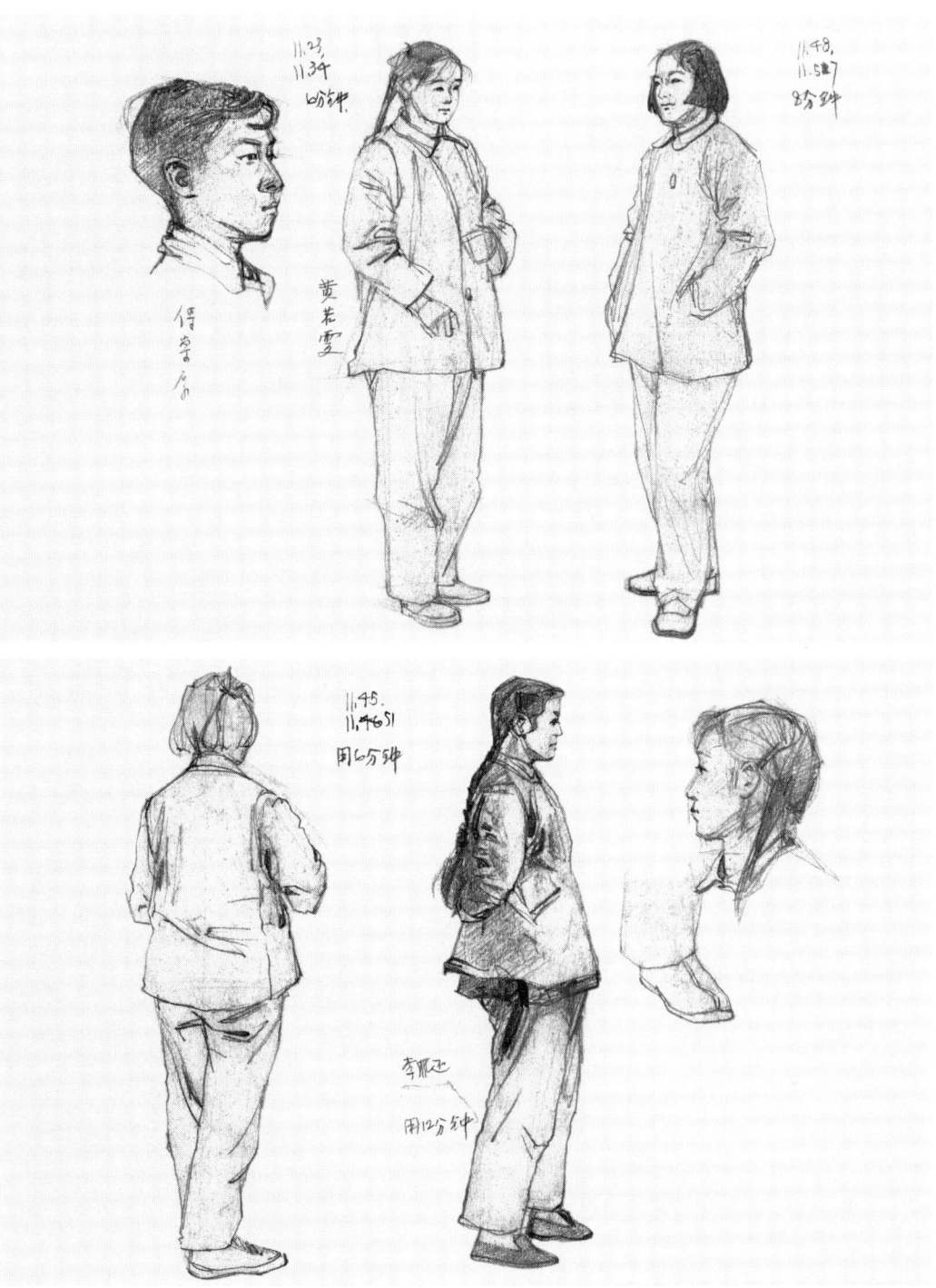

孙之俊作品选

为了记住的纪念——孙之俊纪念文集

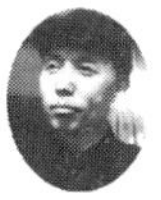

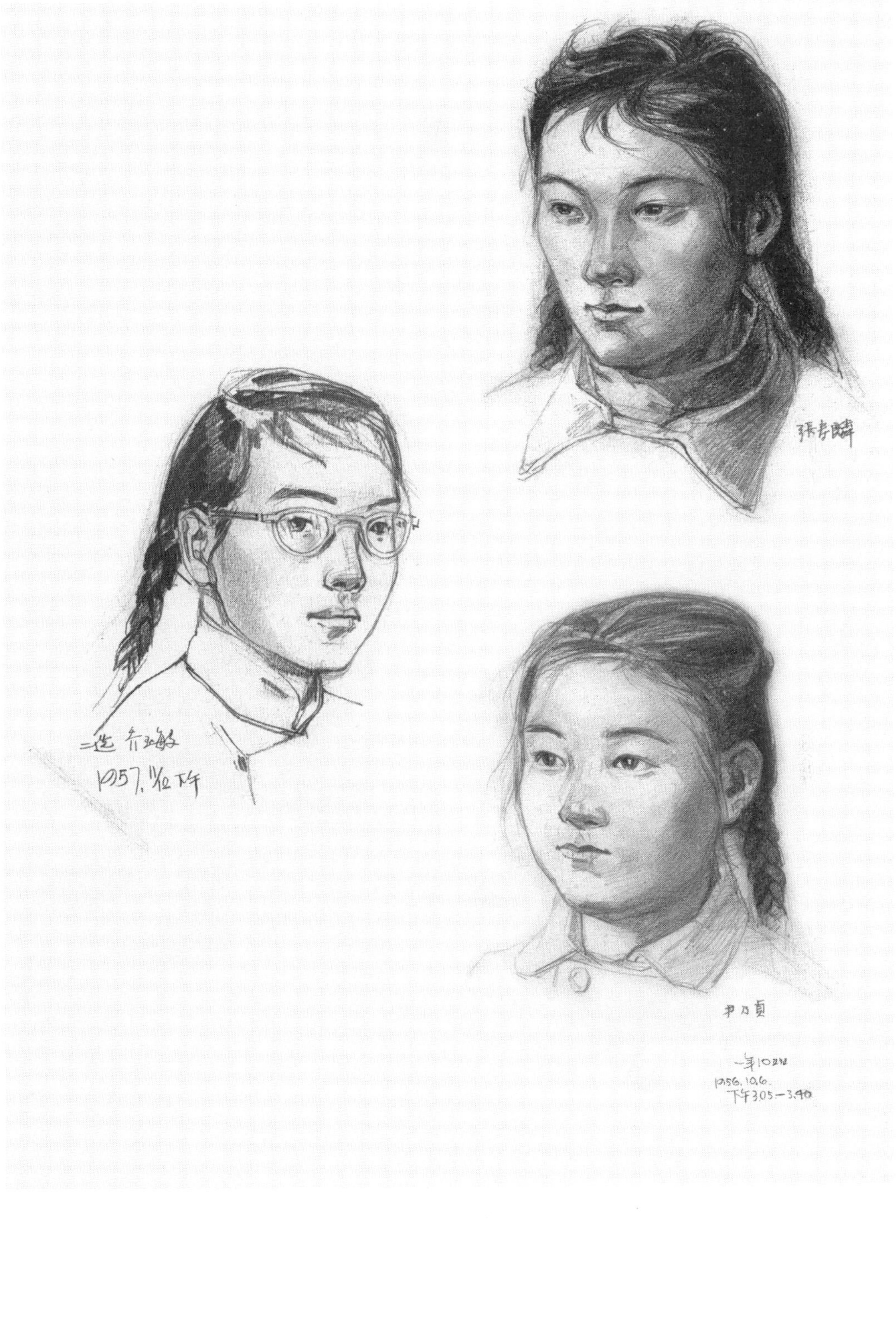

孙之俊作品选

为了记住的纪念——孙之俊纪念文集

320

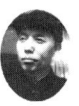

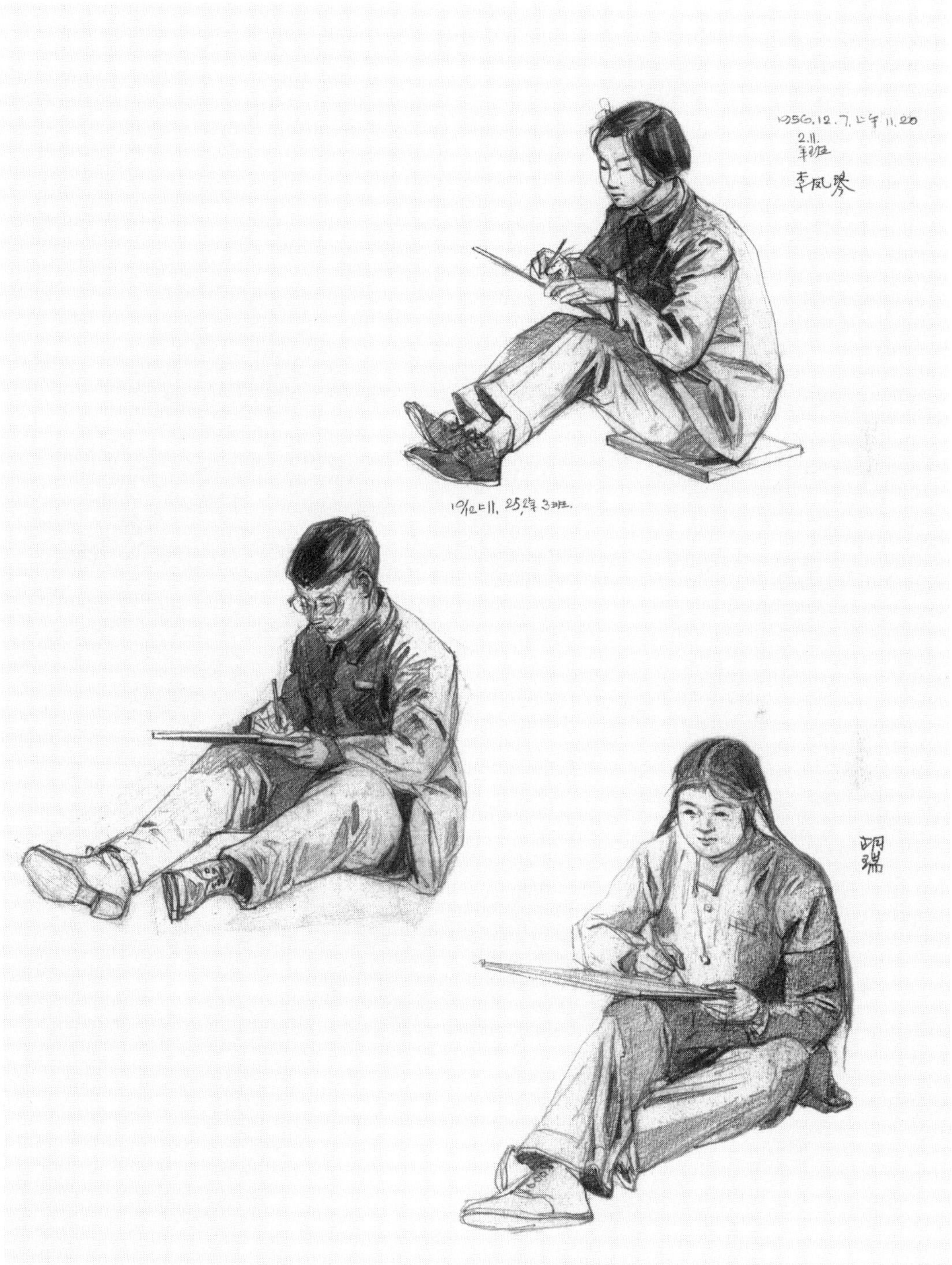
1956.12.7.上午11.20
李凤琴
10/12上11.25 2年3班.

为了记住的纪念——孙之俊纪念文集

漫画回眸（摘选）

孙之俊作品选

对于漫画的论述，我读过许多人的，有的是漫画家，有的是作家或者别的什么家，但是都觉得不如老舍先生写的精辟、到位、中肯。他是这样说的："用绘画来表现思想，是漫画最大的劳绩。风景，人物，花卉，翎毛，无论是用西法，还是用中法，去画，它所发出的效果总仿佛偏在悦目怡情：或给我们光色与形象之美，或给我们以诗的意境，而很少社会的意义。漫画，在另一方面，却首先抓住世态，而予以讽刺。它的技巧是图画的，而效果是戏剧的或短篇小说的。因此，漫画家不只是画家，而且须是思想家，假若三年不窥园的书痴写不出济世的文艺来，一个隐居山林，潜心摹古的画家也一定画不出漫画。漫画之所以能自成一格，就是不甘心只用笔墨颜色去代自然之美作宣传，也不甘心只去捧有财有势的人，而是要把社会现象用毒辣的简劲的笔法写画出来，使大家看了笑一笑，而后再想一想；想罢，也许还发抖一下。漫画是民主政治的好朋友。在一个使大家莫谈国事的国家中，恐怕连漫画也不会有生命了。漫画既负有传播思想的任务，漫画家的修养便于不限于绘画本身，而且须博学多闻，有很丰富的社会经验。他既是艺术家，也还须是学者及新闻记者。"

从我们摘选的孙之俊先生的单幅漫画和连续漫画中，是否能体会出老舍先生对漫画的论述呢？

单幅漫画

我们选择的单幅漫画作品均为本书作者们的文章中提到和加以分析的作品。除了注明发表的时间和报刊外，注释均由孙燕华作。

从1927年至1949年孙先生的单幅作品风格变化很大，涉及问题很多，这些作品均可为后人了解漫画的历史提供重要资料。

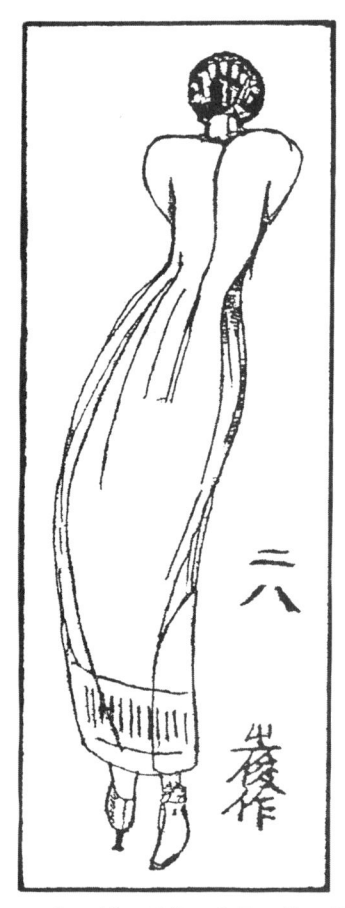

《二八》 原载《北晨画报》晨报副刊1927年6月26日第19号

抒情的风格，流畅的线条，遏制不住的对美的追求，这是现在收集到的孙之俊先生发表最早的漫画。

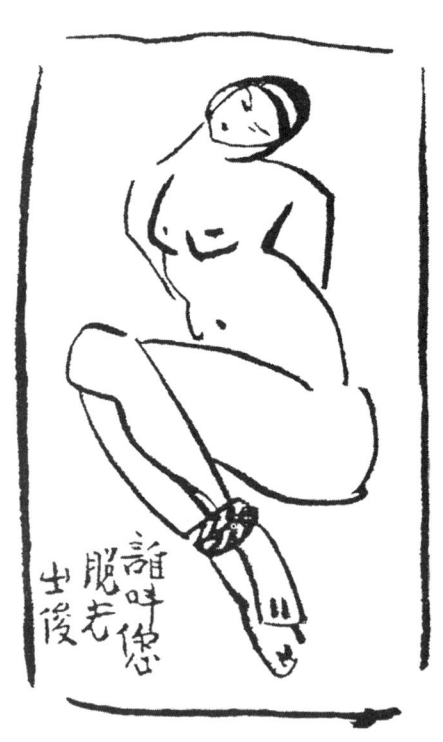

《谁叫您脱光》 原载《星期画报》1927年10月23日第103号

虽然有上海美专学生们的壮举——他们与模特合影的照片刊登于报，但是看见光着身子的模特，总有人嗤之以鼻，干脆来张漫画！

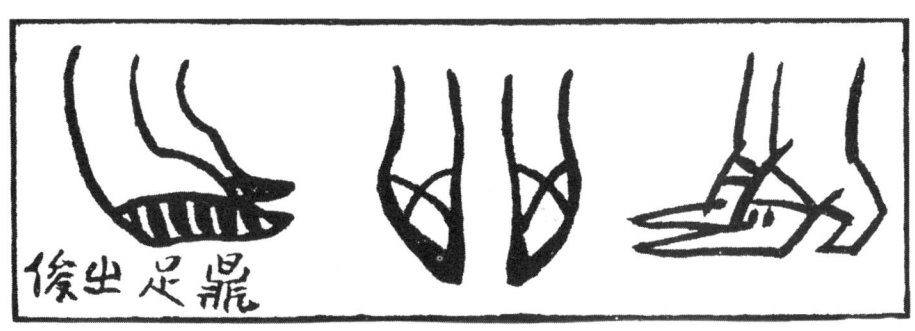

《鼎足》 原载《星期画报》1927年10月30日第107号

古时之鼎为三足，借来一用，以三种不同形态的"足"，展示时下社会的变化，岂不妙哉！

《中美》 原载《北晨画报》1927年12月25日第114号

1927年12月1日蒋介石、宋美龄联姻，在当时人看来，时尚而有实力的宋氏家族代表美国利益，蒋介石代表中国利益，这是一宗"中美"的政治联姻，并非单纯为了爱情，鞠躬九十度的蒋介石拜倒在宋美龄的石榴裙下，这幅漫画表达了当时人们对这宗婚姻的看法。

《无衣无食腊月怎挨》 原载《北晨画报》晨报副刊 1928年1月8日第115号

在军阀混战的年月，难民们啼饥号寒，重演着"朱门酒肉臭，路有冻死骨"的悲剧……

《战场》 原载《北晨画报》晨报副刊 1928年2月12日第120号

这些当兵的不知道为什么上战场，年轻的生命为军阀的争权夺利而殒命。

《春郊》 原载《北洋画报》1928年3月7日第168期3版

到北京一年了，1928年的春天给年轻的画家带来了多少美的启示啊！

《只不过是个虚招牌》 原载《世界画报》1928年3月18日第126期

春天带来了好心情，但仍没有忘记忧国。1928年2月北方的名流们发起了一个"全国和平运动"，大呼和平，然而军阀之间的纷争仍然不会停歇，所以"只不过是个虚招牌"而已。

孙之俊作品选

《折柳》 原载《北洋画报》1928年3月10日第169期第3版

画家是否想起了唐朝诗人贾至的《春思》"草色青青柳色黄，桃花历乱杏花香，东风不为吹愁去，春日偏能惹恨长"。

为了记住的纪念——孙之俊纪念文集

《民生》 原载《北晨画报》晨报副刊 1928 年 4 月 22 日第 130 号

在孙中山先生提出的"三民主义"中，民生问题是涉及到广大老百姓的根本问题，然而在现实中，老百姓却在各种苛捐杂税的压榨下难以喘息。乱马蹄踏着苦难的百姓，这是多么生动的引喻呀！

《人世地狱（二）－旧婚姻》原载《北洋画报》1928 年 4 月 21 日第 181 期第 2 版

旧式婚姻把已经受过新式教育的大学生与家庭包办的旧式妇女捆绑在一起，这在当时是很普遍的。虽然很不协调，但它捆绑的很牢，即使是胡适之先生也没能逃过此劫。

《无限春光》 原载《北洋画报》1928 年 4 月 18 日第 180 期第 3 版

春天总是给女大学生们带来愉悦。

328

《大家还不快醒吗！日本人的炮弹射在你头上了！》 原载《世界画报》1928年6月3日第137期

这幅画中沉睡的人们——没有感到日本人侵略的危机，画者在向他们大声疾呼，画面上飞动着的和已经爆炸的炮弹与沉睡的人们形成了强烈的对比。

《无题》 原载《北晨画报》晨报副刊1928年4月22日第130号

1928年4月蒋介石与冯玉祥在郑州交换兰贴，冯为兄，蒋为弟，结为金兰，蒋称："安危共仗，甘苦共尝，海枯石烂，生死不渝"。冯称："结盟真义，是为主义，碎尸万段，在所不计"。此画"无题"，却是"有题"，直指蒋介石，不过是借着冯玉祥与阎锡山维持自己的统治而已。

《春之酡醉》 原载《北洋画报》1928年4月28日第183期第2版

已极美好，又加酡醉，真可谓"暖雨晴风初破冻，柳眼梅月息，已觉春心动！"（李清照《蝶恋花》）。

《国事濒危时代之中央公园门口》　原载《世界画报》1928年6月10日第138期

　　这幅作品讽刺在战争危机的时刻,北平中央公园,即现在的中山公园门口还有大量的达官贵人们游乐,那些穿着长袍马褂的阔人和时髦的女郎们并没有感到国难当头的危机,依然轻松享受着。

《摸索》　原载《大公报》1928年8月4日第10版

　　旅法的中国艺术家林风眠等在法国举办"中国美术展览会",当时正在巴黎的蔡元培应邀主持开幕典礼。这次展览的林风眠的大幅油画《摸索》将荷马、但丁、莎士比亚、歌德、雨果等文化巨人对人类真理的摸索贯成一线,表达了强烈的人文主义精神,获得了很高的评价。孙之俊先生的这幅题为《摸索》的作品表现了在帝国主义侵略的屈辱中,年青的中国学生们在"摸索"着前进。

《无题》 原载《北晨画报》晨报副刊 1928年5月27日第135号

在1928年5月3日济南"五三"惨案发生之后，孙之俊先生随即发表了《无题》，他把山东画成一位被捆绑的大汉，正在遭受日本侵略者的重斧，而其他省却跑掉了，讽刺当时国内的军阀混战，自顾自，不顾国家民族利益的现状。

《艺术家与模特》 原载《丁丁画报》1928年11月24日第4版

艺术家与模特——模特，其实始终是困惑中国人的问题，特别在"文革"时期更有大肆批判"模特"的一段时间。此幅画创作于大学二年级，可见当时对于画模特的问题仍很有争议！

《蛮打》 原载《北晨画报》晨报副刊 1928年12月19日第121号

引申了混战的寓意，可能只有画过人体结构的西画系学生才能画出这样的人物。

为了记住的纪念——孙之俊纪念文集

《闺怨一、二》 原载《北晨画报》晨报副刊 1928 年第 122 号

"小女婿"与"老丈夫"是当时包办婚姻的畸形。到了没有父母包办的现在，真不知"姐弟恋"或"老夫少妻"是不是真的达到了爱情的最高境界？

《饭碗问题》 原载《华北画刊》1929 年 1 月 13 日第 2 期

已经是大学二年级的下半学期了，马上面临着上大三，毕业求职就是最现实的问题。此时的孙之俊已经感到为争饭碗将面临的艰难。尽管问题是沉重的，但画面是有趣的，这种巧妙的构思与特殊的构图，让读者除了觉得"难"之外，还觉得"悬"。

孙之俊作品选

《艺术家的春天》 原载《北洋画报》1929年4月25日第310期第3版

这是创作于大学三年级时的有关模特的漫画。可能当时对这个久有争执的问题有所松动,所以这位艺术家才能大画特画着模特,题名为"艺术家的春天"。夸张的透视关系使形体更突出,表现了模特的丰采。

《一醉解千愁!莫谈国事》 原载《新晨报》副刊1930年6月1日第93期第4版

在国难当头的时候,却不让谈国事,只好借酒浇愁。

《国人速醒》 原载《世界画报》1931年10月4日第306期

这年的"九一八事变"让中国人民对日本侵略者的面目看得更清楚了。当时孙之俊先生正在河北省立八中(易县)任教,画中写着"易县八中救国团",应该是当时学生们自发组织的。这是一张漫画的招贴画。

333

《一九三三年》 原载《北洋画报》1932年11月8日第854期第3版

　　这幅预示着北平的未来，预示着1933年日本侵略者会从满州里（画面中的①）通过文化腐蚀，电影，女人，和战争手段（画面中的②）继续向中国内陆侵蚀。1933年的目标是侵占北平（画面中的③）前门楼就是标志，这幅画具有警示的作用。

《一哭一笑》 原载《北洋画报》1932年12月10日第868期第2版

　　1932年2月，国联大会以42票赞成，1票反对，通过特别委员会所提《国际联盟特别大会关于中日争议报告书》。这张漫画就是在这种背景下创作的。由于国联的态度，把中日问题扔进了字纸篓里，小日本人哈哈笑了，中国代表哭了。

《新年漫画》 原载《北洋画报》1932年12月31日第877期第3版

释文：鸡（及）时行乐者说道，飞鸡（机）那颗蛋（弹）还有三秒钟才能落下了，大家……

辛辣地讽刺了在国难当头的时刻，达官贵人们仍然在及时行乐的丑态。非常生动而深刻，整幅画面上处理的垂直线给人以危机感。

《新年漫画》，没有欢庆，只有危机！

《雄鸡一鸣天下晓》 原载《北洋画报》1933年2月7日第891期第2版

这幅作品发表于1933年2月7日，是农历十二月十三日。这一年没有三十，因此农历二十九就是除夕，1933年2月24日即为大年初一。这一年是癸酉、鸡年。雄鸡一鸣天下晓，总是令人振奋吧！

《刚一瞧见个影子》 原载天津《益世报》1933年3月6日第11版

丢掉决心，放弃朝阳、凌源，迅速逃跑，这就是汤玉麟的丑态！

热河失陷：汤玉麟弃军而逃

3.4 日军进军承德，热河省政府主席汤玉麟不战而逃，热河失守。

上月17日，日军下达进攻热河作战命令。18日，张学良抵达热河，与汤玉麟联合发表决心守土的抗日通电。20日，北平军分会决定成立2个集团军与攻热日军作战，第一集团军总司令由张学良兼任，第二集团军由张作相、汤玉麟分任正、副总司令。

2月21日凌晨，日本先遣部队向热河省东部南岭的中国守军阵地发动袭击，侵热行动由此开始。日伪军共10万人分3路进攻热河，24日占领开鲁，25日攻下朝阳，本月2日凌源失陷，朝阳至承德大道完全敞开。2日，张作相命汤玉麟在承德东布防，汤部官兵不从，要求先补发3个月军饷。张、汤认为"大势已去"，汤扣留军用汽车及后援会汽车200余辆，由承德装私物运津，张作相于当晚逃往古北口。今晨，汤玉麟弃承德西逃，日军先头部队轻取承德。

11日，张学良引咎辞职。

日军开入热河省省会承德。

《今年不抵抗，明年徒伤悲》 原载天津《益世报》1933年3月9日第11版

1931年"九一八"事变后，日本侵略中国的野心愈发暴露无疑，要求抗战的呼声日趋高涨，载着"日属满洲逊帝国"的破车就要被日本侵略者拉走了。

《把戏》 原载《北洋画报》1934年1月26日第1042期第2版

溥仪的把戏够多悬啊！1933年12月29日伪满决定次年3月1日实行"帝制"。《把戏》便是对这一决定的讽刺，而溥仪的龙椅犹如杂技演员的道具，岌岌乎危哉。

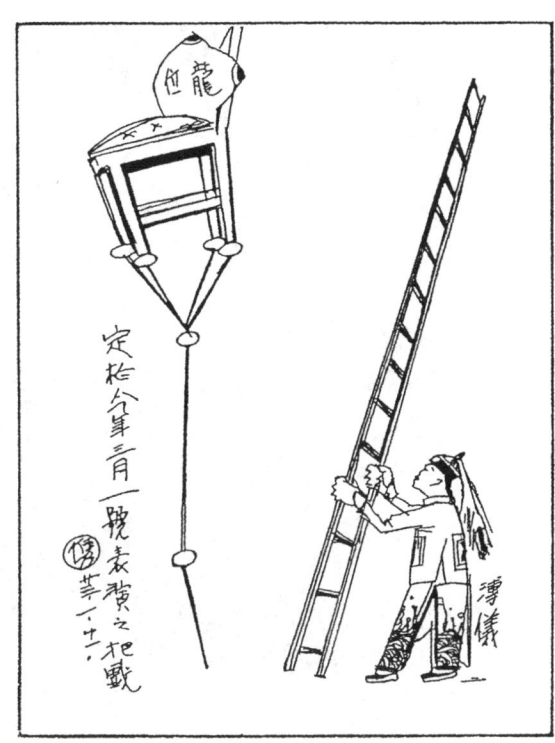

《今日之内战》 原载《北洋画报》1934年2月1日第1045期第3版

"二次大战"和"经济恐慌"是全球性的灾难，在劫难逃啊！这是多么深刻的预言！可怜的地球。如果现在还画这个题材，恐怕仍然离不开战争，另一劫该是地球变暖和污染了！

《今日之内战》 原载《北洋画报》1934年4月3日第1070期第2版
无休止的内战，已经是在帝国主义列强吞食下的中国仍然在内战！

《"新生活"别解》 原载《庸报》1934年5月3日第8版
享乐主义,其实并非是新生活。

《野花恋不得》 原载《庸报》1934年6月21日第8版
对着娇人的野花禁不住贪恋,但还没去"包养"就已经让蜜蜂蜇了!

《庆顶珠》 原载《北洋画报》1934年8月11日第1126期第3版

"庆顶珠"——这是发现的孙先生的第一幅戏曲漫画。"庆顶珠"是一件订婚的信物,这是京剧"打渔杀家"的别名,据说梁山英雄肖恩父女以送"庆顶珠"为名进入土豪丁员外之府,杀了员外逃走。

都市的冬天 原载《北洋画报》1935年1月26日第1198期第2版

贫富悬殊,城市阔人们的楼里热气都蒸发出来了,而瘦骨伶仃的穷人倚门而立,行乞于街边,这种社会现象使"朱门酒肉臭,路有冻死骨"的诗句流传至今。

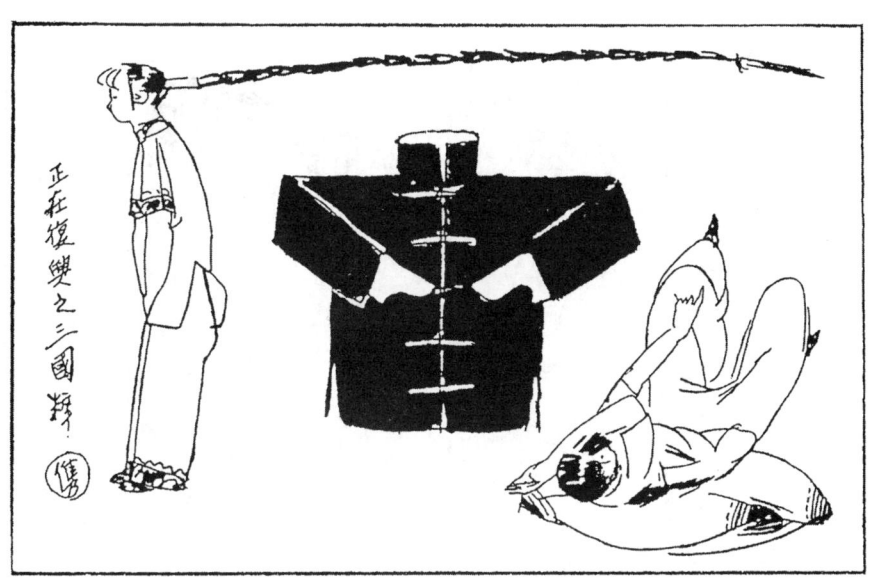

《正在复兴之三国粹》 原载《北洋画报》1935年3月2日第1212期第2版

　　善于选择题材，风趣而幽默地表现主题这应该是漫画家最大的特点。与"鼎足"相比这一幅更夸张而泼辣：长辫子、马褂、三寸金莲——代表着"国粹"，似乎是个新课题，其实七十多年前在思想界就一直在讨论这个问题。

《真正音乐迷》 原载《北洋画报》 1935年3月9日第1215期第2版

　　侯宝林先生在讲相声创作时说过，不合情理就可笑了，比如人坐下以后习惯翘着二郎腿，顺序是人先坐下，再翘起腿，这一点也不可笑。如果先把一条腿别在另一条腿上再坐下就可笑了。幽默是有它的逻辑的，合乎正常规律是不可笑的，反常就可笑了！

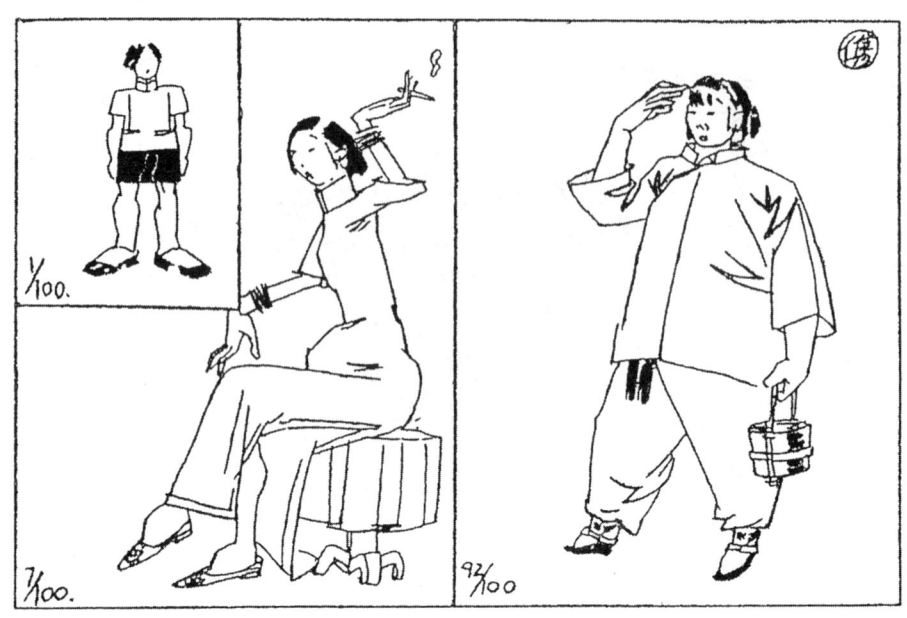

《华北妇女之足》 原载《北洋画报》1935 年 5 月 25 日第 1248 期第 2 版
画面中百分数说明改掉一种陋习或保守势力是多么艰难！

《报考一名职员》 原载《北洋画报》1935 年 5 月 28 日第 1249 期第 2 版
看来"求职难"是有历史的了。如何解决就业问题；同时又能调动人民的积极性，真是民生的大问题。

孙之俊作品选

《浪漫派》 原载《北洋画报》1935年6月1日第1251期2版

"浪漫派"——父亲是一位绝对的唯美主义者，他的美的内涵里第一条就是洁，别看他经常画油画，但是他的身上绝不会蹭上油画颜色，他的周围绝不会乱丢擦笔的纸，油画架周围绝没有一件废物，所以"浪漫派"的画家在他看来就是邋遢，毫无浪漫可言。不过现在的许多年轻人即使不是画家，那住室的邋遢劲儿和这位浪漫派画家也差不多啦！

《三百六十行（歇后语）之一 木头眼镜——真看不透你》 原载《北洋画报》1935年10月31日第1316期第2版

343

《三百六十行（歇后语）之二 老妈儿抱孩子——人家的》 原载《北洋画报》1935年11月2日第1317期第2版

《三百六十行（歇后语）之三 水里赶车——没辙》 原载《北洋画报》1935年12月19日第1337期第2版

泰山旅行写真图　原载 1937 年《时代漫画》第 37 期

塞外写生：绥远赛马（一）（文配图） 原载《实报》1936年10月14日—10月30日

1936年下半年，应段承泽先生邀请，孙之俊先生两次到包头段承泽先生所建设的"包头新村"，与他共同创作《武训先生画传》。此时他画了多幅写生。塞外写生即为当时民俗"图录"，随图的文字犹为珍贵，可称得上"史料"。

塞外写生：绥远赛马（二）（文配图） 原载《实报》1936年10月14日—10月30日

←包頭飛機場

塲在包頭南門外車站南,為歐亞航空公司所有,日來常有某方單翼飛機降落,蓋係商用機,故本地居民確無若何驚慌情況,市民仍頗安謐。

塞外写生：包头飞机场（文配图）　原载《实报》1936年10月14日—10月30日

←綏遠兵營

營在綏遠城車站南舊城迤北小教塲,佔地甚廣,房多土質,然寒無斷處,每間共住十餘人,於磚地上舖草蓆,每人皆白單脚一小盆,行李捲一如左圖,軍士生活極簡單,置無講究,所舖新,天露室內,舖二間,上懸有定圖牌,紀律頗嚴,上課時每人皆攜一之小板凳,携法皆有一定頗妙。

塞外写生：绥远兵营（文配图）　原载《实报》1936年10月14日—10月30日

二里半碼頭之牛皮筏子

去牛之頭尾，四足，內裝麥莖，或他種輕草，將縫隙綴以皮繩，即能浮水上。以長竿縛四十個牛皮筏為一大串。連結四大串為一盤，個大牛皮筏。為製自陝巴，沃野，寧夏等地。此種筏有來無往，因牠能順流不能行逆水故。到目的地卽將貨筏併一售出。所運貨多係皮，羊毛，甘草，及其他土產。

塞外写生：二里半码头之牛皮筏子（文配图）
原载《实报》1936 年 10 月 14 日—10 月 30 日

漠北娘兒們

包頭為大陸氣候，有諺：「早穿皮袄午穿紗，懷抱火爐吃西瓜。」廢曆八九月的天氣早午之溫度相差甚遠清晨時多着皮棉午則赤膊穿棉襖。此地西瓜中秋節時正上市現已十一月中旬，西瓜攤子，仍到處皆是。此地婦女與平市迥異，日中時於街頭巷尾常見如圖中所示者，紅緞子咬肚纏帶黑雲子，綠褲子紅緞子小鞋翹撅撅，邊是真正三寸金蓮，小的邪行。花兒‧太那個！

塞外写生：漠北娘们儿（文配图）
原载《实报》1936 年 10 月 14 日—10 月 30 日

孙之俊作品选

二里半码头

此码头因距包路城南门二里半故名。岸甚高，黄土沙质，停泊牛皮筏子甚多，卸货颇稍困难，图中所示狭路即所以卸货者。为人工掘成，大约筏一四十五匹之斜坡。筏子靠此卸货口，搬运夫卸货之上岸，拆卸牛皮筏始能用缆曳上，每一牛皮筏须四五个脚夫始能用缆曳上。此码头纸停筏子。岸上堆货甚多，载货马车络绎不绝。

塞外写生：二里半码头（文配图）
原载《实报》1936年10月14日—10月30日

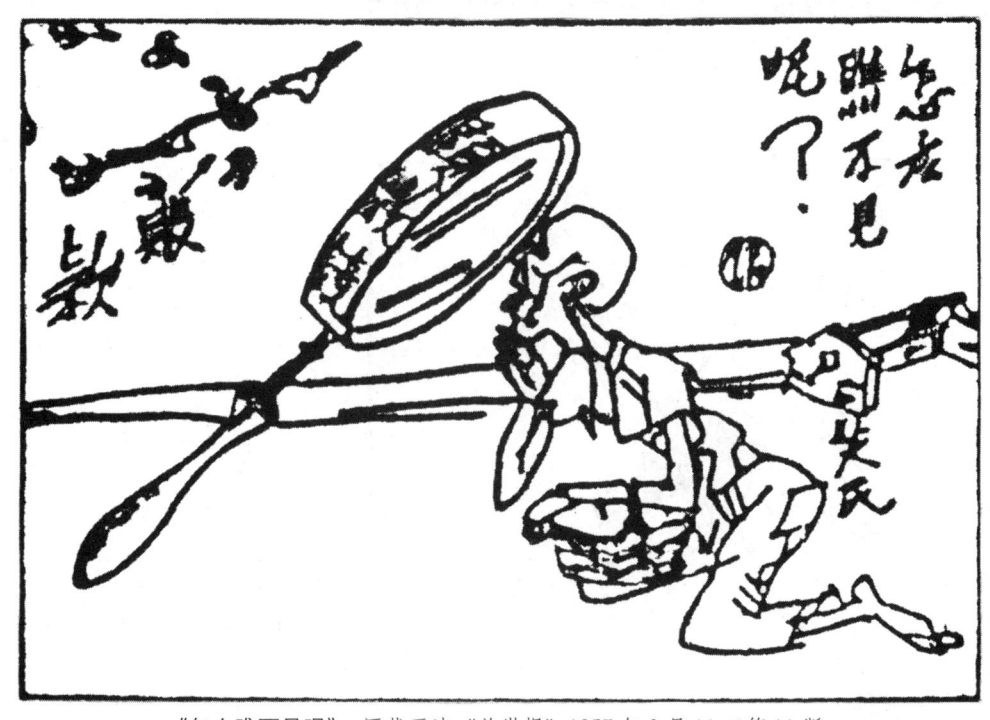

《怎么瞧不见呢》 原载天津《益世报》1937年6月11日第11版

透过显微镜，灾民都看不见赈款，这赈款哪儿去了呢？

349

《黑白》 原载《朔风》1939年第3期

　　黑代表着黑暗，地狱，广大穷苦人民；白代表着白天，阳光，城市，达官贵人，这题材几乎每年都发几幅。然而这幅最有冲击力。

《我给您献一手》 原载《时事画报》1942年1月第65期

　　又到新年了，北平已经沦陷了四年，老百姓生活十分艰苦，没什么可庆祝的，年，还是得过呀！"我给您献一手"，看我滑冰吧！

孙之俊作品选

《爱莲成癖》 原载《时事画报》1942年9月1日第81期

《爱莲说》是周敦颐所作的广为流传的一篇散文,是一篇优美的文字。

漫画之所以让人发笑是有很多内在的逻辑的,此处便使用了同音的借用,这个"莲"不是那个"莲",这位保守的冬烘爱的是"三寸金莲",并且成癖!

《为了一个煤球》 原载《中华周报》创刊号1944年9月1日

沦陷后的老百姓们穷啊,穷人的孩子们每天的"功课"就是捡煤核,要饭……

《大的跑了》 原载《中华周报》1944年12月第1卷12号

小的屯积家被捉了，大的跑了，看来法律面前人人平等很难施行。

《学生与老师》 原载《华北新报》
1944年11月25日

老师的待遇低下在旧社会是个固疾，当然也有高的。据陈明远先生近年来的研究，胡适、鲁迅等名教授工资还是很高的。但是中小学的教师工资始终很低。

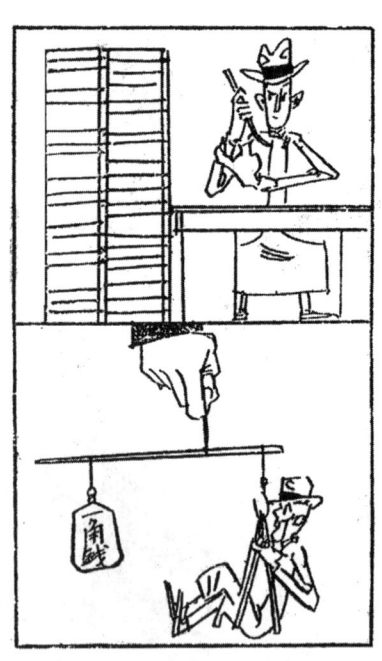

《文人（二幅）》 原载《新民声》1944年12月6日第6版

著作等身，价值一角。稿费太低啊！文人不值钱！

连续漫画

孙之俊先生创作的连续漫画目前搜集到的发表最早的是《快乐家庭》(发表于 1928 年 10 月 7 日 –10 月 28 日的《新晨报》),虽然仅仅 16 幅,但是却很有特色价值。它代表了连续漫画在北方发展的最初风貌,区别于上海叶浅予先生的《王先生与小陈》。从人物形象和故事的情景都显示出做为京城的文化底蕴和社会变迁过程中作者对新事物的关注。

《冬烘先生》是连续一年(1929 年 1 月 13 日 –12 月 22 日)发表在《华北画刊》的作品。孙之俊先生是从大学二年级第二个学期创作至大学三年级的第一个学期。在这部作品中,他以冬烘先生为代表,集中表现了新文化运动以后新旧思想的冲突:革命、改革和改良上的分歧与争议在社会生活中的反映。其中有些问题至今仍引人深思,比如尊孔与反孔的问题。如此大部头的连续漫画非常有历史价值。

《贾醉生》《王曰叟》《费利儿》《混混儿》《老糊涂》是自 1934 年 10 月至 1937 年 7 月 11 日,三年中创作的五部连续漫画,除了《费利儿》是表现教育儿童的作品外,其余四部皆是表现社会民生的,涉及范围之广,情节之丰富,讽刺之辛辣,幽默之奇妙,均为同时漫画作品中的上乘。

1937 年七七事变之后,孙之俊先生迅速结束了所有的连续漫画,直至 1938 年 1 月才开始在《新北京报》副刊连续创作了《王先生外传》。北平沦陷时期,孙先生创作的《小摩登》《万斤油》《范统与杨胜仁》以生活琐事为内容维持着他的连续漫画创作。

直至抗日战争胜利,自 1947 年 8 月 1 日至 1947 年 10 月 31 日,以"付基"的笔名(即"反蒋"二字的第一个字母组成)在《纪事报》发表了《戏剧人生》和《老鼻烟壶》。这两件作品以更加简炼的画面,更加深刻的内容,更加娴熟的笔触和生动的造型,对当时蒋介石政府的腐败和深刻的社会矛盾予以了无情的揭露。

孙之俊先生的连续漫画,使用了西方漫画的形式,借鉴了西方电影镜头表现手法和方式,反映的却是中国知识份子的情怀,例如《贾醉生》中,人在空中飞行的画面……因此他的这些作品为我们提供了研究中国现代漫画的足迹。

《快乐家庭》第一回　1928年10月7日—1928年10月28日发表于《新晨报》副刊

1. 文：（右）金妻性贞，伊目中世上人除金外无可爱着。
    （中）金老肥头硕腹——阔老也。
    （左）金先生因拥有娇妻爱子其情甚专。
2. 文：（右）其女金济，一天真女郎年可十五六以来令人一见倾心。
    （左）其子阿小年尚幼稚，亦活泼可爱，惟性劣顽皮。
3. 一日合家驰车郊野林园，一时兴高，驾车如飞虎驰逸入山林。哈哈哈！

孙之俊作品选

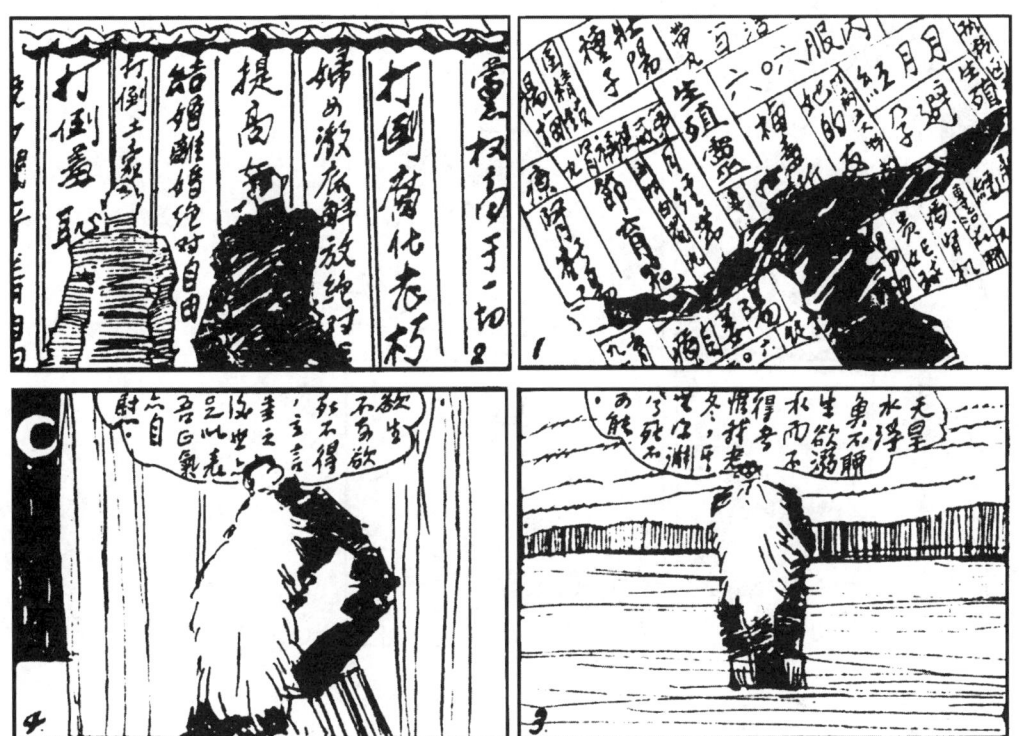

《冬烘先生》第十四回　1929年1月13日——1929年12月22日发表于《华北画刊》

1. 报纸广告：月月红、避孕、内服六〇六、梅毒、生殖灵……
2. 标语：党权高于一切、打倒腐化老朽、妇女彻底解放绝对…结婚离婚绝对自由、打倒土豪、打倒羞耻……
3. 冬烘先生：天旱水浮，鱼不聊生，欲溺水而不得者惟我老冬，其无深渊分，死不可能。
4. 冬烘先生：欲生不能，欲死不得，立言圭之后世，亦足以表吾正气，亦自慰。

为了记住的纪念——孙之俊纪念文集

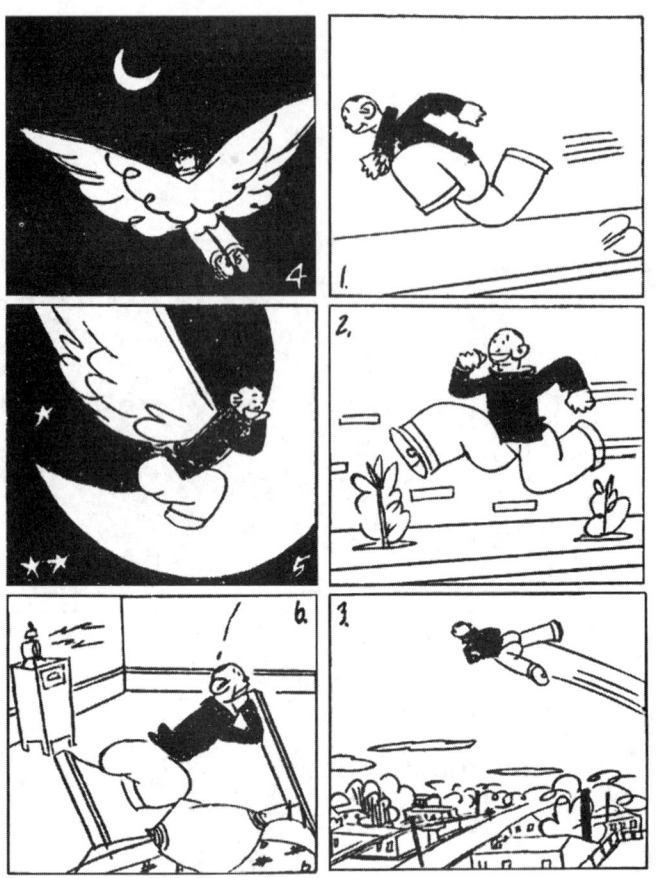

《贾醉生》第十九回 南柯一梦

《王曰叟》（一）以怨报怨
1936年3月15日—1937年7月发表于《实报》半月刊

《费利儿》牢笼不得　　1936年4月5日—1937年7月25日发表于天津《益世报》

1. 费利儿：可恶的老花，衔了我的金鱼！
2. 费利儿：非给你点罪受不可！
3. 费利儿：哈哈！想吃鱼吗？
4. 费利儿：嗳呦！

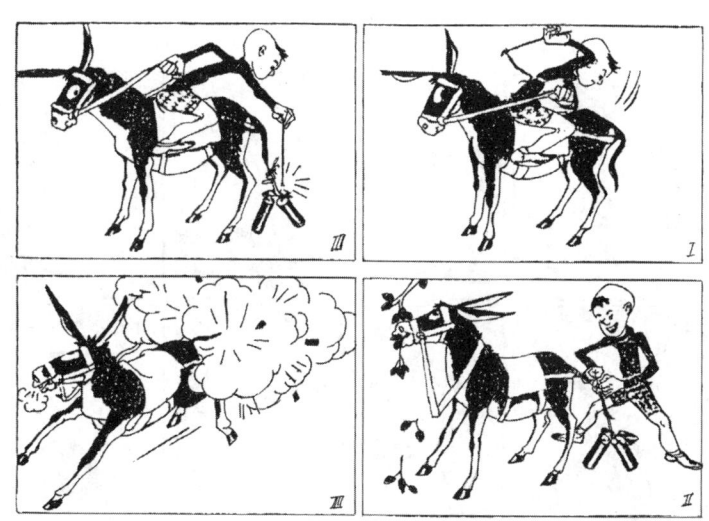

《费利儿》学张果老　　1936年4月5日—1937年7月25日发表于天津《益世报》

1. 费利儿：这匹可恶的驴。我学张果老的骑法，你还不走，打你这畜生！
2. 费利儿：把尾巴上拴四个大爆。
3. 费利儿：我把爆燃着，这驴一听爆响，准跑。
4. 砰！砰！

《混混儿》大厚脸皮 1936年9月13日—1937年7月21日发表于《世界画报》

《老糊涂》第九回 1936年10月1日—1937年6月30日发表于《世界晚报》

原文说明：

　　老糊涂和万斤油一同去逛香山，在西直门雇驴子骑。因为不管客人肥瘦，租价都是五角，所以他很为不平，便抱了一块大石头上驴，以免自己吃亏。结果赶驴的十分恼恨便唆使土匪，把他们两人抢劫得只剩了一条裤子，抱头鼠窜而回，可见一点点小亏都不肯吃，反会吃很大的亏。

《老糊涂》第二十四回　1936年10月1日—1937年6月30日发表于《世界晚报》副刊

原文说明：

　　老糊涂溜冰技术，确实不平凡，当冰场刚开幕那一天，从清早一直溜到日暮黄昏，瘾还没有过足，索性表演一个飞快车，再回家吃饭；不想正碰在泼冰场的水桶上，水桶正好滑到所要移去的地方，可是老糊涂的头上却添了一个大瘤。可见任何事情，要适可而止，不可太过。

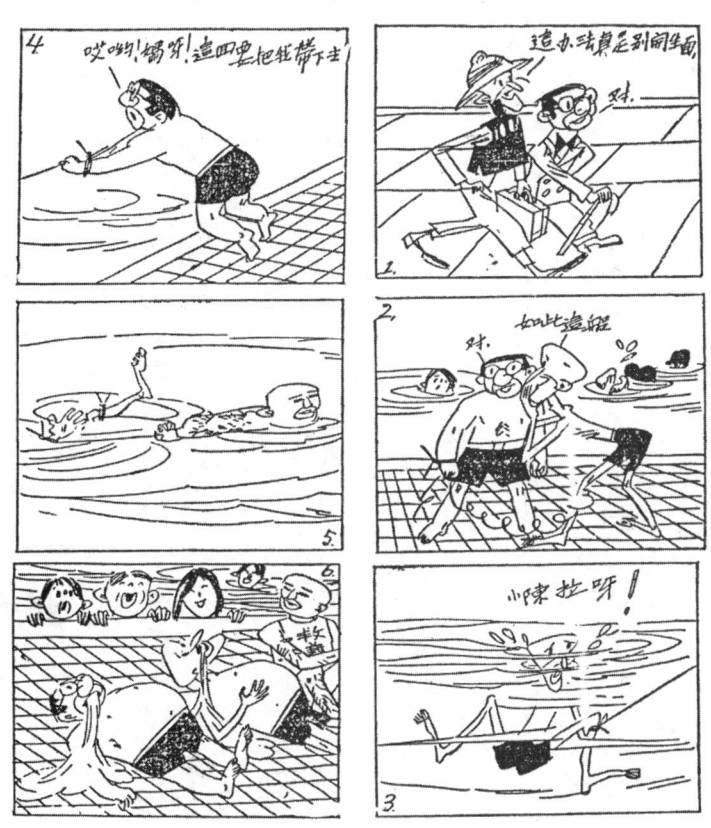

《王先生外传》第八回　1938年1月30日—1938年12月27日
发表于《新北京报》副刊

《王先生别传》第三回 1939年4月发表于《长城》第一卷第4期

《王先生外传》第十回 1938年1月30日—1938年12月27日发表于《新北京报》副刊

孙之俊作品选

《元人词意》 1964年1月12日作

　　元代词人马致远作《天净沙》一曲为千古绝唱：枯藤老树昏鸦，小桥流水人家。古道西风瘦马，夕阳西下，断肠人在天涯。

《万斤油》第八回　1939年11月11日—1940年4月发表于《长城》

《老鼻烟壶》第一回 自我介绍的 1947年10月2日—1947年10月31日发表于《纪事报》

《王先生新传》世道人心 1945年发表于《三六九画报》561—573，共四回

《戏剧人生》第七回 物价难追 1947年8月1日—1947年9月29日
发表于《纪事报》，共六十回

《戏剧人生》第九回 先私后公　1947年8月1日—1947年9月29日发表于《纪事报》，共六十回

《小摩登》不得已而化装　1939年10月15日—1940年7月1日发表于天津《艺术与生活》每回4格，共28格

色彩瞬间（仅存）

孙之俊作品选

水彩作品

　　水彩、水粉、油画都是孙先生的擅长，但现在几乎绝迹。此处发表的几幅均为友人和学生将自己的珍藏回赠给孙燕华的，所以更显珍贵。

孙之俊连环漫画人物

　　这幅册页是一件难得的原作。它保留在王森然先生家里。画中文字说明了孙之俊先生画此幅的原因：廿六（1937）年六月一日森然兄携此册来寓属画谨写此以应见笑。俊。

　　画中人物均为孙先生自1934年以来所画的连环漫画中的人物。（自右至左）：昏聩逾恒人之老糊涂、硕肥如猪之万斤油、忽东忽西之小捣乱、醉生梦死之混混儿、三寸丁穀。

　　以上人物的故事均见于孙之俊先生创作的连续漫画之中。

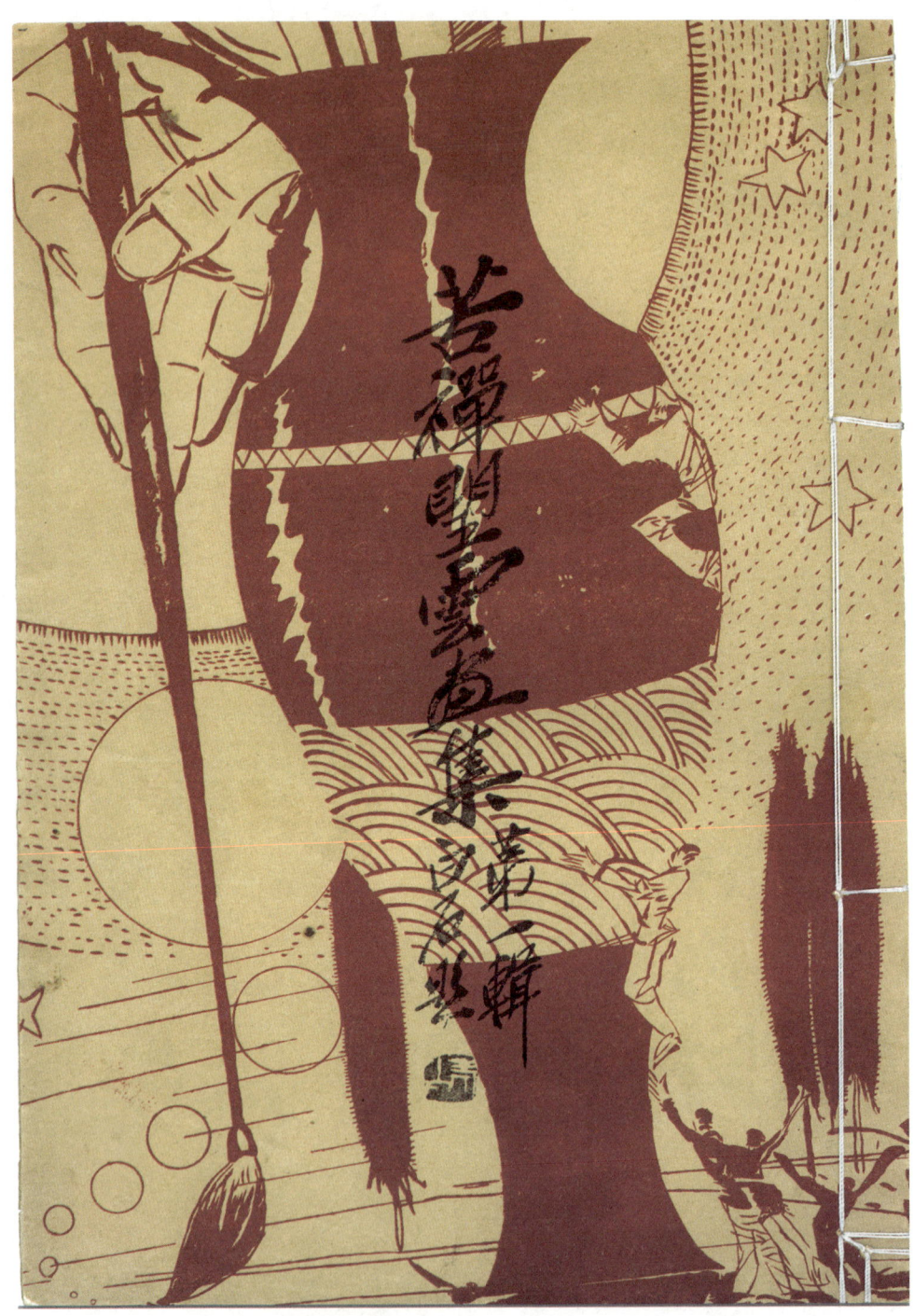

《苦禅望云画集》第一辑　白石题　孙之俊作

孙之俊作品选

《西山香界寺》 1954年作
原北京师范学校孟昭仿先生保存，"文革"后回赠给孙燕华。

《香山初秋》 1961年作

这幅作品一直保存在东城师范学校学生孙蒲远（即北京史家胡同小学特级教师）那里。"文革"后孙蒲远老师将她珍存的这幅作品回赠给孙燕华女士。

为了记住的纪念——孙之俊纪念文集

《春江花月夜》 1964年作

此画由原北京师范学校梁兴华同学保存。"文革"后梁兴华先生将此画回赠给孙燕华女士。

连环画缘（摘选）

从连续漫画过渡到连环画创作皆因山东乞丐武训而起。

1936年下半年孙先生开始与段承泽先生合作创作《武训先生画传》，我们可以从画面中看出，他对人物的造型和动态的夸张仍然沿袭着漫画的风貌。

1948年孙先生自己摘选文字，在平明日报连载了《骆驼祥子画传》，1951年再次重绘祥子，至1962年与老舍先生约定再画一套，为外文版祥子做插图。通过这三次的创作，我们可以看出孙先生已经从漫画风格逐渐转向了写实的风格。

1951年对于孙先生来说是艺术创作出现大转折的一年。由于《武训画传》被突然的批判，他的心情发生了极大的变化，并由此开始使用笔名孙信——仁、义、礼、智、信的信——他亲自告诉我的。

50年代是中苏友好的时代，"苏联的今天就是我们的明天！"前苏联电影、文学、诗歌、舞蹈以及优美的《莫斯科郊外的晚上》《卡秋沙》等等歌曲大量地在我们的社会流行，并且受到了极大的欢迎和热爱，直至现在，六七十岁的中国的人依然有着浓厚的俄罗斯情结。

孙先生没有因为受批判而消沉，他的热情立即转向了前苏联及其他内容的连环画创作，所使用的名字由本名"孙之俊"改用笔名"孙信"。认真看一下每本书署名即可看出这种变化。而他的创作完全进入写实的绘画风格。

至于连环画创作手法的多样性是基于他坚实的造型能力。这些作品中既有中国画——勾线风格，也有以西画——光影结构素描为表现手法的创作，从中我们可以看出，他选择什么表现手法是和题材内容有关的。

连环画封面

　　这些连环画封面是对他色彩作品极为缺失的补充,因为是从连环画封面上扫下来的,效果并不好,尽管做了尽可能的调整和修复,只能是达到介绍给读者的目的而已。

《吹牛大王历险记》　天津美术出版社
1957年8月出版　2001年7月再版

《小人国游记》　天津美术出版社
1956年12月出版　1957年8月/2011年7月再版

《大人国游记》　天津美术出版社
1957年4月出版　2001年7月再版

《嘉丽亚的新生》　天津美术出版社
1959年5月出版

为了记住的纪念——孙之俊纪念文集

《英雄亚诺士》 天津美术出版社
1958年9月出版

《底格里斯的枪声》 人民美术出版社
1959年12月出版 1960年1月再版

《巴黎公社的故事》 人民美术出版社
1960年4月出版

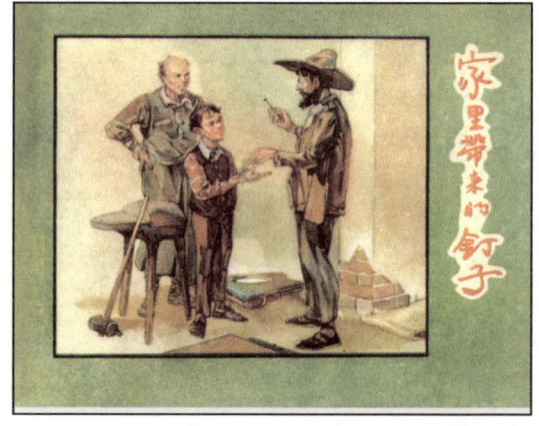

《家里带来的钉子》 河北人民美术出版社
1958年12月出版

孙之俊作品选

《邻居》 河北人民美术出版社
1956年7月出版

《鼓手的命运》 天津美术出版社
1956年6月出版

《木箱子里的孩子》 河北人民美术出版社
1958年10月出版 1959年7月再版

《翩翩》 天津美术出版社
1956年12月出版 2002年9月再版

373

《胆小的兔子》 中联书店
1952年8月出版

《曙光照耀着莫斯科》 中联书店
1954年6月再版

《银碟与红红苹果》 天津美术出版社
1956年5月出版 2002年年8月再版

《我是劳动人民的儿子》 中联书店
1955年5月出版

执着画武训　横招飞祸

孙之俊作品选

最近由于电影《武训传》的解禁，武训其人与他的前世今生又成了热门的话题，不过这一次既不是大批判，也不是大吹捧，我认为这是一种回归历史的进步，在这本书中我不想详细地谈论这位历史人物，只是向读者交待清楚孙之俊先生三次画武训的历史事实和有关资料。

1936年下半年孙之俊先生应国民党中将段承泽先生之邀，两次去包头，住在段承泽先生所构筑的包头新村，由段承泽撰文，孙之俊作画，完成了第一本图文并茂的连环画《武训先生画传》。1937年天津大公报连载了这一套《武训先生画传》。1983年在长沙初版发行单行本，此后该书的全部锌版移至重庆，由陶行知先生作跋再版六次。孙瑜与赵丹先生是在重庆由陶行知先生推荐后看到此书，深受感动，决定拍电影的。

1937年孙之俊先生又摘选其中的内容画为四条屏年画，由天津杨柳青出版，印刷发行三万份，发放到华北农村。（至今尚未搜集到当年印刷品）。

1951年上海钱君匋主持的万叶书店出版了由山东聊城人（武训家乡）李士钊撰文，孙之俊绘画的《武训画传》。李士钊先生是受陶行知先生的嘱托："你到北平后，一定找到孙之俊先生，再请他画一本精美的《武训画传》"。这本《武训画传》是与电影《武训传》一起受批判的版本。

此处向读者提供的是1936年和1951年两个版本中选出的画面。

依据1951年版，1996年孙之俊家属与上海三联书店联合重新再版了《武训画传》（绿色封面），内容略有调整。

2007年在山东冠县举行了第三届全国武训精神研讨会，由冠县县委、县政府出资完成《武训九七纪念册》和《武训画传》（1951年版）的线装印刷，馈赠与会者，现已成为冠县县政府礼品。

1936年由段承泽撰文孙之俊绘图,1937年出版的《武训先生画传》

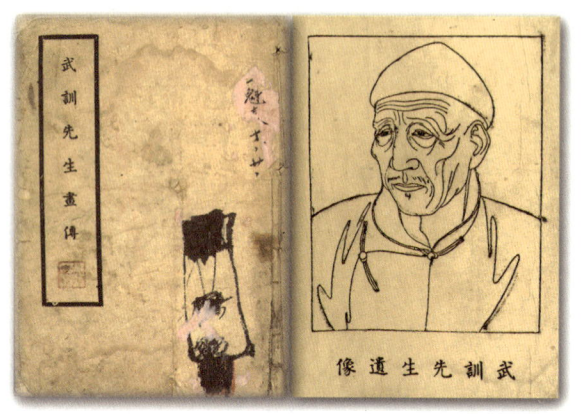
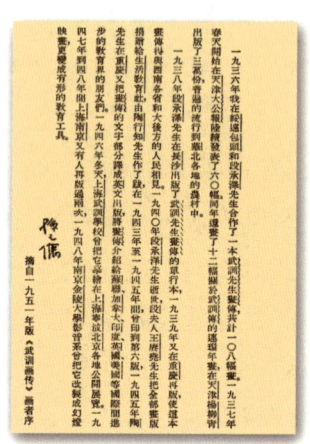

《武训先生画传》书影

《武训先生画传》书影（正文摘选）

1950年由李士钊先生撰文,孙之俊先生绘图,
1951年1月3日出版的《武训画传》

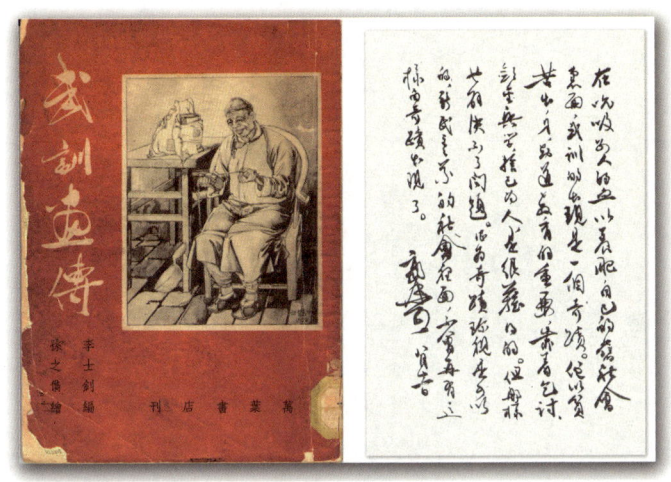

《武训画传》书影

五、八岁死了父亲

武训八岁的时候,山东各地大灾荒,穷人们都没有饭吃,啃树皮,嚼野菜,时疫流行;武训的父亲病死了。他的姐姐给人家做了童养媳。两个哥哥耕种自己的几亩地,不能维持最低的生活,都出去为地主富农家扛活或打短,他的母亲替人家做针线活,武训的家庭陷于破产而不能生活的境地。

八、十五岁在他姨父家扛小活

武训十五岁的那年,到他的姨父张老家扛小活(即童工),他虽然是一个未成年的孩子,但对人处事都表现得十分忠诚浑厚。庄上的人以为他是个'傻子',常有人谈笑他,又因为它说话的时候,常常在两个嘴角上冒出白沫来,人们都喊他'逗沫'!他自己却是认真的勤劳工作,以为靠劳动求生活是很光荣的事情。他对别人的奚落与讽刺全都不理,天天在烈日下按时劳动,按时休息的锻炼着自己。

《武训先生画传》书影(正文摘选)

377

从1951年5月20日起在全国开始粗暴的"批判"

孙之俊作品选

李士钊（左）与孙之俊（右）合影

1978年李士钊在照片背后的留言

　　一九五零年四月，与画家孙之俊大哥在北京寓所复兴门里西柳树井四号院内，时年三十三岁半，二十八年后复制时已六十一岁半。之俊大哥被林彪四人帮迫害致死十一年后，抚今思昔，不胜泪然！友人尝谓与俊兄为共事业之难兄难弟。信哉，斯言之不谬！即 燕华侄女 李燕同志 存念　士钊敬志 七八（年）四（月）春 聊城

李士钊与孙燕华一家合影

　　"文革"后，李士钊叔叔再次与我们相聚，感慨无限，在我记忆中，他手提黑提包，内装大量资料，满头大汗地奔波于各个有关的中央单位和老领导家中，为自己，为武训，为……一切有关人等平反昭雪而努力着！（从左至右李燕、李士钊、丁阶青、孙燕华、小庆，孙燕华注）

1996年再版《武训画传》新闻发布会

1996年7月由上海三联书店与孙之俊家属合作重新再版了1951年版的《武训画传》，图为上海锦江饭店新闻发布会现场。

《武训画传》重版封面

孙燕华（右二，孙之俊小女）、李燕（中，孙之俊先生婿、李苦禅先生之子）、李增珠（左二，时任山东冠县政协主席）。

发布会上，上海文化教育界人士纷纷发言，实事求是地对武训其人和批判武训的事件进行了研讨。陈保平（右一，三联出版社社长）、唐振常（右四、上海社科院历史研究所所长）、孙颙（右五、上海文化局局长）、徐中玉（右三，上海师范大学资深教授）、王国忠（右二，上海文史馆馆长）、孙静（右一，孙之俊先生长女）。

孙之俊之女孙静（前中）、孙燕华（抱小孩者）、李燕及孙辈们在发布会上合影。

2006年12月在冠县召开第三次全国武训精神研讨会

孙之俊作品选

孙燕华、李燕夫妇在山东冠县柳林镇武训祠内高歌台上父亲的纪念碑侧合影留念。

90岁高龄的方明先生（前右二，陶行知研究会会长）、陶铮（前右一，陶行知孙女）、李景屏（前左二，中国人民大学清史把教授）、武勤英（前左一，光明日报高级记者）、孙燕华（后左一）、李燕（后右一）合影。

参观武训纪念馆后合影

方明（中排左三）、陶铮（前左二）、邢培华（前左三，聊城师范大学档案馆馆长）、李刚（前右二）李勇（中左二）（李士钊先生之子）、孙慕华（中右一，孙之俊次女）、孙文庆（前右三，孙之俊任孙）、李杭（后左四，李苦禅长子）、李燕（后右二）、孙燕华（中排右二）。

381

钟情于京味　三画"傻骆驼"

　　关于《骆驼祥子画传》的创作，孙之俊先生在1951年版的前言上已写的很清楚了，要补充的是1963年他第三次完成的祥子的素描稿，因"文革"的劫难已荡然无存，只剩下曹先生的头像的铅笔稿左上角写的1961年为证了。

　　1948年在《平明日报》上发表的《骆驼祥子画传》是孙之俊先生自己摘选原小说文字配的画面。发表后曾出过单行本上册，封面人物是：祥子、虎妞和小福子，至今没有能收集到这个版本。

　　孙之俊先生具有强烈的平民意识，他一生三次创作老舍先生的名著《骆驼祥子》。第一次连载于1948年《平明日报》，后出单行本。第二次创作于1951年，由上海华东书店出版。第三次创作于1962年，可惜毁于"文革"，未能出版。2004年人民文学出版社出版的插图版小说《骆驼祥子》收入的是1951年版。

1948年版《骆驼祥子画传》

为了记住的纪念——孙之俊纪念文集

前记

骆驼祥子这部书，早已成为世界名著，无需赘言介绍，所要记的是作画经过。

远在十年以前就开始试着给祥子作插画。壹者是老北京的，画中的人、事、景、物，都起来有许多近便，屡屡景物不断的便画了二百多篇。执笔之前，便发生了内心不像模样的挺笔之俊，落纸之後有许多美术作品结构的真实一些常到宝地去了很大距离。为了画的真实一些常到宝地去速写。

原本计划着找個模特兒，可是这多少年来也沒有。看看"高個子，頭精光，眉毛粗短，圆眼，肉鼻子，腰上皮多肉少，鐵扇面兒，脖子幾乎跟臉一般粗，前胸出號，右耳朝微向外扒着的大手大腳……"只好根據書中的描寫來作畫吧。這樓畫中描寫的一位洋車夫祥子，就是老舍先生的主角，竟畫了很不錯。虎妞和老天奶奶先生的印象，他說："虎妞更难畫找，我看了很多參考。"對老舍先生封面的批評得到不少鼓舞。

"祥子沒毛病，也沒什麼。"他把很多外國翻譯的祥子封面給我看。威謝劉四爺也譯~~（这个字为孙之俊先生亲笔改动）~~

服装跟时代有着密切關係，由於壹上說"北平"以後景物，便确定是民国十七年以後的。自祥子買車出版年月，便确定是民国二十五年的工夫，這幾年包括一九二八至一九三六這幾年間，所以畫面上一定是可以畫出一九二六年以後的服装，但是可以畫出一九二○年以前的。例如阮明前要坐客車一九二一的斗蓬，景物也得符合的年代。人可能穿一九〇年的服装，所以四爺壽慶畫上一九三〇以後的服装來。

把祥子畫成裸體的，然後再給他們穿衣紉姿當成可是總比直接畫衣要當當不少的。這樣雖然费事，可是總比直接畫衣紉要好一些。槽路了多少時日，槽費了多少紙片比劃，耗去了多少心血，完成了這本駱駝祥子連續畫，相信缺點很多，請讀者賜予批評。

一九五○，十二，五。於北京

孙之俊

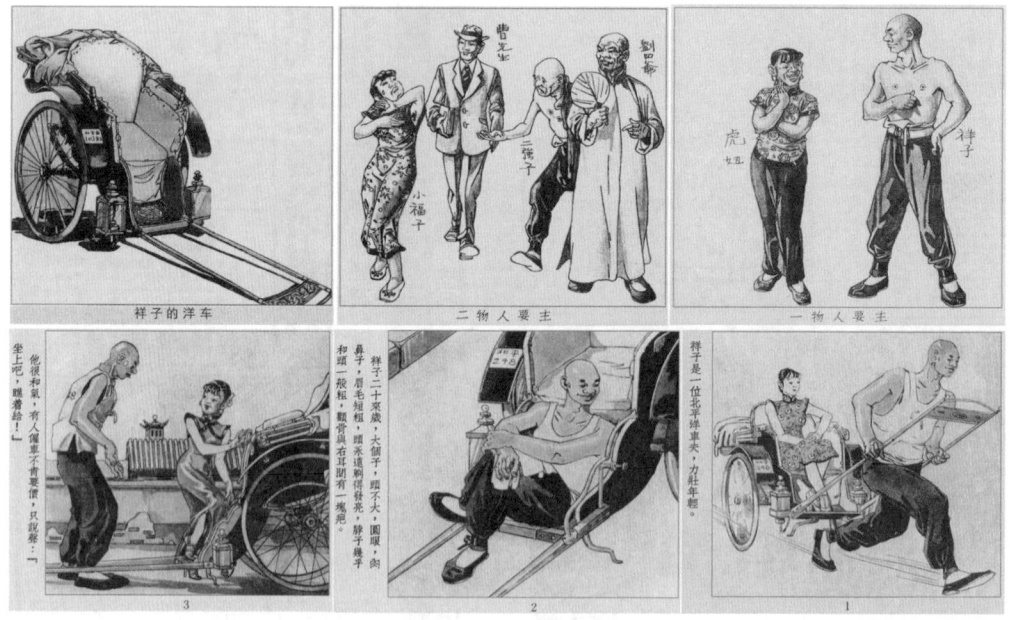

1951年版《骆驼祥子》

孙之俊作品选

创作于 1951 年的《骆驼祥子》，由上海华东书店出版发行。

曹先生——铅笔稿

此稿作于 1961 年，是孙之俊先生第三次创作《骆驼祥子》画稿之一，可惜由于"文革"，第三次创作的画稿子丢失，仅此一张被保存下来，所以未能出版。

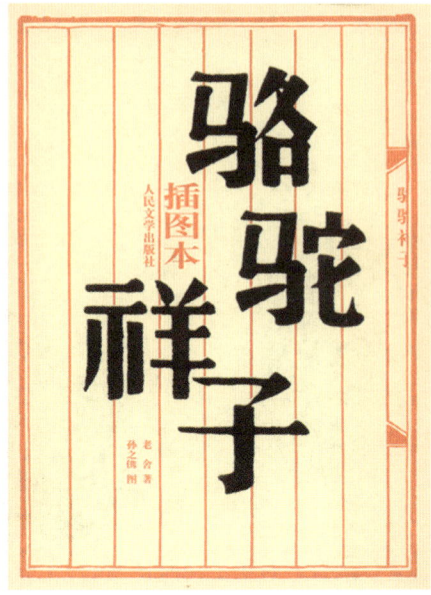

《骆驼祥子》插图本
人民文学出版社 1955 年 1 月出版
1962 年 11 月 / 2005 年 3 月再版

《骆驼祥子画传——老舍名著的形象解读》
人民文学出版社 2006 年 12 月出版 2011 年 8 月再版

文如其人（摘选）

孙之俊作品选

  本书作者们多次提到孙之俊先生为人率真，言表一致。文如其人，在此我们选择孙先生的几篇小文，提供给读者，从中是否可以体会做为画家的他，视角和行文的特点呢？

漫画浅说（一）

孙之俊

序

  鉴画如衡文，神品之作犹如绝妙之章，能品如清通之文，匠画则如下里巴人之歌。胸无墨点而衡文，犹眇者鉴画，其评语属废话，固无异可断言也。是故必先有学而后衡文，通艺而后鉴画定矣。

  "漫画"在现代中国艺坛已占有相当位置，然尚无专书，故习斯道者颇感无书可参考之苦，赏漫画者亦多不能详其内容。故"漫画浅说"甚应时代之需求，在下有鉴于此，不揣孤陋，仅就管见所及，草成此册，挂一漏万，当然难免，尚希海内艺界诸大法家指正。

目录

总说	D 内容
（一）漫画之意义	（二）滑稽画
（二）漫画之分类	A 画面
分说	B 内容
（一）讽刺画	（三）抒情画
A 工具之预备	A 画面
B 实习之顺序	B 内容
C 画面	（四）插画及其它

总说

漫画之意义

要想知道"漫画"—sketch—是什么？先得知道"画"是什么？"画是在平面上表现物象"。

画的种类可多着啦，什么"自然画""图案画""用器画"……等等。因为漫画是自然画之一种——可有时也用器。咱先得把自然画交代明白，"自然画就是凭手之技巧不用规矩来作成之画。"

再说"漫"，漫就是不被拘束的意思，"漫画就是一种不受拘束的画。"

譬如说肖像写生，总得合理而且规规矩矩的。色彩、光线、轮廓，一丝都不苟。要画漫画肖像呢，那就很自由啦，你喜欢怎样画就怎样画。假如你喜欢用直线把它的特征描出来也可以；用点点成一个人像也可以；用圈圈一个人像也可以……。

假如你再不然，不妨打个比方：漫画在艺坛的作用如丑角在旧剧，犹如谐文油诗在文坛。

漫画之分类

大约着来说可分做四类

A 讽刺画

B 滑稽画

C 抒情画

D 插画及其它

这四类都是按着它的画面跟内容来分的，工具跟实习差不多，都是一样，今再分述如下。

讽刺画光看标题就可以明白大概齐，不用说，是拿画来讽刺某某。讽刺谁呢？再分析一下，可分为三大类，"世界时事讽刺"、"国内时事讽刺"、"社会讽刺"。再要仔细分，还可以分。例如世界时事讽刺，还可以分做政治类、军事类、思潮类，不过，不很必须分得那样烦琐，所以不再分。

讽刺画在现代新闻纸上占了很重要的位置。因为它能很坦率而深刻的把那舆论界认为不满意之点，具体的描起来，使人看了，得一个清楚深刻的印象。简直说，一幅讽刺画等于一大段社论，这是很明显的事实。那么自然一般人都欢迎简而乐的讽画喽，所以它成了新闻界之骄子。

说了半天讽画有什么用呢？提起它的用处来可大啦，譬如说"意阿战事"那一张——是《东方杂志》——画面上是：中年人——意——欺侮小孩——阿——而小孩子央告龙钟的老头子——国联——老头子又不理。那么——你一定同情于阿比西尼亚而反对意大利之侵掠。它能使你的心里倾向，拥护这一方，反对憎恶那一方，这就是使你的脑子里有了公正的评判，有了真是非，这就是它的用处。反之要把小孩子那边写上"意"，那么你一定会反对"阿"咧，它真能给你许多的指示和警惕。

滑稽画看题也能看得出来，这是一种令人发笑的画。漫画好比生、旦、净、丑的丑角，滑稽画就是专会打哈哈的小丑。

滑稽画还可以分为三类画"长期连续"、"一期连续"、"独幕"，长期连续如叶浅予作之《王先生》，跟华脱狄司尼（Walt Disney）之"密盖老鼠"，一期连续如黄文农之《东宫艳史》，独幕滑稽画如周汗明《幽默姻结》。

你要问它对于人有什么好处，干脆说，给您打个哈哈解个闷。也可以这样说，会心的笑是幽默，一见哈哈笑是滑稽，可是有时滑稽画也带着点讽刺劲。

抒情画是用漫笔描出自己的情绪来，或者你有所伤感；或者你离开的你的她；或是金风送来的落叶吹到你的怀里，你感觉到飘零；或是艳丽的春色触到了你的幽灵，你想到青春之可贵，那时你的情绪再也禁锢不住了，来吧！你就画张抒情漫画。你要借用一首诗或一阙词来作主题固然不错，你要是画好了再题也没有什么。

这种画我们大可不必勉强来分类，虽然它有工笔点的，如比亚德司尼（BedrJolsd Aubrey Vincoy）所作之索洛美；草狂点的如丰子恺作的"子恺漫画"。

它也就等于写景或写情的一首诗或一段散文。不过文、诗，是使你理想景色，画是把景物摆在了眼前，它们所给与你精神上的快感是一样的。

提到插画就是把漫画夹杂在小说里、诗词里，其它就是用漫画当做"封面"、"题画"，"广告"等等，它的画面多是抒情的，也有堆砌的漫画图案。

分说

（一）讽刺画

A 工具之预备

善事必先利器，这是尽人所知，所以练习漫画也总得先把工具预备妥当，应当预备的是：

笔类：尖头或齐头钢笔，或圆玻璃杆钢笔，或小楷羊毫或毛椎，或水彩画笔，四B，二B，HB，铅笔，再买上一块软橡皮，一个毛刷子，一付三角板，一个夹钢边英尺，一个圆规，一块制图板。

原载于1935年6月3日天津《庸报》

漫画浅说（二）

孙之俊

纸类：上等白报纸，或玻璃纸，或炭像纸，或四十六磅，十磅八十磅等类的道林纸，或黑卡纸，或水彩画纸。

墨类：松烟墨跟砚台或中国墨汁跟墨盒，或瓦特门黑墨水，或白墨水，只要能画出笔道的都可以。

以上所述各种工具，你要是感觉到那一种好使就用那一种，都没多大关系。你要知道，王石之用毛笔，叶浅予用钢笔，胡考用几何规，所以干脆没一定，您自择。

B 实习之顺序

其实在创作一幅画之前，先得有这样的预备：素描写生要有相当根底，至少所画的景象都很稳固了，才成，还得要多参考，还得要将日常习见形象多多写生。素描——犹如楷书——可以啦，再画速写——犹如草书——最好随身带上速写簿，将你日常所见的景象——记不大清楚的——通通的写一次。如果你所住的地方看不到飞机或潜水艇，你可以买点洋画报，照像片描写，然而也必须添一部分想象，尤其是你要画战神或者安祺儿，或和平之神或其它理想中的人物，那里需要你的想象。可是话又说回来，写生画根底稳固的人，你要画什么都可以应手而生。

已经有了相当基础就可以这样作啦，先在脑子里拟定画什么景象，占哪块位置，然后再在纸面上钩出极简单的轮廓，再渐渐改正——并不一定是光线跟比数正确，是你心中认为美的正——如要着色，可先着色后用墨钩轮廓，如不着色可直接钩轮廓。

以上所说，可以是一个作漫画的一定步骤，所以许多名漫画家是按着这个步骤走的。

C 画面

漫画的画面是千奇百怪的无所不有，在质料方面说：有铅笔、水彩、毛笔、木炭……等等。在表现方法上来说：有素描、速写、白描、没骨描……等等。在景象方面来说：它的主题有人、禽、兽、建筑交通工具……等等。这所有的景象是由于"记忆"、"理想"、"意想"三种方法作出来的。分述如下：

记忆——是将你脑子里印着的已经见过的景象，再回忆出来，不拘用何种方法表现出来。

理想——是想象合理化，如写实小说，虽然小说里边不尽是事实，然而读者也可以感觉到如见其人，如临其境，那么你就可以知道理想画是将你不可能见的景象——如古人——合理的描出来，使观者得到一种真实的感觉。

意想——是把想象中的景象加以变化，如大头小身子的人，完全用直线表现的肖像……等等，都算做意想。因为这种意想画是很可以自由的，所画这种画的很多，尤其是这种画很可以表现个性。

D 内容

顾名思义你当然可以知道，内容就是在这个满幅里边包括着一点什么精神食料。我们顺手翻出了一张讽画，看完了，知道画面上是画了些什么景象了，然再思索它里边有什么意思，也就像看文章，不是仅仅认识那一篇文章上所有的字，而是必须懂得它的意义。那么文章不是随便拿几个字来一排列就算，当然画也不是随便画几个景象一堆就成。这么说内容是很要紧的了。

胸有成竹方能一挥立就。这内容得分做"采集材料"跟"寓意方法，"两方面来说。

采集材料就是把国内外事实，在一般舆论界认为不满意者——当然个人认为甲不应当用武，不当开笔战，是不一定准确的——采做材料。大复杂的世界，跟着时代的巨轮转变。材料是永无尽休，要常看着点报，注意点时事、社论，真是采不尽的材料。

原载于1935年6月10日天津《庸报》

孙之俊作品选

漫画浅说（三）

孙之俊

再说寓意的方法。

寓意的方法，是怎样把意思装到画里头去。大约分为"比喻"，"含蓄"，"伸缩"，"象征"，四种。分述：

比喻——就是把某一种事情比做其它一种事情，例如黄文农所画的《牵丝攀藤》——见《漫画大观》——是比喻"五三惨案"时，我国代表如同坐在蜗牛背上一样的迟缓着时日，缓缓地进行交涉。它的寓意是说："这是严重的国难！应当赶快进行。"

含蓄——是将主题标出一半来，画出一半来，例如郑光汉所作之《学生军的早操》，——见《上海漫画》——在那一幅画上画着许多的□□□□的学生军跟一位军官，□□□学生军在早操，简直不□□□

伸缩——是将所要画的景象，特别画成一个惊人的样子，或者伸大或缩小了它，例如叶浅予所作的《爬虫》，——见《漫画大观》——把迷死的小腿画的特别的大，把追求女性的那些男子画得特别的小，寓意是说："青年哪！留神你的生命吧！不要为了欲的追求跌坏了吧！你不要把自己看得太小了哇！得干点正经活啊！"

象征——是拿一种象代表某事物之特征。例如法兰西是一个酷爱美术的国家，因为司美之神维纳丝是女的，所以泰西各报时常画一个年轻而美丽的女郎代表法国。又如，中国人从前是崇拜龙，所以西报常画龙来代表中国。

至于说怎样去鉴赏，第一得先明白画面上的景象，例如画美国时，是画一个"瘦老头子戴了十三条线四十九个星的帽子"，那么你要不认识美国国旗，当然就不知道那个瘦老头子代表的那一国。看清楚了景物，再思索内容，明白内容多少总得费点脑子：因为在下曾拿讽画去测验过不少人，总不免有时说不清它的意思，并且这也是一件难说明的事件。大约着来说，要拿它的标题跟画面一对照，就可知其梗概，要是再用四种寓意的方法反过来窥探一下子，更可以瞭然。

(二) 滑稽画

工具与前同，实习大致亦与前同，其略有不同者为画卡吞时可用玻璃纸照描。

A 画面

画面上的那些个奇形怪状的人物，通通是"意想变化"的，至于说这些人像是由作者想出来的，或是由某人之形象变化得来的，都不一定，可是这种画必定完全创造才行。

B 内容

滑稽画既然目的在使人发笑，那么它的内容，一定得包括至少一件笑料，咱把笑料的构成写下：

①意见误会　②待遇平等　③景物变幻　④无中生有

意见误会——这种笑料是很好的，例如："审判长：你为什么要离婚？女：太不平等了。审判长：怎么不平等？女：他太胖我太瘦啊！"这当然是她误会了平等的意义，诸如此类都可以引人发笑。

待遇平等——例如把狗也当人看待，画一张人狗对话，而并且人的表情是一个很真诚的态度，这当然可以引发人笑。

也可以这样说："常态的人生是不会引人发笑的！"

景物变幻——如"白等一场"，——见《笨拙》——甲、乙，二工人素日着百结衣。一日于散工后相约到Ａ隅相候，同往观剧。甲乙随分手各自回家，大大盥洗，并改着礼服，及届时虽同抵 A 隅而各不相识，竟"白等一场"。

无中生有——不用说是"造谣"，这是很好的笑料。如"安得生认冰作水"，大冷的冬景天脱了衣服往冰里跳。天地间绝无其事，而竟绘出之，自然可以捧腹。

总而言之，笑料的构成无非是些出人意料的事件和景象。心里头幽默点的，再能应用上列四种法子，一定能画得好，没问题。

（三）抒情画

A 画面

既然是抒情画，最好用柔和的线条描出，多半是由于意想和记忆，理想构成的。因为事实上她或他的长像不一定怎么美，然而必得要画美了，不然不但引不起看者的美感，甚而要把自己的兴趣也打消了。话又说回来，素描的根基是必要很稳固咧。

B 内容

多半是些诗词之类，就说"月上柳梢头"这一句吧，描的人太多了，又如"七月七日长生殿，""大千世界共此月"……等等。都是很好的材料。此外你要喜欢描写现代人生也很好，例如画点时装啦，舞姿啦……等等，都可以。

有一位朋友拿着一张抒情画问我："这一张漫画有什么意思？讽刺谁哪？"我说："这是漫画里面的抒情画，谁也不讽刺。"他说："这有什么用？"我说："等于文学里面的恋歌，恋歌有什么用，这抒情画就有什用。"他明白了。

看抒情画得看它标题怎样，线条是不是美观——就是合乎美之形势法则——为原则，不要专往旁边找旁的意思。

（四）插画及其它

"漫画插图"，"漫画封面"，"漫画报头"，"漫画广告"，"漫画肖像"……等等。有的是直线表现，曲线表现，水彩，素描，或单纯化，或堆砌成，或沾点图案，或近乎写生，也有有意义的，也有纯作装饰用的，不管怎样想，反正还得算做漫画，这不过把漫画给一别开生面了。

原载于 1935 年 6 月 17 日天津《庸报》

注：因原报纸极不清楚，故重新排版。

由地風光

上海遊記　孫之俊

新銘招商局營的新華輪放洋了。七月上旬到上海黃歌碼頭湧游的黃浦江，看到了隱隱的炮聲，由不得唱起國歌來，爱國心就這樣表顯示開班大吉，然後就沒有別的感想。船上客人擠得不通氣，實在客人多，搭客也不是幾個，這就算了吧。然而新下船的客人覺得失望。難道說招待不周嗎？然而客棧裏故意出來得比較行李要比較快，黃包車夫在客棧門口敘着，搶生意似的，我在這隨便挑了一個跳進車子，到了四馬路上的金利源旅館。

然而我的感覺是如此：「不冒險不新奇就沒有興味。」毫不稀奇。

秋天身游滬，然而

上海為東亞第一大埠，不可不去。主意打定設走就走。

臨津時，朋友告訴我：「老孫，初到上海可别亂跑，小心上當！」我說：「我又不是不知道，別提多少驚嚇，再加上今年夏天實報上大太太的那幾句話：『我們北方人初到上海有如老劉進大觀園』這些話可以說使我得到一個好容易才行得到碼頭失夫。接船的鬼」這又多麼幽默！可是我上次到上海乘輪船到過碼頭，剛一下船留神看格的，那算實在別提得不辛那段入了。

市游泳池

先交代明白，雖然上海野樂如遊戲場、跳舞廳、賭場、馬戲、回力球、電影院、劇場……幾乎全沒去過，因為這是賭博，以及殺風景的玩意兒，我記得一點也不假。還有幾天沒理了，上海是一方面大都市，全部也記不清，還有這點也不假。

這話一說，大多數的讀者一定要罵：「你這話是什麼意思？」

上海市的一切廣告所以反目。

差不多將上海漫畫界的主角會合。由南京來的有葉淺予、梁白波、張光宇、張正宇、陸志庠。本埠有米谷、葉岡、胡考、魯少飛等十多位。飛人大軍十餘人到齊了，說笑話致辭歌詠真熱鬧。酒席打散時已十時多了。

市游泳池比北平的南海游泳池大多了，這個不

另外還有兒童遊池、跳水池、沐浴池等，形式各樣都有。有煙子站立的，有正在下水的，有的好像門外漢要顯本事，看樣子腿肉一定疼了好幾天。遊客的肉色雖是淡淡紅的，好像一幅畫，密密叢叢十分好看，當然有幾個白皙皙的身材健美的，水波盪漾看着他們在追逐一樣。

想起男女老幼要進化的反正人類在近代要作裸體生活了。

外史氏曰：「人有不進食不飲酒的，絕對不能夜作者特在此附誌之。」

小標題曰：「京中南海冰池與王府大街冰池。」

現在拍這一回拍的是龍丹英領主演的「小你手」該片之後起小生界才真正地談得起該影片一共攝了四五個月實可說為國語聲片打了一個基礎說是說他們是在地下拍的因為攝影場就在地下室拍電影的人說是在地下打拍的

假若我這一位電影女明星家裏鬧水災波到五角大洋自己號啕大哭起來自彼頭上咬咳咳的三分鐘即剪單複好像藝術家呢他拿着劈刀刀嘴自己是後要不然怎麼是藝術家呢即答應三目交番

老同行沒客氣一會兒卡吞萬爾鳴叫到

自當作為祀,正談笑間,有人報道:「現
門口大害牆靜不許吸烟,進攝場來得真巧,到了攝影場,只聞講話聲,不知為什麼後有五十尺長,忽然水龍頭一開,二百一表演起來同演話劇一樣。他們都是北來的滿真好看嗎?當然看電影的是該的,演術界景真好嗎?當然看電影的是該的,

明星等公司

眼看電影公司江良碇頭眼看電影公司江良碇頭上

無軌電車上眼明星電影公司江良碇頭老江告我小路好點到張樂平老遠就看得眼是如何標亮的眼電嘛先生又多這不是在公司我認定的人是如何標亮的眼電嘛先生又多這不是在公司我參觀他還有路呢?上海老江告訴我:「你臨時都可以到公司參觀呢?

星期第二天下午三時到了上海明星電影公司門房一說到老江要我等一等剛正好在等一會兒間,已經會面老江要我等一等剛

唇以上看電影藝術進無不偷身之餘柳树有若干盤踞之自下底綠葉至頂篷養高橋還晚近歐波亦尤其有處青霓樓外牆為淡黃砖砌成若劇院頂花花有電影文像之已俟自若青霓樓外牆為淡黃砖砌成若劇院頂花花有電影

以上看電影票小洋一角不倚蒼之餘柳树有若干盤踞之自下底綠葉至頂篷養高橋還晚近歐波亦尤其

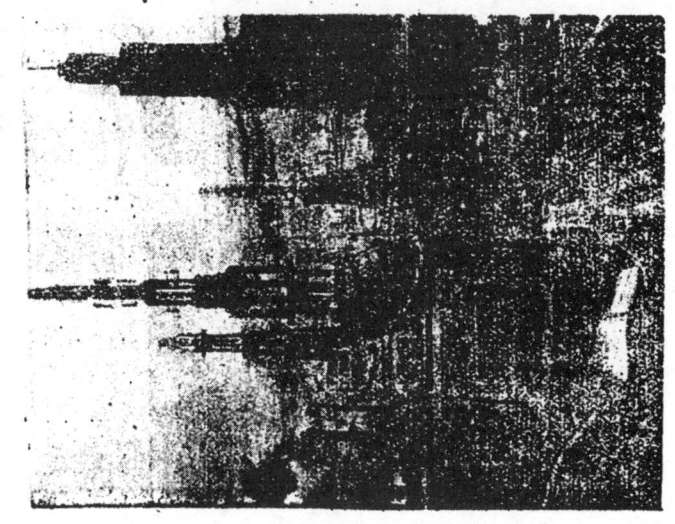

於間假的救那大塊全裝回場完全是訂下了四間根由兒看了四間才知這些大塊協回場完全是訂下了四架 水銀燈橫上地上的水銀燈直斜行列上下還有什麼古片,剪接攝卡谷,不等。式門聽,說不先。順便又有許的,沒大希奇不多。

繁華區

最繁華處是公共租界中心區,尤其南京路,這裡有三大公司,先施永安,日大新公司開幕冷氣的有永安百貨四層為又公司的冷氣開放最近說大新亞陽亲最最新的自助電梯
在天津,這都是沒有的,這新新公司是後後

說偉之司公大三安永新施光淞上灘 孫之俊速寫作

為了記住的紀念——沙汀紀念文集之一

精巧自可想見，該不多時到雕塑室觀看一番，這回要有王柱宇先生同行至少這個訪問記得十續，這個作坊裏頭什麼泥、銅像、翻沙、溶銅爐、起重機，都有，眞有景。先說現在正在雕塑的胡文虎的像吧，高有十二尺，我疑心江先生身量不高，有點摸不着頭腦，他即刻登梯子表演一番，又拿胡文虎頭部，正，側，半側，背，各種像片讓我對證來看，果然不爽毫釐，我問：「鑄這個銅像得多少錢？」他說：「兩千貳百圓一尺。」我運聲道：「不貴，不貴。」又看他最近爲蔣院長所製高可尺五之全身像，精巧絕倫，又看一浮雕縮小機，極精確，彼持一直徑可三分之孫中山浮雕像，即用此機由一直徑可八寸之大浮雕所縮製，堪稱佳妙，其餘模型，刻鋼還很多。

市政府

所謂市中心區，原來是在上海老北老北的鄉間，因着訪苗子——他在市府服務，就順便看了看市府，富麗堂皇，跟太和殿相伯仲，附近馬路挺好，只是房子太稀。

展覽會

劉海粟在大新公司開二次歐遊歸來個人作品展覽，標價由百念元一幅起，展覽半月，據說售出貳千餘元，作品之佳妙，不必我來曉舌，八月上旬力社亦在此地開展會，以張大千張書旂，王青芳，謝公展諸大名家最出色，這也不必多說我對於國畫，有點外行。

市民生活

上海市民三百多萬，華洋雜處，睡馬路的足有十分之一，每天晚八時起外灘草地上及不甚繁華之馬路旁，通通躺滿，一塊凉蓆就解決了住的問題，這是普羅大衆，二衆就住鴿子籠式的小房，窄狹得沒法轉身，也有住三等旅館的，讀者知道火車上的二等臥舖情形，這三等旅館就跟它一樣，換句話說就是放大了的四層書架子，這還不算苦，比較苦的要算蒲淞河上的船家了，這河水臭汚無以復加，然而河面上也停滿了船，船上就是家庭，簡陋到了極點，管保初次到這裏的人，一定把兩根眉毛擰起來，我有一次隨便散步走到一個黃包車夫所住的弄堂來，發見了一個理髮館是用一個破蓆四根竹竿支起來的，外面懸了一小條布，寫着文明理髮館，蓆子底下坐着一位病夫式的理髮師，眼前一個破盆架，一盆水，他們雖然也住在上海，他們的享受與資產階級較，實別天壤，我絕不同情於老撿跟職業乞丐，我却同情於這種餓着肚子做小工的人，中產階級的人就比較優裕多了，可是上海是中國最講奢侈的地方，拚命的講究，十九綢大褂，娘姨也穿綢也涉髮，多數是外强中乾擺空架子，服裝稍差一點，立刻就到處遭白眼，世風如此，要不然怎麼客歲發生一家六口跳樓，一家八口服毒呢！大戶人家的生活，是在天堂，一切一切，都隨心所欲，物質文明盡量享受，說起來有點酷的慌，可是上海四大富翁沙同等，全是猶太人，奇怪，中國的上海，中國人不當頭號富翁。

城隍廟

上海的天橋就是城隍廟，有地方色彩，一點不錯，它位在上海縣城裏，廟前後的街道，那個窄，那個亂，就不用提，進得廟門，擁擠不堪，常年如此，就跟北平護國寺一樣的貨攤子，全在兩邊擺滿什麼都有，到了正殿，只見香烟繚繞，白蝶紛飛，磬是一個勁的敲，摩登小姐，老太太商人模樣的跟說不清是那一界的人們，一排一排的頭亂磕，頂上雕梁畫棟熏成漆黑。紅帘子變成古赭，油鑄模滿的銅板洞口，碰成一個大窟窿，據說這裏的籤詩最靈，所以香火如此之盛，不耐煩看這個，轉到後面湖心亭四面是水，中間有一座亭子，亭子上開茶社，有曲橋可通，可希奇的是成千成萬的烏龜在水裏亂爬，也有大魚，四圍張滿了廣告，沒大趣，祇有雜亂。

全國漫畫展會出品

北歸之前少飛要我提前看一看全國漫畫展會的出品，可眞不少，五百來張，粗製濫造的有，精采的有，許多幅是本着赤子之心來。批評現代社會，這當然對，許多幅是畫了閒情逸致的，還有許多幅可以讓你含着淚微笑，也有一點根底沒有，眞正幼稚，內容絕對空虛無聊已極的。也有內容充實標題新穎而技巧不成熟的，各式各樣，少飛問我如何評定甲乙分別去取，我說最好定個標準範圍，比較公平，結果因展會展期至十月十日，爲期尚早也沒定。

住了個把月欠了不少人情，八月下旬回到北平，管先生說，「你要寫個遊記呀，」我就拉拉雜雜寫了這麼一堆。

告 别

孙之俊

玉姐：

"本来春天是可爱，我倆说是'个人的春天。'不管怎麽说吧，它是匆匆地过去了。

我就是这样矛盾着：喜爱春天；又恨春天。每逢一双燕子由我面前——不是，是在窗外的柳丝裏飞过，我气急了，因爲它倆并齐飞，今天我喜欢极了，因爲我不久也要并齐飞着那一位快到三十岁的姑娘——我。不愿再在这苦闷裏踏跎了！把青春都消耗在粉笺末生活裏，以后是要後悔的！

他对我是「真」的，一颗赤心。他有强健硕长的身体，聪明。你讓我告诉你上禮拜我俩見面的情形吧：他

早爲我由天津来北平，是个禮拜天。天气雖然阴沉，可是並没有风，就在北海极乐世界的南边，我和他並肩坐着。因爲天色晚了些，雲彩们——，躲在最遠天的那邊垛，澄红了脸——白塔有时在水面上照镜子，浮萍上托着残片冷落的花瓣，凤很徽，水纹常一徽一般的往西漾，脚下的野菊花放着阴香。就只是这景色已够人沉醉，何况又当着他，我的心跳，他看我，我更心跳。我护他唱「酒中我想如何我不想他。」我闭着眼睛听，我的灵魂就跟着他的音波一起一伏的教我如何不想他。他性子柔和，聲音也柔和，我更是在参中，他符合了我的意中的條件。路灯放出了强烈的光以後，我们才离開了北海。第二天早晨他回天津。

雖然咱俩订交时説過永不分离的话，可是我现在把持不住自己的心了！彷彿他把我的心拉到天津去了。心走了，身子就不能在這兒，天津就是座刀山如果他要在天津等我，我也要去，何况我明明知道不但是刀山而且他在那裏等我呢！姐姐原諒我吧！雖然咱俩订交时說過：谁也不許擦脂粉，誰也不許穿華麗的衣服，要眞正爲社會服務，誰要穿高跟鞋走直線路就是下賤，自卑，這些公约我都

告诉你是「真」的，我倆見面的情形吧：他

那天晚上失眠了，很苦，可别说！苦的很有味。反來復去怎麽也睡不着！閉着眼睛看我想出来我俩未來的許多事，當然我想的全是喜事，我喜欢，因爲我想已握了眼前，祇等我去抓它——這個甜蜜的希望！

他对我是「真」的，一颗赤心。他有强健硕长的身体，聪明。你讓我告诉你上禮拜我俩見面的情形吧：他

要扯碎了，此後他寄来的信我就怎樣作，我想透啦！我愛他，才是真正爲社會服務呢！我讨他的爱，我全由着他的心意。

他很郑重，不過昨天他的信有這麼一段：「……上禮拜寄來的像片，我藏在了枕头底下，我背人时常常拿出来对着它輕輕呼喚你的名字，

大我寄妳的信在我的名字下邊有個口印，妳見到了没有？……」他的话一點也不輕狂，是真情的流露，我感激他，他的信我都當寳貝珍藏着。

這是人的通病，自己有得意时，就愿意告诉旁人，我不能免俗，所以我把這封信給李媽，趁你今天下午到普民小學上課時，我就悄悄的上車站，等你下課回家來时，我早已過了廊坊

事说明，後來一想：不对！你愈愈是现在也許變疯了！

我本來打算到你那裏當面把這件

再會吧！

妹青上，五，二十．

《告别》 发表于 1939 年 7 月《实报》半月刊第二卷第 16 期

孙之俊作品选

《骚动》 1939年3月7、8日发表于《新民报》

短篇小說

王貞

孫之儁

玉貞是一位山裏頭的媳婦，她若是活着的話，今年二十歲，她雖然生長蓬門：可確是很秀氣，一點也不粗蠢，人是挺好的。

十八歲那年用花轎抬到李家，拜罷天地，當晚就做了女婿的保姆。女婿是七歲的蒙童，除了年紀太小任事不知外，還帶着有點胡塗，雖然沒有麻子，不知是原先怎麼安置的，五官總是排列的令人起一種不快之感，後腦杓子好像剛一孵出來的小家雀的屁股，還白花花的，生了一頭白碗禿，這個總會使你感到上帝有點幽默，他的耳朵是豎起的，胳膊是乾柳棍，兩隻腳在地上擺成倒八字，說話很遲鈍，嗓音也很低，他確有一樁長處，永不和人打架。和氣就好。

天邊扯起了黑幕，近道的親戚都走了，遠道的親戚有的留住在翁姑的堂屋裏，他家是三合草房，東屋是廚房，北屋東頭是住公婆，西頭閒着，西屋是洞房，屋裏糊的挺白襯着一套紅櫃，煤油燈在櫃後抹了一塊深灰的影子，燈擱在二重油的三扇槅上，底下一片黑，女婿剛一躺倒就呼呼，自己坐在炕沿上發了一會兒呆，回頭看了看小禿，又對着背後印着梅蘭芳天女散花的鏡子照了照自己，心裏確實是煩惱，側耳聽了聽窗外，已是靜得一些聲響都沒有，隔着三十六格窗戶上僅有的一塊玻璃望外瞧了瞧，卻又照見了自己，因爲外面是漆黑的，外間屋子的門不但是偸工減料，而且露子很大，有時來點小風就吹得布帘子動一動，好像有人在外間屋向裏推動。

日子是這樣的過：餵場打穀，棉地摘花，洗衣服下廚房，她全幹，並且幹得好，翁姑待她也不錯，總算是一家合順，可是她于歸李門已是二年多，她仍然是白玉無瑕，她常想：我這算是那一章呢？

玉貞隨着婆母也來了

鄉下人確是老憨，沒見過市面，例如劉家莊吧，離北平才二百里，別說是沒有看過電影，就是連火車也很少有人見過。他們的環境是，黃土壠，青菜畦，莊稼地柳樹什麼的，要是願意看的話，地頭有青山，山上時常頂着幾塊白雲，不過這個大自然要讓久住都市的人偶爾到鄉下來一次，自是覺得清新可喜，可是久住鄉下的人們就認爲平淡無奇了，幸而這里有個寶華鎮，每年四月有個廟會，廟期也唱點野台子戲要耍高蹺，臨時也有商店搭些布棚席棚什麼的，廟是東嶽廟。

民國二十四年四月東嶽廟比往常似乎熱鬧點，附近的女人十分之九纏足，十分之九點五迷信，所以纏足的婦女來的很多，香客更多，玉貞隨着婆母也來了，一來燒香，二來逛廟，玉貞的頭梳的淨光，斜插兩朵絨花，臉上也很白，上身藍士林布褂，下着紅地黃花褲子，洋襪子坤鞋，鞋上繡着荷花。

燒完了香，婆母去跟一位白髮姥姥去敘家常，她就在山門旁邊休息，剛一回首就瞥見了他，他叫靜生，是她娘家的街坊，小時常在一起玩，自是青梅竹馬兩小無猜，今日相見，不知怎的心頭突突直跳，靜生說：「玉姐上廟來啦？」她猶預了一下才說：「是，」不由的接二連三的向他瞟了一眼，因爲他實在是好看，正在這個當兒玉貞的哥哥在旁邊瞧見認爲是有辱門楣，立刻就催她回娘家。

不由的接二連三的向他 了一眼

四月裏的天氣是溫度最適宜的季節，綠油油的草地中間夾着一道清溪，兩旁豎着許多楊樹，樹縫裏還可以看見遠處牧童的那些羊，最是點綴風景的就是這個清溪上建了一座有石欄的三孔橋，稍離遠點就可以看見三個秋月，要不然是有許多婦女到這邊來浣衣的，因爲逛廟她們都沒有來，因爲她們都沒有來，這些樹下的垂綫影子都似乎有點閒的慌，淙淙的流水似乎要跟影子說句話，可是沒有停住身，白雲好像要跟樹尖上高出來的幾簇紫子親親吻，可是也沒有停住，急促的腳步聲傳來緊跟着是一雙帶塵土的笨腳，追着一雙纖的太致周正的腳，由橋上踏過，橋很願意這四隻腳留在這里，欣賞一下這里清幽的風景，可是也沒有停住。

咱們貴中國人尤其是鄉下人，盡是按着死板子鑿，玉貞的爸爸就是這麼一位。

哥哥在爸面前一五一十的說妹妹在廟上跟人胡調，幸而被他撞見，要不然說不定就許發生什麼醜事……。

『你白長了這麼大，快說你在廟上幹什麼來着？』爸問：

『我就是跟靜生說了一句話。』她說：

『你哥哥怎麼說你跟人家胡調？』爸問：

『他聽了嫂子的話，』她說：

『好！好！好！你不承認！』說着就抓起一隻棒子，玉貞趕緊往外跑：爸在後面追，沒有幾步就聽見了多的聲，她的背上立刻凸起了幾道高崗子。『你丟我的臉，壞我的名譽門風……。』媽跪着流着淚講說了半天才算饒了。

哭泣是沒有用的，嫂子怕我向着婆家偷娘家的東西，說了壞話，哥哥是靠不住。爸爸老頑固，祇有媽媽疼自己，可是她不但是老而且在家裏沒有一點勢力，再說寃家小禿子他就是那麼個孩子，前思後想毫無生趣。

玉貞趕緊往外跑

病了四五天，越來越重，枕頭邊上擱着三大枚的冰糖，一個茶杯，一把沙藥壺，一共吃了一付一毛五一煎的草藥，這付藥已熬過四次大概還得再熬一次，醫生說最好送回婆家，哥哥立刻套上牛車把她裝上，爸嘴裏沒說什麼，大概心說自作自受，嫂子最贊成，媽媽流着淚上了車護送着女兒，車就在路上顛簸起來。

社會是光明的，人類是進化的，尤其是我們精神文明的中國，一切的事情都有合理的辦法，玉貞的病雖然是在娘家生的，可是氣不能不爭，這簡直再合理也沒有，這門侄子打幡，兩個鎖吶一個堂鼓二十元的一口柳木棺材。再加上幾個棕色的臉就把她送到覺山山根。

太陽沒有變做灰色，花兒依然鮮艷，現在鳥兒依然唱着頌春之歌，可是今年的東嶽廟少了個逛廟的少婦，雖然還是唱野台子戲。

《玉贞》1936年发表于《实报》半月刊

岁月影像

我的爸爸妈妈

这张拍摄于1943年冬天的照片,是生活中的瞬间。我的爷爷抱着长我两岁的哥哥孙培华。在我的记忆中已经对哥哥印象十分模糊,因为他在1948年夏天患上了急性脑膜炎,夭折了。他的离去给父亲母亲非常大的打击。记得父亲留存的报纸资料中有一篇是他写的《哭亡儿》的悼诗,可惜都没有了。

当时爷爷抱着孙子一定非常开心,然而这竟然是生活长河中的一个瞬间。

1966年我初中毕业,大姐和二姐到北京来,我们全家郑重其事地到西单首都电影院旁边的银星照相馆拍了这张唯一的全家合影。

岁月影像

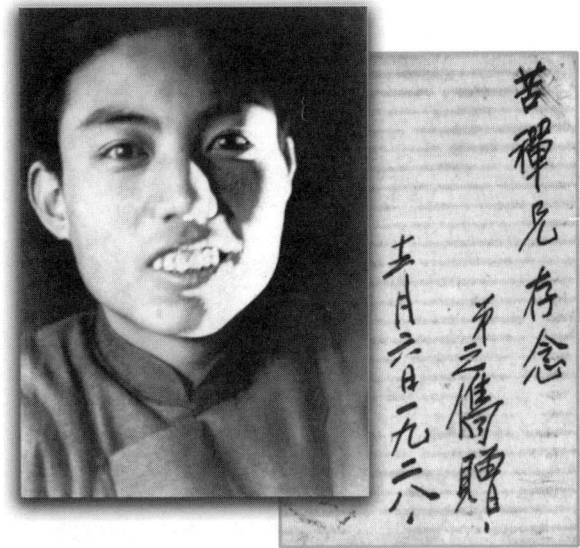

现在保留下来的父亲最早的照片，是在苦禅老人仅存的相册中发现的。当我看到父亲21岁时的样子，真是体验到一种生命的延续……

1928年创建"五三漫画社"时期的孙之俊先生。

年轻的"吼虹社"画友孙之俊与赵望云。

403

为了记住的纪念——孙之俊纪念文集

父母结婚后租住傅家的房子，得以认识傅玉娴，她当时在北大中文系读书。这是父亲在未名湖畔给母亲（右）和她拍下的珍贵照片。

"文革"中。我被分配到二龙路房管所工作，走访住户的时候，忽然有一位老太太问我是不是丁阶青的女儿，随后又低声跟我说，她是傅玉娴的妹妹，让我转告母亲。当时我也不敢告之实情，于是就永远地与傅家失去了联系。

这是50年代末的一天早晨，母亲要去买菜，父亲为她抓拍的。母亲不追求时髦，单纯质朴。她原名丁素心，和父亲结婚后改用由她的老师郝文藻（藁城名士，清末拔贡，早年追随孙中山革命，失败后隐居山西乡里教书）送她的字——阶青，来自"苔痕上阶绿，草色入廉青。"

50年代末，母亲和姑姑在柳树井院内。

岁月影像

上世纪50年代末,父亲在柳树井院内。这是姨姨丁冷拍的,因为她在北京养病,期间向父亲学摄影和洗照片,我也就跟着学显影、定影……

父亲与母亲在中山公园唐花坞前的照片,是他俩请别人拍的。北海公园和中山公园是他们最爱去的地方,因为那里留下了他们年轻时候的很多回忆。

五六十年代天安门城楼不是每天都挂着毛主席像的,而是逢"五一"、"十一"才挂上,所以父亲在金水桥上拍的照片城楼上并没有挂毛主席像。

405

为了记住的纪念——孙之俊纪念文集

父亲在 27 岁时就已经有许多漫画作品发表在各种报刊。照片中洋溢着一派青年人的朝气。(1934 年 6 月 26 日星期二《北洋画报》第 1106 期)

父亲调入北师工作时已经是"批武训"之后了,正是大跃进的时代,每个人生怕落后的心态促使着在"鼓足干劲,力争上游,多快好省地建设社会主义"的召唤下,热火朝天的工作着。

这张照片是我给父亲照的,大约在 1965 年夏,可能也是现存的父亲最后一张照片了。那时我突然间感觉他老了,虽然他还种草植花,但是却时常在干完活时要等一会儿才能直起腰来。当我现在面对这张照片时仿佛看到了他最后的样子,仿佛总感到他要向我说什么……

60年代初，虽然有一段经济"困难时期"但家中却能很平静，母亲总是怕我们吃不饱，经常跑到峨嵋酒家去买不要粮票的担担面。当我问她时，她总说，我吃饱了，其实她根本就没吃。

岁月影像

1978年我生了女儿小庆，母亲每天抱着胖嘟嘟孩子非常开心。

"文革"结束，母亲的户口又迁回了北京。站在中山公园的藤萝架前，她感叹的是什么呢？

难忘曾经有过的温馨

这是现存的我最小时候的照片（4岁），因为它一直压在玻璃板的下面，抄家时散落在地上，我捡了起来，保留至今。其他再小一点的照片都在相册里，也就消失殆尽了。

我和大姐的长女宗小兵在院里。她是1949年出生的，小我4岁。当时中国人民解放军第十二军在四川，小兵学了一口的四川话。

虽然我俩都不大，但是小兵追着叫我小姨。

岁月影像

大姐当时还在部队里，尚未转业，一直随姐夫调动。这是她第一次当妈妈。

我是一个乖乖女，胆子小，十分淘气的事情绝不敢干。妈妈说我经常是打开街门缝儿看看，随即就关上，只在院里玩。这是我五年级时在院内照的，我穿的毛衣是妈妈织的，橙红色、套头的，上面有三颗在当时看来很漂亮的玻璃扣子。

冬末春初，积雪溶化，院内散发出一种富有生机的湿气。父亲说"光线挺好，拍张照片吧"。我赶紧搬了三把椅子，此时大约是午后三点左右。我和母亲都穿着棉袄，父亲是从不穿棉袄的，冬天总是一身藏蓝的呢子制服，再冷时就穿上呢大衣，所以显得很精干。

409

为了记住的纪念——孙之俊纪念文集

1960年夏,全家相聚,父亲给我们拍了很多照片,看我们多高兴!

二姐慕华生下她的第一个男孩小虎以后,带着孩子从石家庄来北京小住,父亲看到外孙很欣慰。

1976年春末,大姐孙静从上海、二姐孙慕华从石家庄来京,这是我们三姐妹的第二次合影。

岁月影像

父亲就是根据这张照片为我画了第二张油画像。那年，我十五岁，初中毕业。看了电影《欧也妮·葛兰台》，我非常喜欢欧也妮的发型，但是不知道辫子是怎样固定在两侧的，于是我就想了个办法，把长辫改成了短辫横着串编在后面。表情似乎还有点受德国电影《阴谋与爱情》中女主人公的影响呢！

1959年电影《李双双》红遍全国，当时大量的介绍张瑞芳的照片和资料，我也按她的样子拍了这张时髦的照片，当时我14岁。

这是一张免费的照片，与本书413页全身照那一张同一天照的，摄影师可能觉得我的形象尚可，跟我商议，照两张头像摆在国泰照相馆（当时在西单商场对过）的橱窗里。上橱窗？！我心里特高兴，女孩嘛，谁不爱美呢？但是又想同学们会不会说："臭美""显摆"呢？不管它，照了再说！不久，大照片果然摆了出来，有同学问我，"干吗把自己的照片放在那里让那么多人看呀……"现在的年轻人能理解吗？

为了记住的纪念——孙之俊纪念文集

中学生活是最难忘的，高中一年级时到颐和园春游，这是我们小组和班主任（二排右一）的合影，二排左二是我。

这是我们文科班高考结束后去颐和园拍下了的合影。李景屏（后排左二）、陈春卿（后排左四）、武勤英（二排左一，光明日报社高级记者）、我在二排右二，难忘的青春，难忘的校友。

岁月影像

这张照片有点虚，但是我还是选用了，不是因为想告诉大家我还学过拉胡琴，而是因为后面墙上挂的镜框里全是父亲的水彩静物，上面一张画的是一个蒲包里面有几个苹果，色调和谐，用笔简洁、丰富，可惜现在一张也没了。

这是我和景屏领了孔雀舞的服装后，在西单国泰照相馆照的，因为摄影是摆的姿势，所以感觉是照相，不像在跳舞。

1963年得秋天，我因为没能被大学录取心情很郁闷，父母就带我去香山玩，下午二三点钟在昭庙后边的琉璃塔西边留下这张照片。这是现存的父亲为我照的最后一张照。

413

这是"文革"中我结婚后的第二年我们全家的合影,苦禅老人(前左一)、婆婆李慧文(前左二)、母亲丁阶青(前左三),后排是我的先生李燕和我。

1978年我们的女儿出生,因为粉碎了四人帮,李燕说"国家大庆,我们的孩子就叫小庆吧。"

1973年的初秋,在友人宋涤夫妇和崔如琢的安排下,我们全家到香山碧云寺玩了一天,这是我和母亲在香山合影。

一生革命的丁冷姨

岁月影像

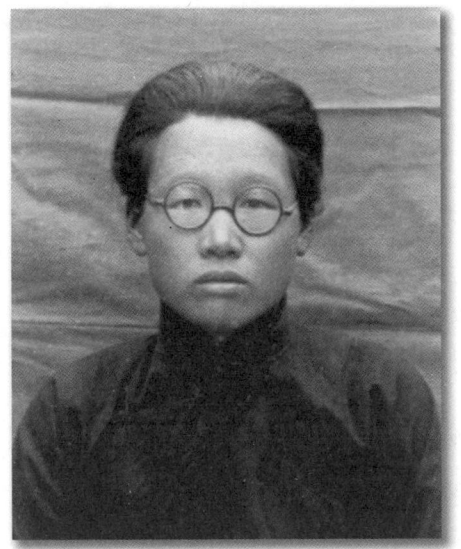

青年时期的丁冷姨就不像个女孩子,这是现存她最年轻的照片。

1942年姨姨丁冷最初来北平时,我们家的院子还没建好,她的这张照片是在下岗胡同父母租住的傅家院内照的。

姨姨被派到北平以后,常有人与她联络,赵淑凤(左)就是其中的一个,解放初我还见过她,后来就不知其下落了。幸亏姨姨注明了照片的年代。

为了记住的纪念——孙之俊纪念文集

这就是父亲建好的柳树井的院子了。丁冷姨姨看护的小男孩就是我的哥哥孙培华,在姨姨的回忆文章中记述了他。这张照片的拍摄应为抗战胜利以后姨姨再回北平的时候了。门上窗子贴的纸条是防炮火震坏玻璃用的。

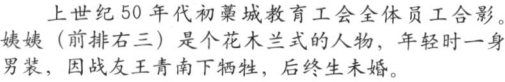

上世纪50年代初藁城教育工会全体员工合影。姨姨(前排右三)是个花木兰式的人物,年轻时一身男装,因战友王青南下牺牲,后终生未婚。

姨姨在文化馆院内打太极拳。她从小就和男孩子们一块游泳、练拳、从不惧怕,一生斗志昂扬,心胸豁达,要求家中后代很严格。

韩寅同志长期在安徽省做领导工作。他是丁冷的老战友。

短短几个字体现的都是难以忘怀的激情。

吴飘萍叔叔是丁冷姨常提及的，因为与著名报人邵飘萍同名，所以我的印象很深。

郭毅（右一）是与丁冷姨接触时间最长的一位老战友，她也是藁城县人。后随着她的丈夫（左一）调到西安，他的丈夫时任第四军医大学的政委。

417

为了记住的纪念——孙之俊纪念文集

丁冷姨十分爱读报,关心国家大事,精神状态很健康,永远积极向上,似乎没看过她发愁、伤心、埋怨、牢骚……。照片摄于上海延安饭店。

改革开放后,丁冷姨听说深圳发展很快,她便约上老战友刘瑞深(左一)、田子彬(左二)一起去深圳参观,并游览了无锡、杭州等地,并由当大夫的侄孙(右一)保驾。

88岁以后,丁冷姨因视力出了问题,不便外出了,但她仍然以乐观的心态对待生活。她在藁城市领导的安排下经常为青少年进行革命传统教育,并且广泛结交了大批老同志,以开朗的胸怀走着最后的人生。

岁月影像

落实政策后，姨姨丁冷（右）、郝志平阿姨（姨姨入党的介绍人，罗瑞卿同志的夫人）在参观李燕画展现场。

姨姨（右）与老战友赵静（原国务院秘书长郑思远夫人）在她家的合影。（赵静与丁冷、郝治平是抗日军政大学的同班同学。）

在钓鱼台国宾馆的一次活动中姨姨（左）与李德生同志见面后热情握手。

关心我的大姐和姐夫

这是抗战期间一二九师太行军区的编制,宗凤洲为六军分区司令员。他身经百战,参加过百团大战、淮海战役、解放南京、入川剿匪、抗美援朝等重大战役。曾任第12野战军副军长、参谋长,上海警备区副司令员,少将军衔。

姐夫宗凤洲(右)是军人,但他没有当过兵。抗战前他就开始从事革命活动,1937年华北沦陷后,又立即组织了抗日的武装,后来被编入了八路军。

姨姨丁冷也是在抗战初期就上了太行山,当上了八路军战士,他们既是战友又是同乡。大姐(左)孙静(原名孙爱华)与姐夫的婚事是姨姨促成的。

"文革"后姐夫又调回上海警备区,这是他和大姐在莫干山疗养时候的照片。

1966年我21岁,突然的抄家和父母的离去,顿时使我陷入了极度的困境。姐夫对我说:"燕华,你要背水一战,革命战士是不能打败仗的!""一定要坚定地跟着毛主席的革命路线走,情况很复杂,要跟线不要跟着某些人"。背水一战这是战将必备的气魄;不去趟浑水这是他多年来的人生经验。他的话让我记了一辈子。

岁月影像

大姐一共生了七个孩子。我常跟她开玩笑说："实行计划生育，就因为你生的太多了……"这是当时他家的五个兵，后两个还没出生。父亲把这张照片一直压在他写字台的玻璃板下面，来了客人还要介绍一番。

二兵、三兵、五兵，在"文革"中都参了军，又都考上了大学。转业后二兵（左一）担任了上海《娃娃画报》的主编。五兵（中）现在在美国做律师。三兵（右）现任美国哈佛大学费正清研究中心的副主任。

1974年初，营口地震，北京有震感，为了躲地震，主要也因为"批黑画"，说苦禅老人"画了八朵荷花是攻击八个样板戏"，他不服气，我们总是担心他又被揪住辫子。大姐和姐夫邀请母亲、姨姨和苦禅老人到合肥，住进宗凤洲副司令的独院，我们放心了。母亲（前右二）、姨姨（前右一）、苦禅老人（前左二）、宗凤洲（前左一）、孙静（后左二）、六兵（后右一）、李明（苦禅老人长孙，后右二）、宗七兵（后右一）。

421

为了记住的纪念——孙之俊纪念文集

古人常用"动如参商"比喻人们生活在各自的轨道里不易见面,但是"文革"把人们的各自运行轨道打乱了,所以大艺术家苦禅老人(左,1899–1983)与李云龙式的战将宗凤洲(右,1912–2009),相逢在安徽合肥的院落。

面对包河(包河公园内,有大清官包拯的墓地),母亲、姨姨两位老人在沉思,而处在豆蔻年华的宗七兵(左一)一脸的灿烂。

母亲(左二)回京后总是夸奖大姐种的腊梅开得好,这是她与姨姨(左一)、与大姐(立者),在腊梅前的合影,如今两位老人已经故去,如果那棵腊梅还在,三十多年了,它应该是一棵老梅了。

岁月影像

1977年在庆祝武训纪念馆重新落成时，孙静大姐在此举办了画展，并将参展的54幅作品捐献给武训纪念馆。孙静（中）、孙慕华（左）、孙燕华（右）摄于展览会场。

在上海文史馆和深圳有关方面的支持下，2000年在深圳红荔书画院举办了《孙静大写意画展》并现场笔会。我也前去会场祝贺。

上海文史馆的书画家与台湾画家在北京宋庆龄故居举办展览，我们都去助兴。孙燕华（左一）、李慧文（左二）、孙静（中）、丁冷（右二）、李燕（右一）。

为了记住的纪念——孙之俊纪念文集

2010年4月上海张江动漫馆开馆仪式结束后，我和孙静大姐认真地参观了展厅，这是她站在父亲照片前。后边照片：丰子恺（左一）、孙之俊（左二）、叶浅予（左三）、华君武（左四）。

动漫馆把漫画家创作的人物形象做成立体形象，我和大姐在父亲创作的漫画人物费利儿前合影。

2011年上海文史馆为85岁的高龄的大姐举办了个人画展，她很高兴。现在她每日依然脑子不停、手不停，不但自己在电脑上作画，而且还作剪纸画，作品颇受欢迎。原来她仅有一个邮箱，近日竟开了微博！

纪念孙之俊先生诞辰百周年作品回顾展

岁月影像

2007年12月2日在北京劳动人民文化宫举办了《孙之俊先生诞辰百周年作品回顾展》，那天天气晴朗，首都的文化界、教育界和艺术界的几百人参加了开幕式，并详细地参观了作品，在这里我们精选了几组照片，虽然尽可能的照顾到各种场面，但是很难体现出当时的盛况。上面两帧分别为舒乙（右，老舍先生之子）和我在开幕式上讲话。

在这欢聚的时刻，老北师的学生们都在怀念着尊敬的孙信老师。

为了记住的纪念——孙之俊纪念文集

能够请到父亲的老朋友孙菊生（左二，95岁）、穆家麒（左三，90岁）参加开幕式，实属不易，这一代老人们的足迹，给我们留下了多少思索。

追星不只是年轻人的事儿，外甥女宗二兵和她的嫂嫂刘舜华（北京二十六中语文教研组长）和扮演周恩来总理的王铁成合影。

相聚在这里的人们走近了孙之俊先生。

与老师合张影。(从左至右：李月安、刘世鉴、黄广义、李其震)(五七届老学生)

岁月影像

漫画家李滨声(左三)、表演艺术家王铁成(右一)看完展览后感慨万千，并给予了高度的评价。

丹陛之下会场一角，这是一个肃穆的开幕式。

427

为了记住的纪念——孙之俊纪念文集

著名表演艺术家蓝天野先生在现场和年轻人进行交流,讲述着他的感慨。

李燕向蓝天野先生介绍当年的那本珍贵的速写集。

以书画作品纪念恩师

岁月影像

座谈会就在展厅一角，图中蒋兆和先生之子蒋代铭在发言。

坐轮椅的这位老人就是保存父亲速写集50年的董晓山先生。中间的女同志是于东海的女儿于令仪，他俩曾在朝阳区教育系统共同工作过一段时间。

董晓山（左二）正在发言，卫东（左一）、李其震（左三，李智超之子）、于淼（左四）在会上都作了颇为感人的发言。

往事并不如烟

往事并不如烟,看到老师为我们留下的当年的"模样",想起了那青春的岁月,难忘的老北师啊!

"少年的我多可爱!"

"依然是我的侧面"

还是那么苗条的王世娴

激动的张寿麟

岁月影像

张立一的思念说不完……

"不忘恩师！"，孟庆堂告诉师妹。

李其震说："我父亲和孙先生的几十年的交情。"

"一个好老师能影响学生的一生……"刘桂珍说。

为了记住的纪念——孙之俊纪念文集

思悠悠，念悠悠的瞿元凯

依然活跃在同学间的李爱莲

激动、感慨、怀念，聂续翰百感交集

卫东的发言表现出冷静的思索

前为古人　后为来者

岁月影像

　　杨绛先生出了一本很畅销的书《走在人生边上》，我和老人为邻居多年，而她特别亲近与我，是因为她有个幼年的伙伴也叫"孙燕华"，所以每见到我便喊我的名字，找回童年的愉悦。去年，已经过了百岁的生日，所以她可以说已经走在了人生的边上。而我们这一代呢，当然不敢和依然头脑清醒，仍在工作的她相比，但我要说"走在靠近人生边上"可能还算贴切吧？！更何况"黄泉路上无老少呢。"所以，不断地努力，不断地工作，前为古人，后为来者，应当是我们的责任。

　　把手头近几年活动照片选出几张收集在这本书里，请读者与我们共同分享这份快乐吧！

为了记住的纪念——孙之俊纪念文集

《思想·手迹·足迹》是人民文学出版社出版的《我的人间喜剧》系列丛书中的孙之俊先生漫画集，由王玉梅同志责任编辑，内容很丰富，很受读者欢迎。

方成先生年过九十，精力旺盛，语言幽默，对于漫画的历史和将来很有高见，对父亲的作品也给予了很中肯的评价。这是他在首发式上发言。

我们与人民文学出版社的王海波（右一）、王玉梅（左一）在千龙网的发布会上。

岁月影像

发布会上孙燕华回顾了搜集这些作品的艰难，感谢人民文学出版社的大力支持。

到会漫画家（从左至右）：方成、江有生、李滨声、毕克官、缪印堂。他们都希望在大力发展动漫的同时，推动对具有优良传统的漫画的重视并发挥它的积极作用。

《我的人间喜剧》系列丛书共有七位作者，因华君武先生当时住院，我的父亲已经故去，其余五位全部到场。照片中就坐者从左至右分别为：缪印堂、李滨声、方成、江有生、毕克官先生。后边站立与前边蹲着的四位均为孙之俊先生的老学生们。

别无旁骛　继续前进

老北师的学生们不忘恩师，2011年7月22日在大千画廊举办了《师缘联展》。请柬上当年老师的作品突显出三位画家的特长和水平，有名师才能有高徒，这就是老北师的成功之路。

《师缘联展》请柬

2011年7月22日在大千画廊美术馆，当年毕业于北师的老学生们为纪念孙之俊、李智超、谢时尼等恩师，举办了书画《师缘联展》。（前排坐者：王庆生（左）、张敏儒（右），后排站着从左至右：张立一、武冀平、于淼（师鸿）、沈念乐、冯大彪、孟庆唐。）

时光荏苒，当年的棒小伙赵广智现已是中国古建筑珍品微缩景观制作大师，这是2009年我们来到他的工作室参观那些非常令人惊讶和叹服的作品——紫檀木做的故宫里的建筑微缩景观，左侧为角楼，右为保和殿。（赵广智（右一）、孙燕华（右二）、武冀平（右三）、左二戴眼镜者为我的外甥女宗三兵，她现任哈佛大学费正清研究中心副主任。）

附 录

- 孙之俊先生简介
- 孙之俊先生年表
- 漫画作品一览表
- 旧文重刊

孙之俊先生简介

孙之俊（1907—1966）字近之，笔名孙信；他是中国早期漫画家之一。

孙之俊先生生于河北省原藁城县南四公村。1927年以优异的绘画成绩考入北平国立艺术专科学校西画系。在校期间孙先生即开始为多种报刊画漫画。

毕业后，到易县河北省省立八中任美术、音乐、手工课教师，长达六年。

离开易县后，回到北平，在北平生活居住了近四十年。在此期间，他当过教员，做过编辑、记者……并创作了大量的漫画和连环画。他的漫画风格独特，笔调流畅，因大胆针砭时弊而颇受欢迎。

孙先生在1935年曾分三期发表《漫画浅说》一文，对漫画的重要性、漫画的类别，以及漫画的创作特点等问题阐述了自己的观点。

他发起组织并参与了1936年在上海举办的第一届全国漫画展，是中国历史上第一次全国漫画展的组委、评委之一。

他是1937年7月3日—7月7日北平反日侵华漫画展的主要发起人和组织者。

孙先生的漫画作品始终洋溢着一种战斗的气息。对日本帝国主义的侵华阴谋，对卖国求荣的贪官污吏的丑恶嘴脸，对社会上存在的不平现象……他都敢于进行犀利的讽刺与揭露。

孙先生称得上是我国早期漫画画坛上的开拓者。

同时，孙先生还是现代连环画的开拓者之一。他一生中利用漫画和连环画形式曾为两个人物形象进行过三次创作：其一是山东那位以行乞兴学的真人——武训；其二是老舍先生笔下的小说人物——骆驼祥子。由他反复创作这样两个人物长达十多年的过程来看，孙先生的视角和画笔始终没有离开社会的底层。

孙之俊先生是一位爱国进步的艺术家。在他的一生中不仅以画"导人为善"，而且以一个艺术家爱国的情怀积极投身于共产党领导的爱国救亡运动。为此，

1942年孙先生曾被日本宪兵队抓去，在西单亚北餐馆受到日本宪兵队长的审讯拷打。

1945年抗战胜利后，孙先生更加坚信共产党及其领导的伟大事业，主动联络了社会上层人物中一大批进步人士，为人民解放事业做了大量的工作。

1949年，新中国成立了。孙先生满怀喜悦的心情，为庆祝新中国的成立与李士钊先生合作完成了《武训画传》的创作绘编。但由于对电影《武训传》的大批判殃及到所有宣传过武训的人，孙先生被迫在报纸上做了公开检查。并由此改用笔名孙信。

1966年9月2日，文革初始他本人遭到残酷批斗，身心受到极大摧残，陷入极端的痛苦，被遣返老家后，于1966年9月5日晚自缢于院内葡萄架下。

孙先生所蒙受的不白之冤，经有关部门审查批准，于1977年10月给予平反。孙先生九泉之下可以安息了。他的作品现在又被陆续重新发表，并引起了人们的关注。

孙先生在漫画与连环画发展过程中的作用是不会被忘记的，他为后人留下的作品将会随着时间的流逝更加突显出它的价值。

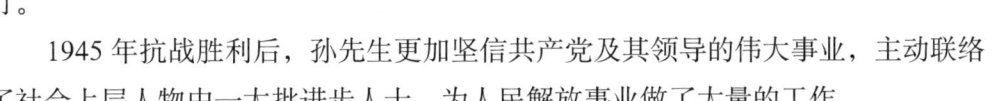

孙之俊先生年表

青少年时期　　1—20岁　　1907—1927年夏

1907年　　11月17日（农历10月12日）出生于河北省藁城县南四公村（现为东四公村）一户富裕的农民家里。

1915年　　先后就读于藁城县男校和正定七中。毕业于河北省省立第七中学（因其设
—1927年夏　　在正定县县城故简称为正定七中）。

艺专时期　　20—23岁　　1927年夏—1930年夏

1927年夏　　考入北京国立艺术专科学校西画系。来京后即参加了由艺专高材生冯翰、雷奎元（雷圭元）、宗维赓、童漪珊等于1927年春季创办的北京漫画社，开始了大量的漫画创作。同时，孙之俊参加了李苦禅、赵望云等当时具有革新思想的画坛友人成立的"中西画会——吼虹社"，探讨"中西合璧"的绘画道路。该画会云集了当时初露头角的青年画家如：侯子步、王青芳等。

6月28日在《北晨画报》（晨报副刊）19号上发表了漫画《二八》（这是目前发现的最早的作品）。

1928年　　5月3日日本侵略者在济南制造了惨绝人寰的"五三惨案"。孙之俊与谌亚达、钟心如、刘尔炯、王君异、王石之、宗维赓、蒋汉澄等八人，"重振旗鼓，取国耻之日为名，改五三漫画社。为雪国耻，孙之俊连续画了大量的抗日漫画。

《快乐家庭》是发现的第一部连续漫画（10月份发表）。

1929年　　仍在西画系学习，并创作了大量漫画。

连续漫画《冬烘先生》是这年的重要作品，共计128幅，主要针对腐儒冬烘先生种种保守思想和作法进行了尖锐的讽刺和抨击。

准备毕业，依然有漫画见于报端，如《中国第一等票匪》等，锋芒直指蒋介石。

易县时期　　23—29岁　　1930年夏–1936年夏

1930年下半年	国立艺专毕业后即到河北省省立第八中学工作（因其设在易县，故简称为易县八中），担任美术和音乐教员六年。
1931年	仅发现一件作品。"九一八"事变，全国人民情绪激昂，孙之俊为易县八中救国团创作了《国人速醒》的宣传漫画，并发表在《世界画报》上（10月4日306期）。
1932年	目前仅发现4件作品：《一九三三》、《日本说：中国不是一个国家》、《一哭一笑》和《新年漫画》，都是抗日的时政漫画，尤其是发表于12月31日的《新年漫画》，对于仍然沉浸在纸醉金迷之中的官僚政客进行了无情的揭露和讽刺。
1933年	发表了《刚一瞧见个影子》，尖锐地讽刺热河失守，军长汤玉麟弃军而逃的事实。 还有《今年不抵抗 明年徒伤悲》等，号召抗日的漫画大量发表。
1934年	在教学之余创作了50多幅漫画，发表了《把戏》讽刺了溥仪要恢复"帝制"的美梦。《当代中国之法律》、《今日之内战》等均为这年的代表作品。发表了《贾醉生》连续漫画。
1935年	针对社会贫富悬殊就业困难等社会现象，画了大量的讽刺画。并于5月份在《时代漫画》为《王先生文坛观光记》配图六幅，首次发表歇后语漫画。 6月发表《漫画浅说》一文，是较早地系统地介绍漫画的文章。
1936年上半年	2月份整理连续漫画《贾醉生》并撰文集结出版。 3、4月份分别发表了《王曰叟》和《费利儿》连续漫画。 8月份易县八中改为河北省高级农业中学，撤消了音乐、美术课，因此，孙之俊在7月底8月初离开易县。离开易县前游了紫荆关并撰文发表了《紫荆关游记》和《复古论》、《水彩画"三到"》等文章，首次发表小说《玉贞》。

塞外时期　　　29岁　　　1936年秋–1936年冬

1936年下半年　　离开易县后，自八月份应段承泽先生的邀请两次到包头至年底，在段承泽所创立的包头新村里，与段先生合作完成了《武训先生画传》（段撰文，孙绘画），同时画了大量塞外写生并发表。

孙之俊被推选为筹备委员，参与发起首届全国漫画展，并展出作品8件。8月份应鲁少飞等人的邀请到上海，参与筹备工作。回来后写了《上海游记》于1937年1月发表。创作了《混混儿》、《老糊涂》连续漫画。

重要的半年　　　30岁　　　1937年1月–1937年7月

1937年上半年　　4月份《武训先生画传》在天津《大公报》连续发表。

4月份游历了泰山，发表了《泰山旅行写真图》等作品。发表了禁毒漫画及《怎么瞧不见呢》等作品。

6月与叶浅予、陆志庠等人发起并组织了七七事变前夕的北平漫画展，发表《北平漫画展缘起》。因为这次展览的作品具有强烈的抗日内容，轰动了京城，也引起了日本浪人的监视。在7月7日展览落幕几个小时后卢沟桥事变爆发了。因此这次展览近年来时时被人们提起，具有重要的意义。

在北平沦陷的日子里　　　30–38岁　　　1937年8月–1945年8月

1937下半年　　七七事变后北平沦陷，人们顿时陷入愤慨、无奈和恐怖中。

孙之俊先生没有工作，也没有发表任何作品。

1938年　　2月，参加黑白漫画会。

担任京华美专的写生教员，并开始创作与发表北方的"王先生"，从1月30日至12月31日发表《王先生外传》，后集结出版。《武训先生画传》11月在重庆生活教育出版社，初版单行本。

1939年　　发表《漫画应走之途径》一文，系统地介绍了漫画这一新兴画种，并结合自己的创作谈了体会。

1940年　　发表《处世奇术》、《超等美术家》等作品。创作连续漫画《小摩登》、《万斤油》等。

由于孙之俊妻妹丁冷（丁素蓉）的关系（1939年即赴太行山，参加抗日军政大学的学习，并由郝治平同志介绍入党，后从事中共地下工作）。中共方面派吴栋（中共地下工作人员）同志与孙之俊联系，孙之俊夫妇托吴栋给丁冷带去了生活用品和学习用具。疏通了丁冷的

	情况。
1941年	创作了《妈妈为什么还不回来》等，并创作《范统与杨胜仁》连续漫画。
1942年	中共地下党员丁冷被派到北平，做北平到石家庄一线的地下工作，住在孙之俊家。孙之俊向她提供了经济保障，利用他的社会关系协助丁冷开展工作。丁冷的出现，引起日本人的怀疑，孙之俊被日本宪兵队长上村喜赖抓捕到亚北饭店，受到审讯。因为孙之俊的掩护，保障了丁冷的安全。
	孙之俊先生创作了《始终抗日》、《哀江南》、《武大郎》等隐喻抗日的宣传画和漫画。
1943年	创作了《吃空名》、《经手三分肥》、《高抬价市》等作品。
1944年	创作了《为了一个煤球》、《升官有术》、《文人》、《大的跑了》、《老师与学生》等大量反映在日本侵略者压迫下，物价高涨，人民日益贫困的社会状况。
1945年上半年	集结《王先生外传》出了单行本后，写了"外传"创作的原由。发表了《不露来历》等作品。

追逐着心中的光明　38–42岁　1945年8月–1949年1月

1945年下半年	"八·一五"抗战胜利以后，9月底由丁冷带领孙之俊到中共华北局城工部，刘仁同志接见了他并与他单独谈了话。孙之俊受到很大鼓舞，回城后积极开展地下工作。
	年底，为保释丁冷和长女孙静（中共地下工作者）被国民党以"强保女共匪"的罪名扣押，后因孙之俊态度强硬，国民党当局无法下台，得知他就是漫画家孙特哥后，以沦陷时期在伪新民会工作为由，以"汉奸罪"判刑一年零四个月，为保护中共地下工作者，孙之俊忍辱服刑。
1946年	狱中被扣押期间，创作了《歌名城》（寓意"革命成"）的小册子。
1947年	5月，被释放出狱。在狱中目睹了蒋介石政府的贪污、腐败，出狱后接连发表了十分尖锐《戏剧人生》和《老鼻烟壶》连续漫画，均在《纪事报》及时发表。
1948年	5月28日孙之俊在中山公园举办个人画展，徐悲鸿先生亲自到场，并为其题辞（"文革"中全部抄走）。10月17日在《平明日报》连续发表《骆驼祥子画传》。继续做地下工作。年底，因情报传递过程中有人被捕而泄密，孙之俊也被国民党北平剿匪十六突击队捕去，被加以严刑并扣押。
	1948年–1949年在中华中学、中华小学任教。

1949年	1月北平和平解放前夕被释放。

解放后的十七年 42–59岁 1949年10月–1966年9月

1949年	在中华中学任教。49年下半年至1952年在师大附中四部任美术教员。
1950年	4月任上海武训学校的校长，《武训先生的传记》的作者李士钊先生受陶行知先生生前的委托，到北京找到孙之俊，"再画一部精美的武训画传"（陶语）。两人合作重新撰文和绘画，于年底完成。
	同时孙之俊又重新创作了《骆驼祥子画传》。1950年春天将画稿送给老舍先生过目。老舍先生说："祥子没毛病，虎妞很合理想，刘四爷也不错"。
	年底，朝鲜战争爆发后，孙之俊画了《麦克阿瑟的罪行》等漫画式的连环画。
1951年	1月《武训画传》由上海万叶书店出版。这本书由郭沫若题书名并写序，孙瑜、赵丹、李士钊、孙之俊分别写序，热情地说明了宣传武训的意义。
	4月《骆驼祥子画传》由上海华东出版社出版发行，这是一本极具资料价值的连环画。
	5月20日，人民日报发表了《应当重视电影〈武训传〉的讨论》，开始了大范围的铺天盖地、上纲上线的批判！接着孙之俊和郭沫若、田汉、赵丹、孙瑜等一切宣传过武训的人一起纷纷做了检查。孙之俊的《检讨我画〈武训画传〉的错误》发表在6月13日的《光明日报》上，并做了编者按。这是新中国成立以后，在文化艺术领域发生的第一次大规模的批判行动，由此奠定了一种模式，即先写社论，组织一些人写文章，发表在各种报刊上，以形成全国共讨之，全党共诛之的局面。这种模式直至"文革"。此后孙先生再也没画过一张漫画。
1952年至1954年	在师大附中三部任美术教员。
1954年至1958年	在北京师范学校任美术教员。
1958年至1963年	在北京东城师范学校任美术教员。
1963年至1966年	在北京第二师范学校任美术教员。
	在《武训画传》受了批判之后，孙之俊迅速地在美术界消失，他生前甚至没能成为美协会员。虽如此，但他仍然没有丧失生活的乐观与奋进，一方面默默地埋头于美术教学，先后在北京师范学校、东城师范学校、第二师范学校任教，兢兢业业地培养了许多优秀的美术教员和学生，受到学生们的拥戴。在教材编审处画了大量的中小学课本的封面及插图。
	另一方面，他把绘画题材转向连环画，童话故事，现在收集整理的连

	环画大约有四十多种。其中《大人国游记》、《小人国游记》、《吹牛大王历险记》、《我是劳动人民的儿子》、《鼓手的命运》等颇受欢迎，多次再版。
1966年	2月春节期间，刘仁同志委托原地下工作领导人董杰看望孙之俊，并说，解放后这些年，我们对孙先生关心照顾的也不够，参加地下工作的那段历史总是光荣的吧！有什么困难可以提出来……。于东海同来。9月1日晚，北京第二师范学校的造反派大肆批斗孙之俊先生，以至身心受到极大伤害。9月2日，被抄家并遣送原籍。9月5日深夜自缢于老家院内葡萄架下。

注：

(1) 因家里东西"文革"中全部抄光，不知被拉到什么地方去了，关于孙之俊的生平，没有留下他自己写的文字资料，仅仅是根据漫画作品发表的年代和"文革"后，为了给他申办平反材料，由孙之俊夫人丁阶青的回忆大概整理下来的，所以具体的某年在某地担任什么职务无法写清。

(2) 摘选一则1939年报上简介，或可了解孙之俊先生在三四十年代的工作状况：

本文插图作者，孙之俊——北京人，年三十五岁，于国立艺术学院卒业后，曾任北平国立艺术学院助教，北平华北大学艺术教育系西画教授，上海时代图书公司、天津《大公报》特约撰稿者。现住北京，近年来颇努力于漫画，近作曾在本刊二月一日号（第五十五号）上，以应征本刊第二次个人漫画展当选发表。

(3) 关于段承泽先生简介：

段公绳武（段承泽字绳武）便是受他（武训）的影响而改变的一位志士。自从他驻军泰安（民国十六年），听到武训行乞兴学的事迹，大受感动，自称"退赃赎罪"，将房屋车马变卖，建立包头新村，依耕地农有之原则，实行集体生产，以期造新农村，建立新文化……（陶行知《武训先生画传》再版所撰跋文）(1944年)

(4) 孙之俊曾用名（按年代顺序）：

孙之俊、孙近之、近之、之俊、俊（1927–1937）

孙特哥、特哥、慕鲁娄、慕尔柯（1937–1945）

傅基、赵兰、苏恩（1945–1949）

孙信（1951年之后）

漫画作品一览表

年份		单幅作品	连续漫画
（一）艺专时期（一九二七年六月至一九三〇年八月）	1927年	现收集到作品9件（9幅），6月23日——12月25日。	
	1928年	现收集到作品100件（约120幅），1月5日——12月21日。	1.《快乐家庭》载《新晨报》副刊，1928年10月7日——1928年10月28日，共4回，每回4格，计16格。
	1929年	现收集到作品17件（约22幅），1月8日——11月30日。	2.《冬烘先生》载《华北画刊》，1929年1月13日——1929年12月22日，共32回，每回4格，计128格。 3.《浪漫女》载《安琪儿图画》周刊，1929年11月30日——1930年1月11日，共6回，每回4、5格，计27格。
	1930年（上）	现收集到作品15件（24幅），3月2日——8月24日。	
（二）易县时期（一九三〇年（下）至一九三六年（上））	1930年（下）	没发现作品发表，8月25日——12月30日。	
	1931年	现收集到作品1件（1幅），即《国人速醒》——漫画宣传画，号召全民抗日。	
	1932年	现收集作品4件（4幅），11月8日——12月31日，其中《一九三三》、《一哭一笑》，均为抗日内容。	
	1933年	现收集作品9件（9幅），《刚一瞧见影子》等均为讽刺蒋介石的不抵抗政策。	4.《胡闹大学》载天津《益世报》，1933年3月20日——1933年5月29日，共15幅，每回1格，计15格。
	1934年	现收集作品50件（60幅），1月9日——11月10日，首次发表戏曲漫画。	5.《贾醉生》载天津《庸报》，1934年10月4日——1936年6月7日，共73回，每回3、4、5、6格，计370格。
	1935年	现收集作品20件（30幅），1月1日至12月31日，首次发表歇后语漫画。	

		1936年（上）	现收集作品28件（约29幅） 1月9日——7月26日；创作多张国际政治漫画。	6.《王曰叟》载《实报》半月刊，1936年3月15日——1937年7月，共32回，每回2、3、4格，计122格。 7.《费利儿》载天津《益世报》，1936年4月5日——1937年7月25日，共33回，每回4格，计132格。
（三）塞外时期	1936年（下）	现收集作品8件（27幅），10月14日——12月31日，▲创作了《塞外写生》、《塞外风光》、《塞外情歌》共计23幅。	8.《混混儿》载《世界画报》，1936年9月13日——1937年7月11日；共36回，每回4格，计144格。 9.《老糊涂》载《世界画报》，1936年10月1日——1937年6月30日；共77回，每回6格，计462格。
（四）重要的半年	1937年（上）	现收集作品50件50幅，3月27日——7月9日； ▲到泰山后发表的漫画作品，代表作为《泰山旅行写真图》。 ▲戒毒漫画 ▲国际漫画《西班牙战之三部曲》、《国格与国土》等。	4月14日—6月21日《武训先生画传》在天津《大公报》上连续发表，共计49幅。 7月北平沦陷后迅速地结束了《王曰叟》、《费利儿》《混混儿》、《老糊涂》连续漫画。
（五）在北平沦陷的日子里（一九三七年八月	1937年（下）	没发现一件作品。	
	1938年	没发现单幅作品。	10.《王先生外传》载《新北京报》副刊，1938年1月30日——1938年12月27日，共43回，每回6格，计258格。
	1939年	现收集作品10件（16幅）	11.《小摩登》载《艺术与生活》，1939年10月15日—1940年7月1日，每回4格，计28格。 12.《万斤油》载《长城》，1939年11月1日——1940年4月，共9回，每回8格，计72格。
	1940年	现收集作品14件（40幅）	

至一九四五年八月）	1941年	现收集作品18件（18幅）	13.《范统与杨胜仁》载《北京漫画》，1941年4月2卷第4期——2卷12期，共4回，每回6格，计24格。
	1942年	现收集作品30件（约26幅），1月——12月。	
	1943年	现收集作品4件（11幅），1月——8月。	
	1944年	现收集作品33件（51幅），8月——12月。	
	1945年（上）	现收集作品21件（48幅），1月2日——5月。	14.《王先生新传》载《三六九画报》561—573号，共4回，每回4格，计16格。
（六）追逐着心中的光明（一九四五年八月至一九四九年一月）	1945年（下）	没有发现作品发表，（10月末因保释共产党地下工作者丁冷、孙静被国民党当局判刑一年零四个月。）	
	1946年	没有漫画作品发表。	
	1947年	（5月出狱）现收集作品1件（1幅），9月30日发表。	15.《戏剧人生》载《纪事报》，1947年8月1日——1947年9月29日，共60回，每回3、4、5、6格，计229格。 16.《老鼻烟壶》载《纪事报》，1947年10月2日——1947年10月31日，共30回，每回3格，计90格。
	1948年	现收集作品2件（2幅），12月19日、27日。	发表《骆驼祥子画传》，载《平明日报》1948年10月7日——1949年1月5日，共59幅。
	1949年	现收集作品6件（6幅），1月15日——1月27日。	

注：根据现收集的作品整理统计，1927年—1949年孙之俊先生的单幅漫画作品共计627幅，连续漫画作品共计16件，462幅，2241格。

旧文重刊

三十年度北京漫画界（节选）

孔 飞

从技巧的修养上说，在这儿应该谈起五·三时代的孙之俊，追忆起《安琪儿》画报盛行时期，王石之、王君异、蒋汉澄、周维善在每个人迥异不同的新颖手法上，树立起漫画早期的功绩，如果以现阶段的漫画艺术认为是已走上正常而建全的道路，那么《安琪儿》时代，应该是漫画的新生奠基工作，也可以说出于那一个划时代的转变，而使漫画艺术的领域广泛起来。

积年的技巧修养在孙君是有着积极显著的流露的，在他初期的作品里，《王曰叟》《万斤油》给予读者的印象是永远不能消蚀。

（发表于《新民报》1942 年 1 月半月刊）

现代艺术家——孙之俊

侯少君

（一）

提起孙之俊来，或许在你的印象中只不过一位漫画家罢了，这你是错误的，要知道他也是一位成功的水彩画家。说起来，他的漫画要算是水彩画的副产品。不过他的漫画作品与大众接触机会较多，所以他只能为一般人认准了是漫画家。

漫画是情感的东西，一笔一划都是出自内心的。题材构图，和画中的脚色，都与作者有微妙的关系，所以在一部分读者中都会看到，说孙先生一定是天真的，因为他的笔下的角色全是小孩一样的，又说孙先生一定聪明，因为他的线条轮廓是那么清秀爽畅，由这一点也可以看出他的性情，定是豪爽的，公正无私的。——这几句只要叫一位内行人听见，便知道可靠与否了。

他的作品，如果你是一个留心漫画的人，一定还清晰的记得，《武训画传》刊于前《大公报》，是部有社会性的作品。《费利儿》刊于天津《益世报》。《王曰叟》刊于《实报》半月刊。《老糊涂》刊于《世界晚报》。《胡妹》刊于天津《亢报》。《混混儿》刊于《世界画报》。《万斤油》刊于《长城》半月刊。《小摩登》刊于《艺术与生活》。《贾醉生》刊于《庸报》。最近华文《大阪每日》又刊出他的个人漫画展作品。这都是多少年来努力的足迹，如果你还收藏着他的作品，你可以拿出比较一下，他的进步之速，不是意想得到的。

（二）

我曾问起他的历史，他只说是平凡得很，由小学而中学，而国立艺专，一九三零年毕业了，中间一点没有变换。毕业后曾在本校（国立艺专）补习班担任过一点课程，后来到大名师范任课。全国第一届漫画展时，他被聘为筹备委员，藉机会他到江南畅游了一阵，上海、杭州等地都到了，是他最满意的一次旅行，尤其是收获了那一批西湖的写生画。全国漫画展的会场上，他的作品博得很好的批评。

留心北京漫画界动态的人们或许不会忘掉"五三漫画会"这个名词吧？那便是孙先生同王石之、王君异、蒋汉澄等几位朋友所组合的，这是华北漫画史最光荣的第一页。

在《世界日报》做事的时候，有一个机会使他到了西北，塞外的写生也是他生平珍贵的收获。

"七七事变"的前两天，他同了张振仕、王石之、王君异等一些人还正在稷园春明馆，举行着漫画展览会，那时上海名漫画家叶浅予正来北京旅行呢。

他对于水彩和漫画有着同样的爱好，但严格说对自己的水彩作品比较满意些，他曾说："这也许是我平素见漫画太多的缘故！"他的水彩大致看有点像梁鼎铭的作品，但他的特长是俊秀、轻松、写实、色调鲜丽。

（三）

他对于学画是持着一个公正的观念，他不主张标奇立异的去画什么达达派，立体派，也反对一些连现实都不懂的，而偏要硬着头皮去画"超现实"派；其实他也不是拘谨的古典派，他的作品是有个性的，一根爽畅的线条，正如同他的体格，流利而响亮的说话是一样的。对于素描有很深的心得。

他多少年来总是努力着，画是他的生命，他对作画是看作吃饭一样的不厌烦。

大眼睛，高鼻梁，精神矍矍，一望而知是一位忠于学术的人，但你或许想不到他是个艺术家，因为他并不曾蓬头垢面的过着浪漫生活，他永远是那么朝气，喜欢运动，最爱溜冰。到冬天，往往自己预先拟出花样来，然后到冰场上去练习，他曾说："饭可以不吃，冰不能不溜！"所以去年冬日冰上比赛会，他在"花样"一项中还高高地占了一把交椅呢。此外，喜欢开汽车，往往在街上看见一辆特别的汽车，便慨叹自己没机会试一试滋味。但他自己永远还是骑着脚踏车。

不吸烟，不喝酒，生活朴素，行动规律，不大十分会客气，但没有狂放粗野的言谈和举动，是个活泼的大人，又像老成的小孩，——这便是我们的艺术家孙之俊。

（发表于《实报》1941 年 1 月 14、15、16 日）

现代艺人志——孙之俊（一）

紫荆花馆主

漫画之在艺坛，不知经先觉者，几经提倡，几经啸[1]植，同时需致力于漫画的艺术家们，也费了不少扎挣，奋发的力量，终而在艺坛上博得相当的地位，而发挥其矫正世俗，领导社会，扶植国家，宣扬主义的权威，直至今日蓬蓬勃勃，莫可遏止，若决江河，有一泻千里之势；同时间漫画界济济群英，又各运用其艺术的技巧，锐利的眼光，卓越的识见，抓住大部分人的心理，推动这时代的巨轮。人心的衍变，潮流的推进，主道的竞争，国际的纷乱，假使艺术界也有担负一份责任的义务，那么：绝非"临某派，仿某法"清高自赏，不问世事的画家们，所能为力。这应运而生，负有重大任务的漫画，宜乎为舆论所推崇，而研究漫画的艺术家们，也人才辈出了。

孙之俊先生，在漫画界中，佼佼特出，可以说是数一数二的人才了。不是我来替他吹大法螺吧？因为他多数成功的作品，摆在那足以证明着，一般人有目共睹，自有公评。故事连续画，如《武训先生传》发表于前天津《大公报》；滑稽连续漫画，如《费利儿》发表于天津《益世报》；《王曰叟》，发表于《实报》；《老

---

1 啸：（动）发出长而清脆的声音。

糊涂》发表于《世界晚报》；《胡妹》发表于天津《亢报》；《混混儿》发表于《世界画报》；《小摩登》发表于《艺术与生活》；《万斤油》发表于《长城》半月刊；《贾醉生》发表于《庸报》……等。莫不万口赞扬，备至佳誉。民二十五之秋，全国漫画展览会，揭幕于上海，孙君曾有多幅杰作参加，观者亟叹其艺术之神奇，声誉因而鹊起。天津《大公报》深慕大名，当即邀作《武训先生画传》，连刊二阅月，观者交相赞誉，万口一词；单行本方将问世，旋因事变中止，艺界深表叹息。以写《王先生》，名震艺界之叶浅予君，民二十六五月间北来，曾为《新北平报》（即今《新北京报》）作《王先生北传》，连续发表，滑稽万端。事变后叶君离京，该社乃邀孙君赓[1]续其作，读者争相呼为"王先生归来"，一致欣赏，报纸销数，因而激增。凌抚元[2]先生援艺坛"南张北溥"之例，谓之为"南叶北孙"，诚非阿好之过誉。今者孙君整理其杰作《王先生外传》，三十九幅，刊而问世，内容突梯滑稽，令人绝倒，移风易俗，寓庄于谐，是不特为艺坛上一伟大成绩，于世道人心，尤多裨益。至艺术之精奇，取材运笔之神妙，尤其小者[3]，定卜纸贵洛阳，不胫而走也。

一个人在研究任何艺术，必须对它有深切的认识，精密的探讨，才能得个中三味，悟及真谛，俾便有所遵循，努力猛晋，以至于成功。二年前读孙君《漫谈漫画》一文，仿佛是在《庸报》"艺术周刊"，长万余言，连续发表十余期。对漫画之取材，技巧，意义，任命……等，详加阐明，言人能未道，堪为漫画界之指南针，他的文笔，又是那样的清健。我相信凡是瞻仰过孙君风采的人，必能相信孙君有绝顶的聪明，锐利的眼光，卓越的识见，精奇的技巧，因为他的丰仪相貌，十足的表现出他是一个精明强干，英毅有为的一个青年来。

（发表于《晨报》1941年1月12日）

---

1 赓：继续。
2 凌抚元：当时文坛活跃人物，著有《凌抚元论文集》传世。
3 小：谦辞，称自己。小者：即作者自谦之词。

现代艺人志——孙之俊（二）

紫荆花馆主

孙君的作品，一幅有一幅的趣味，一幅有一幅的寓意，思想超逸，线条挺硬，取材幽默滑稽，简洁轻松，能令人作会心的微笑；领弦外之余音，发同情的叹喟；寓讽刺于诙谐，寄匡正于滑稽，发奸摘伏[1]暗示密授，转严肃面孔为笑容；变紧张空气为松弛。有时谑而不虐的，跟对方开个小玩笑，能令身受者恍然而悟，怡然而受，能令你笑，也能令你啼笑不得！神而化之，妙到笔端，有功于世道人心。诚非浅鲜，是无怪各报章杂志，争在欢迎着他的作品刊露，而一般读者，对他的作品，也爱不释手，一致推崇了！

认识这位孙先生，是今夏在西单道上，经萧季循[2]弟介绍的，那时他正与新太太丁阶青女士遛湾儿，可是并未拉着腕。在以前我们是心心相印，未眸之友。曾记万板楼主[3]，以前为其刻像，命我题诗，曾戏题句云："漫画名家说老孙，人生片段写真真，警人真具通神力，是否悟空幻化身。"注：未眸之友，信手戏题，先生得勿以为忤乎？我从来不善交际，可是对于我所景仰的人，是每好以文字上致挑逗的。今年夏他与丁阶青女士结婚，又戏赠以诗三绝，上下六字，嵌新夫妇之名云："孙郎含笑系金铃，深护名葩爱素馨，花好月圆人语细，悄听环佩响东丁。""之子于归静侣谐，彩舆[4]仙乐拥天街，三星在户凭肩望，壁影双双立玉阶。""俊才堪羡妙通灵，更向香闺伴娉婷，花烛两行揭帐幔，美人凤眼向郎青。"听说这几首诗，他还粘在了结婚照像的后面，又他是这样风雅的，后来萧季循弟又步我的原韵来凑趣，引得我高兴起来，又将他贤伉俪的名字，嵌在七绝诗第二句第三句的首一个字上，"代系明珠向绣襦[5]，孙郎笑将大乔扶，丁宁细语人难晓，玉树临风立两株。""神仙眷属羡双修，之子文坛固雅流，阶上月明梧叶落，锦衾鸳帐试新秋。""水晶帘下看新妆，俊秀琅玕映海棠，青染黛痕传画笔，瞩郎款款莫轻狂。"注："才夸咏絮，待字香闺，技巧射屏，蜚声艺苑，后荷花贵，华堂中永结同心，到牛女渡河，玉阶上又添情侣，是何处分作鸳鸯，真可为一对璧人咏也。前诗敬祝，冒昧不嫌，季循步和，益增璨然，再呈拙作，永志佳缘，温柔乡

---

1 发奸摘[tī]伏：揭发奸邪，使无之隐藏。摘：揭发。伏：隐藏。
2 萧季循：当时活跃文坛之人物，常发表诗词。"文革"前在北京三十五中任语文教师。
3 万板楼主：既版画家王青芳，因其刻板和藏版无数，故自号万板楼主。
4 舆[yú]：车；轿。彩舆：花轿。
5 襦[rú]：短衣；短袄。

中，博贤伉俪开缄一笑，亦蜜月中韵事也。"丁阶青女士，温文典雅，德貌兼优，我相信决能辅助着孙先生，对艺坛多所建树的。现在将季循的和诗，也写在下面，以誌此一段文字因缘。"孙郎满面笑盈盈，修得鸳鸯把臂行，预卜明年逢吉日，麒麟天赐庆添丁。""之子归来琴瑟谐，马龙车水长安街，朋辈咸集举杯贺，仙眷相携上玉阶。""俊才玉貌像双星，增情逾鹊伴娉婷，从此艺林多韵事，香闺眉际暗添青。"

（发表于《晨报》1941年1月19日）

后 记

这本纪念文集终于出版了！可能许多篇文章的作者，或以为无望，或已不耐烦了。确实从2007年末筹集至今，过去了五个年头，时间太长了，真抱歉！做为孙之俊先生的女儿，在此我由衷地感谢所有的参与者和协助过我的人！

2007年12月2日—9日我们在太庙举办了《纪念孙之俊先生诞辰百周年作品回顾展》，当时我便与武冀平、冯大彪等先生商量出版一本纪念文集，把现场观众——绝大多数是孙先生的老友和学生的感受整理成书，留给后人。让我们的子孙后代知道，从清末民初至上世纪六十年代曾有过那么一批朝气蓬勃，颇有作为的中国知识分子，而孙之俊先生是他们中间的一个；让我们的子孙后代知道，孙先生的学生们——生活在上世纪五十年代直到现在的中国知识分子又是怎样走过来的！几代人的经历、认识和感受，在这本书里能够得到真实的展现。这个想法实现了。

真实，是这本书具有历史价值和生命力的原因。因为所有的作者都不是在吹捧一位当下大红大紫或者已经镌刻青史的"名人"。他们描述的完全是自己亲身经历的真实的感受。无论是对几十年前生活的回味，还是在刚刚看过孙先生作品后的惊讶，都被真实地记录了下来。而在这种真情实感的追述中，没有套话，没有假话，没有恭维之词，只有客观，只有坦诚，只有真情。

近百年的历史可能是中国历史上最复杂多变的一段，不仅"文化革命"是"史无前例"的，"改革开放"也是"绝无仅有"的。既便是罗贯中在世，也很难编纂出一本类似《三国演义》的巨著来描述，因为它很难用"合久必分，分久必合"几个字来概括和体现。从慈禧、光绪到孙中山、袁世凯、辛亥革命、军阀混战，国共合作以至抗日战争、解放战争，1949年新中国成立……如果一定要描述这百年来的悲壮与辉煌，我想是否应该归为："进而又退，退而又进"呢？！

孙之俊先生生于1907年（光绪三十三年）直到1966年。他的漫画创作（1927年—1949年）长达二十二年；他的连环画创作（1936年—1966年）长达三十年。漫画表达了他个人对社会、人生、国事、家事的看法和认识；而连环画则必须按照文稿来创作，因此一方面表达了他的个人观点，另一方面则反映了当时社会的文化倾向，比如五十年代的前苏联故事的大量创作和出版发行——那正是中苏友好的时代。

孙先生的速写本因为借给了学生董晓山才幸存下来，那张张画面都成为孙先生情感和绘画功力的展示，至今这个本子成为他所有写生稿的唯一记录了。

孙先生的几幅水彩画也是老友，老学生回赠的，虽然少得可怜，但是精彩的让人过目不忘……

周恩来总理在组织老一辈政协委员写回忆录时曾提出"三亲"的原则，即"亲历、亲见、亲闻"。文集作者中的张启仁、丁冷、孙静、于东海、阎少青、穆家麒都符合"三亲"的要求，至于姜化善，作为出生于1940年的姜震瀛先生之子，也是"亲闻"与"亲见"的小小旁观者，因为当时他已六七岁了。

遗憾的是于东海、阎少青先生过世较早。我请他们写回忆文章时是八十年代初，对许多问题的看法、认识和评价还都存在一定的局限，更何况二位当时也是刚刚从外地返京，落实政策不久，惊魂未定之际。看他们的行文仿佛依然在写"文革"中的证明或交代材料。只有穆家麒先生是在二十一世纪初的从容淡定中写完了他的《画缘琴梦录》。从我节选出来的文字可以看出他平静的心态。虽然在做地下工作这一段中，穆先生只是"下线"之一，但他回忆得却最具体、细致。

我的姨姨丁冷和大姐孙静是对我父亲孙之俊影响很大的人。如果没有1942年丁冷被派遣入北平，父亲没有机会参加到中共领导的地下工作的队伍中，也就没有机会为抗日战争做出贡献。以至到1945年他跟随丁冷到中共华北城工部见到刘仁同志后，倍受鼓舞，才有了三年解放战争时期所做的工作。做为艺术家，特别是漫画家，在孙之俊先生创作的《戏剧人生》和《老鼻烟壶》中我们会感到作者内心的愤懑和革命的激情。

张启仁先生的文章是对1937年7月3日—7日，由孙之俊等人发起的北平漫画展以及对孙先生的为人最有说服力的证明和纪念，而这个展览一定会永标漫画史。

历史，是每个民族、每个国家、每个人走出来的；也是由这个民族、这个国家，和生活中的每个人写出来的。记录，认识和评价中的偏颇、扭曲、争论、否定和批判都是正常现象，但我们应当力求辩证的、全面的、客观、公允与平和地看待历史，看待历史事件，看待每一个人。

如果我们能在这飞扬浮躁的、光怪陆离的社会中，找到一块净土，抛弃那名利场上的喧嚣，呼吸着没有被污染的空气，品饮着清凉的甘泉，认真而仔细地读着这本由86位作者写出来的文集，我想，它一定会有助于你认识昨天和今天，理解周边的人和事，了解前辈和清醒自己。因为只有静居于山林，看着几番凋落的红叶，举家食粥的曹雪芹，才能写出他红楼大梦，这就是我在编辑这本书时的体会。

最后我要说明几点的是：

1. 在各位作者的文章中特别是老学生的文章中多次对孙先生的外貌进行了描述，重复较多，因此我们进行了部分删节，在此向各位表示歉意。对雷同的文章题目，我们也进行了调整。

2. 对各位文章中所提到的孙之俊先生的漫画部分，能随文章排版的尽量排入文中，多人提到的作品，我们按照其发表的时间顺序另行排列，这样做虽然使读者会感到一些不便，但避免了一幅作品重复出现的问题。

3. 注明武冀平先生撰文之外的说明文字均由我撰写，如有不妥，由我负责。

4. 孙之俊先生的链接资料较多，我们仅选出与文章内容相关的部分，供大家参考。

最后请让我再一次向每位作者表示深深的谢意，特别感谢武冀平、冯大彪、沈念乐等先生的支持和帮助。感谢学苑出版社对我的理解，实现了我和所有作者的心愿。

孙燕华

2012年11月